证券投资分析的理论与实践

涂人猛　编著

WUHAN UNIVERSITY PRESS
武汉大学出版社

图书在版编目(CIP)数据

证券投资分析的理论与实践/涂人猛编著.—武汉:武汉大学出版社,2018.6

ISBN 978-7-307-20293-1

Ⅰ.证… Ⅱ.涂… Ⅲ.证券投资—投资分析 Ⅳ.F830.91

中国版本图书馆 CIP 数据核字(2018)第 131473 号

责任编辑:荣 虹　　责任校对:李孟潇　　版式设计:汪冰滢

出版发行:**武汉大学出版社**　(430072 武昌 珞珈山)

(电子邮件:cbs22@whu.edu.cn 网址:www.wdp.com.cn)

印刷:北京虎彩文化传播有限公司

开本:720×1000 1/16　印张:23.25　字数:417 千字　插页:1

版次:2018 年 6 月第 1 版　2018 年 6 月第 1 次印刷

ISBN 978-7-307-20293-1　定价:68.00 元

目　　录

绪　论

从李世石与阿法狗的人机大战到京东商城的无人机配送，人工智能已经逐步走入人们的生活之中。而在1998年开始的美国金融科技发展，Lending Club、Wealthfront、Betterment等一批智能投顾企业在两三年就发展成为独角兽企业(估值超过十亿美元)，更是对传统的证券投资分析行业形成冲击，也对传统证券投资理论运用于实践产生有极大的推动作用。证券投资理论作为金融经济学的一个重要分支学科，是伴随证券市场的形成和发展而逐步建立形成的。西方国家的证券市场发展迄今已经有四百多年的历史，人们对证券投资的理论研究和探讨也有数百年的历史，早在19世纪马克思就在《资本论》中对证券价格的确定进行了研究。但证券投资理论发展成为一门独立的、理论体系完善的金融经济学的一个分支学科，却是在20世纪50年代以后。概括证券投资理论的历史发展过程和演变特点，证券投资理论的发展可以分为传统的价值投资和图表分析理论阶段、现代金融学基础下的经典证券投资理论构建阶段、非理性金融市场视觉下的证券组合和定价理论阶段及当代人工智能时代的智能投顾四个阶段。

一、传统的价值投资与图表分析理论

传统的证券投资理论主要是指20世纪50年代以前，一些学者和投资分析人员所建立的一系列有关证券投资方面的理论。尽管这一时期各种证券投资理论和思想层出不穷，并被众多的投资大师运用于证券投资过程中获得较好的效果，但这一时期的证券投资理论更多的是从单一的角度来看待和分析证券市场的运行，缺乏综合性分析，是一种局部的、个体的、更注重短期市场分析的证券投资理论。具体来说，又主要包括价值投资和图表分析两大流派。

价值投资理论是一种最古老的、最基础的证券投资理论，早在19世纪马克思就在《资本论》中对证券的价值有论述。马克思认为，证券价格是由预期收益的大小及其可靠度和利息率来决定因素的，如果假定现实资本的增值不变，那么，这种证券价格的涨落就和利息率成反比。随后，希尔法登(Rudoff Hilferding，1877—1941年)在其《金融资本论》一书中继承马克思的《资本论》，对更加成熟的资本主义经济下的金融经济现象作了理论分析，指出股票的虚拟资本价值是用每股股票将来股息收入除以市场利率得出的。然而，关于价值型投资理论的形成最早可以追溯到20世纪30年代，是由哥伦比亚大学的本杰明·格雷厄姆首先提出，他首先将富有逻辑的分析原理引入股票市场的投资中，成为价值投资分析流派的创始人，被誉为“价值投资之父”。格雷厄姆和多德合著的《证券分析》(1934年)对价值投资理论进行了全面阐述，认为证券应该反映其发行主体经营实绩的内在价值，其价格是不能长期脱离价值的，所以证券投资必须仔细地研究有关发行主体的财务数据及其他资料，努力去发现该证券的内在价值。该专著发表后引起很大反响，华尔街的专业证券分析师几乎都成为价值投资理论的信徒。1938年，约翰·B. 威廉斯在其《投资价值理论》一书中首先使用了“贴现”概念，提出了计算股票内在价值的公式，后经耶鲁大学的欧文·费雪教授进一步发扬光大，建立了著名的股票现金流贴现模型，使之被广泛使用。由于每股股息只是每股税后利润的一个组成部分，股票的内在价值应反映每股税后利润而不仅仅是每股股息，于是，本益比(P/Eratio)概念应运而生，成为衡量证券投资价值的一个重要指标。本益比又称市盈率(m)，表示股价相对于每股税后利润的倍数，m值越小的股票就越具有投资价值。

价值投资理论认为，股票价格总是围绕“内在价值”进行上下波动，而决定股票价格的最重要因素是股票未来股息的高低，也即股票的内在价值又是可以测定的，投资者进行时投资首先要考虑股票的内在价值。投资者可以根据现在已知的情况和预计将来可能发生的变化对各种股票的股息收入作出长期预期，并随时间的推移和环境变化不断修正这种预期。这种对影响股票股息收入的全部因素进行分析的方法，也就构成了证券投资分析的两大分析方法之一的基本分析法。沃伦·巴菲特(Warren Buffett)就是依据这种投资理论进行市场投资而获得巨大成就的，成为通过股市投资而跻身于世界级富豪的第一人，使价值投资理论在20世纪70到80年代的美国受到推崇。但作为一种证券投资理论，价值投资理论也存在一些不足之处，一是它只重视股票的内在价值对股票价格的决定作用，而忽视了其他因素如投资者的知识水平、环境、心理状态、情绪等方面因素对股价的影响作用。二是对投资者的投资意愿定性存在偏差，假定股票投资者都是长期投资者，以赚取股息收入为目的，而不考虑资本利得或损失。三是绝大多数中小投资者要准确预测公司盈利水平是相当困难的，进行长期预测更难，这就决定了“内在价值”的不确定性和不准确性。同时，在现实生活中，证券价格超涨超跌的现象相当普通，价值投资理论也无法解释和预测证券价格的大幅度波动。

图表分析理论是与价值投资理论相对立的一种证券投资理论，其形成的基础是认为股票价格的波动和运行是由投资者心理决定的。投资者的心理预期变化又通过他们的买卖行为而直接表现在股票价格的变动上，因此，只要潜心研究股价过去运动规律就可从中发现投资者心理预期变化的规律，从而预测股价未来的变化。

探寻图表分析理论形成的思想渊源，可以追溯到现代宏观经济学之父的约翰·梅纳德·凯恩斯。他在1936年出版的《就业利息和货币通论》一书中专门论述了投资者预期对于股票价格决定的重要性。他提出了著名的“选美理论”，认为每个人为了获奖，都必须遵从大众的喜好来选美，而不是取决于这个人是否美丽。同样，专业人士要在投资中获利，也必须遵从普通投资大众的买股思维方式。因此，股票投资就是一个博傻游戏：每个人在购买股票时都不必研究该股票值多少钱，而只关心有没有比他更傻的傻瓜愿意以更高的价格向他买进；每个人在购买股票时都相信会有更傻的人来接替他的股票，这种游戏一直继续直至找到最后的傻瓜为止，此时股价开始下跌，于是傻瓜们又开始了“割肉比赛”。根据投资者心理变化的结果即股价的历史变动来预测股价的未来变动，也就形成了证券投资分析的另一种方法即技术分析法。

技术分析法是建立于三个假设的基础上，一是市场价格是一切信息的反映。基本面、政策面、消息面、资金面等情况变化，都能通过股价及成交量得以反映。二是股价运动遵循物理学的动力法则，其总体走势是按一定趋势进行的，直至有突发因素改变这种趋势为止。三是人类行为遵循固有模式，历史会重演。以此三个假设为基础，人们便可以根据历史股价走势构成的各种图表形态，研究投资者各种心理变化反映在图表形态上的结果，寻找股市运行规律，从而建立了形态分析、技术指标分析以及道氏理论、波浪理论、江恩理论等众多的技术分析理论，并广泛运用于证券投资操作之中。

显然，图表分析理论考虑了投资者心理对证券波动和运行的影响，用一系列短期预期取代长期预期，更适用于短期市场操作，并且按照技术图形和技术指标发出的信号进行市场操作简单明了，也造就了艾略特、江恩等一大批证券投资分析大师。但这一理论也存在根本的缺陷：否定股票的内在价值，使股票定价缺乏基本依据，投资者无法判定股票价格的合理区间；过分强调人性的短期行为，否认股市长期投资价值的存在，不利于股市长期投资者的形成，导致市场追涨杀跌的短期行为突出，股市频繁暴涨暴跌；同时，股市运行的图表形态是各种市场信息反映的结果，以此进行市场操作具有明显的滞后性，难以有效反映市场运行的内在本质。

二、现代金融学基础上的经典证券投资理论构建

1952年3月，美国经济学哈里·马克维茨发表了《证券组合选择》的论文，首次提出投资组合理论(Portfolio Theory)，并进行了系统、深入和卓有成效的研究，通过对证券投资的风险和收益进行了量化，建立均值方差模型，提出了确定最佳资产组合的基本模型，标志着现代证券投资理论的诞生。之后，伴随现代金融学理论的发展和完善，出现了一大批可以载入史册的伟大研究成果，包括莫迪利亚尼-米勒(Modigliani-Miller)的公司财务理论(简称MM理论)、夏普(Sharpe)的资本资产定价模型(CAPM)、罗斯(Ross)的套利定价理论(APT)、布莱克-斯科尔斯-默顿(Black-Scholes-Merton)的期权定价理论、法玛(Fama)的有效市场理论等学说和模型，而建立这些学说和模型的学者中的大多数人因此而荣获了诺贝尔经济学奖。现代金融学理论的发展，不仅改变了整个人类社会经济运行的轨迹，也促进了西方证券投资理论获得快速、突破性的发展。

马克维茨投资组合理论有三个基本假设：(1)投资者是要规避风险的，追求期望效用最大化；(2)投资者根据收益率的期望值与方差来选择投资组合；(3)所有投资者处于同一单期投资期。在此基础上，马克维茨提出了均值—方差模型，以期望收益及其方差(E，δ_2)确定有效投资组合。所谓均值，是指投资组合的期望收益率，它是单只证券的期望收益率的加权平均，权重为相应的投资比例。所谓方差，是指投资组合的收益率的方差。我们把收益率的标准差称为波动率，它刻画了投资组合的风险。以期望收益E来衡量证券收益，以收益的方差δ_2表示投资风险，通过计算各个资产预期收益的加权平均值和衡量组合资产风险的方差或标准差，从而得出资产组合的总收益。

马克维茨提出的均值—方差模型分析说明通过投资组合可以有效降低风险，对现代投资管理实践具有明显的指导意义。他提出的证券投资的风险和收益的衡量指标或标准，解决了资产投资时的风险衡量和如何取舍投资风险与收益的问题；引导基金经理投资由过去的注重选股票和单个证券的分析转向分散投资和组合投资，使投资管理理念发生了革命性变化。但这一理论也存在一些

不足之处，当需要考虑投资证券的数量较多时，所需要估算的数据量非常大，因数据统计估计带来的误差和不准确性也会影响组合投资时的资金分配比例，并且，重新调整资产配置比例也会带来交易成本的上升。

资本资产定价模型（Capital Asset Pricing Model 简称 CAPM）是由美国学者夏普（William Sharpe）、林特尔（John Lintner）、特里诺（Jack Treynor）和莫辛（Jan Mossin）等人于1964年在资产投资组合理论和和资本市场理论基础上发展起来的，主要研究证券市场中资产的预期收益率与风险资产之间的关系，以及均衡价格是如何形成的，是现代金融市场价格理论的支柱，广泛应用于投资决策和公司理财领域。

资本资产定价模型是假设所有投资者都按马克维茨的资产选择理论进行投资，对期望收益、方差和协方差等方面的估计完全相同，投资人可以自由借贷，并附加了一些假设条件后提出的。马克维茨认为当资本市场达到均衡时，风险的边际价格是不变的，任何改变市场组合的投资所带来的边际效果是相同的，即增加一个单位的风险所得到的补偿是相同的。他以此思路为基础，引入衡量资产系统性风险的指标 β（Beta 系数），建立均衡资本市场条件下的资本资产定价模型。其基本观点是，单个证券的期望收益率由两个部分组成，无风险利率以及对所承担风险的补偿——风险溢价，而风险溢价的大小取决于 β 值的大小。β 值越高，表明单个证券的风险越高，所得到的补偿也就越高。

资本资产定价模型主要应用于资产估值、资金成本预算以及资源配置等方面。通过将现行的实际市场价格与均衡的期初价格进行比较，投资者可以决定是买入该证券还是卖出该证券。同时，投资者可以根据对市场走势的预测来选择具有不同 β 系数的证券或组合以获得较高收益或规避市场风险。如预测牛市到来时，应选择那些高 β 系数的证券或组合，可以成倍地放大市场收益率，带来较高的收益。相反，在熊市到来之际，应选择那些低 β 系数的证券或组合，以减少因市场下跌而造成的损失。当然，资本资产定价模型中也有一些假设条件，也是一种理想环境下的得出的结论，但其核心是认为资产价格围绕资产价值波动，反映出证券价格波动的基本规律。

套利定价理论 APT（Arbitrage Pricing Theory）是美国学者斯蒂芬·罗斯1976年提出的一种新的资产定价模型。套利定价理论是资本资产定价理论的拓展，由 APT 给出的定价模型与 CAPM 一样，都是在均衡状态下的模型，不同的是 APT 的基础是因素模型。套利定价理论认为，套利行为是现代有效率市场即市场均衡价格形成的一个决定因素。如果市场未达到均衡状态的话，市场上就会存在无风险套利机会。并且用多个因素来解释风险资产收益，并根据无套利原则，得到风险资产均衡收益与多个因素之间存在(近似的)线性关系。而资本资产定价理论 CAPM 模型预测所有证券的收益率都与唯一的公共因子(市场证券组合)的收益率存在着线性关系，因此，单因素的资本资产定价理论可以看做是套利定价理论的特例。

期权是购买方支付一定的期权费后所获得的在将来允许的时间买或卖一定数量的基础商品(underlying assets)的选择权。期权价格是期权合约中唯一随市场供求变化而改变的变量，它的高低直接影响到买卖双方的盈亏状况，是期权交易的核心问题。期权定价的方法主要有布莱克-斯科尔斯模型。布莱克-斯科尔斯模型(Black-Scholes Model)，简称 BS 模型，是一种为期权或权证等金融衍生工具定价的数学模型，由美国经济学家迈伦·斯科尔斯与费雪·布莱克所最先提出，并由罗伯特·墨顿完善。该模型就是以迈伦·斯科尔斯和费雪·布莱克命名的。1997 年迈伦·斯科尔斯和罗伯特·墨顿凭借该模型获得诺贝尔经济学奖。期权定价模型(OPM)模型认为，只有股价的当前值与未来的预测有关，变量过去的历史与演变方式与未来的预测不相关。决定期权价格的因素非常复杂，合约期限、股票现价、无风险资产的利率水平以及交割价格等都会影响期权价格。

有效市场假说(Efficient Markets Hypothesis，简称 EMH)是 1965 年由美国芝加哥大学金融学教授尤金·法玛(Eugene Fama)提出的，并于 1970 年对该理论进行了深化，其对有效市场的定义是：如果在一个证券市场中，价格完全反映了所有可以获得的信息，那么就称这样的市场为有效市场。他将有效资本市场假说划分为三种形式：弱式有效市场假说(Weak-Form Market Efficiency)、半强式有效市场假说(Semi-Strong-Form Market Efficiency)、强式有效市场假说(Strong-Form Market Efficiency)。作为一种理论假说，所论述的资本市场作为一个复杂系统并不像有效市场假说所描述的那样和谐、有序，有层次。实际上，并非每个人一直是理性的，投资者不是偶然偏离理性，而是经常以同样的方式偏离理性。行为金融学中“投资者心态”理论讨论的就是大量投资者犯同样的判断失误的错误，且他们的错误又有相关性的现象。因此，有效市场假说也存在明显的缺陷。

这一时期的证券投资理论也呈现出一些新的特点，一是证券投资理论无论是理论内涵深度还是从分析手段上得到了极大的丰富，成为一门理论体系完善、在当代金融经济学体系中占有重要地位的金融经济学分支学科。二是证券投资理论体现了金融的本质即风险管理。哈里·马克维茨建立的证券投资组合理论，揭示了“不要把鸡蛋放在一个篮子里”的风险管理意识，为应对金融产品投资中的不确定性提供了分析基础。三是证券投资理论体现出全面、综合性分析市场的特点，并为机构投资者的发展和机构投资者的投资理念形成奠定了基础。

三、非理性金融市场视觉下的证券组合和定价理论

伴随投资组合理论、资本资产定价模型、APT 模型和有效市场理论建立和发展，到 1980 年，经典投资理论框架基本构建完成。此后，世界各国学者对证券市场运作规律的研究主要是做一些修补和改进工作。但在随后的 20 多年，证券市场上实证研究发现了许多无法由 EMH 和资本资产定价模型加以合理解释的异常现象。面对一系列金融异象，人们开始质疑以有效市场假说为核心的传统金融理论，行为金融学因能够较好地解释这些现象开始受到越来越多学者的关注。1979 年，美国普林斯顿大学的心理学教授丹尼尔·卡纳曼(Daniel Kahneman)等人发表了题为《期望理论：风险状态下的决策分析》的文章，正式提出了期望理论，该理论以其更加贴近现实的假设，建立了人类风险决策过程的心理学理论，严重冲击并动摇了传统金融学所依赖的期望效用理论，并为行为金融学奠定了坚实的理论基础，成为行为金融学发展史上的一个里程碑。

基于理性假设的传统经济学不足以解释人们的风险决策行为，股票价格并非只由企业的内在价值所决定，还在很大程度上受到投资者主体行为的影响，即投资者心理与行为对证券市场的价格决定及其变动具有重大影响。以期望理论为基础的行为金融学有关理论迅速繁荣和发展，也推动了行为资产组合理论(BPT)及行为资产定价模型(BAPT)的形成和建立，并广泛运用于证券投资理论研究之中。

行为组合理论是在现代资产组合理论的基础上发展起来的，是由斯塔曼(Meir Statman)和谢弗林(Hersh Shefrin)借鉴 Markowitz 的现代资产组合理论于 2000 年提出的。它针对均值—方差方法以及以其为基础的投资决策行为分析理论的缺陷，从投资人的最优投资决策实际上是不确定条件下的心理选择的事实出发，确立了以 $E(w)$ 和 Prob $(w \leqslant s) \leqslant \alpha$(其中 $E(w)$ 为预期财富，α 为某一预先确定的概率)来进行组合与投资选择的方法根基，以此来研究投资者的最优投资决策行为。该理论打破了现代投资组合理论中存在的局限：理性人局限、投资者均为风险厌恶者的局限以及风险度量的局限，更加接近投资者的实际投资行为，引起了金融界的广泛关注。

行为组合理论包括单一心理账户和多个心理账户，其中单一心理账户投资者关心投资组合中各资产的相关系数，所以他们会将投资组合整个放在一个心理账户中，而多个心理账户投资者会将投资组合分成不同的账户，忽视各个账户之间的相关关系。与现代资产组合理论认为投资者最优的投资组合应该在均值方差的有效前沿上不同的是，行为组合理论实际构建的资产组合是基于对不同资产的风险程度的认识以及投资目的所形成的一种金字塔式的资产组合。金字塔的每一层都对应着投资者特定的投资目的和风险特征。投资者通过综合考察现有财富、投资的安全性、期望财富水平、达到期望水平的概率等几个因素来选择符合个人愿望的最优投资组合。

行为资产定价模型(Behavioral Asset Pricing Model，BAPM)是谢夫林(Shefrin)和斯塔特曼(Statman)在1994年挑战资本资产定价模型而提出了行为资产定价模型。他们一方面通过借鉴心理学、行为学、社会学等其他学科，不断修正和完善传统金融学的基本预设和分析范式，另一方面也尝试着提出自己的解决问题的模型即行为资产定价模型(BAPM)。行为资产定价模型是行为金融理论之核心。但是，行为资产定价理论只是对“现代金融”的资本资产定价模型的补充和扩展。

与CAPM不同，在BAPM模型中，投资者被划分为信息交易者和噪声交易者。信息交易者是“理性投资者”，他们通常支持现代金融理论的CAPM模型，避免出现认识性错误并且具有均值方差偏好。噪声交易者通常跳出CAPM模型，易犯认识性错误，没有严格的均值方差偏好。当信息交易者占据交易的主体时，市场是有效率的，而当噪声交易者占据交易的主体地位时，市场是无效率的。因此，BAPM模型所描述的是理性交易者和非理性交易者互动情况下的资产定价方式。在BAPM模型中，证券的预期收益是由其“行为贝塔”(behavioral beta)决定的，把决定证券预期回报的β系数与行为相联系，这样的行为β与均值方差有效组合的切线有关，而不是与市场组合有关，行为资产组合(行为贝塔组合)较市场组合要人为调高成长型股票的比例。BAPM模型中资本市场组合的问题仍然存在，只是均值方差有效组合会随时间而改变。显然，BAPM既有限度地接受了市场有效性，也秉承了行为金融学所奉行的有限理性、有限控制力和有限自利。

显然，这一阶段的证券投资理论发展更多地将视觉转向投资者的行为研究，理论更贴近现实，更好地解释了市场形成的“反映过度”“羊群效应”等一系列市场现象。但由于人的行为和情绪的复杂性，还有更多的市场现象有待于进一步研究，相关的证券投资理论也还有待于进一步充实和完善。

四、人工智能时代的智能投顾

1998年12月，美国Paypal为代表的第三方互联网支付平台的兴起，标志着金融科技(Fintech)发展进入一个新的时代，金融科技公司和机构成为资本市场上的新宠儿。所谓金融科技(Fintech)是指互联网公司或高科技公司利用云计算、大数据、移动互联网等新兴技术，大幅提升传统金融服务的操作效率与客户体验，由此践行普惠金融+金融服务大众化的精神。而在大量兴起和发展的金融科技公司中，智能投顾行业更是发展迅速，美国的Lending Club、Wealthfront、Betterment等智能投顾企业在两三年就成为独角兽企业(估值超过十亿美元)，而传统金融企业和机构要达到这种估值水平却须修炼数十年。

所谓智能投顾(Robo-advisor)，也就是机器人投顾，是一种在线投资顾问服务模式，通过现代资产组合理论等相关算法搭建一个数据模型，根据投资者的风险偏好、财务状况及理财目标，为用户提供智能化和自动化的资产配置建议。其最大的价值是，通过互联网客户服务体验+人工智能+大数据分析，解决了投资者缺少专业投资建议的瓶颈。相比传统的投资顾问平台，智能投顾也需要平台用户在网上填写调查问卷，包括客户的可投资资金、风险承担能力和预期收益要求。但智能投顾平台在获取这些用户信息后，可以根据大数据分析提供针对性的资产配置建议，并定期根据投资者以往收益状况与金融市场发展动态进行重新评估，从而对用户资产组合进行合理的调整。显然，智能投顾解决了线下传统金融服务方式存在的存在成本高、难以覆盖普通大众等问题，并可以帮助投资者避免情绪化的操作，使证券投资管理或财富管理进入一个新的阶段。

在我国，智能投顾市场仍处于培育阶段，不久前，国家级人工智能战略规划的出台意味着“人工智能+金融”正成为未来金融行业发展的方向，我国资产管理行业已开始关注、研究和思考人工智能的发展与应用。2017年8月30日，由中国证券投资基金业协会金融科技专业委员会主办，通联数据、新智元承办的“2017智能投资峰会”在北京召开，探讨资管行业应用人工智能技术的趋势、实践和发展。8月31日，上海壹账通金融科技有限公司携“智能财富管家”正式进入智能投顾市场，在1.8亿用户多年来积累的金融财富数据的基础上，提供用户侧的大数据处理。近几年，我国已经运行的一些有影响的智能投顾平台主要有：(1)摩羯智投。2016年12月，招商银行推出了摩羯智投，成为业内首个由国内商业银行推出的智能投顾产品，资产管理规模已突破50亿元。(2)金融界灵犀智投。金融界推出的智能投顾产品于2016年11月8日上线运营，在稳健运营半年有余后，金融界正式发布智能投顾品牌“灵犀智投”，旗下包括灵犀智投(智能投顾)、灵犀定投(智能定投)两大产品。灵犀智投依据诺贝尔奖经典理论的投资组合策略进行资产配置，覆盖A股、港股、美股、黄金、债券等大类资产，同时纳入了养老模型和家庭资产配置理念，为每一位投资者提供“千人千面”的智能化服务，量身定制投资组合。(3)宜信财富投米RA。投米RA为宜信财富旗下智能投顾产品，其海外RA组合于2016年5月28日上线。产品沿用海外智能投顾的经典模式，通过对接美国嘉维证券，直接投资于海外ETF构建组合。近期，投米RA丰富了产品线，于2017年5月28日正式上线了境内RA组合，精选9只国内公募基金产品，覆盖A股、债券、美股、黄金等大类资产。(4)理财魔方。理财魔方团队成立于2014年底，产品于2015年3月正式上线。其产品围绕组合风险控制和用户风险定制的基本原则，为用户提供配置方案。为区别于其他智能投顾产品，理财魔方根据投资者的客观特征的改变，动态修正投资者的风险承受能力，动态匹配最佳投资组合。目前，理财魔方以“千人千面”和动态调仓功能为重点，为用户提供个性化的配置管理方案以及用户心理的调整与跟踪服务。

显然，21世纪以来的证券投资理论研究已经更多地转入实际应用阶段，互联网金融的快速发展和大数据时代的到来，也使现代证券投资理论能更好地服务于普通大众的投资需要。但这种证券投资理论广泛运用于普通投资者的投资实践，是基于建立完善的大数据系统。这种大数据系统不仅包括各种投资品种如各种股票、债券、基金以及各种衍生品等投资标的的基本数据，还包括各类投资者的基本数据资料，而目前大多数智能投顾平台的大数据系统建设的严重滞后，必然会影响智能投顾平台所提供的资产配置建议的合理性。因此，加强大数据建设，是促进证券投资理论广泛服务于普通大众的前提和基础。

第一章　中国证券市场的发展历程及重要事件

中国证券市场作为一个新兴的证券市场，尽管起步较晚，在发展过程中历经曲折，并反复受到传统观念和认识的制约，在争论中逐步前进。但经过近二十年的快速发展，中国证券市场完成了美国、英国等发达国家证券市场上百年走过的路程，市场规模已经超过日本、英国等国家，上海证券交易所和深圳交易所的市场规模和年交易总量也进入世界前列，沪港通和深港通以及即将开通的沪伦通，更使中国证券市场向国际化方向发展迈进，中国证券市场已经发展成为一个层次结构相对完善、法规体系相对健全、全国统一监管的相对成熟的证券市场，在促进国有企业改革、实现国有企业经营机制转换、解决企业发展的资金问题、推动我国经济结构调整和技术进步等众多方面都发挥了重要作用。

第一节　中国证券市场的发展历程

中国证券的萌芽可以追溯到乾隆四十四年(1779 年)四川自贡自流井诞生的“同盛井约”。该契约“从内容上看，符合股份制特征，与现代意义上的股票有相似之处”(厉以宁语)。1864 年，英国汇丰银行为吸收华人股份发行了中国境内第一张股票；1873 年，由李鸿章创办的轮船招商局发行了第一张中国企业股票。第一张债券是清政府为筹措军费而于 1894 年发行的。1869 年，上海出现了零星的外国公司股票交易。1882 年上海初步形成了证券市场，华商组织了上海“平准股票公司”，外商组织了“股票掮客公会”，这是中国出现的最早的专门从事股股票交易的机构。1891 年，外商组织了中国境内最早的证券交易所——上海股份公所。1902 年清政府建立了上海众业公所。1914 年，上海股票商业公会成立，主要交易政府债券、铁路债券和公司股票，标志着中国人自己经营的第一家现代证券交易所诞生。1916 年，中国人自己开办的证券交易所——汉口证券交易所开业。1918 年北京股票交易所成立，1921 年天津证券物品交易所成立，1920 年孙中山先生与虞洽卿联名向北洋政府申请成立了上海证券物品交易所。此后，华商证券交易所相继在北京、上海(如上海华商证券交易所、上海证券物品交易所)、天津、四明(宁波)、青岛、重庆等地成立并正式开业。1921 年秋，上海先后兴起的 150 家交易所，并在 20 世纪 30 年代成为远东著名的国际金融中心。后因股票价格大幅下跌而倒闭，引起了连锁反应，上海有近百家证券物品交易所倒闭，形成中国证券市场的第一次信交风潮。抗日战争时期京津沪相继被日军占领，经济处于停滞状态，各路资金都涌向股市，证券交易所活跃起来，上海的交易所由不到 10 家增加到 80 家，天津的证券贸易行最多时达 150 家，同时津沪两地无照经营的交易所达 200 多家。

1949 年后，中国对证券交易实行限制利用的政策，关闭了旧的证券交易所，在接收、改造的基础上分别了设立天津、北京证券交易所，交易启新洋灰、开滦矿务等近 10 种公司股票。由于游资等撤离、投机过盛、交易清淡等原因，1952 年这两家交易所被先后关闭。1950 年前后，中国还发行了人民胜利折实公债、国家经济建设公债、“上海恒丰毛绒”股票和“沁源县信用合作社粮食股票”等，但这些证券均未能进入流通，计划经济体制的实行，使市场经济的生存空间极为狭小并逐步退出对经济调节的舞台，中国证券市场也呈现发展中断的现象。中国证券市场的真正形成和发展源于 1978 年改革开放后中国的经济体制改革，是伴随企业改革的逐步深化和中国经济的持续发展而应运而生，并成为推动中国所有制变革和改进资源配置方式的重要力量。因此，我国以公有制经济为主体的证券市场的萌发和建立，是以 1981 年发行国库券为标志的。概括 1981 年以来中国证券市场的发展，可以分为下面几个阶段：

一、中国证券市场萌生与建立阶段

从 20 世纪 80 年代到 1991 年，是中国证券市场萌芽和建立阶段。1978 年中国经济体制改革全面启动，伴随着股份制经济的发展，中国资本市场开始萌生。1981 年恢复发行了国库券，1984 年，经国务院批准，我国开始在沈阳、上海、重庆、武汉、广州、哈尔滨和深圳等七个城市进行放开国库券转让市场的试点。1986 年经中国人民银行沈阳市分行批准，沈阳市信托投资公司首先开办了有价证券的柜台转让业务。1987 年增发了国家重点建设债券、重点企业债券和股票。这期间，最早出现的是带有计划烙印的、很不规范政府债券市场，国库券发行采用行政派购方式，而且不允许转让、流通，所以，规范意义上的政府债券二级市场并未形成。1988 年，在继续增发国家建设债券、基本建设债券、大额可转让存单和企业短期融资券的同时，国家先后在 61 个大中城市放开了国库券的流通，国库券转让业务迅速在全国大中城市铺开。国库券二级市场的开放，不仅带动了政府债券品种和发行量的大幅度增长，大批企业改变传统筹资方式，开始以直接融资方式进入资本市场筹措资金。

与此同时，1984 年 9 月，改革开放后第一家股份有限公司北京天桥百货股份有限公司成立，首次发行定期 3 年的股票。同年 11 月，上海飞乐音响股份有限公司向社会公开发行了第一只比较规范的股票。1985 年 9 月，深圳经济特区证券公司经批准设立，这是我国第一家证券公司。1986 年 9 月，中国工商银行上海信托投资公司静安证券部开办了“飞乐音响”和“延中实业”两只股票的柜台交易。这一时期，其他地区也进行了各种形式的尝试，但总的看来，股票的发行和转让尚属于个别企业在小范围内的摸索。直到 1990 年底相继成立上海证券交易所和深圳证券交易所，我国才有了集中的证券交易场所。1991 年底，人民币特种股票(B 股) 的发行，开辟了通过股票市场吸引外资的新渠道，中国证券市场开始从局部试点成长为全国性的大市场，从无序摸索发展到有规可循、逐步规范，已成为社会主义市场经济体系的重要组成部分，在国民经济发展中的积极作用日益显现。

这一时期的中国证券市场特点是，发展规模小，带有试点的性质，证券市场除国债发行之外，几乎没有明确的法规条例约束，处于一种自由发展的状态。

二、全国统一监管市场的形成阶段

从 1992 年到 1998 年，中国证券市场开始形成全国统一监管市场体系。1992 年初，邓小平同志南方讲话肯定了股份制和证券市场改革的试验，关于证券、股市“允许看，但要坚决地试”的讲话，解除了重大思想束缚，强有力地推动了改革开放的进程，证券市场在和整个经济体制改革的相互推进中进入了新的发展时期。1992 年 8 月，“8·10”事件爆发，市场监管和规范发展问题开始凸现。1992 年 10 月，国务院证券委和中国证监会成立，刘鸿儒出任首任主席，确立了市场监管主体，改变了原来包括人民银行、体改委、国家计划委员会、地方政府的多头证券市场管理体系；1992 年底，国务院发出《关于进一步加强证券市场宏观管理的通知》；1993 年 4 月，《股票发行与交易管理暂行条》颁布；1993 年 6 月，境内企业开始试点在香港上市；1993 年 8 月，禁止债券欺诈行为暂行办法发布；1994 年 7 月，《中华人民共和国公司法》生效施行；1997 年 10 月 1 日正式生效的《中华人民共和国刑法》，增列了有关证券犯罪和刑罚的条款，结束了我国有证券市场而没有维护证券市场秩序的系统的刑事法律规范的历史；1997 年 11 月，《证券投资基金管理暂行办法》发布，规范证券投资基金的发展；1998 年 4 月，国务院证券委取消，证监会成为全国证券期货市场的监管部门，并在全国设立了派出机构，建立了集中统一的证券期货市场监管框架；1998 年 12 月 29 日，酝酿 5 年多的《证券法》获得人大常委会的通过。一系列相关的法律法规和规章制度陆续出台，确立了中国证券市场统一监管体系的初步形成。同时，全国实行股份制改革，公开发行股票和定向幕集股份的企业累计已达 5000 多家。在证券市场上涌现出一批新型金融商品，如投资基金、认股权证、可转让债券和投资受益债券等，债券市场与股票市场相映成辉，共同进入繁荣时期。

这一时期的证券市场特点是：(1)形成了全国统一监管体系，属于行政管制下的准规范发展时期。(2)证券市场由局部试点发展成为全国性市场，股票发行与上市规模迅速扩大，为支持经济发展筹集了大量资金。(3)股票发行制度经历额度制管理、“指标管理”制阶段，实行“总量控制，限报家数”。政府手里掌握着有限的发行指标，拟上市企业不得不花费巨额成本与政府拉关系，以致出现严重的“政府市场”，造出了一批具有中国特色的“壳资源”公司，也造成中国股市频繁出现巨幅波动。

三、依法治市和市场结构改革阶段

1999 年至 2004 年是中国证券市场开始依法治市和市场结构改革阶段。1999 年 7 月，《证券法》的实施，以法律形式确认了证券市场的地位，奠定了我国证券市场的基本法律框架，使我国证券市场的法制建设进入一个新的阶段。2001 年 3 月，股票发行开始正式实行“通道制”。通道制下的股票发行额度不直接受总量控制，而是通过发行通道的限制间接受控，通道数额被分配到主承销商，而不再分配给政府或行业主管部门；证券监管部门仍实行实质审核，券商投行开始获得一部分推荐股票发行的权力，同时也承担起股票发行的风险和确保上市公司质量不出问题的责任。2003 年《证券投资基金法》颁布，大力培育机构投资者，倡导价值投资理念。2004 年“国九条”的颁布，不仅确立了证券市场的重要地位，而且为证券市场注入了强劲的发展动力。同年 2 月保荐制开始实施，新股发行制度向市场化方向迈进了一步。5 月深交所中小板正式开板，使中国资本市场结构得到一定完善。2004 年 2 月，国务院发布《关于资本市场改革开放和稳定发展的若干意见》，明确了证券市场的发展目标、任务和工作要求，是资本市场定位发展的纲领性文件。

这一时期的中国证券市场特点是：(1)《证券法》的实施，使证券市场依法治市有了依据。(2)新股发行体制由审批制改革为核准制，建立了以信息披露为核心的责任制度，提高了股票发行审核工作的程序化和透明化，上市公司治理结构得到改善。(3)基金行业运作规范化和透明化，保险、社保基金以及企业年金等机构投资者进入资本市场，一定程度上改变了过去中国证券市场以散户为主体的投资者机构。

四、深化改革和规范发展阶段

2005 年至 2008 年是中国证券市场进一步改革深化发展和规范阶段。2005 年 4 月，中国证监会发布了《关于上市公司股权分置改革试点有关问题的通知》，启动股权分置改革试点工作，A 股进入全流通时代，大小股东利益趋于一致。针对前期南方证券、闽发证券、“德隆系”等证券公司的问题充分暴露，证券行业多年累积的风险呈集中爆发状态，2005 年 7 月，国务院办公厅转发证监会《证券公司综合治理工作方案》，要求各地区、各部门高度重视共同做好综合治理工作，并出台了《证券公司监督管理条例》和《证券公司风险处置条例》。2006 年 1 月，修订后的《证券法》《公司法》正式施行。2006 年下半年，中断近一年多的新股发行恢复，投行业务真正进入了“核准制”下的“保荐制”时代。同年 9 月，中关村高科技园区非上市股份制企业开始进入代办转让系统挂牌交易。2006 年 9 月，中国金属期货交易所成立，推进了中国金融衍生品市场的发展，完善了中国资本市场结构体系。2007 年 7 月，中国证监会发布了《证券公司分类监管工作指引(试行)》和相关通知，对证券公司风险进行监管。2007 年，证监会设立行政处罚委员会和稽查总队，从制度上确定“查、审分离”模式。2008 年 8 月，证监会出台文件鼓励上市公司现金分红，引导投资者建立价值投资理念。2008 年我国的证券市场在美国金融危机的影响下进入了空前的调整之中，同时凸显出的是证券市场避险功能的缺失。

这一时期的中国证券市场特点是：(1)股权分置改革从试点到全面铺开和完成，改变了长期以来中国股票市场中“同股不同权，同股不同价”的股权分离现象，A 股市场的全流通，促使上市公司管理层更为关注其股票的市场走势，市场运行更为市场化和规范化。(2)证券公司的综合治理有效化解了因证券公司挪用客户交易结算资金、违规资产管理、挪用客户债券和股东占款、超比例持股等长期积累形成的巨大风险，处置了一批高风险公司，在集中改革完善了一批基础性制度，健全了法规体系和监管机制的基础上，推进证券公司的业务创新，为证券市场进一步发展打下较好的基础。

五、多层次资本市场的形成和完善发展阶段

2009 年以来，中国证券市场发展进入一个新的阶段，创业板市场的建立，标志着中国证券市场多层次结构体系框架的基本形成，证券市场进一步完善和发展。2009 年 3 月，创业板正式开板。第一轮新股发行制度改革拉开序幕，股票发行定价完全市场化，要求市场各参与主体归位尽责，买者风险与责任自负。2010 年股指期货的推出和融资融券的试点，为资本市场提供了双向交易机制。2012 年 8 月、2013 年 2 月转融资、转融券业务陆续推出，扩大了融资融券业务发展所需的资金和证券。2013 年 11 月中国证监会发布《关于进一步推进新股发行体制改革的意见》，新一轮新股发行制度改革启动。2013 年 12 月，新三板准入条件进一步放开，新三板市场正式扩容至全国。2014 年 3 月 21 日，证监会发布《优先股试点管理办法》，11 月 28 日，农业银行 400 亿元优先股在上交所挂牌交易，标志着中国境内资本市场第一只优先股产品圆满完成发行及挂牌工作。2014 年 5 月 9 日，新“国九条”的《国务院关于进一步促进资本市场健康发展的若干意见》出炉。从顶层设计全面绘制了包括股票市场、债券市场、期货市场在内的资本市场发展蓝图，明确了股权市场的层次结构、基本要求和发展债券市场、期货市场的政策措施。证监会 5 月 16 日发布实施《首次公开发行股票并在创业板上市管理办法》和《创业板上市公司证券发行管理暂行办法》。6 月 20 日发布《关于上市公司实施员工持股计划试点的指导意见》。7 月 4 日，证监会就《关于改革完善并严格实施上市公司退市制度的若干意见(征求意见稿)》向社会公开征求意见，这标志着新一轮退市制度改革启动。11 月 17 日，沪港股票市场交易互联互通机制试点(沪港通)开通仪式在上海、香港同时举行。伴随沪港通试点启动，沪港两地证券市场成功实现联通，中国资本市场国际化进程取得重大进展。2014 年 11 月 19 日国务院总理李克强主持召开的国务院常务会议指出，抓紧出台股票发行注册制改革方案，取消股票发行的持续盈利条件，降低小微和创新型企业上市门槛。建立资本市场小

额再融资快速机制，开展股权众筹融资试点。11 月底，证监会将股票发行注册制改革方案上报国务院。2015 年 1 月 9 日证监会发布《股票期权交易试点管理办法》及配套规则。针对 2015 年因大量非法融资进入股市造成股市疯狂炒作的现象，7 月 1 日证监会发布《证券公司融资融券业务管理办法》，上海、深圳证券交易所同步发布《融资融券交易实施细则》。7 月 31 日，证监会、财政部、国资委和银监会联合发布《关于鼓励上市公司兼并重组、现金分红及回购股份的通知》，以进一步提高上市公司质量，建立健全投资者回报机制，提升上市公司投资价值，促进结构调整和资本市场稳定健康发展。随后，证监会发布了《关于上市公司股息红利差别化个人所得税政策有关问题的通知》《关于继续做好清理整顿违法从事证券业务活动的通知》《证券期货市场程序化交易管理办法(征求意见稿)》等规章制度。2016 年 1 月，新股发行按照新的市值配售制度执行。投资者申购新股时无需再预先缴款，小盘股将直接定价发行。2016 年首个交易日，作为熔断机制的基准指数，沪深 300 指数先后触发 5%和 7%的熔断阈值，自 1 月 8 日起暂停实施指数熔断机制。1 月 7 日，证监会发布《上市公司大股东、董监高减持股份的若干规定》，规范大股东减持预披露行为。随后证监会还发布了《证券公司风险控制指标管理办法》《上市公司股权激励管理办法》《证券期货经营机构私募资产管理业务运作管理暂行规定》等一系列政策和规章制度。2016 年 12 月深港通正式启动，中国证券市场进一步向国际化方向迈进。

这一时期的中国证券市场特点是：(1)中国证券市场结构进一步完善，包括主板市场、中小板市场、创业板市场、三板市场等多层次市场体系的框架基本形成，多空双向交易机制基本建立。(2)证券市场运行和监管的各项法规和规章制度进一步完善，管理层调控市场的手段更为丰富，中国证券市场逐步走向成熟，证券市场为中国经济提供投融资服务等功能日益突出和体现。(3)证券市场更多地为那些充满活力的中小企业经营者所吸引，并有相当一批优质的、具备一定创新能力的民营企业和新兴高科技企业进入到资本市场，证券市场对我国经济结构转型和战略性新兴产业发展起到了不可估量的作用。

第二节　影响和改变中国证券市场的重大事件

尽管中国现代证券市场发展的历史并不长，但在近三十年的证券市场发展过程中，却发生了很多的事件，并出现了很多的风云人物和资本大佬，在中国证券市场上走出不同的人生轨迹。这些事件虽反映了中国证券市场发展中出现的一些问题和不成熟，对短期市场发展形成了极大的冲击，但这些事件也促进了管理层不断完善各项政策和规章制度，推动着中国证券市场不断走向成熟。

一、深沪交易所的酝酿与建立

1984 年 11 月 18 日，上海飞乐音响公司成立并向社会发行每股面值 50 元的股票 1 万股，筹集了 50 万元资本，成为改革开放以来发行的第一只上市股票。1986 年 11 月，邓小平把一张面值 50 元的飞乐音响股票作为礼物赠送给美国证券纽约交易所董事长约翰·凡尔霖，并告诉他这只股票的资本金是 165 万元，发行了 3.3 万股，凡尔霖成为唯一的外国股东，正式确立了“飞乐音响”为中国第一股的地位。尽管坊间对最早发行的股票有“抚顺红砖”“深圳宝安”“北京天桥”之说。

1987 年，美国股市出现“黑色星期一”，引发全球股市爆发大规模股灾，对“87 股灾”的反思，却萌发了中国高层建立中国证券交易所想法。而谈到中国证券交易所的建立，这几个人功不可没：

高西庆，1981 年赴美留学，学习法律，后任华尔街马基罗律师事务所合伙律师。

王波明，其父亲王炳南于 1964—1975 年任中国外交部副部长，他于 1978 年考入北京第二外国语学院分校，后赴美留学，1987 年毕业于哥伦比亚大学，后到纽约证券交易所作经济师。

李青原，1976 年毕业于北京外语学院，1977 年在英国曼彻斯特大学攻读，1987 年为美国哥伦比亚大学访问学者，1988 年成为中国证券市场研究设计联合办公室的创始人和研究开发部主任，成为中国证券市场最早的推动者和设计者之一。

周小川，1982 年获机械科学研究院北京自动化研究所计算机应用与系统工程获硕士学位，1985 年清华大学自动化系系统工程专业获工学博士学位，1985—1986 年任国务院体改方案研讨领导小组成员，1986—1986 年国家经济体制改革委员会中国经济体制改革研究所副所长，1986—1991 年为国家经济体制改革委员会委员，2000—2002 年任中国证券监督管理委员会主席，2002—2013 年任中国人民银行行长。

经叔平，1984 年任中国国际信托投资公司执行董事长，1993 年当选中国工商联“七大”执行主席，1995 年筹建中国民生银行并出任董事长。

胡晓灵，1984 年毕业于中国人民银行研究生部获经济学硕士，1985 年任中国人民银行研究所应用理论研究室副主任，1988 年任《金融时报》社副总编辑，1991 年任中国人民银行金融体制改革司副司长，2007 年 12 月 23 日，卸任中国人民银行副行长之职，2011 年 12 月，获得 2011 年 CCTV 中国经济年度人物。

胡晓炼，1984 年毕业于中国人民银行金融研究所研究生部获经济学硕士，1984 年 12 月，到国家外汇管理局工作，历任政策研究室副主任、主任，政策法规司副司长，储备管理司副司长、司长。1984 年，胡晓灵、胡晓炼等 20 多人共同撰写了《中国金融改革战略研讨》，提出要建立中国证券市场。

1988 年，高西庆和王波明相约回国，目标是筹建中国的股票交易所。他们和一帮青年人在时任国家经济体制改革宏观司处长李青原家，商讨建立证券交易所相关事项，并由王波明、高西庆、王巍、李青原等 8 人共同写成《关于促进中国证券市场法制化和规模化的政策建议》。1988 年 7 月，中国人民银行总行召开了《金融体制改革和北京证券交易所筹备研讨会》，会后，中国人民银行总行牵头，王波明、高西庆、周小川等参与，编写了《关于中国证券市场创办与管理的设想》，主要内容包括《筹建北京证券交易所的设想和可行性报告》、《证券管理法的基本设想》和《建立国家证券管理委员会的建议》。至此，中国证券业的整体框架构建初步形成。1988 年 11 月 9 日，王波明、周小川等在国务院第三会议室，向中央领导汇报了《关于中国证券市场创办与管理的设想》内容，关于新中国的股市建议进入了中南海。

1989 年 3 月，证券交易所研究设计联合办公室成立，后改名为“中国证券市场设计研究中心”。与此同时，上海市政府经济体制改革办公室召开了“中国人民银行上海分行”等单位开会研究成立上海证券交易所的方案。1989 年 12 月，时任上海市市委书记和市长的朱镕基提出建立证券交易所和引进外资银行的改革思路，成立由李祥瑞、龚浩成、贺镐声组成上海证券交易所三人筹备小组。通过调研全国主要城市证券市场的发展情况后，证券交易所研究设计联合办公室理事长经叔平应召到上海商讨建立证券交易所事项，协助上海“筹建上海证券交易所三人小组”筹建上海证券交易所。1990 年 9 月 17 日中国人民银行上海分行向中国人民银行总行和上海市政府提交了《关于建立上海交易所的请示》，两天后，中国人民银行和上海市政府联合向国务院上报了《关于建立上海交易所的请示》。11 月 14 日中国人民银行批复同意设立上海交易所。11 月 26 日，上海交易所举行成立大会，成为内地的第一家证券交易所。

与此同时，1989 年 11 月，深圳成立证券交易所筹备组，任命禹国刚、王健为负责人。1990年春天，筹备组到中国人民银行总行汇报，1990年12月1日，深圳证券交易所开始试营业。尽管深圳证券交易所拿到批文比上海证券交易所要晚几天，但却是改革开放后中国第一家运作的证券交易所。

二、深圳“8·10”事件：中国证券市场的第一次风暴

1992年，深圳开始酝酿发行新股，新股上市方案从1992年3月份开始酝酿，也通过报纸征求意见，最后在7个备选方案中，“面向全国发行，让普通百姓也受益”这个老方案得到沿用。

8月7日，《深圳商报》头版刊登了中国人民银行深圳分行、深圳市公安局、深圳市工商行政管理局、深圳市监察局联合发布的《1992年新股认购抽签表公告》(以下简称《公告》)。《公告》共17条。其中第一条规定：“发售新股认购表500万张，一次性抽出50万张有效中签表，中签率约为10%(实际中签率按回收的抽签表的总数计算)。每张中签表可以认购本次发行公司的股票1000股。”第六条规定：“每一张身份证限购新股抽签表一张。为减少排队人数，每一个排队者最多可持有10张身份证买表。”第五条规定：“每张抽签表收费100元。”第十四条规定：“今年除发行股票外，还将发行可转换股票的债券。”“为此，新股认购抽签表下联，不论中签与否，一律由购买者保留，以便凭以参与将发行的可转换股票债券的抽签，并据以交款认购。”

各地的股民按以往的经验估计，这次深圳发行的新股上市后价格至少可翻10倍。于是，在深圳之外引发了一场身份证租借大战。有些职业炒家开始从各地尤其是农村大量收购身份证。有的邮局收到装有多达700张身份证的包裹，还有一部分人当上了身份证租借专业户，借用一张收几十元。据当时有关部门估计，大约有310万张居民身份证“飞”到深圳。在“抽签表”发售的前几天，广州至深圳的火车票炒到400元一张，汽车票甚至炒到上千元一张。据估计，外地来深圳的股民至少70万人，深圳市的大小酒店、旅馆、招待所全部爆满，许多人露宿街头。深圳、东莞许多工厂停工了，工人被老板拉到各销售点通宵排队。在巨大利益的诱惑下，上百万人在303个销售点排队认购。

8月8日，由于多个销售点的排队队伍发生争吵、打斗，深圳市政府成立了专门的指挥部，以加强组织协调和维护秩序。8月9日清晨，在已投入8000名警察仍难以维持各销售点秩序的情况下，深圳市政府又抽调1200名武警上岗协助维持秩序。7点半，“认购表”运达各销售点。8点整，“认购表”在市监察局和工商局工作人员监督下拆封、发售。有些网点秩序混乱，出现多起打斗

现象，直到12点才发售“认购表”。在这个过程中，各医院陆续接收被打伤、挤伤和中暑的人员。当晚7点35分，深圳电视台宣布，90%的网点“抽签表”售完。原定两天销售的一天就售完了。由于发售组织工作存在失误，一些网点出现内部舞弊行为。有的发售点数千人排队，但只有30多人买到“抽签表”；有的发售点刚刚宣布卖完“抽签表”，就有一些“黄牛”手握几十张、上百张的“抽签表”，以每张700~1000元的价格兜售。舞弊现象导致广大股民极度愤怒和上街闹事。

8月10日下午5点，中国人民银行深圳市分行发布通告，宣布原定10日下午6点的截止收表时间，推迟到11日11点。这个通告犹如一颗火种，一下子就点燃了群众的怒火。他们推测银行推迟截止时间，是为了给那些舞弊者、拥有大量“认购表”的人创造方便，使他们有充足的时间高价卖出从后门弄来的“认购表”。于是，投诉、上访的人蜂拥而来。据有关方面统计，深圳市长专线接到群众投诉400多个，市公安局接到投诉93个，有5批群众上访。

10日傍晚，股民开始聚集、围观，聚集的人群沿着深南中路向深圳市政府方向游行。沿途游行队伍迅速扩充，各销售点的股民知道后又一批批赶来。晚上8点左右，情况恶化，数万人围在深圳市政府周围，阻塞了深南中路，造成交通中断。随着事态进一步发展，少数人开始使用暴力，砸汽车，砸摩托车，攻击执勤干警。晚上9点18分，公安防暴队向密集人群施放了催泪弹，又动用高压水枪来驱散游行队伍。

当时的情况万分紧急，万一处理不当会酿成重大政治事件。10日晚上9点40分，解决方案以市政府《公告》形式拿到广播车去广播，同时市政府派出机关人员在人群集中地点宣传《公告》。《公告》的5条主要内容是：你们游行示威、冲击机关是不对的；要保持秩序；我们一定惩治腐败；市里决定增发500万张“抽签表”，将明年的额度提前发行；明天还在原来地点买。后两条最关键，游行队伍一下散去了，都去销售点排队了，震惊中外的“8·10”事件终于平息。

四个月后，对“8·10”事件的清查结果公布。全市11个金融单位共设300个销售点，有10个单位共95个销售点受到群众举报；从2900多件(次)群众投诉中筛选出重点线索62件，涉及金融、监察、工商、公安等5个系统20个单位75人，其中处级以上干部22人。到12月10日止，已清查出内部截留私买的抽签表达105399张，涉及金融系统干部、职工4180人。其中，金融系统内部职工私买近6.5万张，执勤、监管人员私买2万多张，给关系户购买近2万张。群众投诉的62条重点线索现已核查57件68人，属实和部分属实的38

件，涉及43人。其中，处级干部11人，科级干部22人，一般干部职工10人；党员23人；属金融系统30人，工商系统8人，公安系统4人，企业单位1人。最后被公开处理的“罪大恶极”的9人，其中7人是单位或部门的负责人。某证券部副经理截留一箱(5000张)抽签表私分，被开除公职。

“8·10”事件后，深圳股市曾一度受重创，指数从8月10日的310点跌到8月14日的285点，跌幅为8.1%。同时深圳股市元气大伤，深成指从此一直跌到11月23日的164点才止跌反弹。1992年8月10日之后，国家在长达一年的时间里停止了新股发行工作，此次事件也促使国家证券管理部门开始考虑探寻一种更为科学合理的新股发行方式，从而导致了以后我国新股发行方式的根本性变革。

三、“327”国债期货事件

1. 事件发生背景

1992年12月18日，上海证券交易所首先向证券商自营推出了国债期货交易。但由于国债期货不对公众开放，交投极其清淡，并未引起投资者的兴趣。1993年10月25日，上交所国债期货交易向社会公众开放。与此同时，北京商品交易所在期货交易所中率先推出国债期货交易。1994年至1995年春节前，国债期货飞速发展，全国开设国债期货的交易场所从两家陡然增加到14家(包括两个证券交易所、两个证券交易中心以及10个商品交易所)。由于股票市场的低迷和钢材、煤炭、食糖等大宗商品期货品种相继被暂停，大量资金云集国债期货市场，尤其是上海证券交易所。1994年全国国债期货市场总成交量达2.8万亿元。

到1994年，国内经济发展面临两位数的高通胀压力，银行储蓄利率达10%以上，固定利率的国债自然少人问津，当时公布的保值贴补率为8%，而且每月都不断上升，到12月突破两位数，受此刺激，“327”国债期货的价格开始直线上涨。从1994年10月的110元上涨到1995年初的140元，上涨超过了20%。按照当时国债期货保证金的标准为2.5%，也就是缴纳250万元保证金可以做1亿元市值的交易，20%以上的上涨幅度意味着在短短的三个月内，买入者已经有了相当于本金十余倍的暴利。而“327”国债在1995年6月到期，按照它的9.5%的票面利息加保值补贴率，每百元债券到期应兑付132元。与当时的银行存款利息和通货膨胀率相比，“327”的回报太低了。

2. 事件过程

“327”国债是指 1992 年发行的三年期国债 92(三)，1995 年 6 月到期兑换。由于面临高通胀压力，银行储蓄存款利率不断调高，国家为了保证国债的顺利发行，对已经发行的国债实行保值贴补。保值贴补率由财政部根据通胀指数每月公布，因此，对通胀率及保值贴补率的不同预期，成了“327”国债期货品种的主要多空分歧。以上海万国证券为首的机构在“327”国债期货上做空，而以中经开为首的机构在此国债期货品种上做多。

当时虽然市场传言财政部将对“327”国债进行贴息，但在上海当惯老大的管金生就是不信这个邪。当然，管金生的分析不无道理：一方面国家财政力量当时极其空虚，不太可能拿出这么大一笔钱来补贴“327”国债利率与市场利率的差，而且当时通胀局势已经得到初步控制。另一方面，由于长期身处证券市场，管金生不相信市场传闻是一种与生俱来的感觉。于是管金生出手，联合辽国发等一批机构在“327”国债期货和约上做空。

1995 年 2 月 23 日，传言得到证实，财政部确实要对“327”国债进行贴息，此时的管金生已经在“327”国债期货上重仓持有空单。据说，当时管金生曾经要求上交所总经理尉文渊为万国证券的持仓多开敞口，但遭到尉文渊的拒绝。而尉文渊并不知道的是，管金生此时已经在“327”国债期货上大大超过规定的持仓量。

面对中经开为首的机构借利好杀将过来，本来管金生还能勉强稳住阵脚，但此时万国证券的重要盟友辽国发突然翻空为多，联盟阵营的瓦解让空方始料不及，管金生面对巨额亏损，恶胆向边生，于是，在下午 4:22 分，管金生开始出手，短短的 8 分钟之内，万国证券抛出大量的卖单，最后一笔 730 万口的卖单让市场目瞪口呆(按照上交所的规定，国债期货交易 1 口为 2 万元面值的国债，730 万口的卖单为 1460 亿元，而当时“327”国债总共有 240 亿元)，据说，在最后 8 分钟内，万国证券共抛空“327”国债 1056 万口(共计 2112 亿元的国债)。“327”国债期货收盘时价格被打到 147. 40 元。当日开仓的多头全线爆仓，万国证券由巨额亏损转为巨额盈利。但成交量的迅速放大并不能说明问题，关键是期货交易没有保证金作基础，而是采取透支交易，但反映在期货价格上成为当天的收盘价。

在仲裁机关的调解下，2 月 27 日、28 日进行了协议平仓，但效果不甚理想，3 月 1 日又进行了强行平仓。局面刚刚明朗，又值两会召开，对“327 事件”责任的追究成为人大代表、政协委员关注的焦点。后来，中纪委、监察部会同中国证监会、财政部、中国人民银行、最高人民检察院等有关部门组成联合调查组，在上海市政府配合下进行了四个多月的调查，在此基础上作出了严肃处理。万国证券公司进行了改组，董事长徐庆熊、副董事长兼总裁管金生同时辞去所任职务。管金生锒铛入狱。“327 事件”的二号主角辽国发，由来自沈阳的高原、高岭兄弟主持。“327 事件”后，他们为了挽回巨额亏损，于 3 月份又试图翻本，继续在债市炒作“329”品种，结果再度亏损。辽国发案不仅是证券期货违规问题，还有金融诈骗等严重犯罪，涉及金额数百亿元。1995 年 9 月 15 日，上交所召开理事会免去了“全球交易所中最年轻的老总”尉文渊上交所总经理一职。

“327 事件”之后，各交易所采取了提高保证金比例，设置涨跌停板等措施以抑制国债期货的投机气氛。但因国债期货的特殊性和当时的经济形势，其交易中仍风波不断，并于当年 5 月 10 日酿出“319 事件”。5 月 17 日，中国证监会鉴于中国当时不具备开展国债期货交易的基本条件，作出了暂停国债期货交易试点的决定。至此，中国第一个金融期货品种宣告夭折。

3. 事件涉及机构和个人

多头：中经开

1988 年 4 月，由财政部和中国人民银行批准成立了中国农业开发信托投资公司。这家小规模的信托公司一开始就有着浓厚的“政府背景”，它以接受财政部农业周转金委托管理起家，之后接受全部财政周转金和农综办资金的委托管理。1992 年 1 月，改名为中国经济开发信托投资公司，简称“中经信”或“中经开”。其业务扩大至信贷、证券、实业投资等自营业务。

“中经开”以其进取与凶悍的风格闻名于业界，中经开最为风光的一仗是 1995 年“327”国债期货事件。这场惊心动魄的战役以中经开为代表的多方大获全胜而告终。中经开是一个特殊企业。财政部掌管政府调控大权，按常理说，它是不能办企业的。在办了企业的情况下，在“327”国债期货这样的交易品种中，中经开也理当是不能参与的，否则就有内幕交易的嫌疑。中经开的判断左右着多方的判断，而当时保值贴补率与贴息的走势又恰恰与中经开的判断完全吻合，这不能不给中国的资本市场留下一个疑点。

此后使中经开“名声大噪”的还有在同年 8 月发生的长虹转配股事件和后来的银广夏事件。“327 国债事件”之后，中经开走了一个“下降通道”。信托业务、房地产投资都不景气，而证券的承销业务又往往因为恶性竞争变得几乎无利可图。1997 年，中经开对外支付几次出现危机，78 亿元债台高筑。2000

年6月，中经开经由国务院批准，成为清理整顿后首批确定保留并移交中央金融工委管理的中央级信托投资公司之一。公司将实业投资剥离给中经投公司，信贷资产已“模拟委托”给资产管理总部清收。

空头：上海万国证券负责人管金生

1988年2月，管金生负责筹建上海第一家证券公司。在他执掌期间，万国证券一级市场承销业务占中国总份额的60%，二级市场经纪业务占到全国总份额的40%。美国、英国的权威机构评定万国证券为中国第一大证券公司。管金生打起了“万国证券，证券王国”的旗号，声言要使万国证券成为中国的野村、美林证券。1994年，他提出万国证券“要在2000年进入世界十大券商”。但“327”国债事件后，万国证券元气大伤，不久被重组。1996年7月16日，申银与万国合并。1995年4月，管金生辞职。5月19日，管金生被捕，罪名为贪污、挪用公款40余万元，但没有他违反期货交易规则的说辞。1997年2月3日，管金生被判处有期徒刑17年。

由做空改为做多：辽国发

辽国发掌门人高原、高岭兄弟是中国早期资本市场的大炒家之一，股票、期货、债券、资金拆借，哪里都有其身影。1995年的“327”国债事件更让辽国发“一鸣惊人”。1995年2月23日，他们抢先得知“327”贴息消息，立即由做空改为做多。

四、来自上市公司的“骗局”

1. 蓝田神话的破灭

中国蓝田总公司始建于1980年7月，曾经在1998年抗洪救灾时，斥资2亿元的费用，在中央电视台的新闻联播之后，长时间地插播“野藕汁”“野莲汁”的广告，给广大电视观众留下了深刻的印象。这家以养殖、旅游和饮料为主的上市公司，一亮相就颠覆了行业规律和市场法则，1996年发行上市以后，在财务数字上一直保持着神奇的增长速度：总资产规模从上市前的2.66亿元发展到2000年末的28.38亿元，增长了9倍。公司历年年报的业绩都在每股0.60元以上，最高达到1.15元。即使遭遇了1998年特大洪灾，每股收益也达到了不可思议的0.81元，5年间股本扩张了360倍，创造了中国农业企业罕见的“蓝田神话”。当时最动听的故事之一就是蓝田的鱼鸭养殖每亩产值高达3万元，而同样是在湖北养鱼，武昌鱼的招股说明书的数据显示：每亩产值不足1000元。

2001年10月，中央财经大学财经研究所研究员刘姝威以标题为《应立即停止对蓝田股份发放贷款》的600字短文，挑破了对蓝田神话的巨大泡沫，在对蓝田的资产结构、现金流向情况和偿债能力作了详尽分析后，得出结论是蓝田业绩有虚假成分，而业绩神话完全依靠银行贷款，贷款20亿元的蓝田根本无力偿还。这篇文章发表在印数仅有180份，读者为中央金融工委、人民银行总行司局级以上领导的《金融内参》。12月13日，蓝田股份有限公司起诉刘姝威"该文所述事实完全失实"，属"捏造事实"，请求湖北省洪湖市人民法院判令刘姝威"公开赔礼道歉、恢复名誉、消除影响、赔偿经济损失50万元，并承担全部诉讼费用"。与此同时，蓝田集团总公司总裁瞿兆玉、副总裁陈行亮两个首脑人物"登门造访"，刘姝威收到的恐吓电话和电子信件接连不断。后来，刘姝威只有借助媒体的力量，公布了她长达2万多字的《蓝田之谜》，详尽剖析蓝田股份公司，彻底戳穿了虚假的"蓝田神话"。此后不久，国家有关银行相继停止对蓝田股份公司发放新的贷款。由此，蓝田股份公司赖以生存的资金链条断裂。2001年11月底，蓝田股份公司召开临时股东大会，瞿兆玉承认由于银行不再给蓝田发放贷款，导致蓝田陷入困境。2002年1月21日、22日以及23日上午，蓝田股份被强制停牌。因涉嫌提供虚假财务信息，以瞿兆玉为首的蓝田公司及主要参与者也受到了有关司法部门的收审和处罚。

蓝田事件是中国证券市场一系列欺诈案的之一，被称为"老牌绩优"的蓝田巨大泡沫的破碎，是中国股市上演的编造业绩神话的又一出丑剧，成为2002年中国经济领域一个重大事件。中央财经大学财经研究所研究员刘姝威也因此事件走上了2002年中国年度经济人物颁奖典礼的舞台。

2. "中国第一蓝筹股"——银广夏陷阱

1994年6月上市的银广夏公司创始人是文人出身的陈川，在2000年2月去世前陈川一直担任银广夏董事局主席兼总裁。他1984年7月南下深圳创业，先后创建深圳广夏文化公司和深圳广夏录像器材公司等。1993至1994年间，他将广夏文化公司旗下几家软磁盘生产企业合并改组，其中包括广夏(银川)磁技术有限责任公司，该公司在银川注册只有一年，发起人之一为宁夏计算机技术研究所，而银广夏继任董事局主席、曾长期担任银广夏总裁的张吉生，即担任过计算机研究所的所长，后来还担任着宁夏自治区科技厅厅长一职，借助宁夏自治区的上市额度成功上市。

1994年上市之时，国内软磁盘行业竞争已如火如荼，转眼间，每生产一张软磁盘就要亏损 2 美分。对以软磁盘为主业的银广夏来说，转型迫在眉睫。此后，银广夏每年均在为维持 10%的净资产收益率奔忙，银广夏进入了全面多元化投资的阶段。1996 年年报称银广夏已经“成功地由创立之初的三家软磁盘生产企业的单一产业公司发展为拥有 27 家全资、控股子公司和分公司的跨行业实业公司”，到 2000 年更发展成有 40 余家参股、控股公司的庞杂规模，从牙膏、水泥、海洋物产、白酒、牛黄、活性炭、文化产业、房地产到葡萄酒和麻黄草，大部分项目是打一枪换一个地方，盈利水平始终不尽如人意，仅仅是维持在 10%净资产收益率的配股生命线上而已。

银广夏最知名的项目是在银川西南永宁县西沙窝(现称征沙渠)治沙种草。1995 年，陈川在赴京的列车上遇到了宁夏自治区水科所所长吴安琪。陈川对吴安琪治沙并种植麻黄草的构想产生兴趣并随后决定投资。银广夏投资 80%，水科所技术入股投资 20%，成立了广夏(银川)天然物产公司，购买并治理了银川市郊两万多亩沙漠，并种上了麻黄草(麻黄素的原料)。治沙种草，为银广夏带来了异常良好的形象，但并没有带来什么效益。银广夏业绩的奇迹性转折，是 1998 年银广夏传出了来自天津的“好消息”。

1998 年，天津广夏接到了来自德国诚信贸易公司的第一张订单。银广夏公告，天津广夏与德国诚信公司签订出口供货协议，天津广夏将每年向这家德国公司提供二氧化碳超临界萃取技术所生产的蛋黄卵磷脂 50 吨，以及桂皮精油、桂皮含油树脂和生姜精油、生姜含油树脂产品 80 吨，金额超过 5000 万马克。1999 年，银广夏利润总额 1.58 亿元，其中 76%即来自于天津广夏，到了 2000 年，这个比例更大。

根据银广夏 1999 年年报，银广夏的每股盈利当年达到前所未有的 0.51 元；其股价则先知先觉，从 1999 年 12 月 30 日的 13.97 元启动，一路狂升，至 2000 年 4 月 19 日涨至 35.83 元。次日实施了优厚的分红方案 10 转赠 10 后，即进入填权行情，于 2000 年 12 月 29 日完全填权并创下 37.99 元新高，折合为除权前的价格 75.98 元，较一年前启动时的价位上涨 440%，较之于 1999 年“5 · 19 行情”发动前，则上涨了八倍多；2000 年全年涨幅在深沪两市高居第二；2000 年年报披露的业绩再创“奇迹”，在股本扩大一倍基础上，每股收益攀升至 0.827 元。“奇迹”并未到此为止。2001 年 3 月 1 日，银广夏发布公告，称与德国诚信公司(Fidelity Trading GmBH)签订连续三年总金额为 60 亿元的萃取产品订货总协议。仅仅依此合同推算，2001 年银广夏每股收益就将达到 2~3 元。银广夏也因其骄人的业绩和诱人的前景而被称为“中国第一蓝筹股”。

2001 年 8 月,《财经》杂志发表“银广夏陷阱”一文,银广夏虚构财务报表事件被曝光,持续几年的银广夏神话宣告破灭。2002 年 5 月中国证监会对银广夏的行政处罚决定书认定,公司自 1998 年至 2001 年期间累计虚增利润 77156.70 万元,其中:1998 年虚增 1776.10 万元,由于主要控股子公司天津广夏 1998 年及之前年度的财务资料丢失,利润真实性无法确定;1999 年虚增 17781.86 万元,实际亏损 5003.20 万元;2000 年虚增 56704.74 万元,实际亏损 14940.10 万元;2001 年 1—6 月虚增 894 万元,实际亏损 2557.10 万元。从原料购进到生产、销售、出口等环节,公司伪造了全部单据,包括销售合同和发票、银行票据、海关出口报关单和所得税免税文件。2001 年 9 月后,因涉及银广夏利润造假案,深圳中天勤这家审计最多上市公司财务报表的会计师事务所实际上已经解体。财政部亦于 9 月初宣布,拟吊销签字注册会计师刘加荣、徐林文的注册会计师资格;吊销中天勤会计师事务所的执业资格,并会同证监会吊销其证券、期货相关业务许可证,同时,将追究中天勤会计师事务所负责人的责任。

3. 琼民源“骗局”

1996 年,琼民源因虚假年报严重误导投资者,使股价在短时间内扶摇直上,股价全年涨幅高达 1059%,大量股民高位套牢,构成中国证券史上第一起证券欺诈案。“琼民源”事件使十万余名“琼民源”股东成为股市一幕幕场景的无奈看客,他们当中,几乎所有的人都经历了期望、祈望、失望、无望的精神熬炼过程。因琼民源被指控制造虚假财务会计报告而受到查处,公司股票也从 1997 年 3 月 1 日起停牌。在经过一年多漫长而痛苦的等待和期盼之后,1998 年 4 月 29 日,中国证监会公布了对“琼民源”案调查结果中共提出三项重大违规问题:虚报利润、虚增资本公积金、操纵市场。调查发现,“琼民源”1996 年年报中所称 5.71 亿元利润中,有 5.66 亿元是虚构的,并已虚增了 6.57 亿元资本公积金。鉴于“琼民源”原董事长兼总经理马玉和等人制造虚假财务数据的行为涉嫌犯罪,中国证监会旋即将有关材料移交司法机关,“琼民源”董事长马玉和被判处有期徒刑三年。

五、1994—2004 年:那些曾经“杀人如麻”的庄股

1994 年至 2004 年被人称“庄股时代”的岁月:千股千庄,股价暴涨暴跌、成交忽大忽小、业绩大起大落、交易诡异莫测。中国股市自诞生那天起,“庄

股”二字就始终缠绕资本市场，干扰市场运行，践踏“三公”原则，伤害投资者合法权益，市场操纵是为投资者和市场各方最深恶痛绝的行为。一般认为，我国证券市场有案可稽的“庄股”，发生在1994年的界龙实业：在大户操纵下，界龙实业股票连涨32天，从12元一直上涨至33元，同期上证指数却从年初的800点下跌到7月末的333点。“界龙实业”在较长时间内成为庄家操纵市场的“典型”，其后中科创业、亿安科技、“德隆系”等操纵案，无不遵循类似的“操作规律”。

1. 中科创业——“最豪华”的一次坐庄

1997年，一场鸡瘟席卷香港地区，使康达尔的鸡成千上万地死去，康达尔股票直线狂跌。股价狂跌套牢持有康达尔流通股超过90%的深圳大户朱焕良。1998年，朱焕良与K工作室吕梁共谋操纵康达尔股票，他们着手对公司进行资产重组，把这家养鸡企业包装成主营医疗设备、电子商务、生物制药的“高科技加金融”概念的投资控股公司。在吕梁等人的操纵下，中科创业被许多媒介评为风险最小的股票，并被选为大牛股，甚至入选道—琼斯中国样本指数。

与此同时，康达尔股价“突飞猛进”：从1998年4月的10元起步向上涨升，1999年12月康达尔更名中科创业之时，股价超过42元，股价背后并无相应的业绩支撑：1999年中科创业每股收益只有0.21元，市盈率高达200倍，到2000年2月，股价涨到84元，市盈率达400倍。这个惊天大骗局，最终在监管压力下，因内部人内讧而崩塌。

2. 亿安科技——首只“百元股”背后的陷阱

“亿安科技”前身为深圳市锦兴实业股份有限公司，于1992年5月在深交所上市交易。从1999年10月到2000年2月，短短的70个交易日，该股股价由26元左右不停歇上涨并突破百元大关。股价飞涨背后是四家公司集中资金，利用627个个人股票账户及3个法人股票账户，进行几乎没有成本的对敲买卖，影响证券交易价格和交易量，联手操纵股价，大肆牟利。截至2000年2月，四家公司通过控制股票账户共实现盈利4.49亿元。

这其中，令业内人士印象极深的是凶悍的跌停板洗盘吸筹法：1998年12月16日，市场突然传闻亿安科技庄家透支过度，被强行平仓，股价接连三天放量暴跌，令所有人都相信传闻是真的，人人都夺路出逃，巨大的抛盘之下，第四天股价停止下跌。

2001 年 1 月，证监会宣布正在查处涉嫌操纵“亿安科技”股票案，已对持有亿安科技股票的主要账户进行重点监控。受此影响，亿安科技随后接连跌停，成交极度萎缩。

3.“德隆系”——“庄股时代”的终结者

200 亿元市值在 10 余个交易日里灰飞烟灭，这是时至今日，还屡屡被股民提及的“德隆系”覆灭时的震愕场景。

1992 年，新疆德隆实业公司成立，这是德隆帝国的开始。1996—1997 年，德隆相继入主新疆屯河、合金股份、湘火炬，并陆续在三只股票上建仓，开始疯狂操纵股票。操作手法是：通过二级市场收集三只股票筹码，拉高股价，然后利用高股价进行抵押贷款，再进行实业收购。在 2001 至 2004 年的三年间，A 股市场大盘从高位回落超过 30%，而“新疆德隆”控制的三家上市公司新疆屯河、合金股份、湘火炬，股价却分别上涨 1100%、1500%和 1100%。为维持股价，德隆只有自己花钱来“扛”，持有的三只股票流通筹码一度超过 90%。

2004 年 4 月，“合金股份”高台跳水，德隆系正式宣告走上覆灭之路，一周时间，德隆系股票彻底崩盘，危机爆发后最终盘点，德隆系总负债高达 570 亿元，其中金融企业负债 340 亿元，实业负债 230 亿元。

泰山石油等庄股也相继崩塌……2004 年似乎成为庄股的送葬年，“德隆系”的轰然倒下，发出一个极具象征意义的信号，“个体庄家”行走股市江湖、“杀人如麻”的时代已经终结。

4. 庄股第一人：德隆系掌门人唐万新

如果只有一人当选中国改革开放 30 年的资本枭雄，唐万新一定是呼声最高的，因为他的德隆案至今仍保持中国最大的金融黑洞纪录。唐万新生于 1964 年，曾两次考入大学，但都因故未能顺利毕业。无奈之下他就在乌鲁木齐与几个朋友一起做小生意，最初在学校里卖盒饭，之后搞彩色摄影、冲印，赚了一笔钱。之后唐万新做过服装批发、挂面厂、化肥厂等小型实业，还在 1988 年承包了新疆维吾尔自治区科委下属的新产品技术开发部，但无一例外都以失败告终。到 1990 年，他不仅将之前攒的钱全赔掉，还背上 50 万元债务。1991 年，唐万新开始做电脑生意，一度是新疆最大的配件供应商，据说光四通打印机就卖出 2 万台，他把钱又赚回来了。看到赚钱容易，时任中学教师的大哥唐万里也加入进来，唐氏兄弟正式联手。1992 年，唐氏兄弟注册成立新疆德隆实业公司，注册资本 800 万元，日后将闻名于中国资本市场的德隆呱呱坠地。

1992 年下半年，深圳股市通过认股抽签表发行 5 亿元新股，敏锐的唐万新花钱请 5000 人到深圳排队，领取认购抽签表，连排 3 天，抽签表很快变成了德隆的大把钞票，唐万新借此真正完成了原始积累。1993 年 2 月，唐万新注册成立乌鲁木齐德隆房地产开发公司，但没弄成。1994 年，他干脆跑到北京新街口，开了当时首屈一指的 JJ 迪斯科歌舞厅，经营得很成功，据称年盈利超过 3000 万元。1994 年，唐万新注册成立新疆德隆农牧业有限责任公司，注册资本 1 亿元，在新疆搞农牧业开发，先后投入 2 亿多元在新疆各地建立起四个大型现代化农场，首期开发土地 10 万亩之多。新疆广袤的土地和特殊的优惠政策，使农业成为唐万新最早设想的产业根基。1995 年，注册资本为 2 亿元的新疆德隆国际实业(000159)总公司成立，“新疆德隆”现身于江湖。

有过 1992 年的特殊经历，唐万新深知股市虽然机会不多，但只要逮着一次，就抵干实业好几年。所以做实业的同时，唐万新一直还在盯着股市，有空就在一级和一级半市场倒腾一下，直到 1996 年，他读到君安证券研究所所长王明夫的一篇文章，认识到“发现价值是去寻找黑马，而构造价值是去培植黑马”。1997 年 5 月，德隆在北京召开了“达园会议”，唐万新基于自己对世界范围内产业调整的判断和王明夫的坐庄理论，确立了由“实业投资”转为“产业整合”的战略定位。

所谓产业整合之路，说得简单一点就是先控制一家上市公司，然后将手头的实业装进去，必要时改变一下原上市公司的主业或产业概念，然后利用杠杆原理再从资本市场融来更多的钱，顺着产业概念大举并购、整合，整合来的公司想办法搞点托管、委托加工等，迅速实现盈利，方便再融资，再并购，如此来回大循环，以杠杆原理滚雪球，最终成为产业之王。为了研究产业趋势，唐万新还专门养了一个一百多人的研究班子，分 70 多个产业部类，专门研究每个产业的前 10 强，然后还划分区域，将每个区域内的 1 亿元规模以上的企业都纳入研究范围。就是在如此严谨的基础上，德隆选定了三大行业。

控股屯河：建立农业根据地。1996 年 10 月，德隆择机介入，出资受让了新疆屯河部分法人股，成为第三大股东，第二年又通过控股屯河集团成为第一大股东。1998 年，新疆屯河在年报中预告，公司从 1999 年将突破水泥业，转而利用新疆的资源优势，发掘农业和矿产。1999 年，新疆屯河投资 7183 万元，引进年产 2 万吨番茄酱生产线，使新疆屯河的番茄制品收入为 4900 万元，占其总收入的 16%左右，转型正式启动。第二年，唐万新又连续抛出 8 项番茄投资项目，总额近 5 亿元，使红色产业的收入达 1.88 亿元，占到屯河总收入的40%左右，和水泥基本持平，红色农业概念呼之欲出。2001年，唐万新又追加5项投资后，屯河的番茄酱俨然已成国内行业老大，第一个产业整合顺利完成。从1996年介入到2003年收官，屯河无论是销售收入还是产业地位均增势迅猛，1998年公司年收入只有2.11亿元，到2003年，这一数字已经变成22.47亿元，增长超过十倍。唐万新还利用屯河平台操作过北京汇源，曾在2001年6月出资5.1亿元合资设立北京汇源，并持股51%。

咬住合金：搭上机电顺风车。1997年6月，德隆集团及其关联企业北京总府置业分别受让沈阳资产所持有的合金投资国家股1500万股和568.5万股，仅以6433万元的代价拿到40%的总股本。1998年，合金投资出资9000万元收购了上海电动工具制造商星特浩企业有限公司75%股权，使上市公司年收入突破亿元大关。1999年，唐万新又借上海星特浩出资2000万元和3210万元收购了苏州太湖电动工具集团公司75%股权、苏州黑猫集团公司80%股权。一番产业整合之后，合金投资2003年主营业务收入一度达到10.95亿元，相当于1998年销售额的14倍，同时，公司也从默默无闻的机电小兵，摇身一变成为行业主导者。

吞湘火炬：挺进工业最前沿。湘火炬于1993年上市，德隆集团在1997年11月受让株洲市国有资产管理局持有的2500万股国有股(占25.71%)，价格为2.8元/股，金额只有7000万元。1999年，先后收购香港鸿本实业、香港鸿源贸易公司和Steve W. Wang全资拥有的美国Mat Automotive, INC.和Midwest Airtechnologies, INC两家公司，以及在中国九家子公司75%的股权，汽配行业概念已隐约可见。2001年起，唐万新明确提出湘火炬将集中做重卡、变速箱及其他核心部件，然后三个平台一起发力，配合湘火炬的主攻。2001年，湘火炬先是与陕西汽车齿轮总厂合资设立陕西法士特齿轮，出资1.31亿元，持股51%。次年又先后出资2.5亿元和2.55亿元，分别与陕汽集团组建陕西重汽，与重庆重汽组建重庆红岩汽车，皆持有51%的股份；同时，还投资3600万元，与东风汽车(600006)合资设立了东风越野车(持股60%)，投资超过1亿元组建2家齿轮传动公司。2003年，湘火炬又受让珠海华晨持有的航天华晨汽车50%股权(更名为航天火炬)，交易金额达3.6亿元。同年，子公司陕西法士特与行业巨头伊顿公司合资组建了西安伊顿-法士特齿轮有限公司，子公司陕西重汽则与德国MAN公司签署了引进技术和长期战略合作协议。

3年大整合之后，德隆花7000万元入主的湘火炬摇身一变，成为主营业务收入高达103.14亿元的巨型上市公司。一番整合之后，湘火炬下辖两家整车企业——陕西重汽和重庆红岩，占据国内载重量15吨以上重型车市场份额的85%；陕西法士特生产的重型车变速箱也占据载重量15吨以上国内市场份额的50%以上，同样极具影响的还有火花塞产销量和主机配套率，均列国内第一。此外，湘火炬旗下公司还能年产空调压缩机24万台，销售列全国第四。2003年，德隆的雪球达到顶点，成为中国拥有上市公司最多，市值最大的民营资本集团，而且三架马车的速度丝毫未降，势头凶猛。

与此同时，短短三年多的时间，“新疆德隆”控制的三家公司——新疆屯河、合金投资、湘火炬股价分别上涨了1100%、1500%、1100%。德隆系股票能有如此大的涨幅，实际上与所谓的庄家介入有关。在三只股票的操作中，“股市第一庄”新疆德隆先后使用了4万个股东账户，利用持股优势，连续买卖、自买自卖、高买低卖等非理性交易等手段影响和操纵价格，致使股票价格严重脱离上市公司基本面和大盘走势。

2000年12月“中科事件”后，社会舆论将矛头对准了德隆，“德隆是庄家”成为数百家媒体的显著标题。2003年7月，中国证券市场“啤酒花”“南方证券”“青海信托”等一连串危机事件爆发后仅一个月，在全国范围内有十几家银行对德隆采取“只收不贷”。这一下子就掐断了德隆已经脆弱到极点的资本循环。2004年，情急之下的唐万新饮鸩止渴，错上加错，竟然抛售流通股套现，结果越抛市场越紧张，直到4月13日，股票合金投资跌停。4月14日，德隆“老三股”全线跌停，几周之内，德隆仅流通市值就损失达上百亿元，自此一发不可收拾。6月，调查组进驻公司，唐万新出逃，但未能逃掉。2006年，法院以变相吸收公众存款和操纵证券交易价格非法获利之罪，判处唐万新入狱8年，罚金40万元。

六、那些年在股市呼风唤雨的“黑嘴们”

中国证券投资咨询行业是伴随证券市场的发展而逐步形成、发展和规范的。1998年，中国才开始对证券投资咨询公司和证券分析人员颁发从业资格证书，规范咨询公司和咨询人员的行为，这也成为证券咨询行业快速发展的契机。具有证券从业资格证书作为一种稀缺资源，成为相关咨询公司和咨询人员获取利益的重要手段。众多的证券咨询公司借助办工作室、招收会员以及利用各种媒体宣传等方式进行股票炒作，预先买入目标股，然后推荐给广大的投资者，待股价上涨后迅速获利卖掉，博取短线差价。在每年向各类媒体支付数百万、几千万的宣传费用的同时，证券咨询公司和相关咨询人员获取更多的回报，造就了中国证券市场的一批独特群体——“黑嘴”。

1. 赵笑云：中国股市“第一庄托”

1994年11月4日赵笑云加盟华夏证券公司北京东四营业部，任研究中心副经理。期间他参加1996年8月至11月由《中国证券报》、《上海证券报》、《北京青年报》联合举办的“首届中国证券市场投资锦标赛”，以3个月229.70%的收益率获得亚军(银牛奖)，由此享誉全国。

1997年8月创建北京东方趋势投资顾问有限责任公司，首创面向中小投资者的“东方趋势投资组合”这一理性化，个性化、灵活性的投资咨询产品，从此掀起国内证券投资咨询机构研究与实践投资组合管理的热潮。东方趋势公司规模从成立初的仅仅五六人发展到2001年末的近百人，培养了一批国内证券投资咨询领域的佼佼者。2000年先后创建了东方趋势金融研究所、东方趋势财经资讯网，并于2001年5月推出了独立制片的东方趋势财经电视节目，进军电视传媒领域。1998年至2002年公司先后赴五粮液、四川长虹、青岛海尔、伊利股份、中国石化、福建南纸、青山纸业、泰山石油等公司调研，组织撰写投资价值分析报告。2000年底2001年初年建议福建省政府对福建省内造纸产业进行重组，并提出福建省内造纸产业进行优化重组的构想，获得当地政府的积极支持。

2002年，赵笑云及其东方趋势遭证监会封杀，与其反复推荐青山纸业这只股票密切相关。从2000年7月22日开始，赵笑云及其东方趋势大肆推荐青山纸业，当时股价在13元左右，本来一直表现平平的青山纸业，2000年6月借职工股上市之机连续上涨。7月29日，赵笑云再次推荐该股，并明确给出目标价位：第一目标位28元，第二目标位40元。此后，赵又多次发表文章推荐该股，称“咬定青山不放松”。2000年9月6日，青山纸业10送10后除权，9月11日，他又在“南北夺擂”模拟比赛中买入青山纸业，并在多家媒体上力荐该股。然而，当天18.3元(复权后)的股价却成为了该股的历史高点，此后青山纸业就开始了漫长的下跌过程，“咬定青山”的投资者最终被套牢于青山之上，直到7年之后的2007年大牛市，投资者才有了解套机会。

2001年10月23日赵笑云赴英国留学，经过近八年在海外的学习及投资后回国二次创业，开展私募业务。从当年的股市名嘴转型组建阳光私募基金，赵笑云不仅招来了众多股民的愤怒和不满，而且旗下的“笑看风云一号”和“笑看风云二号”基金运作情况也不好，先后被迫清盘。

2. 汪建中：中国第一个获刑的"黑嘴"

汪建中 1998 年至 2001 年，服务于北京中投策投资顾问有限公司。2001 年 8 月，他注册成立了北京首放投资顾问有限公司，初始注册资本金为 100 万元，2002 年 10 月，北京首放进行增资扩股，注册资本金达到 1000 万元。

汪建中点股成金的"本事"在 2003 年达到高峰。每周一上午股市开盘，北京首放于上周五推荐的股票，总是位于两市一千多只股票涨幅排行榜的前列。在相当长的一段时间里，北京首放推荐的股票几乎周周上榜。据统计，在 2003 年 8 月 1 日至 11 月 13 日期间，上证综合指数跌幅达 10.7%，但这段时间内北京首放在周五共推荐了 18 只股票，其中，逢周一涨停的超过 6 只，涨幅在 9%以上的有 2 只，涨幅最少的也超过 3%。作为北京首放投资顾问有限公司法人代表，汪建中不仅是国内某知名电视台的证券类栏目特约嘉宾，还曾著书传播其炒股实战技法。

2008 年 5 月，证监会对汪建中、北京首放涉嫌操纵市场行为立案调查。调查报告显示，在 2007 年 1 月至 2008 年 5 月期间，汪建中利用北京首放及其个人在投资咨询业的影响，借向社会公众推荐股票之际，通过"先行买入证券、后向公众推荐、再卖出证券"的手法操纵市场 55 次，买卖 38 只股票或权证，累计获利超过 1.25 亿元。而相关媒体挖掘出的个案显示，2007 年 3 月 9 日（星期五），北京首放荐股交大博通(600455)，当天该股收于 10.35 元，3 月 12 日(周一)、13 日、14 日，该股连续三个交易日涨停，14 日收于 13.78 元。如果北京首放在 3 月 9 日前已埋伏进去，在 14 日以涨停价卖出，不到一周时间，北京首放便获利 40%。

汪建中不仅被中国证监会处以 1.25 亿元巨额罚款，是中国证券市场上开出的最大个人罚单，而且成为股评界移交司法的第一人，被依法追究刑事责任。2011 年 8 月 3 日，汪建中以操纵证券市场罪被判处有期徒刑 7 年，

3."股神"雷立军

雷立军在 1998 年管理层推出咨询人员从业资格制度后，正式进入证券咨询行业。"南有雷立军、北有赵笑云"是当时股市中沉淀下来的一句话。雷立军的神奇之处是，其通常在每周五闭市后才公开推荐个股，周一一开盘，所推荐的个股必然涨停。

2007 年 9 月 29 日，中国证监会下达证监罚字〔2007〕29 号《行政处罚决定

书》，首次将王紫军操纵中国纺机(现名“ST中纺”)案的案情公之于众，王紫军系雷立军的妻子。为了防止王紫军转移涉案财产，在立案调查的同时，证监会对王紫军控制的证券账户及银行账户实施了冻结。王紫军由此成为中国证监会采取冻结机制查处的第一人。早在2004年雷立军即被中国证监会查处，并对他实施市场禁入。雷立军已于2002年年初丧失证券投资咨询从业资格，却继续非法从事证券投资咨询业务。2001年1月在“旺智资”的“证券分析师基地”栏目下设立“雷立军工作室”专栏，从2002年4月1日起至同年7月12日止，共发表证券投资咨询文章45篇，涉及沪深证券交易所上市的股票19只。同时，雷立军还在“雷立军工作室”专栏主编《雷立军实战》特别高级文摘(收费版)，征集收费咨询会员，开展有偿咨询服务。2002年7月后，雷立军又在“雷立军实战网”主编《雷立军实战》特别高级文摘(收费版)，征集收费会员，开展有偿咨询服务。

通过对关联账户调查发现，雷立军有67个拖拉机账户，其关联账户大多来自王紫军的老家邵阳，核心账户包括王华强、王梅安、张文英、胡心平等。在当时看来，这些账户的资金实力已经非常了得。2007年第三季度，仅王华强一个账户，就同时进入了ST巨力、博盈投资、闽东电力、西安饮食、东方锆业、ST宝硕、ST博信等7家上市公司的十大流通股东之列，市值1亿多元，排名在当时持有8只股票的刘芳之后，列中国最牛散户第二位。王华强的名字亦赫然位列中国散户百强榜前列。直到2009年9月30日，王华强还位列ST博信、潍柴重机的前十大流通股东名单。显然，在被中国证监会市场禁入后，雷立军依然隐身幕后，来去自由，操控数亿资金，在股市中呼风唤雨。

4. 孙成刚：“以个人名义违规买卖股票”的第一人

严格来说，孙成刚还不能列入股评界的“黑嘴”行列。1994年，孙成刚创立山东神光咨询服务有限责任公司，在以后的十年间，他将山东神光打造成中国证券咨询业赫赫有名的企业，孙成刚本人一度在“10大最受欢迎股评家”的评选中名列榜首，并被誉为股市“名嘴”，其独创的股市“神光预测系统”在咨询界独树一帜。在中国上百家证券投资咨询公司中，山东神光可以说是证券投资咨询工作做的最好的公司，也是通过证券投资咨询获取巨大收益完成原始积累的。1998年4月—2000年3月，孙成刚负责的《神光每日传真》之“实战账户”从10万元增值到85万元；1999年9月至2000年3月，他负责的另一个模拟实战账户从10万元增值到32万元。1998年9月到1999年9月，孙成刚指导天津某客户资金从 30 万元增值到 120 万元，一年时间盈利 300%；1998 年 9 月到 11 月，指导某机构动用 1 亿元资金，在短短两个月的时间里盈利 2000 万元，并顺利撤退。1999 年 5 月，孙成刚指导某营业部短线资金 2000 万元做出 2 亿元交易量并盈利 10%。1999 年 6 月 30 日，最经典的战役出现，孙成刚在当天早晨开盘前指导所有客户全面清仓，当日股市大跌并中期见顶；2001 年，他指导某客户 5 亿元的资金和股票全部顺利逃顶。凭借在证券咨询行业良好的声誉，山东神光的证券投资分析报告畅销全国，成为价格最高又为各证券营业部购买的首选报告。

2004 年 4 月 6 日，安源股份 2003 年年报披露，孙成刚上述股票账户中持有该公司 22.07 万股流通股，位居该公司流通股股东第 10 位，这让市场一片哗然。自 2002 年 3 月至 2004 年 5 月，孙成刚的股票账户共计交易 831 笔，买卖股票 82 只，盈利 199.2 万元。而《证券法》规定，证券、期货投资咨询机构及其投资咨询人员，不得为自己买卖股票和具有股票性质、功能的证券及期货。作为山东神光掌门人，孙成刚可谓知法犯法。在 2004 年 4 月 27 日证监会介入调查后，孙成刚被处以没收违法所得 199.2 万元，并处罚款 10 万元，同时被实施 5 年市场禁入，成为“以个人名义违规买卖股票”的第一人，山东神光则被罚 5 万元。

然而，“5 年市场禁入”期还未满，2003 年 8 月，孙成刚注册成立上海弘信投资发展有限公司，2005 年 12 月，他将弘信公司注册资本从 10 万元扩大至 3000 万元，采取设立私募基金模式，做起了代客理财，逐渐以资产管理作为主营业务。然而该公司营业执照上登记的资产管理业务仅限“非金融业务”。弘信公司业务部通过媒体打广告，一旦有股民来电咨询，业务员便推销“在股市赚上 100 倍”教学光盘，招揽其使用弘信公司的“投资管理业务”。为拉到更多的客户，弘信公司还购买其他公司的客户资源。实际上，弘信公司所谓的“投资管理业务”，就是与客户签订《投资管理协议》，由公司对客户股票账户进行管理操作，并约定分享炒股收益的 20%或 30%，但弘信公司不承担炒股风险。

2008 年 5 月 12 日，弘信公司及孙成刚被检察机关提起公诉。孙成刚和他创办的上海弘信公司未经中国证监会批准，擅自从事证券资产管理业务，并通过媒体广告等方式招揽客户，已构成非法经营罪。孙成刚被浦东新区法院以非法经营罪判处有期徒刑 3 年、缓刑 3 年，并处罚金 50 万元；弘信公司被判罚金 120 万元，依法没收违法所得。

七、上市公司高管离职套现潮

统计数据显示，2010年，A股市场发布了752家高管离职公告，日均2人“辞职”；2011年A股市场发布了1264个高管离职公告，日均3.46人“辞职”。而进入2012年之后，上市公司高管“辞职潮”继续汹涌澎湃，2012年全年上市公司高管辞职(不含换届因素)达到4839人次，同比2011年增长了32.9%，其中，深圳市高管辞职的上市公司数量更是超过80家，占两市高管辞职上市公司总数的七成以上。考虑到2012年末沪深两市上市公司总数仅比2011年末增长6.6%，上市公司高管辞职速度快于上市公司数量增长速度。其中，2012年1月份，平均每天都有逾3名高管辞职，且多为总经理、董事长等公司重量级人物，如卫士通董事长罗天文；新华联董事、总经理胡章鸿；金科股份董事会副主席、执行总裁罗利成；珠海中富董事长及董事Garohn Guernier；远光软件董事、总裁金卓君等。此外，沪深两市还连续出现上市公司管理层集体辞职现象：民生投资2012年1月9日发布公告称，董事长、总经理、董秘和监事会主席集体辞职；1月10日兰太实业宣布，公司副董事长、副总经理、董秘和监事会主席等4名高管因工作变动集体递交辞呈。

伴随中小板市场和创业板市场的快速发展，大量的中小企业上市正在批量造就千万富翁甚至亿万富翁，其中不乏持有公司股权的高管们。但由于A股对高管抛售所持股权有着诸多的限制，上千万元甚至上亿元市值的持股多数只能躺在账户上，随着股市的起伏时而膨胀，时而缩水，为了尽早抛股实现财富梦想，不少高管开始寻找“曲径通幽”的办法来辞职。只要在公司上市一年后辞职，再过半年，这些高管拥有的非限售股就可以自由处置了。

高管辞职只是为了为了规避减持套现限制，在于其所持股份背后的巨大利益。对很多高管而言，公司能够实现上市只是“革命成功”第一步，手里握有大量的股权，如何顺利套现、落袋为安才是最后的胜利。有关数据显示，多数高管的薪水一年大约在几十万元，相对上千万元市值的股权，薪水实在显得有点微不足道。如益盛药业辞职的监事会主席李国君，2011年在公司领取年薪12.96万元，而其持股市值超过5000万元，也就是说，靠这些年薪，李国君干三百年也赚不到抛售股权的收入，两者间的财富差显而易见。而相较于主板公司，中小板和创业板高管由于持有股份成本很低，且大多公司估值明显高于主板，财富效应明显，因此他们套现欲望更强烈，在市场上疯狂套现的现象更为突出。

据统计数据显示，2011 年上半年共有 65 家创业板上市公司遭 105 名高管减持，共减持 162 次，减持规模近 13 亿元。其中，朗科科技在短短 4 个月内被 9 名高管减持 24 次，孚日股份、华东数控、广宇集团等一批个股一年内被高管减持的股数都在 1000 万股以上，乐普医疗、华东数控、獐子岛等公司高管的累计套现都在 3 亿元以上。2012 年共有 417 家上市公司的 1070 位高管，对其持有的股份进行减持，合计减持量约 9.5 亿股，套现金额约 113 亿元，与 2011 年相比，套现金额相当，减持量同比增加近四成。中小板和创业板成为高管减持的重灾区，2012 年共有 329 家中小板、创业板公司股份遭高管减持，累计减持量为 7.23 亿股，套现金额合计 98.85 亿元；而全年深沪主板仅 88 家公司被减持，减持量为 2.26 亿股，套现金额为 14.5 亿元。2012 年海康威视高管套现金额最高，公司副董事长龚虹嘉合计套现 7.75 亿元；其次为歌尔声学，全年高管共套现 6.05 亿元，除这两家公司之外，广电电气、华丽家族等 25 家公司的高管套现金额也超过 1 亿元。从高管减持次数看，歌尔声学、富瑞特装、大华股份等 14 家公司，2012 年被高管减持均超过 20 笔，其中，歌尔声学被高管累计减持高达 60 次，为减持次数最多的公司。

尽管近几年中国股市的高管离职套现现象仍然层出不穷，并出现单体减持规模更大的现象，但相比于 2010 年至 2012 年的高管离职套现潮，对市场的冲击和投资者的心理影响相对要小得多。高管离职套现潮，对管理层加强新股发行制度改革、新股发行审核工作以及提高上市公司高管减持成本等方面提出了新的要求。

八、光大证券异常的程序化交易

2013 年 8 月 16 日 11 时 05 分，光大证券在进行 ETF 申赎套利交易时，因程序错误，其所使用的策略交易系统以 234 亿元巨量申购 180ETF 成份股，实际成交达 72.7 亿元，引起沪深 300、上证综指等大盘指数和多只权重股短时间大幅波动。这一事件是我国资本市场建立以来首次发生的一起因交易软件缺陷引发的极端个别事件，对证券期货市场造成的负面影响很大，也对我国证券公司进行程序化交易方式提出了新的要求。

光大证券在异常交易事件发生后，光大证券管理层徐浩明、杨赤忠、沈诗光、杨剑波等人紧急商定，卖空股指期货合约、转换并卖出 ETF 对冲风险。13 时至 14 时 22 分，光大证券卖空 IF1309、IF1312 股指期货合约共 6240 张，获利 7414 万元。同时，转换并卖出 180ETF 基金 2.63 亿份、50ETF 基金 6.89

亿份，规避损失1307万元。以上两项交易获利和避损合计8721万元。14时22分以后，光大证券继续卖空IF1309股指期货合约(截至收市新增卖开750张，买平200张)。

这一事件暴露了光大证券在内部控制、风险管理、合规经营等方面存在很大问题。事件发生后，光大证券及其事件相关人员在考虑对冲风险、调剂头寸，降低可能产生的结算风险时，采取了错误的处理方案，构成内幕交易、信息误导、违反证券公司内控管理规定等多项违法违规行为。

中国证监会将依照法定程序，对光大证券和相关责任人员做出以下行政处罚和行政监管、市场禁入措施：没收光大证券违法所得87214278.08元，并处以5倍罚款，罚没款金额总计523285668.48元。对徐浩明、杨赤忠、沈诗光、杨剑波分别给予警告，罚款60万元并对他们采取终身的证券市场禁入措施，宣布徐浩明、杨赤忠、沈诗光、杨剑波为期货市场禁止进入者。对梅键责令改正并处以罚款20万元。停止光大证券从事证券自营业务(固定收益证券除外)，暂停审批光大证券新业务。

九、2015年“股灾”

2015年夏天对中国A股市场的众多投资者来说，注定印象深刻。6月至8月，我国股票市场从暴涨到暴跌，经历了罕见的异常波动。沪指从2014年12月31日收盘点位3234.68点起步，股市就持续疯牛，一鼓作气连破4000、5000的关键点位，于6月12日站上5178.19点高位。随后，第一轮暴跌发生于6月15日到7月8日，期间，上证综指由5178点下跌至3421点，跌幅34%；创业板指由3920点下跌至2304点，跌幅41%；第二轮暴跌发生于8月18日至26日，上证综指由4000点下跌至2850点，跌幅29%；创业板指由2721点下跌至1843点，跌幅32%。A股市场爆发了一场罕见的“股灾”。

面对这种情况，监管部门协力采取了维护市场稳定的措施。7月3日，中国证监会决定，中国证券金融股份有限公司进行第三次增资扩股，将注册资本从240亿元增资到约1000亿元。7月5日，证监会宣布暂停IPO。之后，中国人民银行、中国保监会、中国银监会等机构先后公布相应措施，以维护资本市场稳定。与此同时，财政部承诺不减持所持有的上市公司股票，并将积极采取措施维护资本市场稳定；国资委要求央企在股市异常波动期间不得减持所控股上市公司股票。此外，证券公司、基金公司也纷纷为救市贡献力量。7月4日，21家证券公司通过证券业协会发布公告称，动用净资产15%、合计不低于1200亿元的资金投资蓝筹股ETF，沪指在4500点以下，券商自营股票盘不减持，并择机增持。同时，另有25家公募基金表示，打开前期限购基金的申购，并加快偏股型基金的申报和发行，完成新增资金建仓。

通过种种救市举措，沪指于8月27日终于重新站上了3000点整数关口。此后，A股市场逐渐步入正常化，进入自我修复、自我调节阶段。这次“股灾”暴露了我国金融创新过程中的制度不完善和监管不力，大比例融资和违规融资造成大量资金进入股市疯狂投机，造成股市一路疯涨，而监管的缺位和监管政策出台时机的把握不恰当，又造成股市暴跌而难以控制，使一轮牛市过早结束，并让广大投资者造成沉重的损失。

十、变异的熔断机制

在经历年中的股市异常波动之后，2016年元月，A股开始实施熔断机制，设置5%、7%两档指数熔断阈值，触发5%熔断阈值时，暂停交易15分钟，熔断结束时进行集合竞价，之后继续当日交易；下午14：45及之后触发5%暂停交易至收市。拟以沪深300指数作为指数熔断的基准指数，当指数日内涨跌幅达到一定阈值时，沪、深交易所上市的全部股票、可转债，以及中金所的所有股指期货合约等暂停交易，暂停交易时间结束后，视情况恢复交易或直接收盘。在不到四天的时间，中国股市熔断4次，蒸发了6万亿元市值，股民人均亏损16万元，熔断机制成为促进市场资金争相逃跑的推动器，造成股市的新一轮大跌。

中国股市本来就有10%的涨跌停板限制，在此基础上再加一个5%、7%两档指数熔断阈值，无异于画蛇添足。仅仅实行四天的制度就被叫停，反映出管理层对市场的认识不足，对制度设计和实施的效果预判不足，制度的制定和实施过于简单、仓促，使广大投资者刚刚经历2015“股灾”后又遭受新的打击，中国股市进入漫长的熊市之中。

十一、徐翔：神秘的私募大佬

仅仅从私募基金从业经历和运作规模上看，徐翔谈不上特别，但从他对中国股市和社会的影响来说，无疑是中国私募基金的第一人。17岁时，在A股牛散的表哥马信琪带领下，徐翔懵懵懂懂地闯进了股市，开始了传奇的投资生涯。1992年至1994年间，上证指数的波幅高达378%，徐翔在这波行情对股市热点的把握非常敏感，最终赚得盆满钵满，个人资产也因此迅速累积，还不到 20 岁，他就成为了天一证券宁波解放南路营业部的高手，到 90 年代末期，他已经成为业内公认的“宁波敢死队”的队长。

“炒股不跟解放南，便是神仙也枉然。”这是当初流传在股市中一句话。宁波的解放南路营业部正是“宁波涨停板敢死队”大本营，也是徐翔的发家地。熊市期间，无数黑马股票在这里联翩问世。徐翔早期的风格是：大手笔，快进快出，这是一种常见的日内交易的特点，而且其凭着敏锐的洞察力和善于寻找牛股的专研劲头，借助于 A 股特有的涨跌停板等交易制度，疯狂拉升股票，推动股票封板，形成市场自我宣传效应，引诱散户入场，然后寻找机会获利卖出。这跟华尔街早期的操盘手法如出一辙。

2005 年徐翔决定进军上海滩，去十里洋场博它个纸醉金迷。2009 年 12 月 7 日，泽熙投资成立，初始资金 3000 万元人民币。据说公司名称来源于徐翔最钦佩的两个人：毛泽东的“泽”和康熙皇帝的“熙”，康熙中国统治时间最长的皇帝。在徐翔被逮前一天的 2015 年 10 月 30 日，徐翔旗下的产品业绩表现为：在股市连续疯狂下挫的 2015 年，该公司管理的 6 只产品，截至 2015 年 10 月 30 日，这些产品均表现得极其出色，其中，泽熙 1 期为 323. 16%；泽熙 2 期为 160. 34%；泽熙 3 期为 382. 07%；泽熙 4 期为 209. 92%；泽熙 5 期为 180. 07%；泽熙增煦定增二期为 142. 07%，远远跑赢当年的沪深大盘。而其中的泽熙 3 期收益在短短五年时间内，收益增长率达到 3944. 93%，将近 40 倍。这段时间，徐翔概念股鸡犬升天，只要能和徐翔沾上边的股票个个表现不俗。徐翔也正式成为上海滩资本市场的“扛把子”。

然而，惊人的业绩背后，隐藏着不为人知的秘密。除了利用违规的操作手法扰乱市场外，徐翔还采用各种违法的内幕交易。2009 年至 2015 年，徐翔在妻子应某配合下，以亲友、泽熙公司员工、员工亲友等人名义开设大量证券账户并控制、使用。徐翔以自有资金注入上述账户，指令应某等人具体操作；徐翔还与被告人竺勇等人约定，由上述人员自筹资金，以本人及其亲友名义开设证券账户，根据徐翔指令买卖股票，获利与徐翔按比例分成。通过上述方式，徐翔实际控制近百人的证券账户。同时，与王巍、竺勇共同与 13 家上市公司董事长、实际控制人合谋，按照徐翔等人要求，由上市公司董事长或实际控制人，控制上市公司发布“高送转”方案、释放公司业绩、引入热点题材等利好信息的披露时机和内容。徐翔等人利用信息优势在二级市场公开，以泽熙等私募基金产品的名义进入前十大股东、定增、协议转让，或通过各种形式的“马甲”竞价交易连续买卖，拉高股价后协助上市公司高管大股东在大宗交易市场高位减持套现，或通过定向增发后高位抛售，双方还约定减持底价以及高出底价部分的分成。徐翔、王巍、竺勇三人累计动用400余亿元资金操纵上述上市公司股价，获利约几十亿元。

王巍和竺勇分别是极限资产管理股份有限公司、灵岩投资管理有限公司两个私募基金的实际控制人，而竺勇早前是宁波天一证券的高管，第一批获得保荐人资格，在一级市场具有较好的人脉资源。13家涉案上市公司高管，都是由王巍和竺勇牵线搭桥与徐翔认识的。经审查，13家涉案上市公司及高管分别为：美邦服饰原董事长周成建，文峰股份董事长徐长江，华丽家族原董事长王伟林、大股东上海南江集团原董事长王栋，乐通股份原董事长张彬贤，明牌珠宝董事长虞兔良、原董秘曹国其，东方金钰原董事长赵兴龙、原董秘顾峰，鑫科材料实际控制人李非列，上海新梅原董事长张静静、董秘何婧，向日葵实际控制人吴建龙、原董秘杨旺翔，金科股份原董事长黄红云，万邦达董事长王飘扬、原董秘龙嘉、财务总监李继富，中弘股份原董事长王永红、董秘金洁，赛象科技实际控制人张建浩、原董秘朱洪光、大股东天津赛象创业投资有限责任公司原财务主管刘桂荣。

徐翔案是国内第一宗信息型操纵证券市场刑事案件，2017年1月23日，青岛市中级人民法院开庭宣判，徐翔被判有期徒刑五年半，罚金110亿元。此案例，对进一步完善我国证券市场监管制度和监管体制无疑具有里程碑意义。

第三节　证券市场改变了我们的人生

2017年元宵之夜，上海证券报十几位“老人”汇聚于西郊一家饭店：首任总编辑尉文渊、两位常务副总编辑刘波和陆国元，还有早期的市场部、公司部、专刊部的记者编辑。尉文渊是上海证券报“老人”群的中心人物，35岁出任上海证券交易所首任总经理，如今也已62岁。回忆上海证券交易所的组建，中国第一张证券报的创办，上证指数的诞生以及“老人”们当年的趣事。聚会后，贺宛男写了一篇文章，题为“证券市场改变了我们的人生”。证券市场不仅改变了上证报这十几位“老人”的人生，无疑也影响和改变了从事证券行业以及与证券市场相关行业的芸芸众生的人生。

一、杨怀定：中国证券市场的第一个“百万富翁”

杨怀定，人称“杨百万”“中国第一股民”，原上海铁合金厂职工，在1988年从事被市场忽略的国库券买卖赚取其人生第一桶金而成名，随后成为上海滩第一批证券投资大户，当时与其同时代的那批大户现在只剩下杨百万一人还活跃于证券市场。杨百万具有江浙上海人特有的精明与金融意识，从而成为中国证券历史上不可不提的一个人物，后来其故事被包括美国《时代杂志》《新闻周刊》在内的世界各地媒体广为报道，并在1998年被中央电视台评为“中国改革开放二十年风云人物”。作为中国证券市场的最早参与者、实践者和见证者，杨百万在证券市场拥有许多“第一”：第一个从事大宗国库券异地交易的个人，第一个到中国人民银行咨询证券的个人，第一个个人从保安公司聘请保镖，第一个主动到税务部门咨询交税政策，第一个聘请私人律师，第一个与证券公司对簿公堂，也是第一个作为个人投资者被聘为大学教授。

1988年4月，年届40岁的杨怀定从大型国有企业辞职，开始了“平民证券投资者”的生涯。如何赚钱养活自己成为他首先考虑的问题。杨怀定开始从订阅的几十份报纸信息中埋头搜寻致富的机会。一条“上海将开放国债交易”的消息引起了杨怀定的关注，他在4月21日开市第一天一早，买了10000元三年期国库券。“银行利率5.4%，而三年期国库券年利率超过15%”。等到下午，很多人明白过来开始纷纷买入时，价格一下涨到112元，杨怀定抛掉了。半天时间，他赚到了以前一年的工资——800元。很快，杨怀定发现全国8个城市的国债价格差异很大，他开始日夜兼程做起了国库券异地交易。首先，从银行里取出了全部存款2万元，并又从亲友处借了9万元，赶到合肥去买国库券。当时，合肥市工商银行接到上级通知，不得不买进10.65万元的国库券，正发愁这笔死钱怎么用活，杨怀定一来就全买下，次日他赶到上海去卖掉，仅仅来回两天时间，第一次易地买卖国库券竟挣了1060元，而当时上海工人人均收入仅200~300元。此后，他带着全部的积蓄前往全国其他省市，在当地银行以较低的价格买入国债，然后再带回上海，以较高的价格卖给银行，赚取差价。他正是通过这种理性的异地证券交易，通过这种钱生钱的特殊的经营方式，杨怀定皮包里的货币不久就达到六位数了，完成了原始积累过程。

1989年，赚到了“第一桶金”的杨怀定，转身投入炒股。杨怀定的第一只股票是“电真空”。半年后，股票大涨，杨怀定在800元以上价位抛掉，净赚150多万元，“杨百万”的外号，就此不胫而走。1992年5月，股市终于从高往下走了。同年11月，上海股市经过五个多月台票的连续下行，指数从1400点跌到了392点，市场一片低迷。杨百万以4.5元/股买了1万股“轻工机械”，就在杨怀定买进“轻工机械”的一周后，上海、深圳股市在经历了五个多月的下跌后开始上涨了，上海股市像是报复性地以一天50点、100点井喷式的速度迅速上冲，一浪一浪地上涨，“轻工机械”七天后涨到9元多，并且一涨就涨了三个月——杨百万的收入又翻了倍。

杨怀定作为一个初中毕业生，伴随中国证券市场的形成和发展，杨怀定在这所没有围墙的大学里孜孜不倦地苦读，通过自己的努力和学习，1994年他被沈阳财经学院聘请为金融学教授，作为改革开放的一个传奇人物受到不少外国通讯社的采访，其中就有美国VOA、日本NHK和英国BBC等媒体的报道。1998年，中央电视台为了宣传改革开放而制作的大型连续剧“改革开放二十年二十人”又以浓墨重彩报道了他的事迹。2000年10月，杨怀定在北大光华管理学院最大的101教室作报告。多年以来，他奔波于北京、烟台、青岛、汕头……在全国进行讲学，将自己的金融知识传播给予全国千千万万的工人、农民、干部。

起起落落的股市造就过诱人的财富神话。从一个名不见经传的仓库保管员，变成“平民证券投资者”；从倒卖国库券，到每天进出上百万元资金成为当年股市举足轻重的风云人物；从为了挣钱而进入股市的投机者，成了一个理性的投资者。中国资本市场的诞生，让杨怀定完成了角色转换，见证了中国证券市场的发展，并且成为证券市场发展的直接受益者，折射着新中国股民群体的成长历程。

二、从德隆到明天：中国十四大资本帝国发迹史

中国证券市场的发展，不仅为众多的企业发展融到发展所需的资金，而且为各企业的发展壮大创造了更多的机会。一大批有头脑的企业家，借助于证券市场的发展，在促进企业快速发展的同时，也建立起自己的资本帝国，并在市场炒作中形成独特的概念和板块炒作行情。

1. 复星系

灵魂人物：郭广昌；
母公司：上海复星高科技（集团）有限公司；
控股上市公司：复星医药、南钢股份、豫园商城；

参股上市公司：天药股份、友谊股份、羚锐股份、联华超市、上海复地。

郭广昌及其创业伙伴在1992年成立广信科技，并在1994年成立复星集团。“复星系”直接和间接控股的公司已超过了100家，投资范围涉及生物制药、房地产、信息产业、商贸流通、金融、钢铁、证券、银行、汽车等领域。“复星系”急剧膨胀的财富，大半来自于所并购的企业。郭广昌给自己的定位就是要做产业整合者。

2. 万向系

灵魂人物：鲁冠球；

母公司：万向集团公司；

控股上市公司：万向钱潮、承德露露、万向德农、顺发恒业；

参股公司：中色建设、兔宝宝、航天动力、航民股份等。

鲁冠球于20世纪70年代末期创建了万向，他把当时的一个生产农业机械的小作坊，发展成为了中国第一个为美国通用汽车公司提供零部件的OEM。

如今，万向集团已经成为一家综合的企业集团。到2011年，万向系已拥有11张金融牌照，参股银行6家、上市公司11家，金融实力一点也不比实业差。

3. 明天系

灵魂人物：肖建华；

母公司：明天控股有限公司；

控股上市公司：明天科技、西水股份、爱使股份、华资实业；

参股上市公司：北方创业、农产品、鲁银投资、新黄浦、东陵粮油、建新矿业、金地集团、哈尔滨银行。

从1998年染指第一家上市公司华资实业至今，明天系已经形成庞大产业，一度控股、参股6家上市公司、6家商业银行、6家证券公司以及浙江金融租赁股份有限公司、北京国际信托投资公司等多家金融机构，旗下关联公司达数十家。如果这些公司都成功上市，肖建华的资产，将达上千亿元之巨。更让业界震惊的是，在山东鲁能私有化、太平洋上市等引发公众广泛质疑的事件中，明天系亦深度参与。

明天系内部汇集了大量来自北京大学等名校的人才，明天系的人才策略是“与聪明人同行；广觅、慎用、勤教、严绳”。公司还设有青年干部培养计划、人才储备库等，通过内部培训等方法使人才高度统一思想。明天系的实际控制人是肖建华，他 15 岁考上北大法律系，27 岁成为最年轻的上市公司总经理。肖建华，这个在中国资本市场叱咤风云的少壮派枭雄，在不到 10 年内，构筑起控股 6 家上市公司、参股和控股 9 家商业银行、4 家证券公司、4 家信托公司的庞大金融帝国。

2007 年 12 月 28 日，亏损严重的太平洋证券竟在主板上市。2008 年，上市黑幕被揭发：太平洋证券上市方式很简单，通过上海证券交易所请示、中国证监会办公厅批复，成功地绕开了 IPO 和并购重组两道门槛限制，实现了直接在交易所挂牌交易。上市后，太平洋证券增资扩股，包括“明天系”公司在内的所有原始股东，都实现了财富暴增。正是太平洋证券腐败案发，是肖建华和“明天系”的一个转折点。

这是一起有名的权力与资本结合的腐败案，事后多名官员落马，多名证券界人士涉案，并牵连副部级官员、国开行副行长王益被“双规”，另一位资本大佬“涌金系”掌门人魏东跳楼自杀。肖建华逐渐淡出国内资本市场。

4. 中植系

灵魂人物：解直锟；

母公司：中植集团；

介入上市公司：南洋股份、上海电气、江西长运、TCL 集团、贵绳股份、吉恩镍业、福田汽车、三安光电、经纬纺机、ST 圣方、沈阳机床、ST 华新、兴业矿业。

在中南重工跨界并购案中的出色运作，使得长袖善舞的“中植系”显山露水。然而，以股权架构及法律关系论，“中植系”并非一家控股型集团，它甚至并不存在，但在资本江湖人尽皆知。更准确的表述应是：一个最初由中植集团创始人解直锟设立，现均为解直锟“旧将亲友”们台前持股，幕后由解直锟遥控的涉足金融、矿产、投资等产业的庞大企业群。

这一庞大的企业群，在股权关系上极为复杂，空壳公司且用且弃，资本运作眼花缭乱。“中植系”成员间合作密切，但在规避法律意义上的控制关系、隔断资金链危机等环节中精妙设计、手法老到，使其在规则边缘游刃有余，远胜昔日德隆。

5. 华立系

灵魂人物：汪力成；

母公司：华立集团；

控股上市公司：华立控股、昆明制药、武汉健生、华智控股；

参股上市公司：南天信息、开创国际。

汪力成最早以做竹器、雨伞起家。之后华立集团成为国内最大的电能表生产商，其生产的电能表各项经济指标连续8年名列国内同行首位。不过，华立系最有名的当然是其在资本市场的"洗壳"操作。对重庆川仪、ST恒泰等的重组为汪力成赢来"洗壳高手"之称。华立系在资本市场上操作手法的娴熟程度，并不亚于那些"老江湖"，江浙财团那种独有的战略眼光和八面玲珑的特质在它身上体现得淋漓尽致。2010年底，汪力成辞去总裁及公司法定代表人职务，这两项职务均由原分管能源与国际产业的副总裁肖琪经担任。

6. 新湖系

灵魂人物：黄伟；

母公司：新湖控股、新湖集团；

控股上市公司：新湖中宝、哈高科；

参股上市公司：金河生物、贝因美、金洲管道、大智慧。

新湖集团的缔造者黄伟像谜一样神秘。2010年中国富豪榜榜单上，黄伟、李萍夫妇以137亿元的个人财富，列第34位。而《胡润百富2010年排行榜》显示，黄伟、李萍夫妇以220亿元资产位列第29位。

地产+金融，这是新湖系的战略方向。而其通过投资拟上市公司的方式，也斩获了巨额收益。新湖系的高管们，有些是跟黄伟同一时代出生的激流勇退的温州官员。譬如，曾任浙江温州市人民检察院副检察长的新湖集团董事长邹丽华和曾任温州市政府办公室主任兼副秘书长的新湖集团总经理叶正猛，他们正是黄伟的左膀右臂。

自从20世纪90年代中期开始，黄伟在资本市场上完成原始积累后就进军房地产并通过收购上市公司股权再入股市。10多年中，黄伟对房地产业务钟情不渝。黄伟的造系运动，两招贯穿其中：一是收购上市公司股权，并逐步将上市公司资产置换并将主营业务转为房地产；二是黄伟通过操纵多家上市子公司，在全国大量兼并土地，大部分土地与他人采用股权合作方式，用囤积的土地抵押贷款，贷得的款项打回新湖自身全资控股公司挪作他用。

黄伟是一个资本高手，他令名下上市公司承担项目开发前期风险，待收益期来临就通过稀释上市公司在项目中股权的方式将利润大部分转移。这是他的习惯操作手法之一。

2013年，媒体爆出新湖系资金链恐将断裂，新湖中宝资产已大举质押。

7. 陨落的泰跃系

灵魂人物：刘军(被刑拘)；

曾控股上市公司：湖北金环、景谷林业、三峡水利、华源凯马、茂化实华；

泰跃系的泰跃投资集团有限公司曾控股：湖北金环、茂化实华、景谷林业。

刘军是由房地产发家。泰跃系曾经是资本市场赫赫有名的黑马，在其历史档案里，曾控制过 5 家上市公司并成为世人关注的焦点。2006 年 7 月，泰跃系掌门人刘军，在“配合有关部门的调查工作”后，至今也没有再出现。泰跃系陨落。据称，刘军“被刑拘”不仅仅因地产而起，还与其泰跃系麾下数家上市公司的收购过程有关。

3 月 28 日，北京市海淀区原区长周良洛受贿案一审判决。周良洛被控受贿 1670 万元，判处死刑，缓期两年执行；北京泰跃房地产公司董事长刘军，正是周案中最大的行贿者。他先后两次向周良洛“进贡”约合人民币 800 万元，亦与北京市前副市长刘志华案有牵连。

8. 式微的“涌金系”

灵魂人物：魏东；

母公司：涌金实业(集团)有限公司；

曾涉及上市公司：银河动力、九芝堂、青岛软控、成都建投、中宝股份、千金药业等。

“涌金系”为魏东创建的“系列家族企业”。初期涌金系和其他刚刚成立的私募机构类似，采取私募机构最原始的投资风格。年仅 27 岁的他就创办了涌金集团，并在 1995 年与中经开合作，凭借内部信息优势共同在“327 国债期货”一战中大获全胜，最终导致万国证券与申银证券合并，原总裁管金生锒铛入狱。据传魏东此役获利两三亿元。魏东及其涌金系早在 2006 年 9 月就已布局碧水源上市了。短短三年时间，魏东及其掌控的涌金系在碧水源中的投资收益最高暴增近 70 倍。

2008 年 4 月 29 日魏东从北京家中跳楼身亡，这个一向低调的资本大佬和其神秘的人生轨迹以及一个庞大的资本帝国才逐渐浮出水面。2013 年 1 月，随着国金证券副董事长王晋勇宣布辞职，涌金系落寞谢幕。

涌金系一共经历了三个发展阶段：

第一个阶段：涌金系成立之初，刚好是中国经济转轨时期。从1994年涌金成立到2002年间，涌金系不断以中国市场经济发展为导向，根据政策热点变化转战各个投资市场，以“盲点套利”模式获取相对低风险下的高收益，为涌金系积累大量原始资金和人脉关系。

第二个阶段：从2002年至2008年，涌金系在通过前期资本和人脉积累后，开始利用自己强大的人脉网络和资金通过上市公司“上岸”，再通过一系列资本运作，逐渐成为了一系列上市公司实际控制人，而从该阶段起对于这些实际控制的公司虽然仍然以资本投资为主，但也逐渐涉猎实业，这一阶段为其成熟阶段。

第三个阶段：2008年董事长魏东离世使得其身处的私募投资环境产生了变化，而这种变化即其拥有的人脉资源或商业背景实力恐难以支持其继续之前的发展方式。2013年1月，国金证券副董事长王晋勇宣布辞职，涌金系落寞谢幕。

9. 消失的“德隆系”

灵魂人物：唐万新(入狱后复出)；

母公司：德隆国际投资控股；

曾控股上市公司：新疆屯河(现名为“中粮屯河”)、湘火炬(现名为“潍柴动力”)、合金投资、ST重实、北京中燕(现名为“通策医疗”)、天山股份。

唐万新创始的德隆系由地处西北边陲的小公司发展成为一个一度控制资产超过1200亿的金融和产业帝国。2003年唐氏兄弟位列富豪榜第25位。最终唐万新因涉嫌变相吸收公众存款和操纵证券交易价格非法获利，2004年底被警方逮捕。据媒体报道，德隆内外全面控制“老三股”的手法，是一套集各种违规手法、内部交易、市场操纵等于一身的模式，唐万新做到了极致。

唐万新在两个世界跳舞：其一是通过金新信托继续委托理财以获取资金，同时在股市上通吃流通筹码、炒股获利；其二是通过上市公司完成产业整合，成为所谓的“成功实业家”。而这是危险的舞步，1997年以后德隆规模膨胀，金新信托的账外债务持续扩大，这仍然是一个“以一个更大的黑洞来填补前一个黑洞”的饮鸩止渴的游戏。

早些年，新疆德隆控制的三家上市公司“新疆屯河”“合金股份”“湘火炬”，股价已分别上涨了1100%、1500%和1100%，这些上市公司及其他与“新疆德隆”有关的上市公司，在证券市场上，被称作“德隆系”。1998年中开始，“德隆系”控制下的“湘火炬”开始了频繁的投资。在两年时间里，公告的投资动作达 11 项，涉及公司达 21 家，其中不乏关联交易。2004 年初德隆将麾下上市公司法人股反复置押给银行，同时公司属下的合金投资和湘火炬实际发生担保数额分别占公司净资产 135%和 203%，远远超过了中国证监会的规定，其后德隆一直受到调查，其三驾马车开始崩盘，其 200 亿元市值在 10 余个交易日里灰飞烟灭，德隆终遭滑铁卢。

“德隆系”表现为一种现象，即一个庞大的金融控股集团，其控制的上市公司股价无一例外地巨幅上涨，这牵扯到了证券法的一个重要问题，也就是其是否恰当，是否合法，是否侵犯了小股东的权益，这是大家关注的重点。

10. 方大系

股权质押曾被视为上市公司的一大隐患，资本市场上的很多“系”，就是倒在股权质押这个“多米诺骨牌”之下。在方大集团控股的 3 家上市公司中，股权质押现象频频出现。随着其全国人大代表资格被终止，围绕“方大系”掌门人方威的各种传闻、猜测甚嚣尘上，旗下三家上市公司方大炭素、方大特钢、方大化工也因此紧急停牌自查。

方威的“发家史”尤其是方大集团早年参与南昌钢铁改制的种种争议再度被“挖出”，外界认为相关改制过程存在巨大的利益输送，尤其是对受让方设置的诸多前置条件，一度被指是为方大集团“量身定制”。

11. 先锋系

“先锋系”的控制人张振新起家于担保，发家于租赁，通过担保质押等形式，先锋金融存在于大量的体系内的资金周转融通。

先锋系拿下了除基金、证券、信托之外的所有的金融和类金融牌照，旗下的公司众多，有民营企业、外资企业，也有参股国企，可以看成国内很多金融有关的板块组成的一个大家庭，它已经悄然缔造了一个集融资租赁、融资担保、银行、保理、私募股权投资、基金销售、信贷、财富管理等众多金融牌照的隐秘金融帝国，另外还搭建了众筹网、壹金融、点财网等多个互联网金融平台。

先锋金融发展至今，跟曾经辉煌的德隆系仍有很大差距。但是张振新打造的先锋金融帝国与德隆系有个共同之处，便是资金需求可以通过，或者借助内部担保、质押等形式筹集。

12. 格林柯尔系

顾雏军在短短五年的时间中，缔造了庞大的产业帝国，横跨白色家电、汽车制造等领域，其炫耀夺目的资本运作技巧让人们惊叹之余，不禁要问，他到底是产业英雄，还是一个资本投机者？

2001 年，顾雏军控股的顺德格林柯尔公司斥资 5.6 亿元，收购了时为中国冰箱产业四巨头之一的广东科龙电器 20.6%的股权。2003 年 5 月，顺德格林柯尔又以 2.07 亿元收购了当时国内另一冰箱产业巨头美菱电器 20.03%的股权，顾雏军离其“冰箱大王”的梦想又进了一步。2003 年 12 月，新设立的扬州格林柯尔创业投资有限公司斥资 4.18 亿元，收购亚星客车 60.67%股权。2004 年 4 月，收购势头势如破竹的格林柯尔又下一城，借扬州格林柯尔创业投资有限公司以 1.01 亿元的价格入主 ST 襄轴。此时，顾雏军已拥有 4 家 A 股公司和 1 家香港创业板公司，格林柯尔系已悄然成形。

2007 年 5 月 18 日，格林柯尔科技控股有限公司正式在香港退市，鼎盛一时的格林柯尔系完全瓦解，被称为“资本玩家”的顾雏军，其资产随同产业幻梦一起灰飞烟灭。

13. 中技系

从“黄金时代”到“劣迹斑斑”，中技系用了 12 年。中技系的根基为深圳中技实业(集团)有限公司，成立于 1996 年 4 月，董事长为成清波，注册资本从起初的 100 万元升至后来的 5.07 亿元。

首个被中技系揽入手的上市公司是 ST 成城。2002 年到 2013 年，中技实业以 9257 万元获得物华股份 21.57%股权，成为其第一大股东。2007 年上述股权接触限制后，成清波通过抛售 3000 万股套现 2.5 亿元。目前，中技实业以 8.99%的股权比例为第一大股东。2006 年 8 月，中技实业以 4186 万元现金及承担 8.46 亿债务的代价从广东罗定市政府手中收购罗定—春湾的铁路产权，短短 3 个月后，中技实业又以 4.11 亿元的价格收购中技铁路旗下的罗定铁路 59%股权售予 ST 国恒，净赚 3.86 亿元。

中技系出现问题的原因就是它和民间资金走得特别近，资金成本高，高负债和流动率不足导致现金流紧张、还不上债，而加速地扩张、高成本消耗净资产导致了这样一个结果。

除了民间资金外，中技实业通过拿到上市公司平台融资有两个优势，第一是公司本身可以通过这个平台来套现，方便资本运作，第二，他们通过上市公司这个渠道有条件去对接一些主流的金融机构以方便融资。“但是拆东墙补西墙”，最终连累中技旗下的多家上市公司。

14. 华源系

与德隆系类似，华源系同样依靠一系列并购迅速成长为庞然大物。由于缺乏实业支撑，靠搭积木式并购获取的规模扩张，并没有给企业带来真实的业绩提升。

ST 源药、ST 源发、ST 华源和 ST 凯马 B——华源系原本风光体面的“四朵金花”，已经“携手”迈入“ST 军团”。为继续留在资本市场，华源系旗下的上市公司，不得不各自寻找自己的出路。最终 ST 华源于 2008 年 5 月 15 日被暂停上市。

三、在证券市场翻云覆雨的资本大佬们

徐翔被抓前的十月，《夏洛特烦恼》成了国内最红火的电影之一。主人公夏洛醉酒后，梦回 1997 年。那年，街上挂着喜迎香港回归的标语。也是在 1997 年，时年 50 岁的管金生，在上海获刑 17 年。他被控犯有行贿并在期货市场成立前数年里滥用公共资金等罪名。原任万国证券总经理的管金生，落难于 1995 年的“327”国债事件。20 年后回望，与管金生一样，围绕“327 事件”的资本玩家们，大多下场不妙。

根据媒体梳理，包括袁宝璟、刘汉、周正毅、魏东等“大佬”，或从“327 事件”中赚了大钱。十多年后，袁宝璟与刘汉，被执行死刑，魏东自杀，周正毅则被判有期徒刑 16 年。管金生的入狱，是一道分水岭：1997 年之前，鲜有因投资股市和期货市场“倒霉”的资本大佬。而 1997 年至今，陆续有近 20 位大佬“晚节不保”。2001 年，操控“中科系”的吕梁失踪。这位“超级庄家”至今仍下落不明。其后的 2001 年和 2002 年，拉升亿安科技的罗成、操盘金杯汽车(600609)的仰融，先后出逃。时至 2006 年，显赫一时的“德隆系”缔造者唐万新，被判有期徒刑 8 年。2007 年，中国高科(600730)最年轻的董事长张海，获刑 15 年。2008 年和 2010 年，同处家电行业的顾雏军、黄光裕，分别等来了法院的判令。吹大“托普泡沫”的宋如华，于 2013 年获刑 9 年。2004 年，托普神话破灭后，宋如华一度远走美国，2011 年主动回国后便遭逮捕。2014 年，旗下曾有两家上市公司的刘汉，被判死刑。他在受审时，“失声痛哭、几度落泪”。

1. 涉及罪名种类繁多

除刘汉以外，大部分“大佬”的倒掉，均与资本市场有直接的关系。股市使原本平凡的人崛起于草莽，也使他们再从辉煌中坠落。

股票给了他们改变命运的机会。没进入资本市场前，徐翔是个普通的高中毕业生；张海四处用“特异功能”传授气功；掌控“中技系”的成清波，还是湖北一座“山城”中的数学老师；而后来的巨富严晓群，是个“挑着扁担到处叫卖的小商贩”。而进入股市后，徐翔成为了私募界偶像级的人物，他的父母也出现在多家上市公司的认购对象名单里；张海借助资本的力量，入主了国内饮料企业健力宝；顾雏军和黄光裕，则借机进行着从企业家到资本大佬的转变。

兴于资本市场，亡于资本市场。根据梳理，这些资本玩家的“原罪”，包括了操纵证券交易价格、内幕交易、行贿、挪用资金、非法集资等。其中，德隆系的唐万新，被法院判定“犯非法吸收公众存款罪、操纵证券交易价格罪”。曾经操控深发展、川化股份的“庄家鼻祖”张少鸿，亦被判犯有“非法吸收公众存款罪”。涉及“操纵股价”和“操纵证券交易”等罪名的，则有原上海首富周正毅、上海社保案核心人物张荣坤、“坐庄”亿安科技的罗成等人。另外一个与股票交易密切关联的罪名，为“内幕交易罪”。在法院庭审时，黄光裕被认为利用内幕信息买入了中关村(000931)的股票，并且获益甚大。而徐翔被警方带走，其中一项也是涉及“从事内幕交易”。“挪用资金罪”也绊倒了为数不少的大佬，如科隆系的顾雏军、托普系的宋如华、健力宝的张海，均被判犯有该罪名。此外，像“泰跃系”的刘军，其主要罪名为行贿罪。据报道，深信“权钱交易能畅通无阻”的刘军，曾向北京市海淀区原区长周良洛行贿800万元。

2. 入狱后结局各不相同

这些曾纵横资本市场的大佬们，入狱后过着什么样的生活？

新京报记者在“中国裁判文书网”上看到一份《减刑刑事裁定书》。判决书称，犯“操纵证券市场罪”的张荣坤，在狱中“积极肯干，努力完成劳动任务”，“积极参加思想、文化、职业技术培训”，2012年和2013年各获得监狱积极分子一次，因此张荣坤获减刑一年。

2012年出狱后，顾雏军接受过新京报记者的采访。他回忆说，他在狱中就三个任务“改造思想、文化学习、劳动改造”，“7年时间，比上大学、研究生时的读书时间还多”。同时，顾雏军还称，他与杀人犯关在一起，“成天被人骂”。

据媒体报道，黄光裕在狱中仍然能“遥控指挥”国美，“这几年国美的重大决策，都是黄光裕拍板制定的”。

“泰跃系”的刘军，目前仍在服刑。与黄光裕不同，刘军则已失去了对自己财产的控制力。2015 年 10 月前后，狱中的刘军委托朋友，公开举报自己的亲生姐姐刘华“强占泰跃系资产、勾结外人操纵上市公司”。

早年自称有“特异功能”的张海，则在入狱后施展“财技”。张海的家人在向监狱、看守所等相关人员行贿后，张海提前 4 年悄然出狱，出国后“下落不明”。目前，广东省检察机关正对张海进行境外追逃。

近年来，已有管金生、顾雏军等人陆续出狱。重获自由后，56 岁的顾雏军一直为自己平凡的生活而忙活。2017 年 7 月，顾雏军提起诉讼，要求青岛海信等赔偿经济损失 489 亿元。11 月 4 日，他的诉讼请求被广东省高院驳回。相比而言，管金生在离开监狱的多年中，十分低调。2017 年 6 月，他出席一个论坛反省“327 事件”时说，他差在当时没有足够的智慧上。

2015 年 11 月 1 日，徐翔被抓。市场上具有号召力的“偶像”，又倒下了一个。从挥着巨资在股市上呼风唤雨，到贴上“犯罪”的标签锒铛入狱，徐翔重复着多位“前辈”曾经走过的路。

2008 年，“涌金系”魏东跳楼时，有感叹称，“江湖最后一个大佬走了”。而事实上，在此之后，包括徐翔在内，出事的大佬仍接二连三。

据统计，上溯至 1997 年的管金生，近至刘汉、徐翔，过去 20 年间，有近 20 位的江湖大佬，或逃亡，或入狱，或自杀。兴于股市，亡于股市，成了他们的“宿命”。

盘点 1997 年至今获罪的股市“大佬”：

管金生：1997 年，因行贿、滥用公共资金获刑 17 年；

张海：2007 年，因职务侵占、挪用资金获刑 15 年，出逃；

周正毅：2007 年，因操纵证券交易、挪用资金等获刑 16 年；

刘汉：2014 年，因组织领导黑社会性质组织罪、故意杀人罪，被判死刑；

吕梁：2001 年，失踪；

罗成：2001 年，操纵股价，出逃；

仰融：2002 年，涉嫌经济犯罪，被批捕后出走美国；

朱耀民：2003 年，因金融诈骗判刑 14 年；

张少鸿：2004 年，因非法吸收公众存款获刑 10 年；

唐万新：2006 年，因操纵证券交易价格、非法吸收公众存款判刑 8 年；

魏东：2008 年，自杀；

顾雏军：2008年，因虚报注册资本、挪用资金等罪名获刑12年；
张荣坤：2008年，因操纵证券市场罪获刑19年；
刘军：2009，因行贿官员判刑14年；
严晓群：2010年，因银根收紧、债务黑洞被刑拘；
黄光裕：2010年，因内幕交易、单位行贿获刑14年；
宋如华：2013年，因挪用资金获刑9年；
成清波：2014年，因涉非法集资被批捕；
徐翔：2015年，因涉内幕交易、操纵股价被判刑事强制措施。

四、新财富排名造就新一批市场分析大佬

新财富自2001年创办至今，一直专注于资本市场服务平台这一细分领域深耕细作，不仅成为财经资讯领域的强势IP出品人，同时通过最佳分析师、金牌董秘、最佳投行等排名及投研圈、新财富学院等活动聚合了资本市场的优势资源，成为评判证券市场中相关机构分析水平、经营业绩的一个重要指标。尤其是2003年以来连续十四届的最佳分析师评比排名，更是成为证券公司研究所各团队关于宏观经济研究、策略研究、行业分析等一系列研究的指挥棒，获奖分析师因此获取各种名誉的同时也赢到巨大的收益，造就了一批新的证券市场大佬。

安信证券首席经济学家高善文，自2003年进入券商研究领域，在新财富前八届评比排名中，五次获得新财富宏观经济最佳分析师第一名，在业内积累了巨大的人气，成为前几年证券市场的空头代表，也为自己带来巨额年薪。然而，2011年新财富最佳分析师的排名，高善文的名次由2010年的第一滑落至第四后，高善文以各种形式表示退出新财富评选，反映出卖方研究业务的现状和艰难。

赵晓光在复旦的电子工程系度过了本科四年的学习生活后，走进了复旦的世界经济系，师从庄起善老师，开始了他的经济学硕士生涯，2007年获得复旦大学世界经济硕士。2007年入职于东方证券，次年，东方证券电子行业研究团队获得《新财富》排名第三名，2009年摘得《新财富》电子行业分析师第一名，并且由此连续7年摘得《新财富》电子行业分析师第一名。2016年赵晓光撰写万字长文解析电子行业，也讲述了其十年电子行业的研究之路。正是由于2009年摘得《新财富》电子行业分析师第一名，为赵晓光以后的发展带来光明之路。2010年，他离开东方证券，加入中金研究所，而2013年又从中金来到

海通证券。来到海通证券一年未满，2014 年 3 月，安信证券从海通重金挖角赵晓光，并委以研究中心总经理重任；随后，又吸引了徐彪、赵湘怀等新财富分析师加盟安信，在促使安信研究所分仓收入大幅提升的同时，赵晓光也获得达八百万年薪。据说在安信证券的两年里，因为报酬落实的问题，2016 年赵晓光又携带团队整体跳槽到天风证券，成为天风证券证券研究所所长。

姜超是清华大学经济学博士，2013 年加入海通证券研究所，后任研究所副所长、首席宏观债券分析师。其曾以团队成员身份获 2006 年新财富债券研究第一名。此后，姜超在固定收益研究领域连年上榜，包括 1 次第四名、2 次第三名、3 次第二名，并在 2014 年和 2015 年蝉联新财富该研究领域的第一名。此外，在宏观经济研究领域上，姜超曾在 2013 年、2014 年连续夺得新财富该研究领域的冠军，2015 年时被国泰君安任泽平反超，获该领域第二名。新财富排名的优异成绩，不仅给姜超带来巨额报酬，也为其跳槽中泰图谋高就奠定了基础。而 2015 年摘得《新财富》排名第一名的国泰君安任泽平，在 2016 年也有市场传言离职消息，传言东吴证券研究所对其开出了“千万年薪+豪车”的价码。但他于 2016 年 6 月从国泰君安跳槽到了方正证券。2017 年 12 月，恒大的一个“红头文件”又终结了人们关于“恒大 5000 万年薪挖走任泽平”的传闻——实际月薪 125 万，一年 1500 万。

任泽平 2014 年 5 月 26 日从国务院发展研究中心宏观经济研究室副主任的位置上辞职下海，来到国泰君安，没过多久，他就在一份报告中喊出了“5000 点不是梦”的口号，让市场一片惊愕。当时，上证指数只有 2300 点。随后，上证指数一路上扬，并在 9 个月后摸到 5178 点。此时，他又提醒大家“我理性了，市场疯了”，“海拔已高，风大慢走”。之后没多久，A 股遭遇罕见股灾，任泽平由此扬名立万，一战封神。2015 年他获得了中国宏观研究的大满贯，包揽新财富四项大奖，被誉为“最牛分析师”。随后两年，任泽平还先后预测“一线房价翻一番”“中国经济 L 型走势”，都被市场一一应验。处于卖方市场的分析师，像任泽平这样被首富许家印高价挖去当副总，开拓出一条全新的转型之路，每年新财富的分析师排名榜无疑起到很大的推动作用。

第二章　证券投资工具

证券投资工具是指在投资活动中以书面证明所有权或债权债务关系的凭证，是一种具有法律效力的合法金融契约，也是投资者进行证券投资的主要标的，股票、债券、本票、汇票、支票、保险单、存款单、借据、提货单等各种票证单据都可以是进行证券投资的工具。

第一节　证券概述

一、证券的概念和特征

证券是多种经济权益凭证的统称，是用来证明证券持有人享有的某种特定权益的法律凭证。它主要包括资本证券、货币证券和商品证券等。狭义上的证券主要指的是证券市场中的证券产品，其中包括产权市场产品如股票，债权市场产品如债券，衍生市场产品如股票期货、期权、利率期货等。

证券实质上是具有财产属性的民事权利，证券的特点在于把民事权利表现在证券上，使权利与证券相结合，权利体现为证券，即权利的证券化。它是权利人行使权利的方式和过程用证券形式表现出来的一种法律现象，是投资者投资财产符号化的一种社会现象，是社会信用发达的一种标志和结果。证券作为一定民事权利的书面凭证，它具有以下几个基本特征：

1. 证券是财产性权利凭证

现代社会里，人们已经不满足于对财富形态的直接占有、使用、收益和处分，而是更重视对财富的终极支配和控制，证券这一新型财产形态应运而生。持有证券，意味着持有人对该证券所代表的财产拥有控制权，但该控制权不是直接控制权，而是间接控制权，只能依比例享有所有者的资产受益、重大决策和选择管理者等权利。从这个意义上讲，证券是借助于市场经济和社会信用的发达而进行资本聚集的产物，证券权利展现出财产权的性质。

2. 证券是流通性权利凭证

证券的活力就在于证券的流通性。传统的民事权利始终面临转让上的诸多障碍，一旦民事权利证券化，财产权利分成品质相同的若干相等份额，造就出一种“规格一律的商品”，那么，这种财产转让不再局限于转让方和受让方之间按照协议转让，而是在更广的范围内，以更高的频率进行转让，甚至通过公开市场进行交易，从而形成了高度发达的财产转让制度。证券可多次转让构成了流通，通过变现为货币还可实现其规避风险的功能。证券的流通性是证券制度顺利发展的基础。

3. 证券是收益性权利凭证

证券持有人的最终目的是获得收益，这是证券持有人投资证券的直接动因。一方面，证券本身是一种财产性权利，反映了特定的财产权，证券持有人可通过行使该项财产权而获得收益，如取得股息或利息；另一方面，证券持有人可以通过转让证券获得收益，如在二级市场上通过买卖获取差价收益。

4. 证券是风险性权利凭证

证券的风险性表现为由于证券市场的变化或发行人的原因，使投资者不能获得预期收入，甚至发生损失的可能性。证券投资的风险和收益是相联系的。在实际的市场中，任何证券投资活动都存在着风险，完全规避风险的投资是不存在的。

二、证券的类型

证券按其性质不同，证券可以分为证据证券、凭证证券和有价证券三大类。

证据证券：只是单纯地证明一种事实的书面证明文件，如信用证、证据、提单等。

凭证证券：是指认定持证人是某种私权的合法权利者和证明持证人所履行的义务有效的书面证明文件，如存款单等。

有价证券：是指标有票面余额，用于证明持有人或该证券指定的特定主体对特定财产拥有所有权或债权的凭证，区别于上面两种证券的主要特征是可以进行转让交易。

有价证券是证券的一种，即其本质仍然是一种交易契约或合同，不过与其他证券的不同之处在于，有价证券具有以下特征：①任何有价证券都有一定的面值；②任何有价证券都可以自由转让；③任何有价证券本身都有价格；④任何有价证券都能给其持有人在将来带来一定的收益。

有价证券本身并没有价值，只是由于它能为持有者带来一定的股息或利息收入，因而可以在证券市场上自由买卖和流通，因此有价证券具有流通价值。

有价证券按不同的标准可以形成不同的分类。按发行主体来划分可以分为政府证券、金融证券和公司证券。按上市与否，可以分为上市证券和非上市证券；按证券所载内容可以分为：货币证券、资本证券、货物证券(商品证券)。

第二节　股　　票

一、股票的概念

股票(stock)是一种有价证券，是股份公司发行的所有权凭证，是股份公司为筹集资金而发行给各个股东作为持股凭证并借以取得股息和红利的一种有价证券。同一类别的每一份股票所代表的公司所有权是相等的。每个股东所拥有的公司所有权份额的大小，取决于其持有的股票数量占公司总股本的比重。

股票是股份公司资本的构成部分，可以转让、买卖，是资本市场的主要长期信用工具，但不能要求公司返还其出资。股票代表着其持有者(即股东)对股份公司的所有权，这种所有权为一种综合权利，如参加股东大会、投票表决、参与公司的重大决策、收取股息或分享红利差价等，但也要共同承担公司运作错误所带来的风险。获取经常性收入是投资者购买股票的重要原因之一，分红派息是股票投资者经常性收入的主要来源。

二、股票的内涵

按照股票的内涵和权力可以划分为普通股和优先股。普通股是指在公司的经营管理和盈利及财产的分配上享有普通权利的股份，代表满足所有债权偿付要求及优先股东的收益权与求偿权要求后对企业盈利和剩余财产的索取权。普通股构成公司资本的基础，是股票的一种基本形式。现上海和深圳证券交易所上进行交易的股票都是普通股。普通股股东按其所持有股份比例享有以下基本权利：(1)公司决策参与权。普通股股东有权参与股东大会，并有建议权、表决权和选举权，也可以委托他人代表其行使其股东权利。(2)利润分配权。普通股股东有权从公司利润分配中得到股息。普通股的股息是不固定的，由公司赢利状况及其分配政策决定。普通股股东必须在优先股股东取得固定股息之后才有权享受股息分配权。(3)优先认股权。如果公司需要扩张而增发普通股股票时，现有普通股股东有权按其持股比例，以低于市价的某一特定价格优先购买一定数量的新发行股票，从而保持其对企业所有权的原有比例。(4)剩余资产分配权。当公司破产或清算时，若公司的资产在偿还欠债后还有剩余，其剩余部分按先优先股股东、后普通股股东的顺序进行分配。

优先股相对于普通股，优先股在利润分红及剩余财产分配的权利方面优先于普通股。这主要表现在：(1)优先分配权。在公司分配利润时，拥有优先股票的股东比持有普通股票的股东，分配在先，但是享受固定金额的股利，即优先股的股利是相对固定的。(2)优先求偿权。若公司清算，分配剩余财产时，优先股在普通股之前分配。注：当公司决定连续几年不分配股利时，优先股股东可以进入股东大会来表达他们的意见，保护他们自己的权利。

第三节　债　　券

债券(bonds / debenture)是一种金融契约，是政府、金融机构、工商企业等直接向社会借债筹措资金时，向投资者发行，同时承诺按一定利率支付利息并按约定条件偿还本金的债权债务凭证。债券的本质是债的证明书，具有法律效力。债券购买者或投资者与发行者之间是一种债权债务关系，债券发行人即债务人，投资者(债券购买者)即债权人。

债券是一种有价证券。由于债券的利息通常是事先确定的，所以债券是固定利息证券(定息证券)的一种。在金融市场发达的国家和地区，债券可以上市流通。债券包含了以下四层含义：(1)债券的发行人(政府、金融机构、企业等机构)是资金的借入者；(2)购买债券的投资者是资金的借出者；(3)发行人(借入者)需要在一定时期还本付息；(4)债券是债务的证明书，具有法律效力。债券购买者与发行者之间是一种债权债务关系，债券发行人即债务人，投资者(或债券持有人)即债权人。

债券尽管种类多种多样，但是在内容上都要包含一些基本的要素。这些要素是指发行的债券上必须载明的基本内容，这是明确债权人和债务人权利与义务的主要约定，具体包括：债券面值、偿还期、付息期、票面利率、发行人名称。作为一种重要的融资手段和金融工具，债券具有偿还性、流通性、安全性和收益性。

按发行主体债券可以划分为：

(1)政府债券：是政府为筹集资金而发行的债券。主要包括国债、地方政府债券等，其中最主要的是国债。国债因其信誉好、利率优、风险小而又被称为“金边债券”。

(2)金融债券：是由银行和非银行金融机构发行的债券。在我国金融债券主要由国家开发银行、进出口银行等政策性银行发行。金融机构一般有雄厚的资金实力，信用度较高，因此金融债券往往有良好的信誉。

(3)公司(企业)债券：我国企业债券是按照《企业债券管理条例》规定发行与交易、由国家发展与改革委员会监督管理的债券，在实际中，其发债主体为中央政府部门所属机构、国有独资企业或国有控股企业，因此，它在很大程度上体现了政府信用。

按财产担保债券可以划分为：

(1)抵押债券：是以企业财产作为担保的债券，按抵押品的不同又可以分为一般抵押债券、不动产抵押债券、动产抵押债券和证券信托抵押债券。

(2)信用债券：是不以任何公司财产作为担保，完全凭信用发行的债券。政府债券属于此类债券。这种债券由于其发行人的绝对信用而具有坚实的可靠性。

按债券形态债券可以划分为：

(1)实物债券(无记名债券)：是一种具有标准格式实物券面的债券。它与无实物票卷相对应，简单地说就是发给你的债券是纸质的而非电脑里的数字。

(2)凭证式债券：是指国家采取不印刷实物券，而用填制“国库券收款凭证”的方式来发行的国债。凭证式国债具有类似储蓄、又优于储蓄的特点，通常被称为“储蓄式国债”。

(3)记账式债券：指没有实物形态的票券，以电脑记账方式记录债权，通过证券交易所的交易系统来发行和交易。我国通过沪、深交易所的交易系统发行和交易的记账式国债就是这方面的实例。记账式国债购买后可以随时在证券市场上转让，流动性较强，就像买卖股票一样，中途转让除可获得应得的利息之外，还可以获得一定的价差收益(不排除损失的可能)。

按是否可转换债券可以划分为：

(1)可转换债券：是指在特定时期内可以按某一固定的比例转换成普通股的债券，它具有债务与权益双重属性，属于一种混合性筹资方式。在深、沪证券交易所上市的可转换债券是指能够转换成股票的企业债券，兼有股票和普通债券双重特征。

(2)不可转换债券：是指不能转换为普通股的债券，又称为普通债券。由于其没有赋予债券持有人将来成为公司股东的权利，所以其利率一般高于可转换债券。

按付息的方式债券可以划分为：

(1)零息债券：也叫贴现债券，是指债券券面上不附有息票，在票面上不规定利率，发行时按规定的折扣率，以低于债券面值的价格发行，到期按面值支付本息的债券。

(2)定息债券：是将利率印在票面上并按期向债券持有人支付利息的债券。该利率不随市场利率的变化而调整，因而固定利率债券可以较好地抵制通货紧缩风险。

(3)浮息债券：浮动利率债券的息票率是随市场利率变动而调整的利率。因为浮动利率债券的利率同当前市场利率挂钩，而当前市场利率又考虑到了通货膨胀率的影响，所以浮动利率债券可以较好地抵制通货膨胀风险。

此外，债券按能否提前偿可以划分为：可赎回债券和不可赎回债券；按偿还方式不同划分：一次到期债券和分期到期债券；按计息方式分类：单利债券、复利债券、累进利率债券；按债券是否记名分类：记名债券和无记名债券；按是否盈余分配分为：参加公司债券和不参加公司债券；按募集方式分为：公募债券和私募债券；按能否上市分为：上市债券和非上市债券。

第四节　基　　金

一、基金概述

基金(fund)从广义上说，它是指为了某种目的而设立的具有一定数量的资金。主要包括信托投资基金、公积金、保险基金、退休基金，各种基金会的基金。人们平常所说的基金主要是指证券投资基金。

根据不同标准，可以将证券投资基金划分为不同的种类：

(1)根据基金单位是否可增加或赎回，可分为开放式基金和封闭式基金。开放式基金不上市交易(这要看情况)，通过银行、券商、基金公司申购和赎回，基金规模不固定；封闭式基金有固定的存续期，一般在证券交易场所上市交易，投资者通过二级市场买卖基金单位。

(2)根据组织形态的不同，可分为公司型基金和契约型基金。基金通过发行基金股份成立投资基金公司的形式设立，通常称为公司型基金；由基金管理人、基金托管人和投资人三方通过基金契约设立，通常称为契约型基金。我国的证券投资基金均为契约型基金。

(3)根据投资风险与收益的不同，可分为成长型基金、收入型基金和平衡型基金。

(4)根据投资对象的不同，可分为股票基金、债券基金、货币市场基金、期货基金等。

二、几种常见基金

1. 封闭式基金

封闭式基金属于信托基金，是指基金规模在发行前已确定、在发行完毕后的规定期限内固定不变并在证券市场上交易的投资基金。由于封闭式基金在证券交易所的交易采取竞价的方式，因此交易价格受到市场供求关系的影响而并不必然反映基金的净资产值，即相对其净资产值，封闭式基金的交易价格有溢价、折价现象。

2. 开放式基金

开放式基金是指基金规模不是固定不变的，而是可以随时根据市场供求情况发行新份额或被投资人赎回的投资基金。封闭式基金，是相对于开放式基金而言的，是指基金规模在发行前已确定，在发行完毕后和规定的期限内，基金规模固定不变的投资基金。开放式基金是世界各国基金运作的基本形式之一。基金管理公司可随时向投资者发售新的基金单位，也需随时应投资者的要求买回其持有的基金单位。开放式基金已成为国际基金市场的主流品种，美国、英国、我国香港和台湾的基金市场均有90%以上是开放式基金。

3. 对冲基金

对冲基金英文名称为 hedge fund，意为“风险对冲基金”，起源于 20 世纪 50 年代初的美国，当时的操作宗旨是利用期货、期权等金融衍生产品对相关联的不同股票进行实买空卖、风险对冲操作技巧一定程度上可规避和化解投资风险。据英国《经济学人》统计，从 1990 年到 2000 年 3000 多个新对冲基金在美国和英国出现。2002 年后，对冲基金收益率有所下降，但对冲基金规模依然不小，据英国《金融时报》2005 年 10 月 22 日报道，截至 2012 年全球汇凯财富对冲基金总资产额已经达到 1. 1 万亿美元。

相比于公募基金，对冲基金(hedge fund)即使在海外也是一类相对较新的资产类别，通常会和房地产投资(real estate)、私募股权投资(private equity)和风险投资(venture capital)一同被划分在另类投资(alternative investment)的范畴。世界上首只对冲基金被认为是阿尔弗雷德·温斯洛·琼斯(Alfred Winslow Jones)在 1949 年创建的，距今也不过 60 多年。而对冲基金在国内的历史就更短，黄金发展期大概可以从 2013 年算起。①

4. QDII 基金

QDII 是 qualified domestic institutional investor (合格的境内机构投资者)的首字缩写。它是在一国境内设立，经该国有关部门批准从事境外证券市场的股票、债券等有价证券业务的证券投资基金。和 QFII(qualified foreign institutional investors)一样，它也是在货币没有实现完全可自由兑换、资本项目尚未开放的情况下，有限度地允许境内投资者投资境外证券市场的一项过渡性的制度安排。

5. ETF 基金

ETF 是 exchange traded fund 的英文缩写，中译为“交易型开放式指数基金”，又称交易所交易基金。ETF 是一种在交易所上市交易的开放式证券投资基金产品，交易手续与股票完全相同。ETF 管理的资产是一揽子股票组合，这一组合中的股票种类与某一特定指数，如上证 50 指数，包涵的成分股票相同，每只股票的数量与该指数的成份股构成比例一致，ETF 交易价格取决于它拥有的一揽子股票的价值，即“单位基金资产净值”。ETF 的投资组合通常完全复

① 陆家骝. 现代资本市场理论研究[M]. 北京：中国人民大学出版社，2016.

制标的指数，其净值表现与盯住的特定指数高度一致。比如上证 50 ETF 的净值表现就与上证 50 指数的涨跌高度一致。

6. 认股权证基金

认股权证基金(warrant funds)：此类型基金主要投资于认股权证，基于认股权证有高杠杆、高风险的产品特性，此类型基金的波动幅度亦较股票型基金为大。

7. 信托基金

信托基金也叫投资基金，是一种“利益共享、风险共担”的集合投资方式：指通过契约或公司的形式，借助发行基金券(如收益凭证、基金单位和基金股份等)的方式，将社会上不确定的多数投资者不等额的资金集中起来，形成一定规模的信托资产，交由专门的投资机构按资产组合原理进行分散投资，获得的收益由投资者按出资比例分享，并承担相应风险的一种集合投资信托制度。

信托基金的特点：(1)集合投资；(2)专家管理、专家操作；(3)组合投资、分散风险；(4)资产经营与资产保管相分离；(5)利益共享、风险共担；(6)以纯粹的投资为目的；(7)流动性强。①

第五节 衍 生 品

一、衍生品的概念

衍生产品是一种金融工具，是指其价值依赖于基础资产(underlyings)价值变动的合约(contracts)。这种合约可以是标准化的，也可以是非标准化的。标准化合约是指其标的物(基础资产)的交易价格、交易时间、资产特征、交易方式等都是事先标准化的，因此此类合约大多在交易所上市交易，如期货。非标准化合约是指以上各项由交易的双方自行约定，因此具有很强的灵活性，比如远期协议。

金融衍生产品是与金融相关的派生物，通常是指从原生资产(underlying assets)派生出来的金融工具。其共同特征是保证金交易，即只要支付一定比例

① 王重润. 公司金融学[M]. 南京：东南大学出版社，2010.

的保证金就可进行全额交易，不需实际上的本金转移，合约的了结一般也采用现金差价结算的方式进行，只有在满期日以实物交割方式履约的合约才需要买方交足贷款。因此，金融衍生产品交易具有杠杆效应。保证金越低，杠杆效应越大，风险也就越大。

二、衍生品的分类

从基本分类来看，金融衍生品主要有以下三种分类：

(1)根据产品形态，可以分为远期、期货、期权和掉期四大类。

(2)根据原生资产分类，即股票、利率、汇率和商品。如果再加以细分，股票类中又包括具体的股票(股票期货、股票期权合约)和由股票组合形成的股票指数期货和期权合约等；利率类中又可分为以短期存款利率为代表的短期利率(如利率期货、利率远期、利率期权、利率掉期合约)和以长期债券利率为代表的长期利率(如债券期货、债券期权合约)；货币类中包括各种不同币种之间的比值；商品类中包括各类大宗实物商品。

(3)根据交易方法，可分为场内交易和场外交易。场内交易即是通常所指的交易所交易，指所有的供求方集中在交易所进行竞价交易的交易方式。场外交易即是柜台交易，指交易双方直接成为交易对手的交易方式，其参与者仅限于信用度高的客户。

第三章　证券市场结构与运行主体

证券市场是金融市场的一个重要组成部分，是投资者进行证券投资交易的基本场所。它是由不同层次的、不同品种的各种证券交易市场所组成的。而证券市场的运行，又离不开微观主体上市公司提供证券进行交易，证券公司、证券交易所、证券登记中心、证券投资咨询公司等中介机构主体提供交易场所、交易咨询等各种交易服务，更离不开中小投资者、机构投资者、外资机构投资者等广大投资主体的参与，以及中国证监会、证券交易所等监管主体对市场运行的维护。证券市场就是由这些各种类型的运行主体相互联系、相互制约构成的一个市场体系。

第一节　证券市场及其运行

一、证券市场概述

证券市场是指证券发行的买卖的场所，其实质是资金的供给方和资金的需求方通过竞争决定证券价格的场所。广义上的证券市场指的是所有证券发行和交易的场所，狭义上也是最活跃的证券市场指的是资本证券市场、货币证券市场和商品证券市场。它是股票、债券、商品期货、股票期货、期权、利率期货等证券产品发行和交易的场所。

证券市场是市场经济发展到一定阶段的产物，是为解决资本供求矛盾和流动性而产生的市场。证券市场以证券发行和交易的方式实现了筹资与投资的对接，有效地化解了资本的供求矛盾和资本结构调整的难题。作为完整的市场体系的重要组成部分，证券市场具有几个明显的功能：

1. 融通资金

证券市场的融资功能是指证券市场为资金需求者筹集资金的功能。融通资金是证券市场的首要功能，这一功能的另一作用是为资金的供给者提供投资对象。

2. 资本定价

证券是资本的存在形式，证券的价格实际上是证券所代表的资本的价格，而证券的价格是证券市场上证券供求双方共同作用的结果。证券市场的运行形成了证券需求者竞争和证券供给者竞争的关系，这种竞争的结果是能产生高投资回报的资本，市场的需求就大，其相应的证券的价格就高；反之，证券的价格就低。因此，证券市场是资本的合理定价机制。

3. 资本配置

证券市场的资本配置功能是指通过证券价格来引导资本的流动而实现资本的合理配置的功能。证券投资者对证券的收益十分敏感，而证券收益率在很大程度上取决于企业的经济效益。证券市场可以引导社会资本自动流向能产生高报酬的企业或行业，从而使资本产生尽可能高的效率，进而实现资源的合理配置。

4. 转换机制

企业如果要通过证券市场筹集资金，必须改制成为股份有限公司。股份公司的组织形式是社会化大生产和现代市场经济发展的产物，这种企业组织形式对企业所有权和经营权进行了分离，并且有一系列严格的法律、法规对其进行规范，使企业能够自觉地提高经营管理水平和资金使用效率，有利于企业经营管理的规范化、科学化和制度化，有利于健全企业的风险控制机制和激励机制。

5. 宏观调控

证券市场是国民经济的晴雨表，它能够灵敏地反映社会政治、经济发展的动向，为经济分析和宏观调控提供依据。证券市场的动向是指市场行情的变化，通常用证券价格指数来表示。政府可以通过证券市场行情的变化对经济运行状况和发展前景进行分析预测，并且利用证券市场对经济实施宏观调控。政府利用证券市场进行宏观调控的手段主要是运用货币政策的三大工具：法定存款准备金率、再贴现率和公开市场业务。

6. 分散风险

证券市场不仅为投资者和融资者提供了丰富的投融资渠道，而且还具有分散风险的功能。对于上市公司来说，通过证券市场融资可以将经营风险部分地转移和分散给投资者，公司的股东越多，单个股东承担的风险就越小。另外企业还可以通过购买一定的证券，保持资产的流动性和提高盈利水平，减少对银行信贷资金的依赖，提高企业对宏观经济波动的抗风险能力。对于投资者来说，可以通过买卖证券和建立证券投资组合来转移和分散资产风险。投资者往往把资产分散投资于不同的对象，证券作为流动性、收益性都相对较好的资产形式，可以有效地满足投资者的需要，而且投资者还可以选择不同性质、不同期限、不同风险和收益的证券构建证券组合，分散证券投资的风险。

与一般商品市场相比较，证券市场与一般商品市场存在较大的差别：

(1)交易对象不同。一般商品市场的交易对象是各种具有不同使用价值、能满足人们某种特定需要的商品。而证券市场的交易对象是作为经济权益凭证的股票、债券、投资基金券等有价证券。

(2)交易目的不同。证券交易的目的是为了实现投资收益或筹集资金。而购买商品的目的主要是为了满足某种消费的需要。

(3)交易对象的价格决定不同。商品市场的价格，其实质是商品价值的货币表现，取决于生产商品的社会必要劳动时间。而证券市场的证券价格实质是利润的分割，是预期收益的市场表现，与市场利率的关系密切。

(4)市场风险不同。一般商品市场由于实行的是等价交换原则，价格波动较小，市场前景的可预测性较强，因而风险较小。而证券市场的影响因素复杂多变，价格波动性大且有不可预测性，投资者的投资能否取得预期收益具有较大的不确定性，所以风险较大。

二、证券市场结构

证券市场的结构是指证券市场的构成及其各部分之间的量比关系。常见最基本的证券市场的结构有以下几种：

1. 层次结构

按证券进入市场的顺序而形成的结构关系，可分为发行市场和交易市场。证券发行市场又称为“一级市场”或“初级市场”，是发行人以筹集资金为目的，按照一定的法律规定和发行程序，向投资者出售新证券所形成的市场。证券交易市场又称为“二级市场”或“次级市场”，是已发行证券通过买卖交易实现流通转让的市场。发行市场和流通市场相互依存、相互制约，是一个不可分割的整体。发行市场是流通市场的基础和前提。流通市场是证券得以持续扩大发行的必要条件。此外，流通市场的交易价格制约和影响着证券的发行价格，是证券发行时需要考虑的重要因素。

2. 多层次资本市场

多层次资本市场体现为区域分布、覆盖公司类型、上市交易制度以及监管要求的多样性。根据所服务和覆盖的上市公司类型，分为全球市场、全国市场、区域市场；根据上市公司规模、监管要求等差异，分为主板市场、二板市场(创业板或高新企业板)等。

3. 品种结构

根据有价证券交易的品种，可以分为股票市场、债券市场、基金市场、衍生品市场。股票市场是股票发行和买卖交易的场所，交易的对象是股票；债券市场是债券发行和买卖交易的场所，交易的对象是债券；基金市场是基金证券发行和流通的市场；衍生证券市场是以基础证券的存在和发展为前提的，其交易品种主要有金融期货与期权、可转换证券、存托凭证、认股权证等。

4. 交易场所结构

按交易活动是否在固定场所进行，分为有形市场和无形市场。有形市场又称为“场内市场”，指有固定场所的证券交易所市场。有形市场的诞生是证券市场走向集中化的重要标志之一。无形市场又称为“场外市场”，指没有固定场所的证券交易所市场。场内市场与场外市场之间的截然划分已经不复存在，出现了多层次的证券市场结构。

三、证券市场的运行与交易

证券市场运行是指在一级市场发行证券，然后进入证券交易所或场外交易市场进行交易，投资者再根据证券价格指数波动的规律进行证券买卖而获取收益的过程。

1. 证券发行

证券发行是指政府、金融机构、工商企业等以募集资金为目的，向投资者出售代表一定权利的有价证券的活动。一方面，证券发行可以为资金需求者提供筹措资金的渠道；另一方面，又可以为资金提供者提供投资机会，实现储蓄向投资转化，促进资源配置不断优化。

证券发行市场是由证券发行人、证券投资者和证券中介机构三部分构成的。目前，我国证券发行实行核准制和上市保荐制度。证券发行人向证券发行审核委员会提出发行证券的申请，在证券中介机构的保荐和证券发行审核委员会审核通过后就可以发行证券。但证券发行人发行证券也有一定的条件要求，并且，发行不同证券的条件也不同。

(1)股票发行的条件

设立股份有限公司公开发行股票，应当符合《中华人民共和国公司法》规定的条件和经国务院批准的国务院证券监督管理机构规定的其他条件。设立股份有限公司公开发行股票，应当向国务院证券监督管理机构报送募股申请和下列文件：①公司章程；②发起人协议；③发起人姓名或者名称，发起人认购的股份数、出资种类及验资证明；④招股说明书；⑤代收股款银行的名称及地址；⑥承销机构名称及有关的协议。依照本法规定聘请保荐人的，还应当报送保荐人出具的发行保荐书；⑦法律、行政法规规定设立公司必须报经批准的其他文件。

公司公开发行新股，应当符合下列条件：①具备健全且运行良好的组织机构；②具有持续盈利能力，财务状况良好；③最近3年财务会计文件无虚假记载，无其他重大违法行为；④经国务院批准的国务院证券监督管理机构规定的其他条件。上市公司非公开发行新股，应当符合经国务院批准的国务院证券监督管理机构规定的条件，并报国务院证券监督管理机构核准。

公司公开发行新股，应当向国务院证券监督管理机构报送募股申请和下列文件：①营业执照；②公司章程；③股东大会决议；④招股说明书；⑤财务会计报告；⑥代收股款银行的名称及地址；⑦承销机构名称及有关的协议。依法聘请保荐人的，还应当报送保荐人出具的发行保荐书。

公司对公开发行股票所募集资金，必须按照招股说明书所列资金用途使用。改变招股说明书所列资金用途，必须经股东大会作出决议。擅自改变用途而未作纠正的，或者未经股东大会认可的，不得公开发行新股，上市公司也不得非公开发行新股。

(2)公司债券发行的条件

发行非转换公司债券的条件：①股份有限公司的净资产不低于人民币3000万元，有限责任公司的净资产不低于人民币6000万元；②累计债券余额不超过公司净资产额的40%；③最近3年平均可分配利润足以支付公司债券1年的利息；④筹集的资金投向符合国家产业政策；⑤债券的利率不超过国务院限定的利率水平；⑥国务院规定的其他条件。公开发行公司债券筹集的资金，必须用于核准的用途，不得用于弥补亏损和非生产性支出。

发行可转换公司债券的条件：上市公司发行可转换为股票的公司债券，除应当符合上述规定的条件外，还应当符合公开发行股票的条件，并报国务院证券监督管理机构核准。

2. 证券交易

证券交易是指证券持有人依照交易规则，将证券转让给其他投资者的行为。证券交易可以分为证券交易所交易和非集中竞价交易，证券交易市场又称二级市场。证券交易除应遵循《证券法》规定的证券交易规则，还应同时遵守《公司法》及《合同法》规则。证券交易一般分为两种形式：一种形式是上市交易，是指证券在证券交易所集中交易挂牌买卖。凡经批准在证券交易所内登记买卖的证券称为上市证券；其证券能在证券交易所上市交易的公司，称为上市公司。另一种形式是上柜交易，是指公开发行但未达上市标准的证券在证券柜台交易市场买卖。

在我国的证券交易中，投资者进入市场交易必须经过证券经纪商通过开户、委托、成交、交割和过户等步骤才能完成。

(1)开立证券账户和开立资金账户

投资者欲进行证券交易，首先要开设证券账户和资金账户。证券账户用来记载投资者所持有的证券种类、数量和相应的变动情况，资金账户则用来记载和反映投资者买卖证券的货币收付和结存数额。

(2)交易委托

在证券交易市场，投资者需要通过经纪商的代理才能在证券交易所买卖证券。在这种情况下，投资者向经纪商下达买进或卖出证券的指令，称为“委托”。开户后，投资者就可以在证券营业部办理证券委托卖。证券经纪商接到投资者的委托指令后，首先要对投资者身份的真实性和合法性进行审查。审查合格后，经纪商要将投资者委托指令的内容传送到证券交易所进行撮合。这一过程称为“委托的执行”，也成为“申报”或“报盘”。

证券公司通过计算机交易系统进行证券买卖申报，证券公司将买卖指令输入计算机终端，并通过计算机系统传给证券交易所的交易系统，交易系统接收后即进行配对处理，由交易系统自动撮合成交。在委托未成交之前，委托人有权变更和撤消委托，冻结的资金或证券及时解冻。而一旦竞价成交，买卖即到成交，成交的部分不得撤单。

(3)竞价成交

竞价成交按照一定的竞争规则进行，其核心内容是价格优先、时间优先原则。我国证券交易所有两种竞价方式，即在每日开盘前采用集合竞价方式，在开盘后的交易时间里采用连续竞价方式。

(4)股权登记，证券存管、清算交割交收

通过对同一证券经纪商的同一种证券的买与卖进行冲抵清算，确定应当交割的证券数量和价款数额，以便于按照“净额交收”的原则办理证券和价款的交割。

3. 股票价格指数

股票价格指数(stock index)是描述股票市场总的价格水平变化的指标。它是选取有代表性的一组股票，把它们的价格进行加权平均，通过一定的计算来得到。

各种指数具体的股票选取和计算方法是不同的。计算股票指数，要考虑三个因素：一是抽样，即在众多股票中抽取少数具有代表性的成份股；二是加权，按单价或总值加权平均，或不加权平均；三是计算程序，计算算术平均数、几何平均数，或兼顾价格与总值。

由于上市股票种类繁多，计算全部上市股票的价格平均数或指数的工作是艰巨而复杂的，因此，人们常常从上市股票中选择若干种富有代表性的样本股票，并计算这些样本股票的价格平均数或指数。用以表示整个市场的股票价格总趋势及涨跌幅度。

(1)需考虑的因素

计算股价平均数或指数时需要考虑以下四点：

①样本股票必须具有典型性、普通性，为此，选择样本应综合考虑其行业分布、市场影响力、股票等级、适当数量等因素。

②计算方法应具有高度的适应性，能对不断变化的股市行情作出相应的调整或修正，使股票指数或平均数有较好的敏感性。

③要有科学的计算依据和手段。计算依据的口径必须统一，一般均以收盘价为计算依据，但随着计算频率的增加，有的以每小时价格甚至更短的时间价格计算。

④基期应有较好的均衡性和代表性。

(2)计算方法

股票指数的计算方法有三种：一是相对法，二是综合法，三是加权法。

①相对法：相对法又称平均法，就是先计算各样本股票指数。再加总求总的算术平均数。其计算公式为：股票指数=n个样本股票指数之和/n。

②综合法：综合法是先将样本股票的基期和报告期价格分别加总，然后相比求出股票指数。即：股票指数=报告期股价之和/基期股价之和。

③加权法：加权股票指数是根据各期样本股票的相对重要性予以加权，其权数可以是成交股数、股票发行量等。按时间划分，权数可以是基期权数，也可以是报告期权数。以基期成交股数(或发行量)为权数的指数称为拉斯拜尔指数；以报告期成交股数(或发行量)为权数的指数称为派许指数。对拉斯拜尔指数和派许指数作几何平均，得几何加权股价指数“费雪理想式”。

在中国，我们通常看到的上证股票指数，系由上海证券交易所编制的股票指数，1990年12月19日正式开始发布。该股票指数的样本为所有在上海证券交易所挂牌上市的股票，其中新上市的股票在挂牌的第二天纳入股票指数的计算范围。该股票指数的权数为上市公司的总股本。深证综合股票指数，系由深圳证券交易所编制的股票指数，1991年4月3日为基期。该股票指数的计算方法基本与上证指数相同，其样本为所有在深圳证券交易所挂牌上市的股票，权数为股票的总股本。1995年5月，深圳证券交易所改变了股票指数的编制方法，采用成份股指数，其中只有40只股票入选。目前，我们看到的深圳证券交易所股市运行的指数就是深圳成分股指数。

在美国，道琼斯指数最早在1884年由道琼斯公司的创始人查尔斯·亨利·道(Charles Henry Dow，1851—1902年)开始编制，是一种算术平均股价指数。最初的道琼斯股票价格平均指数是根据11种具有代表性的铁路公司的股票，该指数目的在于反映美国股票市场的总体走势，涵盖金融、科技、娱乐、零售等多个行业。自1897年起，道琼斯股票价格平均指数开始分成工业与运输业两大类，其中工业股票价格平均指数包括12种股票，运输业平均指数则包括20种股票，1929年，道琼斯股票价格平均指数又增加了公用事业类股票，使其所包含的股票达到65种，并一直延续至今。道琼斯指数在本质上是一个成分股指数。

第二节　市场运行的微观主体

上市公司(the listed company)是指所公开发行的股票经过国务院或者国务院授权的证券管理部门批准在证券交易所上市交易的股份有限公司。所谓非上市公司是指其股票没有上市和没有在证券交易所交易的股份有限公司。上市公司是股份有限公司的一种，这种公司到证券交易所上市交易，除了必须经过批准外，还必须符合一定的条件。《公司法》《证券法》修订后，有利于更多的企业成为上市公司和公司债券上市交易的公司。

一、上市公司的上市与退市

1. 证券上市

股份有限公司在达到证券上市的相关要求如股本总额和股本结构、经营业绩、经营规范、财务等众多要求后，就可以申请发行证券并上市。

根据《证券法》与《公司法》的有关规定，股份有限公司上市的程序如下：

(1)向证券监督管理机构提出股票上市申请。股份有限公司申请股票上市，须报经国务院证券监督管理机构核准，证券监督管理部门可以授权证券交易所根据法定条件和法定程序核准公司股票上市申请。

(2)接受证券监督管理部门的核准。对于股份有限公司报送的申请股票上市的材料，证券监督管理部门应当予以审查，符合条件的，对申请予以批准；不符合条件的，予以驳回；缺少所要求的文件的，可以限期要求补交；预期不补交的，驳回申请。

(3)向证券交易所上市委员会提出上市申请。股票上市申请经过证券监督管理机构核准后，应当向证券交易所提交核准文件以及相关文件：①上市报告书；②申请上市的股东大会决定；③公司章程；④公司营业执照；⑤经法定验证机构验证的公司最近三年的或公司成立以来的财务会计报告；⑥法律意见书和证券公司的推荐书；⑦最近一次的招股说明书；⑧证券交易所要求的其他文件。证券交易所应当自接到的该股票发行人提交的上述文件之日起六个月内安排该股票上市交易。

2. 证券交易

《证券法》第47条规定："股票上市交易申请经证券交易所同意后，上市公司应当在上市交易的五日前公告经核准的股票上市的有关文件，并将该文件置备于指定场所供公众查阅。"《证券法》第48条规定："上市公司除公告前条规定的上市申请文件外，还应当公告下列事项：(一)股票获准在证券交易所交易的日期；(二)持有公司股份最多的前十名股东的名单和持有数额；(三)董事、监事、经理及有关高级管理人员的姓名及持有本公司股票和债券的情况。"通过了上述程序，股份有限公司的股票可以上市进行交易。

3. 退市或暂停上市

上市公司丧失《公司法》规定的上市条件的，其股票依法暂停上市或终止上市。上市公司有下列情形之一的，由证监会决定暂停其股票上市：(1)公司股本总额、股份结构等发生变化，不再具备上市条件；(2)公司不按规定公开其财务状况，或者对财务会计报告做虚伪记载；(3)公司有重大违法行为；(4)公司最近三年连续亏损。上市公司有前述的(2)、(3)项情形之一，经查证属实且后果严重的；或有前述第(1)、(4)项的情形之一，在限期内未能消除，不再具备上市条件的，由证监会决定其股票上市。

二、上市公司的特点

与一般公司相比，上市公司最大的特点在于可利用证券市场进行筹资，广泛地吸收社会上的闲散资金，从而迅速扩大企业规模，增强产品的竞争力和市场占有率。同时，通过将公司部分股权卖给投资者，可以有效地分散经营风险；通过证券上市，可以提高公司知名度和透明度，增加大众对公司的信心；通过公司股票上市，可以增强股东资产的流动性。因此，股份有限公司发展到一定规模后，往往将公司股票在交易所公开上市作为企业发展的重要战略步骤。从国际经验来看，世界知名的大企业几乎全是上市公司。例如，美国500家大公司中有95%是上市公司。然而，上市公司上市并不代表其获利能力就比非上市公司强，上市公司需要定期向公众披露公司的资产、交易、年报等相关信息，在提高透明度的同时也暴露了许多机密，并且上市公司股票上市后，有可能因为上市而在二级市场上被恶意收购而丧失控股权。

第三节　市场运行的中介主体

证券市场中介机构是指为证券的发行与交易提供服务的各类机构，包括证券公司和其他证券服务机构，通常把两者合称为证券中介机构。中介机构是连接证券投资者与筹资人的桥梁，证券市场功能的发挥，很大程度上取决于证券中介机构的活动。通过它们的经营服务活动，沟通了证券需求者与证券供应者之间的联系，不仅保证了各种证券的发行和交易，还起到维持证券市场秩序的作用。

一、证券公司

证券公司(securities company)是专门从事有价证券买卖的法人企业，是经主管机关批准并到有关工商行政管理局领取营业执照后专门经营证券业务的机构。它具有证券交易所的会员资格，可以承销发行、自营买卖或自营兼代理买卖证券。普通投资人的证券投资都要通过证券商来进行。在不同的国家，证券公司有着不同的称谓。在美国，证券公司被称作投资银行(investment bank)或者证券经纪商(broker-dealer)；在英国，证券公司被称作商人银行(merchant bank)；在欧洲大陆(以德国为代表)，由于一直沿用混业经营制度，投资银行仅是全能银行(universal bank)的一个部门；在东亚(以日本为代表)，则被称为证券公司(securities company)。

从证券经营公司的功能分，可分为证券经纪商、证券自营商和证券承销商。证券经纪商即证券经纪公司，它是代理买卖证券的证券机构，接受投资人委托、代为买卖证券，并收取一定手续费即佣金，如东吴证券苏州营业部、江海证券经纪公司。证券自营商即综合型证券公司，它除了证券经纪公司的权限外，还可以自行买卖证券的证券机构，它们资金雄厚，可直接进入交易所为自己买卖股票。如国泰君安证券。证券承销商，它是以包销或代销形式帮助发行人发售证券的机构。实际上，许多证券公司兼营这三种业务。按照各国现行的做法，证券交易所的会员公司均可在交易市场进行自营买卖，但专门以自营买卖为主的证券公司为数极少。另外，一些经过认证的创新型证券公司，还具有创设权证的权限，如中信证券等。

二、证券投资咨询公司

证券投资咨询公司又称证券投资顾问公司，是指对证券投资者和客户的投融资、证券交易活动和资本营运提供咨询服务的专业机构。目前，我国证券投资咨询公司主要有两种类型：一是专门从事证券咨询业务的专营咨询机构，另一类是兼作证券投资咨询业务的兼营咨询机构。

证券咨询机构是为证券发行人或证券投资者提供投资咨询服务和资信评估服务的专业机构。在国外证券市场中，专业性投资和咨询机构发挥着极其重要的作用。我国已建立的证券咨询机构多以调查、分析证券市场信息，提供证券分析意见等为主要业务内容，且以证券投资者为主要服务对象。在国内企业进入国际资本市场过程中，许多公司已逐渐认识到证券咨询机构的专业作用。根据原国务院证券委发布的《证券、期货投资咨询机构管理暂行办法》及其《实施细则》第三条规定，证券咨询机构是依照《公司法》设立的从事证券、期货投资咨询业务的有限公司或者股份公司，包括证券、期货投资咨询公司，从事证券、期货投资咨询业务的证券经营机构、期货经纪机构、信息服务机构、信息网络公司、财务顾问公司、资产管理公司、投资公司以及中国证监会认定的其他从事证券期货投资咨询业务的公司。

三、证券交易所

证券交易所是依据国家有关法律，经政府证券主管机关批准设立的集中进行证券交易的有形场所。在我国有四个证券交易所：上海证券交易所、深圳证券交易所、香港交易所和台湾证券交易所。

1. 证券交易所的分类

证券交易所分为公司制和会员制两种。这两种证券交易所均可以是政府或公共团体出资经营的(称为公营制证券交易所)，也可以是私人出资经营的(称为民营制证券交易所)，还可以是政府与私人共同出资经营的(称为公私合营的证券交易所)。

(1)公司制证券交易所：公司制证券交易所是以营利为目的，提供交易场所和服务人员，以便利证券商的交易与交割的证券交易所。从股票交易实践可以看出，这种证券交易所要收取发行公司的上市费与证券成交的佣金，其主要收入来自买卖成交额的一定比例。而且，经营这种交易所的人员不能参与证券买卖，从而在一定程度上可以保证交易的公平。

(2)会员制证券交易所：会员制证券交易所是不以营利为目的，由会员自治自律、互相约束，参与经营的会员可以参加股票交易中的股票买卖与交割的交易所。这种交易所的佣金和上市费用较低，从而在一定程度上可以放置上市股票的场外交易。但是，由于经营交易所的会员本身就是股票交易的参加者，因而在股票交易中难免会出现交易不公正的情况。同时，因为参与交易的买卖方只限于证券交易所的会员，新会员的加入一般要经过原会员的一致同意，这就形成了一种事实上的垄断，不利于提供服务质量和降低收费标准。

在会员制证券交易所中，理事会的职责主要有：①决定政策，并由总经理负责编制预算，送请成员大会审定；②维持会员纪律，对违反规章的会员给予罚款，停止营业与除名处分；③批准新会员进入；④核定新股票上市；⑤决定如何将上市股票分配到交易厅专柜等。

2. 证券交易所的功能

作为证券市场的重要组成部分，证券交易所也具有中介主体功能：

(1)提供证券交易场所。由于这一市场的存在，证券买卖双方有集中的交易场所，可以随时把所持有的证券转移变现，保证证券流通持续不断进行。

(2)形成与公告价格。在交易所内完成的证券交易形成了各种证券的价格，由于证券的买卖是集中、公开进行的。采用双边竞价的方式达成交易，其价格在理论水平上是近似公平与合理的，这种价格及时向社会公告，并被作为各种相关经济活动的重要依据。

(3)集中各类社会资金参与投资。随着交易所上市股票的日趋增多，成交数量日益增大，可以将极为广泛的资金吸引到股票投资上来，为企业发展提供所需资金。

(4)引导投资的合理流向。交易所为资金的自由流动提供了方便，并通过每天公布的行情和上市公司信息，反映证券发行公司的获利能力与发展情况，使社会资金向最需要和最有利的方向流动。

(5)制定交易规则。有规矩才能成方圆，公平的交易规则才能达成公平的交易结果。交易规则主要包括上市退市规则、报价竞价规则、信息披露规则以及交割结算规则等。不同交易所的主要区别关键在于交易规则的差异，同一交易所也可能采用多种交易规则，从而形成细分市场，如纳斯达克按照不同的上市条件细分为全球精选市场、全球市场和资本市场。

(6)维护交易秩序。任何交易规则都不可能十分完善，并且交易规则也不一定能得到有效执行，因此，交易所的一大核心功能便是监管各种违反公平原则及交易规则的行为，使交易公平有序地进行。

(7)提供交易信息。证券交易依靠的是信息，包括上市公司的信息和证券交易信息。交易所对上市公司信息的提供负有督促和适当审查的责任，对交易行情负即时公布的义务。

(8)降低交易成本，促进股票的流动性。如果不存在任何正式的经济组织或者有组织的证券集中交易市场，投资者之间就必须相互接触以确定交易价格和交易数量，以完成证券交易。这样的交易方式由于需要寻找交易对象，并且由于存在信息不对称、交易违约等因素会增加交易的成本，降低交易的速度。因此，集中的交易市场可以增加交易机会、提高交易速度、降低信息不对称、增强交易信用，从而可以有效地降低交易成本。

四、证券登记中心

中国证券登记结算有限公司(以下简称中国结算)是依据《中华人民共和国证券法》和《中华人民共和国公司法》组建。公司总资本为人民币 12 亿元，上海、深圳证券交易所是公司的两个股东，各持 50% 的股份。公司总部设在北京，下设上海、深圳两个分公司。中国证监会是公司的主管部门。2001 年 3 月 30 日，按照《证券法》关于证券登记结算集中统一运营的要求，经国务院同意，中国证监会批准，中国结算组建成立。同年 9 月，中国结算上海、深圳分公司正式成立。从 2001 年 10 月 1 日起，中国结算承接了原来隶属于上海和深圳证券交易所的全部登记结算业务，标志着全国集中统一的证券登记结算体制的组织架构已经基本形成。

按照《证券法》和《证券登记结算管理办法》的相关规定，中国结算履行下列职能：证券账户、结算账户的设立和管理；证券的存管和过户；证券持有人名册登记及权益登记；证券和资金的清算交收及相关管理；受发行人的委托派发证券权益；依法提供与证券登记结算业务有关的查询、信息、咨询和培训服务；中国证监会批准的其他业务。

此外，依法设立进行从事证券服务业务的机构，如财务顾问机构、会计师事务所、资产评估机构、律师事务所、证券信用评级机构等，均是证券市场的中介主体。

第四节　证券市场的投资主体

证券投资者是指以取得利息、股息或资本收益为目的而买入证券的机构和个人。证券投资者是证券市场的资金供给者，也是金融工具的购买者。证券投资者类型甚多，既有个人投资者，也有机构(集团)投资者，投资的目的也各不相同。证券投资主体购买证券的目的是为了待一定时期后取得股息和利息，并期待证券增值，为此他们在购买证券后相当长的时间内持有证券，有的证券投资者意在参与股份公司的经营管理，通过企业并购实现资本扩张，达到获取长期收益的目的，这两类投资主体被称为证券投资者或长期投资者。有些则企图投机，通过买卖证券时机的选择，赚取市场价差，或利用企业并购等题材进行二级市场炒作来赚取市场差价，以短线投机为主要特点，这两类投资主体被称为证券投机者。众多的证券投资者参与证券市场的买卖，保证了证券发行和交易的连续性，也活跃了证券市场的交易。

证券投资者可分为机构投资者和个人投资者两大类。而机构投资者包括企业、商业银行、非银行金融机构(如养老基金、保险基金、证券投资基金)等，相对于中小投资者而言，机构投资者拥有资金、信息、人力等优势，一般都具有投资的资金量大、收集和分析信息的能力强、注重投资的安全性、可通过有效的资产组合以分散投资风险、对市场影响大等特点。

一、个人投资者

个人投资者是指从事证券投资的居民，他们是证券市场最广泛的投资者。个人投资者的主要投资目的是追求盈利，谋求资本的保值和增值，所以十分重视本金的安全和资产的流动性。

个人投资者是证券市场最广泛的投资者，具有分散性和流动性。不论男女老幼，也不分文化职业，只要有起码的购买能力和投资欲望，都可在证券市场上一试身手。由于个人投资者的目的是为了获利，所以任何投资者都可根据市场变化状况及自己的需要来变换证券种类。虽然每位个人投资者因投资能力所限，单个投资额不可能很大，但由于社会公众的广泛性，其集合总额却是比较可观的。

二、企业投资者

企业不仅是证券发行人，同时也是证券投资者。特别是当一家股份公司意欲吞并或控制其他股份公司时，就会购进其他公司的股票，这样，该股份公司就成了另一家或另几家发行公司的股票投资者或股东。同样，企业也可以成为债券的投资者。由于企业具有较大的购买力，所以单个企业(股份公司)的投资量远远大于个人的投资量。根据1997年5月21日国务院证券委、中国人民银行、国家经贸委联合发布的《关于严禁国有企业和上市公司炒作股票的规定》，我国对国有企业和上市公司进行股票投资作了必要的限制。

三、各类金融机构

无论是商业银行，还是各种非银行金融机构，作为专门从事于金融业务的特殊企业，都想并能够从购买证券中获取利润。由于各类金融机构的资金拥有能力和特殊的经营地位，使其成为发行市场上的主要需求者。商业银行仅限于买卖政府债券；投资基金公司主要运作对象是各类债券和股票；证券公司、信托投资公司的证券部等证券专门经营机构，既可进行股票和债券的代理买卖，也可进行股票和债券的自营买卖；保险公司可在证券市场上对政府债券进行投资。

四、各种社会基金

证券市场为社会上各种公共基金提供了值得选择的投资场所。信托基金、退休基金、养老基金、年金基金等社会福利团体虽是非营利性的，但这些基金可以通过购买证券主要是政府债券以达到保值、增值的目的。

五、外国投资者

随着经济国际化趋势的不断发展，证券的发行与买卖已超出了国界限制。外国公司、外国金融机构、外国人等可以购买别国发行的证券；或者某国发行公司通过跨国公司在境外发行证券，向外国个人或团体募集资金。目前我国有三种股票可供境外投资者认购：一是B股。它是我国股份公司发行的以人民币标明面值，供境外投资者用外币认购的，在境内上市的普通股股票。二是H股。它是境内公司发行的以人民币标明面值，供境外投资者用外币认购，在香港联合交易所上市的股票。H股的发行和交易由境内和香港证券管理部门双重监管。三是N股。它是以人民币标明面值，供境外投资者用外币认购，获纽约证交所批准上市的股票。目前几乎所有的外国公司(即非美国公司，但不包括加拿大公司)都采用存股证(DR)形式，而非普通股的方式进入美国市场。存股证是一种以证书形式发行的可转让证券，通常代表一家外国公司的已发行股票。中国目前在美国成功发行的山东华能和华能国际股票，即是以N股DR的方式在纽约证交所挂牌交易的股票。

2001年下半年，我国政府有关管理部门成立了专门研究小组研究引入QFII制度。11月5日，《合格境外机构投资者境内证券投资管理暂行办法》正式出台。2003年7月9日上午10时17分，在京城著名的东方君悦大酒店浮碧厅，来自国内外的40多家媒体与瑞银高管共同见证了历史性的一刻：QFII第一单的指令此刻正在发出，10点19分，也即指令发出的2分钟后，首单买入的四支股票全部确认成交，备受瞩目的QFII正式登上中国证券市场大舞台。作为一种过渡性制度安排，QFII制度是在资本项目尚未完全开放的国家和地区，实现有序、稳妥开放证券市场的特殊通道，吸引了众多的境外合格的机构投资者参与中国证券市场，进一步壮大了中国证券市场机构投资者队伍。近两年，深港通和沪港通的实施，以及正在筹备的沪伦通，使外国投资者进入中国证券市场的渠道得到有效地扩展。

第五节　证券市场的监控主体

有了证券发行主体、证券投资主体和各种证券运行的中介主体，证券市场就可以进行运行了。但证券市场的运行，还需要有完善的法规体系和强有力的监管主体来保障市场稳定合规的运行。证券市场的监管主体，除了中国证监会外，还有行业自律组织证券业协会和证券交易所。

一、中国证监会

中国证监会为国务院直属正部级事业单位，依照法律、法规和国务院授权，统一监督管理全国证券期货市场，维护证券期货市场秩序，保障其合法运行。国务院在《期货交易管理条例》中规定，“中国证监会对期货市场实行集中统一的监督管理”。在证监会内部，专门设有期货监管部，该部门是中国证监会对期货市场进行监督管理的职能部门。

其主要职责有：

(1)研究和拟订证券期货市场的方针政策、发展规划；起草证券期货市场的有关法律、法规，提出制定和修改的建议；制定有关证券期货市场监管的规章、规则和办法。

(2)垂直领导全国证券期货监管机构，对证券期货市场实行集中统一监管；管理有关证券公司的领导班子和领导成员。

(3)监管股票、可转换债券、证券公司债券和国务院确定由证监会负责的债券及其他证券的发行、上市、交易、托管和结算；监管证券投资基金活动；批准企业债券的上市；监管上市国债和企业债券的交易活动。

(4)监管上市公司及其按法律法规必须履行有关义务的股东的证券市场行为。

(5)监管境内期货合约的上市、交易和结算；按规定监管境内机构从事境外期货业务。

(6)管理证券期货交易所；按规定管理证券期货交易所的高级管理人员；归口管理证券业、期货业协会。

(7)监管证券期货经营机构、证券投资基金管理公司、证券登记结算公司、期货结算机构、证券期货投资咨询机构、证券资信评级机构；审批基金托管机构的资格并监管其基金托管业务；制定有关机构高级管理人员任职资格的管理办法并组织实施；指导中国证券业、期货业协会开展证券期货从业人员资格管理工作。

(8)监管境内企业直接或间接到境外发行股票、上市以及在境外上市的公司到境外发行可转换债券；监管境内证券、期货经营机构到境外设立证券、期货机构；监管境外机构到境内设立证券、期货机构、从事证券、期货业务。

(9)监管证券期货信息传播活动，负责证券期货市场的统计与信息资源管理。

(10)会同有关部门审批会计师事务所、资产评估机构及其成员从事证券期货中介业务的资格，并监管律师事务所、律师及有资格的会计师事务所、资产评估机构及其成员从事证券期货相关业务的活动。

(11)依法对证券期货违法违规行为进行调查、处罚。

(12)归口管理证券期货行业的对外交往和国际合作事务。

(13)承办国务院交办的其他事项。

二、证券业协会

证券业协会是证券业的自律性组织，是社会团体法人。协会的宗旨是根据发展社会主义市场经济的要求，贯彻执行国家有关方针、政策和法规，发挥政府与证券经营机构之间的桥梁和纽带作用，促进证券业的开拓发展；加强证券业的自律管理，维护会员的合法权益，建立和完善具有中国特色的证券市场体系。

中国证券业协会于1991年8月28日成立，总部设在北京。中国证券业协会的会员分为团体会员和个人会员，团体会员为证券公司。《证券法》规定，证券公司应当加入证券业协会。个人会员只限于证券市场管理部门有关领导以及从事证券研究及业务工作的专家，由协会根据需要吸收。协会的最高权力机构是会员大会，会员大会由全体会员组成。其主要职责是：

(1)协助证券监督管理机构教育和组织会员执行法律、行政法规；

(2)依法维护会员的合法权益，向证券监督管理机构反映会员的建议和要求；

(3)收集整理信息。为会员提供服务；

(4)制定会员应遵守的规则，组织会员单位从业人员的业务培训，开展会员间的业务交流；

(5)调解会员之间、会员与客户之间发生的纠纷；

(6)组织会员就证券业的发展、运作及有关内容进行研究；

(7)监督、检查会员行为，对违反法律、行政法规或者协会章程的，按规定给予纪律处分；

(8)国务院证券监督管理机构赋予的其他职责。

三、证券交易所

证券交易所作为中介主体具有提供交易场所、制定交易规则，为投资者提供各种信息服务等服务性功能，同时，证券交易所还对证券市场的交易活动具有监管功能，其监管的主要内容包括：

(1)证券交易所应当即时公布行情，并按日制作股票行情表，记载并以适当方式公布下列事项：上市股票的名称；开市、最高、最低、及收市价格；与前一交易日收市价比较后的涨跌情况；成交量、值的分计及合计；股票指数及其涨跌情况；等等。

(2)证券交易所应当就市场内的成交情况编制日报表、周报表、月报表和年报表，并及时向社会公布。

(3)证券交易所应当监督上市公司按照规定披露信息。

(4)证券交易所应当与上市公司订立上市协议，以确定相互间的权利义务关系。

(5)证券交易所应建立上市推荐人制度，以保证上市公司符合上市要求。

(6)证券交易所应当依照股票法规和证券交易所的上市规则、上市协议的规定，或者根据中国证券监督管理委员会的要求，对上市股票作出暂停、恢复或者取消其交易的决定。

(7)证券交易所应当设立上市公司的档案资料，并对上市公司的董事、监事及高级管理人员持有上市股票的情况进行统计，并监督其变动情况。

(8)证券交易所的会员应当遵守证券交易所的章程、业务规则，依照有关规定向证券交易所缴纳席位费、手续费等费用，并缴存交易保证金。

(9)证券交易所的会员应当向证券交易所和中国证券监督管理委员会提供季度、中期及年度报告，并主动报告有关情况；证券交易所有权要求会员提供有关报表、账册、交易记录及其他文件。

第四章　证券投资分析的金融学基础理论

1997年度诺贝尔经济学奖得主之一的莫顿(R. C. Merton)对现代金融学给出了一种全新解释：金融学研究的是如何在不确定条件下对稀缺资源进行跨时期分配。金融理论的核心是研究在不确定环境下，经济行为人在配置和利用其资源方面的行为，这里既包括跨越空间又包括跨越时间的情况。时间和不确定性是影响金融行为的中心因素。这两者相互作用的复杂性成为刺激金融研究的内在因素，这种复杂性需要复杂的分析工具来捕获相互作用的影响。金融学理论发展史上载入史册的伟大成就，包括莫迪利亚尼-米勒理论(Modigliani-Miller theory，简称MM理论)、均值方差理论、资本资产定价模型(CAPM)、套利定价理论(APT)、布莱克-斯科尔斯公式(Black-Seholes)等，而建立这些学说和模型的学者中的大多数人因此而荣获了诺贝尔经济学奖。毫不夸张地讲，金融学理论与金融实践的结合改变了整个人类社会经济运行的轮廓，而这些获得诺贝尔经济学奖的金融理论研究又奠定了现代证券投资分析的重要理论基础。

第一节　现代投资组合理论

现代投资组合理论主要由投资组合理论、资本资产定价模型、APT模型、有效市场理论以及行为金融理论等部分组成。它们的发展极大地改变了过去主要依赖基本分析的传统投资管理实践，使现代投资管理日益朝着系统化、科学化、组合化的方向发展。

一、投资组合理论

1. 现代投资组合理论的形成和建立

在整个金融分析的框架中，不确定性概念的引入是具有重大作用的。如何应对投资的不确定性？Hicks(1935)提出了“分离定理”，并解释了由于投资者有获得高收益低风险的期望，因而有对货币的需要；同时他认为和现存的价值理论一样，应构建起“货币理论”，并将风险引入分析中，因为风险将影响投资的绩效，将影响期望净收入。Kenes(1936)和Hicks(1939)提出了风险补偿的概念，认为由于金融产品中的不确定性的存在，应该对不同金融产品在利率中附加一定的风险补偿。Hicks还提出资产选择问题，认为风险可以分散。Marschak(1938)提出了不确定条件下的序数选择理论，同时也注意到了人们往往倾向于高收益低风险等现象。Williams(1938)提出了“分散折价型”(Dividend Discount Model)，认为通过投资于足够多的证券，就可以消除风险，并假设总存在一个满足收益最大化和风险最小化的组合，同时能通过法律保证使得组合的事实收益和期望收益一致。Leavens(1945)论证了分散化的好处。随后，Von Neumann(1947)应用预期效用的概念提出了解决在不确定性条件下的决策选择的方法。

在此基础上，1952年3月，美国经济学哈里·马克维茨发表了《证券组合选择》的论文，首次提出投资组合理论(Portfolio Theory)，并进行了系统、深入和卓有成效的研究，通过对证券投资的风险和收益进行了量化，建立均值方差模型，提出了确定最佳资产组合的基本模型，成为现代证券组合管理理论的开端鼻祖。他认为投资者选择证券组合时关注的只是未来现金流的均值与方差。他假设投资者的预期效用符合二次分布或者是多项式分布。Markowiz的主要研究结论是在不确定的前提下，最优的投资决策是分散化持有。也因此他获得了1990年的诺贝尔经济学奖。

2. 投资组合理论的基本内容

人们进行投资，本质上是在不确定性的收益和风险中进行选择。投资组合理论用均值-方差来刻画这两个关键因素。所谓均值，是指投资组合的期望收益率，它是单只证券的期望收益率的加权平均，权重为相应的投资比例。当然，股票的收益包括分红派息和资本增值两部分。所谓方差，是指投资组合的收益率的方差。我们把收益率的标准差称为波动率，它刻画了投资组合的风险。

马克维茨投资组合理论的基本假设为：

(1)投资者是风险规避的，追求期望效用最大化；

(2)投资者根据收益率的期望值与方差来选择投资组合；

(3)所有投资者处于同一单期投资期。马克维茨提出了以期望收益及其方差(E，δ^2)确定有效投资组合。

以期望收益 E 来衡量证券收益，以收益的方差 δ^2 表示投资风险。资产组合的总收益用各个资产预期收益的加权平均值表示，组合资产的风险用收益的方差或标准差表示，则马克维茨优化模型如下：

$$E(r_p) = \sum w_i r_i$$

式中：r_p 为投资组合的收益；r_i、r_j 为第 i 种、第 j 种资产的收益；w_i、w_j 为资产 i 和资产 j 在组合中的权重即收益率概率；

而衡量组合资产的收益风险方差 δ^2 可以表示为：

$$\delta^2(r) = \sum_{1}^{n} [r_i - E(r)]^2 P_i$$

式中：δ 为标准差；P_i 为可能收益率发生的概率。

3. 两种证券组合的收益和风险

设有两种证券 A 和 B，某投资者将一笔资金以 x 的比例投资于证券 A，以 y 的比例投资于证券 B，且 $x+y=1$，称该投资者拥有一个证券组合 P。如果到期时，证券 A 的收益率为 R_a，证券 B 的收益率为 R_b，则证券组合 P 的收益率 Q 为：

$$Q=X_aR_a+X_bR_b$$

证券组合中的权数可以为负，比如 $X_a<0$，则表示该组合卖空了证券 A，并将所得的资金连同自有资金买入证券 B，因为 $X_a+X_b=1$，故有 $X_b=1-X>1$。

投资者在进行投资决策时并不知道 R_a 和 R_b 的确切值，因而 R_a、R_b 应为随机变量，对其分布的简化描述是它们的期望值和方差。投资组合 P 的期望收益率 E 和收益率的方差分别为：

$$E=X_a E(R_a)+X_bE(R_b)$$

方差$\delta^2=X_a$ 的平方×证券 A 的方差+X_b 的平方×证券 B 的方差+

2xy×证券 A 的标准差×证券 B 的标准差×证券组合的相关系数

式中：证券 A 的标准差×证券 B 的标准差×证券组合的相关系数——协方差，记为 COV(A，B)

选择不同的组合权数，可以得到包含证券 A 和证券 B 的不同的证券组合，从而得到不同的期望收益率和方差。投资者可以根据自己对收益率和方差(风险)的偏好，选择自己最满意的组合。

4. 多种证券组合的收益和风险

这里将把两个证券的组合讨论拓展到任意多个证券的情形。设有 N 种证券，记作A_1，A_2，A_3，…，A_N，证券组合$P=(x_1, x_2, x_3, \cdots, x_n)$表示将资金分别以权数$x_1$，$x_2$，$x_3$，…，$x_n$投资于证券$A_1$，$A_2$，$A_3$，…，$A_N$。如果允许卖空，则权数可以为负，负的权数表示卖空证券占总资金的比例。正如两种证券的投资组合情形一样，证券组合的收益率等于各单个证券的收益率的加权平均。即：设A_i的收益率为$r_i(i=1, 2, 3, \cdots, N)$，则证券组合$P=(x_1, x_2, x_3, \cdots, x_n)$的收益率为：

$$r_P = x_1 \times r_1 + x_2 \times r_2 + \cdots + x_n \times r_n = \sum x_i r_i$$

推导可得证券组合 P 的期望收益率和方差为：

$$E(r_P) = \sum x_i E(r_i) \quad (1)$$

$$方差 = \sum i \sum j x_i x_j \mathrm{cov}(x_i, x_j) \quad (2)$$

由式(1)和(2)可知，要估计$E(r_P)$和方差，当N非常大时，计算量十分巨大。在计算机技术尚不发达的 20 世纪 50 年代，证券组合理论不可能运用于大规模市场，只有在不同种类的资产间，如股票、债券、银行存单之间分配资金时，才可能运用这一理论。

5. 证券组合的可行域和有效边界

(1)证券组合的可行域

A. 两种证券组合的可行域

任何一个证券组合可以由组合的期望收益率和标准差确定出坐标系中的一点，这一点将随着组合的权数变化而变化，其轨迹将是经过 A 和 B 的一条连续曲线，这条曲线称为证券 A 和证券 B 的组合线。描述了证券 A 和证券 B 所有可能的组合。不同关联性下的组合线形状有四种特殊形式：

一是完全正相关下的组合线($\rho_{AB}=1$)，为连接 AB 两点的直线(见图4-1)。

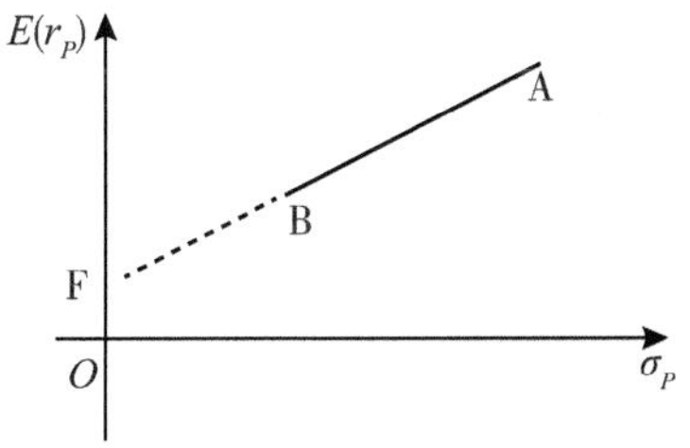

图 4-1　$\rho_{AB}=1$ 时的组合线

二是完全负相关下的组合线($\rho_{AB}=-1$)，为一个折线(见图 4-2)。

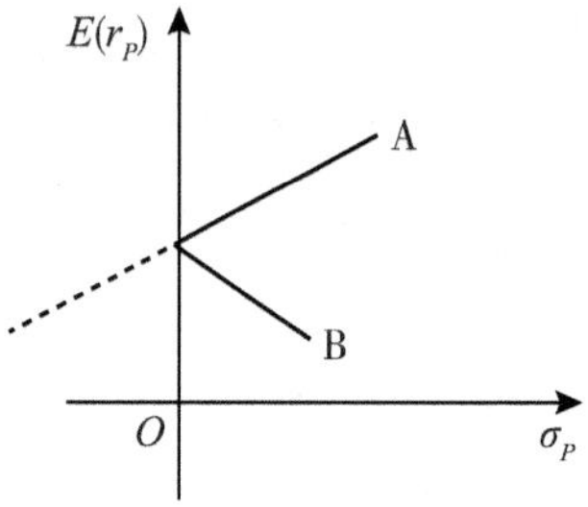

图 4-2　$\rho_{AB}=-1$ 时的组合线

三是不相关情形下的组合线($\rho_{AB}=0$)，为一条经过 A 和 B 的双曲线(见图 4-3)。

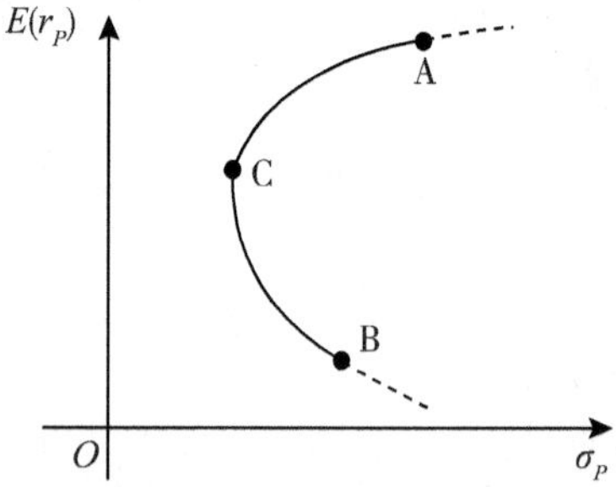

图 4-3　$\rho_{AB}=0$ 时的组合线

四是组合线的一般情形($0<\rho_{AB}<1$)，表现为一条双曲线。相关系数决定组合线在 A 和 B 之间的弯曲程度，随着 ρ_{AB} 的增大，弯曲程度将降低。

当 $\rho_{AB}=1$ 时，弯曲程度最小，呈直线；

当 $\rho_{AB}=-1$ 时，弯曲程度最大，呈折线；

不相关是一种中间状态，比正完全相关弯曲程度大，比负完全相关弯曲程度小。

在不卖空的情况下，组合降低风险的程度由证券间的关联程度决定(相关系数越小，证券组合的风险越小，特别是负完全相关的情况下，可获得无风险组合，见图 4-4)。

B. 多种证券组合的可行域

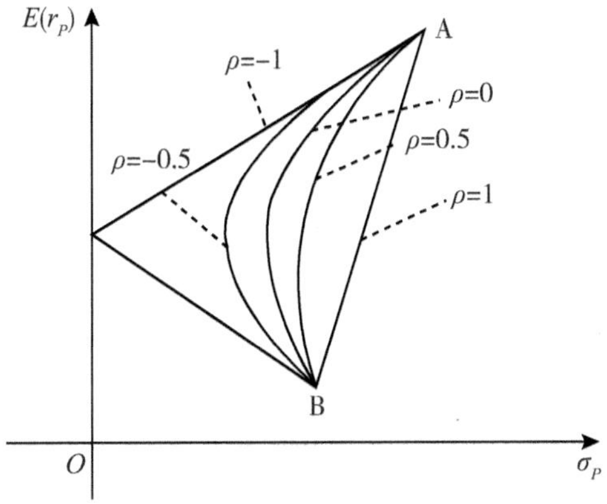

图 4-4 相关系数不同的证券组合

当由多种证券(不少于 3 个证券)构造证券组合时，组合可行域是所有合法证券组合构成的 E-σ 坐标系中的一个区域。不允许卖空情况下，多种证券所能得到的所有合法组合将落入并填满坐标系中每两种证券的组合线围成的区域(见图 4-5)；允许卖空情况下，多种证券组合的可行域不再是有限区域，而是包含该有限区域的一个无限区域(见图 4-6)。

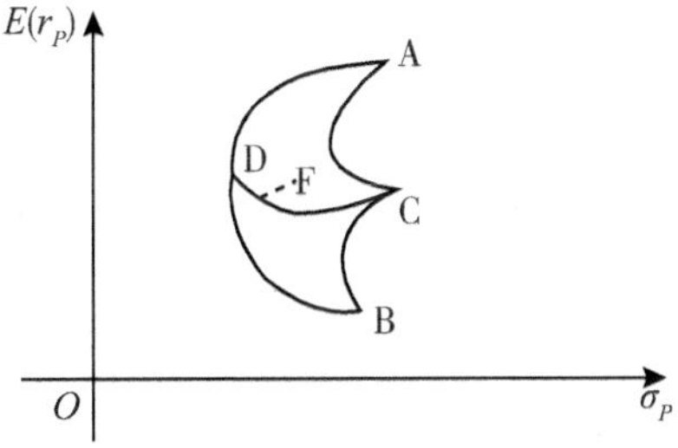

图 4-5 不允许卖空时三种证券组合的可行域

可行域的形状依赖于四个因素：可供选择的单个证券的特征 $E(r_i)$ 和 s_i 以及它们收益率之间的相互关系 ρ_{ij}，还依赖于投资组合中权数的约束。

可行域满足一个共同的特点：左边界必然向外凸或呈线性。

(2)证券组合的有效边界

证券组合的可行域表示了所有可能的证券组合，它为投资者提供了一切可行的组合投资机会，投资者需要做的是在其中选择自己满意的证券组合进行团

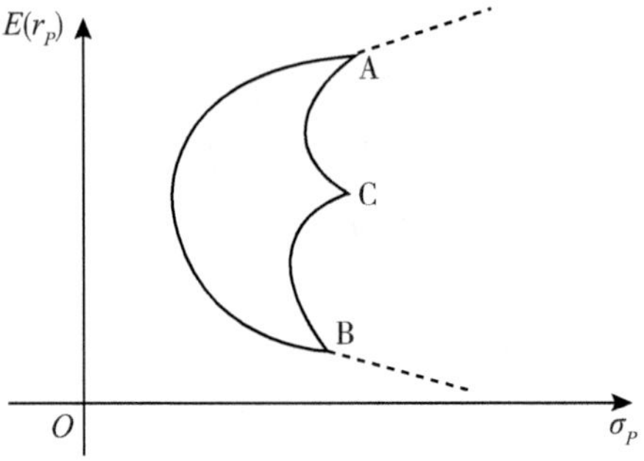

图 4-6　允许卖空时三种证券组合的可行域

组。由于不同的投资者对期望收益率和风险的偏好有所差异，他们选择的最佳组合也将有所不同。同时，人们在投资决策时普遍喜好期望收益率而厌恶风险，总是期望期望收益率越高越好，风险越小越好。这种态度反映在证券组合的选择上可表述为：

①如果两种证券组合具有相同的收益率方差和不同的期望收益率，即 $s_A^2=s_B^2$，而 $E(r_A)\neq E(r_B)$，且 $E(r_A)>E(r_B)$，那么投资者选择期望收益率高的组合，即 A；

②如果两种证券组合具有相同的期望收益率和不同的收益率方差，即 $E(r_A)=E(r_B)$，而 $s_A^2\neq s_B^2$，且 $s_A^2<s_B^2$，则选择方差较小的组合，即 A。这种选择原则，我们称为投资者的共同偏好原则。

人们在所有可行的投资组合中进行选择时，按照投资者的共同偏好原则，可以排除那些被所有投资者都认为差的组合，我们可以把排除后余下的这些组合称为有效证券组合。根据有效组合定义，有效组合不止一个，在描绘的可行域图形中，如图 4-7 中的实线部分，它是可行域的上边界部分，我们称它为有效边界。对于可行域内部及下边界上的任意可行组合，均可以在有效边界上找到一个有效组合比它好。此外，图中 A 点是一个特殊的位置，它是可行域上边界和下边界的交汇点，这一点所代表的组合在所有可行组合中方差最小，因而被称为最小方差组合。

6. 马克维茨投资组合理论的扩展

马克维茨提出用均值—方差模型分析得出通过投资组合可以有效降低风险的同时，Roy(1952)提出了“安全首要模型”(safety-first portfolio theory)，将投

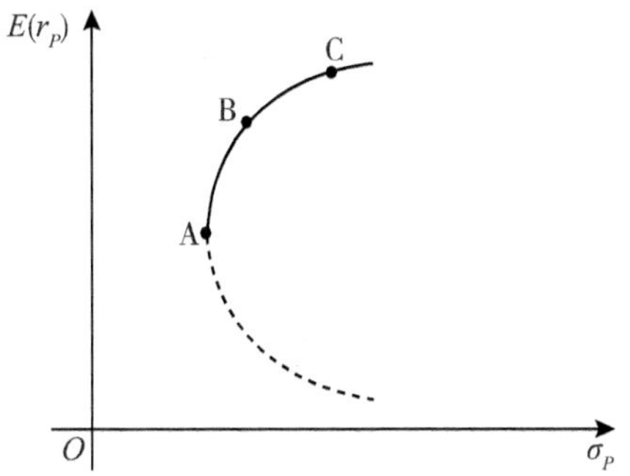

图 4-7　有效边界

资组合的均值和方差作为一个整体来选择，尤其是他提出以极小化投资组合收益小于给定的“灾险水平”的概率作为模型的决策准则，为后来的 VaR(value at risk)等方法提供了思路。在此基础上，托宾(James Tobin，1958)提出了著名的“二基金分离定理”：在允许卖空的证券组合选择问题中，每一种有效证券组合都是一种无风险资产与一种特殊的风险资产的组合。Hicks(1962)的“组合投资的纯理论”指出，在包含现金的资产组合中，组合期望值和标准差之间有线形关系，并且风险资产的比例仍然沿着这条线形的有效边界这部分上，这就解释了 Tobin 的分离定理的内容。Wiliam. F. Sharpe(1963)提出“单一指数模型”，该模型假定资产收益只与市场总体收益有关，从而大大简化了马克维茨理论中所用到的复杂计算。针对马克维茨投资组合模型要求计算所有资产的协方差矩阵，严重制约了其在实践中的应用。随后，夏普、林特和莫森分别于 1964 年、1965 年和 1966 年提出了资本资产定价模型(CAPM)。该模型不仅提供了评价收益-风险相互转换特征的可运作框架，也为投资组合分析、基金绩效评价提供了重要的理论基础。1976 年，针对 CAPM 模型所存在的不可检验性的缺陷，罗斯提出了一种替代性的资本资产定价模型，即 APT 模型。该模型直接导致了多指数投资组合分析方法在投资实践上的广泛应用。

伴随资本资产定价模型、APT 模型、有效市场理论以及行为金融理论等理论的形成和发展，极大地改变了过去主要依赖基本分析的传统投资管理实践，使现代投资管理日益朝着系统化、科学化、组合化的方向发展。

7. 应用

投资组合理论为有效投资组合的构建和投资组合的分析提供了重要的思想

基础和一整套分析体系，其对现代投资管理实践的影响主要表现在以下三个方面：

一是马克维茨首次对风险和收益这两个投资管理中的基础性概念进行了准确的定义，从此，同时考虑风险和收益就作为描述合理投资目标缺一不可的两个参数。马克维茨用投资回报的期望值(均值)表示投资收益(率)，用方差(或标准差)表示收益的风险，解决了对资产的风险衡量问题，并认为典型的投资者是风险回避者，他们在追求高预期收益的同时会尽量回避风险。据此马克维茨提供了以均值-方差分析为基础的最大化效用的一整套组合投资理论。

二是投资组合理论关于分散投资的合理性的阐述为基金管理业的存在提供了重要的理论依据。马克维茨提出的“有效投资组合”的概念，使基金经理从过去一直关注于对单个证券的分析转向了对构建有效投资组合的重视。自20世纪50年代初，投资管理已从过去专注于选股转为对分散投资和组合中资产之间的相互关系上来。事实上投资组合理论已将投资管理的概念扩展为组合管理。从而也就使投资管理的实践发生了革命性的变化。

三是马克维茨的投资组合理论已被广泛应用到了投资组合中各主要资产类型的最优配置的活动中，并被实践证明是行之有效的。

二、资本资产定价理论

1. 资本资产定价模型

资本资产定价模型(capital asset pricing model，简称CAPM)是由美国学者夏普(William Sharpe)、林特尔(John Lintner)、特里诺(Jack Treynor)和莫辛(Jan Mossin)等人于1964年在资产投资组合理论和和资本市场理论基础上发展起来的，主要研究证券市场中资产的预期收益率与风险资产之间的关系，以及均衡价格是如何形成的，是现代金融市场价格理论的支柱，广泛应用于投资决策和公司理财领域。

资本资产定价模型假设所有投资者都按马克维茨的资产选择理论进行投资，对期望收益、方差和协方差等的估计完全相同，投资人可以自由借贷。在马克维茨模型基础上建立的资本资产定价模型，还附加了几个假设条件：

(1)可以在无风险折现率 R 的水平下无限制地借入或贷出资金。

(2)所有投资者对证券收益率概率分布的看法一致，因此市场上的效率边界只有一条。

(3)所有投资者具有相同的投资期限，而且只有一期。

(4)所有的证券投资可以无限制的细分，在任何一个投资组合里可以含有非整数股份。

(5)税收和交易费用可以忽略不计。

(6)所有投资者可以及时免费获得充分的市场信息。

(7)不存在通货膨胀，且折现率不变。

(8)投资者具有相同预期，即他们对预期收益率、标准差和证券之间的协方差具有相同的预期值。

当资本市场达到均衡时，风险的边际价格是不变的，任何改变市场组合的投资所带来的边际效果是相同的，即增加一个单位的风险所得到的补偿是相同的。按照β的定义，代入均衡的资本市场条件下，得到资本资产定价模型：

$$E(r_i)=r_f+\beta_{im}(E(r_m)-r_f)$$

其中：

$E(r_i)$是资产i的预期回报率；

r_f是无风险利率；

β_{im}是(Beta 系数)，即资产i的系统性风险；

$E(r_m)$是市场m的预期市场回报率；

$E(r_m)-r_f$是市场风险溢价(market risk premium)，即预期市场回报率与无风险回报率之差。

资本资产定价模型的说明如下：

(1)单个证券的期望收益率由两个部分组成，无风险利率以及对所承担风险的补偿—风险溢价。

(2)风险溢价的大小取决于β值的大小。β值越高，表明单个证券的风险越高，所得到的补偿也就越高。

(3)β度量的是单个证券的系统风险，非系统性风险没有风险补偿。

2. 资本市场线

资本市场线(Capital Market Line，简称 CML)是指表明有效组合的期望收益率和标准差之间的一种简单的线性关系的一条射线。它是沿着投资组合的有效边界，由风险资产和无风险资产构成的投资组合。

资本市场线是指表明有效组合的期望收益率和标准差之间的一种简单的线性关系的一条射线。它是沿着投资组合的有效边界，由风险资产和无风险资产构成的投资组合(见图 4-8)。

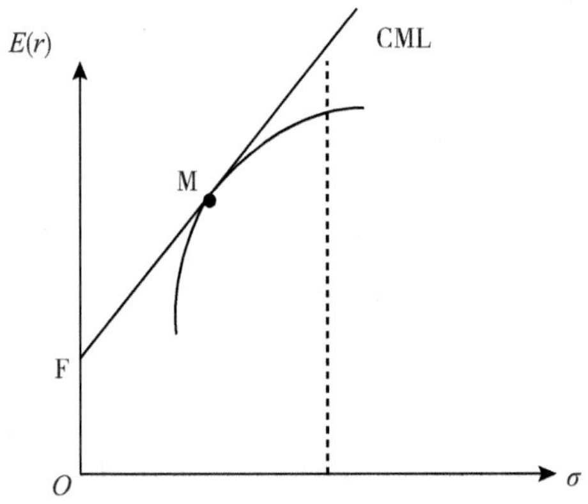

图 4-8　资本市场线

资本市场线可表达为：

$$E(r_P)=r_F+\left[\frac{E(r_M)-r_F}{\delta_M}\right]\sigma_P$$

其中，r_P 为任意有效组合 P 的收益率，r_F 为无风险收益率(纯利率)，$\left[\frac{E(r_M)-r_F}{\delta_M}\right]$ 为资本市场线的斜率，σ_P 为有效组合 P 的标准差。

虽然资本市场线表示的是风险和收益之间的关系，但是这种关系也决定了证券的价格。因为资本市场线是证券有效组合条件下的风险与收益的均衡，如果脱离了这一均衡，则就会在资本市场线之外，形成另一种风险与收益的对应关系。这时，要么风险的报酬偏高，这类证券就会成为市场上的抢手货，造成该证券的价格上涨，投资于该证券的报酬最终会降低下来。要么会造成风险的报酬偏低，这类证券在市场上就会成为市场上投资者大量抛售的目标，造成该证券的价格下跌，投资于该证券的报酬最终会提高。经过一段时间后，所有证券的风险和收益最终会落到资本市场线上来，达到均衡状态。

资本市场线公式对有效组合的期望收益率和风险之间的关系提供了十分完整的阐述。有效组合的期望收益率由两部分构成：一部分是无风险利率，它是由时间创造的，是对放弃即期消费的补偿；另一部分则是 $\left[\frac{E(r_M)-r_F}{\delta_M}\right]\sigma_P$，是对承担风险的补偿，通常称为“风险溢价”，与承担的风险的大小成正比。其中的系数 $\left[\frac{E(r_M)-r_F}{\delta_M}\right]$ 代表了对单位风险的补偿，通常称为风险的价格。

3. 证券市场线

证券市场线简称为SML，是资本资产定价模型(CAPM)的图示形式。它可以反映证券报酬率与系统风险程度β系数之间的关系以及市场上所有风险性资产的均衡期望收益率与风险之间的关系。

证券市场线是以E_p为纵坐标、β_p为横坐标的坐标系中的一条直线，它的方程是：$R_i=R_f+\beta_i(R_m-R_f)$。其中：R和β分别表示证券或证券组合的必要报酬率和β系数，证券市场线表明证券或组合的要求的收益与由β系数测定的风险之间存在线性关系。

证券市场线方程为：

$$\overline{R}_i=R_f+(\overline{R}_m-R_f)\beta_i,$$

进一步还可用下面的图表展开说明(见图4-9)：

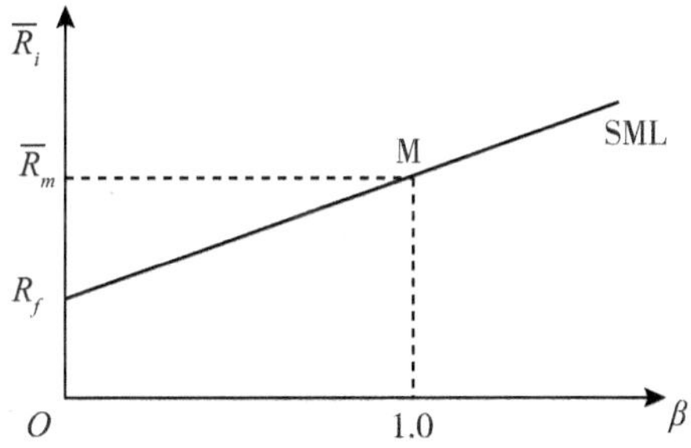

图4-9　证券市场线

由上式可知，风险资产的收益由两部分构成：一是无风险资产的收益R_f；二是市场风险溢价收益$(\overline{R}_m-R_f)$。它表明：

(1)风险资产的收益高于无风险资产的收益率；

(2)只有系统性风险需要补偿，非系统性风险可以通过投资多样化减少甚至消除，因而不需要补偿；

(3)风险资产实际获得的市场风险溢价收益取决于β_i的大小，β_i值越大，则风险贴水(R_m-R_f)就越大；反之，β_i则越小，风险贴水就愈小。

依据β_i大于或小于1，可将证券或证券组合分为防御性(Defensive Securities)和进取性证券两类(Aggressive Securities)。β_i系数值小于1的证券或证券组合称为防御性证券或证券组合；β_i系数值大于1的证券称为进取性证券或证券组合。

(1)β 系数的意义

证券市场线描述的则是市场均衡条件下单项资产或资产组合(不论它是否已经有效分散风险)的期望收益与风险之间的关系。测度风险工具是单项资产或资产组合对于整个市场组合方差的贡献程度，即 β 系数。它告诉我们相对于市场组合而言特定资产的系统风险是多少。

(2)β 系数的确定

在确定计算贝塔值时，必须做出两项选择：①选择有关预测期间的长度(5 年或更长)。公司风险特征无重大变化时，可以采用 5 年或更长的预测长度；如果公司风险特征发生重大变化，应当使用变化后的年份作为预测期长度。②选择收益计量的时间间隔。使用每周或每月的收益率被广泛采用。③财务估价使用的现金流量数据是面向未来的，而计算权益成本使用的 β 值却是历史的，有时间基础不一致的问题。

β 值的驱动因素很多，但关键的因素只有三个：经营杠杆、财务杠杆和收益的周期性。如果公司在这三方面没有显著改变，则可以用历史的 β 值估计权益成本。

(3)经济意义

证券市场线方程对任意证券或组合的期望收益率和风险之间的关系提供了十分完整的阐述。任意证券或组合的期望收益率由两部分构成：一部分是无风险利率，它是由时间创造的，是对放弃即期消费的补偿；另一部分则是对承担风险的补偿，通常称为“风险溢价”。它与承担的风险的大小成正比。其中的 $\overline{R}_m - R_f$ 代表了对单位风险的补偿，通常称为风险的价格。

三、套利定价理论

1976 年，美国学者斯蒂芬·罗斯在《经济理论杂志》上发表了经典论文“资本资产定价的套利理论”，提出了一种新的资产定价模型，此即套利定价理论 APT(Arbitrage Pricing Theory)。套利定价理论是资本资产定价理论的拓展，由 APT 给出的定价模型与 CAPM 一样，都是均衡状态下的模型，不同的是 APT 的基础是因素模型。

套利定价理论认为，套利行为是现代有效率市场即市场均衡价格形成的一个决定因素。如果市场未达到均衡状态的话，市场上就会存在无风险套利机会。并且用多个因素来解释风险资产收益，并根据无套利原则，得到风险资产均衡收益与多个因素之间存在(近似的)线性关系。而资本资产定价理论CAPM模型预测所有证券的收益率都与唯一的公共因子(市场证券组合)的收益率存在着线性关系。

1. 假设条件

与资本资产定价模型相比，套利定价理论的假设条件较少，没有单一投资期；不存在税收；投资者能以无风险利率自由借贷；投资者以收益率的均值和方差为基础选择投资组合等条件。建立套利定价理论的假设条件包括三个：

假设一：投资者是追求收益的，同时也是厌恶风险的。

假设二：所有证券的收益都受到共同因素 F 的影响，并且证券的收益率具有如下的构成形式：

$$r_i = a + b_i F + \varepsilon_i$$

证券 i 的方差为：δ_i^2(证券风险) $= b_i^2 F^2$(因素风险) $+\delta_{\varepsilon_i}^2$(非因素风险)

式中：r_i—证券 i 的实际收益率；

b_i—因素 F 的系数，反映证券 i 的收益率 r 对因素指标 F 变动的敏感性，也称“灵敏度系数”；

F—影响证券的共同因素 F 的指标值；

ε_i—证券 i 收益率 r 的残差项。

假设三：投资者能够发现市场上是否存在套利机会，并利用该机会进行套利。

2. 套利机会与套利组合

套利是指人们不追加投资就可获得收益的买卖行为。从经济学角度讲，套利是指人们利用同一资产在不同市场间定价不一致，通过资金的转移而实现无风险收益的行为。在套利定价理论中，套利机会被套利组合所描述。所谓套利组合(Arbitrage portfolio)是指不需增加风险也不需增加资本利得，就能赚取利润的投资组合，是在自由市场较不健全下产生的情形，但当市场达到均衡时，所有套利机会都会消失。市场中总会产生一些漏洞，一些发现这些漏洞的人会运用这种不均衡套利。套利组合，是指满足下列条件的证券组合：

①不需要额外投资：$W_1+W_2+\cdots+W_n=0$

②不承担(因素风险)：$W_iB_{1i}+W_2B_{2i}+\cdots+W_nB_{ni}=0$，$i=1, 2, \cdots, k$

③具有真正的收益率：$W_1R_1+W_2R_2+\cdots+W_nR_n>0$

套利组合的特征表明，投资者如果能发现套利组合并持有它，那他就可以实现不需要追加投资又可获得收益的套利交易，即投资者是通过持有套利组合的方式来进行套利。所以，套利定价理论认为，如果市场上不存在(即找不到)套利组合，那么市场就不存在套利机会。

3. 套利定价模型

套利定价理论认为，当市场上存在套利机会时，投资者会不断推动证券价格向套利机会消失的方向变动，直到套利机会的消失，此时，证券的价格即为均衡价格。在一个均衡的市场中套利现象不会发生。此时，证券或证券组合的期望收益率满足一个均衡状态下的方程式：

$$\bar{r}_i = r_f + b_i\lambda$$

式中，r_f 是无风险利率，λ 是因素 F 的单位风险溢酬。该方程即是 APT 定价模型。

套利定价模型表明，在市场均衡状态下，证券或证券组合的期望收益率完全由它所承担的因素风险所决定，承担相同因素风险的证券或证券组合都应该具有相同期望收益率，期望收益率与因素风险的关系可由期望收益率的因素敏感性的线性函数反映。

在双因素共同影响所有证券的情况下，套利定价模型的一般表现形式为：

$$r_i = a + b_{i1}F_1 + b_{i2}F_2 + \varepsilon_i$$

在多因素共同影响所有证券的情况下，套利定价模型的一般表现形式为：

$$r_i = a + b_{i1}F_1 + b_{i2}F_2 + b_{i3}F_3 + \cdots + b_{ik}F_k + \varepsilon_i$$

其中 b_{ij} 表示 i 证券收益率对 j 因素的敏感系数，也称为因素敏感度。

套利定价模型主要应用于两种情况：(1)在事先仅是猜测某些因素可能是证券收益的影响因素时，由于不知道这些因素中哪些因素对证券收益有广泛而特定的影响，可以运用统计分析模型对证券的历史数据进行分析，筛选那些在统计上显著影响证券收益的主要因素。(2)明确确定某些因素与证券有关，再对证券的历史数据进行回归分析以获得相应的灵敏度系数，运用公式预测证券的收益。

四、期权定价理论

1. 期权定价理论的形成

期权是购买方支付一定的期权费后所获得的在将来允许的时间买或卖一定

数量的基础商品(underlying assets)的选择权。期权价格是期权合约中唯一随市场供求变化而改变的变量，它的高低直接影响到买卖双方的盈亏状况，是期权交易的核心问题。

早在1900年法国金融专家劳雷斯・巴舍利耶就发表了第一篇关于期权定价的文章。此后，各种经验公式或计量定价模型纷纷面世，但因种种局限难于得到普遍认同。20世纪70年代以来，伴随着期权市场的迅速发展，计算机、先进通讯技术的广泛应用，复杂期权定价公式的运用成为可能，期权定价理论的研究取得了突破性进展。第一个完整的期权定价模型由布莱克与斯科尔斯(Fischer Black 和 Myron Scholes)创立并于1973年公之于世。与此同时，默顿也发现了同样的公式及许多其他有关期权的有用结论。结果，两篇论文几乎同时在不同刊物上发表。所以，布莱克-斯科尔斯定价模型亦可称为布莱克-斯科尔斯-默顿定价模型。默顿扩展了原模型的内涵，使之同样运用于许多其他形式的金融交易。1979年，科克斯(Cox)、罗斯(Ross)和卢宾斯坦(Rubinsetein)的论文《期权定价：一种简化方法》提出了二项式模型(Binomial Model)，该模型建立了期权定价数值法的基础，解决了美式期权定价的问题。

期权定价模型(OPM)模型认为，只有股价的当前值与未来的预测有关，变量过去的历史与演变方式与未来的预测不相关。模型表明，期权价格的决定非常复杂，合约期限、股票现价、无风险资产的利率水平以及交割价格等都会影响期权价格。

2. 期权定价的方法

期权定价的方法主要有：Black-Scholes 公式、二项式定价方法、风险中性定价方法鞅定价方法等方法。

(1)布莱克-斯科尔斯模型

布莱克-斯科尔斯模型(Black-Scholes Model)，简称 B-S 模型，是一种为期权或权证等金融衍生工具定价的数学模型，由美国经济学家迈伦・斯科尔斯与费雪・布莱克所最先提出，并由罗伯特・墨顿完善。该模型就是以迈伦・斯科尔斯和费雪・布莱克命名的。1997年迈伦・斯科尔斯和罗伯特・墨顿凭借该模型获得诺贝尔经济学奖。

B-S 模型的建立有5个重要假设：①金融资产价格服从对数正态分布，而金融资产收益率服从正态分布；②在期权有效期内，无风险利率和金融资产收益变量是恒定的；③市场无摩擦，即不存在税收和交易成本；④金融资产在期权有效期内无红利及其他所得(该假设后被放弃);⑤该期权是欧式期权,即在期权到期前不可实施。

基本模型为:

$$C=S\cdot N(D_1)-e^{-rT}\cdot L\cdot N(D_2)$$

其中:

$$D_1=\frac{\ln\frac{S}{L}+(r+0.5\sigma^2)T}{\sigma\sqrt{T}}$$

$$D_2=D_1-\sigma\sqrt{T}$$

式中:C—期权初始合理价格;L—期权交割价格;S—所交易金融资产现价;T—期权有效期;r—连续复利计无风险利率 H;σ^2—年度化方差;N—正态分布变量的累积概率分布函数。

在此应当说明两点:

第一,该模型中无风险利率必须是连续复利形式。一个简单的或不连续的无风险利率(设为 r_0)一般是一年复利一次,而 r 要求利率连续复利。r_0 必须转化为 r 方能代入上式计算。两者换算关系为:$r=\ln(1+r_0)$ 或 $r_0=E_r-1$。例如 $r_0=0.06$,则 $r=\ln(1+0.06)=0.0583$,即 100 以 5.83%的连续复利投资第二年将获 106,该结果与直接用 $r_0=0.06$ 计算的答案一致。

第二,期权有效期 T 的相对数表示,即期权有效天数与一年 365 天的比值。

(2)期权定价的二项式模型

1979 年,科克斯(Cox)、罗斯(Ross)和卢宾斯坦(Rubinsetein)的论文《期权定价:一种简化方法》提出了二项式模型(Binomial Model),该模型建立了期权定价数值法的基础,解决了美式期权定价的问题。

二项式模型的假设主要有:①不支付股票红利;②交易成本与税收为零;③投资者可以以无风险利率拆入或拆出资金;④市场无风险利率为常数;⑤股票的波动率为常数。

假设在任何一个给定时间,金融资产的价格以事先规定的比例上升或下降。如果资产价格在时间 t 的价格为 S,它可能在时间 $t+\Delta t$ 上升至 u_S 或下降至 d_S。假定对应资产价格上升至 u_S,期权价格也上升至 C_u,如果对应资产价格下降至 d_S,期权价格也降至 C_d。当金融资产只可能达到这两种价格时,这一顺序称为二项程序。

五、有效市场理论

1. 有效市场理论的形成

有效市场假说的研究起源于路易斯·巴舍利耶(Bachelier, 1900)，他从随机过程角度研究了布朗运动以及股价变化的随机性，并且他认识到市场在信息方面的有效性：过去、现在的事件，甚至将来事件的贴现值反映在市场价格中。他提出的"基本原则"是股价遵循公平游戏(fair game)模型。

在巴舍利耶之后的几十年内，除了1930—1940年间的沃金(Working)、考尔斯(Cowles)和琼斯(Jones)的研究外，没有对股价行为的经验出现。随着电脑的使用，肯德尔(Kendall, 1953)研究英国和美国的商品价格和证券价格，发现股价变化的随机性。后来，罗伯茨(Roberts, 1959)展示了一个从随机数列产生的序列和美国的股价是无法区分的。奥斯本(Osborne, 1959)发现股价行为和流体中的粒子的行为差不多，并用物理方法来研究股价行为。康特(Coonter, 1964)的论文集收录了大量对随机游走模型的检验；而在这个论文集中，一些论文在解释随机游走时却通常是在暗示股价服从公平游戏过程。因为早期学者是从实证结论出发而缺乏一个理论框架。塞缪尔森(Samuelson, 1965)，曼德尔布罗特(Mandelbrot, 1966)通过数学证明澄清了公平游戏模型和随机游走的关系，从理论上论述了有效市场和公平游戏模型之间的对应关系，还为有效市场假说作了理论上的铺垫。

1965年，美国芝加哥大学金融学教授尤金·法玛(Eugene Fama, 1939—　)，发表了一篇题为《股票市场价格行为》的博士毕业论文，在这篇文章中第一次提到了Efficient Market的概念，并于1970年对该理论进行了深化，提出有效市场假说(Efficient Markets Hypothesis，简称EMH)，其对有效市场的定义是：如果在一个证券市场中，价格完全反映了所有可以获得的信息，那么就称这样的市场为有效市场。

2. 有效市场理论要点

(1)有效市场理论建立的条件是：投资者都利用可获得的信息力图获得更高的报酬；证券市场对新的市场信息的反应迅速而准确，证券价格能完全反映全部信息；市场竞争使证券价格从旧的均衡过渡到新的均衡，而与新信息相应的价格变动是相互独立的或随机的。

(2)有效资本市场假说的三种形式

①弱式有效市场假说(Weak-Form Market Efficiency)：该假说认为在弱式有效的情况下，市场价格已充分反映出所有过去历史的证券价格信息，包括股票的成交价、成交量，卖空金额、融资金额等。

推论一：如果弱式有效市场假说成立，则股票价格的技术分析失去作用，基本分析还可能帮助投资者获得超额利润。

②半强式有效市场假说(Semi-Strong-Form Market Efficiency)：该假说认为价格已充分反映出所有已公开的有关公司营运前景的信息。这些信息有成交价、成交量、盈利资料、盈利预测值、公司管理状况及其他公开披露的财务信息等。假如投资者能迅速获得这些信息，股价应迅速作出反应。

推论二：如果半强式有效假说成立，在市场中利用基本面分析则失去作用，内幕消息可能获得超额利润。

③强式有效市场假说(Strong-Form Market Efficiency)：强式有效市场假说认为价格已充分地反映了所有关于公司营运的信息，这些信息包括已公开的或内部未公开的信息。

推论三：在强式有效市场中，没有任何方法能帮助投资者获得超额利润，即使基金和有内幕消息者也一样。

(3)有效市场的三种形式和证券投资分析有效性之间的关系可以由表4-1来表示：

表4-1　**有效市场形式与证券投资分析有效性之间的关系表**

	技术分析	基本分析	组合管理
无效市场	有效	有效	积极进取
弱式有效	无效	有效	积极进取
半强式有效	无效	无效	积极进取
强式有效	无效	无效	消极保守

3. 有效市场理论的缺陷

有效市场假说只是一种理论假说，资本市场作为一个复杂系统并不像有效市场假说所描述的那样和谐、有序，有层次。实际上，并非每个人总是理性的，Fischer Black(1986)指出，投资者购买所依据的是“噪音”而非信息。投资者不止偶然偏离理性，而是经常以同样的方式偏离理性。行为金融学中“投资者心态”理论讨论的就是大量投资者犯同样的判断失误的错误，且他们的错误又具有相关性的现象。同样，套利者不会完全消除非理性投资者的错误对价格的影响。大多数情况下证券没有合适的的替代品。即使能找到完全的替代品，套利者也面临其他风险，如未来出让时的价格不可预知。

第二节　证券投资中的行为金融理论

行为金融学(Behavioral Finance)是金融学、心理学、人类学等学科有机结合的综合理论，力图揭示金融市场的非理性行为和决策规律。该理论认为，基于理性假设的传统经济学不足以解释人们的风险决策行为，股票价格并非只由企业的内在价值所决定，还在很大程度上受到投资者主体行为的影响，即投资者心理与行为对证券市场的价格决定及其变动有重大影响。

一、行为金融学的形成与期望理论

伴随投资组合理论、资本资产定价模型、APT 模型和有效市场理论建立和发展，到 1980 年，经典投资理论框架基本构建完成。此后，世界各国学者对证券市场运作规律的研究主要是做一些修补和改进工作。但在随后的 20 多年，证券市场上实证研究发现了许多无法由 EMH 和资本资产定价模型加以合理解释的异常现象。面对一系列金融异象，人们开始质疑以有效市场假说为核心的传统金融理论，行为金融学因能够较好地解释这些现象开始受到越来越多学者的关注。

行为金融学的起源可追溯到 19 世纪古斯塔夫・勒邦(Gustave Lebon)和麦基(Mackey)对投资市场行为的研究。1936 年，凯恩斯提出“空中楼阁理论”，从心理因素角度出发，强调心理预期在人们投资决策中的重要性。他认为决定投资者行为的主要因素是心理因素，投资者是非理性的，其投资行为是建立在所谓“空中楼阁”之上，证券的价格决定于投资者心理预期所形成的合力，投资者的交易行为充满了“动物精神”(animal spirit)。伯雷尔(Burrel，1951)发表《投资战略的实验方法的可能性研究》一文，标志着行为金融学的真正产生，该文首次将行为心理学结合在经济学中来解释金融现象。随后，伯雷尔、鲍曼(Burrel、Bauman，1969)发表《科学投资方法：科学还是幻想》认为，金融学新的研究领域应该重点考虑数量模型和传统行为方法的结合，这样会更贴近实际。斯洛维奇、鲍曼教授(Slovic、Bauman，1972)发表了《人类决策的心理学研究》，这篇文章为行为金融学理论作出了开创性的贡献。丹尼尔·卡纳曼、阿摩斯·特沃斯基(Daniel Kahneman、Amos Tversky，1974)在《科学》杂志中，讨论了直觉驱动偏差(Heuristic-driven error)。1979 年，美国普林斯顿大学的心理学教授丹尼尔·卡纳曼(Daniel Kahneman)等人发表了题为《期望理论：风险状态下的决策分析》的文章，正式提出了展望理论，该理论以其更加贴近现实的假设，建立了人类风险决策过程的心理学理论，严重冲击并动摇了传统金融学所依赖的期望效用理论，并为行为金融学奠定了坚实的理论基础，成为行为金融学发展史上的一个里程碑。卡纳曼等人开创了“展望理论”(Prospect Theory)的分析范式，成为 20 世纪 80 年代之后行为金融学的早期开拓者，并因此获得 2002 年度诺贝尔经济学奖。

预期理论的提出，极大地推动了行为金融学的发展，一大批研究成果相继取得。德邦特、沙勒(De Bondt、Thaler，1985)发表了题为《股票市场过度反应了吗?》的文章，引发了行为金融理论研究的复兴。德邦特和沙勒(De Bondt、Thaler，1985、1987)发现的逆向投资策略以及杰加德什、蒂特曼(Jegadeesh、Titmann，1993、2001、2002)发现的动量投资策略，更是引起市场的广泛关注。而罗伯特·希勒(Robert Shearer，2000)发表的《非理性繁荣》却标志行为金融学的兴起。德邦特(De Bondt，2000)实证研究发现除了美国之外，英国、加拿大、德国、瑞士、瑞典、荷兰、西班牙、马来西亚、澳大利亚、巴西等国家都存在过度反应现象。扎罗文(Zarowin，1990)认为逆向效应可能是季节效应造成的。康拉德、考尔(Conrad、Kaul，1998)将动量投资策略和逆向投资策略的获利性完全归因于期望收益率的截面方差，而不是任何收益率可测的时间序列方差。巴贝里斯、施莱佛、维斯尼(Barberis、Shleifer、Vishny，1998)；丹尼尔、希什莱夫、斯巴拉马尼亚(Daniel、Hirshleifer、Sburamanyam，1998)；洪、斯坦(Hong、Stein，1999)；黄、巴贝里斯(Huang、Barberis，2001)认为行为金融理论所描述的投资者解读信息方式的内在偏差或信息缓慢扩散也可能导致所谓股价反应不足和过度反应，从而产生逆向效应和动量效应。莫斯科维茨、格林布莱特(Moskowitz、Grinblatt，1999)认为个股动量效应可以由行业动量效应来解释。罗、麦金利(Lo、Mackinlay，1990)以及杰加德什、蒂特曼(Jegadeesh、Titman，1995)认为股价对信息反应不足或者反应过度是导致投资组合内个股自身及彼此间收益率时间序列可预测性的原因，也是动量投资策略和逆向投资策略获利性的重要来源。巴贝里斯(Barberis，1998)提供了可解释反应过度和反应不足的模型。赫什·谢弗林(Hersh Shefrin, 2000)提出情绪测度的概念，以情绪测度资产价格和基本价值之间的总体偏差。异质能解释期权定价的“波动性微笑”和均值方差组合的“皱眉”。梅赫拉、沙(Mehra、Sah, 2002)在贝克尔、穆利根(Becker、Mulligan, 1997)建立的主观贴现因子内生决定的理论框架基础上将主观贴现因子的波动称为情绪波动，并进一步研究了主观贴现因子的波动对均衡股票价格的定量影响。他们通过计算发现，主观贴现因子的一个百分点的波动可以导致股票价格高达几十个百分点的波动。也就是说，投资者情绪的较小波动，可以引起股票价格的很大波动，从而解释了股票市场的过度波动性。在行为金融繁荣发展的过程中，行为金融学有关理论和行为资产组合理论(BPT)及行为资产定价模型(BAPT)也在迅速发展。

二、行为资产组合理论

行为组合理论是在现代资产组合理论的基础上发展起来的，行为组合理论是斯塔曼(Meir Statman)和谢弗林(Hersh Shefrin)借鉴马克维茨(Markowitz)的现代资产组合理论于2000年首创性地提出的，它针对均值—方差方法以及以其为基础的投资决策行为分析理论的缺陷，从投资人的最优投资决策实际上是不确定条件下的心理选择的事实出发，确立了以 $E(w)$ 和 Prob $(w \leqslant s) \leqslant \alpha$(其中 $E(w)$ 为预期财富，α 为某一预先确定的概率)来进行组合与投资选择的方法根基，以此来研究投资者的最优投资决策行为。该理论打破了现代投资组合理论中存在的局限：理性人局限、投资者均为风险厌恶者的局限以及风险度量的局限，更加接近投资者的实际投资行为，引起了金融界的广泛关注。

行为组合理论包括单一心理账户和多个心理账户，其中单一心理账户投资者关心投资组合中各资产的相关系数，所以他们会将投资组合整个放在一个心理账户中，而多个心理账户投资者会将投资组合分成不同的账户，忽视各个账户之间的相关关系。与现代资产组合理论认为投资者最优的投资组合应该在均值方差的有效前沿上不同的是，行为组合理论实际构建的资产组合是基于对不同资产的风险程度的认识以及投资目的所形成的一种金字塔式的资产组合。金字塔的每一层都对应着投资者特定的投资目的和风险特征。投资者通过综合考察现有财富、投资的安全性、期望财富水平、达到期望水平的概率等多个因素来选择符合个人愿望的最优投资组合。

1. 单一账户资产组合理论(BPT-SA)

单一账户资产组合理论和均值方差组合理论的投资者都将资产组合视为一个整体，即单一的账户。他们像马克维茨(Markowitz)理论中提出的那样考虑资产间的协方差。在某种程度上，单一账户资产组合理论关于资产组合的选择类似于均值方差模型中的证券组合选择。均值方差理论的核心是(μ, δ)平面中的均值方差有效边界。单一账户资产组合理论与之对应的则是($Eh(W)$, $Pr\{W \leqslant A\}$)平面中的有效边界。

2. 多重账户资产组合理论(BPT-MA)

多重账户资产组合选择模型是建立在期望理论之上的。谢弗林、斯塔曼(Shefrin、Statman, 2000)提出投资者具有两个心理账户，分别对应高、低两个期望值，代表投资者既想避免贫困，又希望变得富有的愿望。高、低期望值兼而有之的资产组合常常被描述为分层的金字塔，投资者在底层和顶层之间分配财富，底层的财富是为了避免贫困，顶层的财富是为了变得富有。投资者的目标就是将现有财富 W0 在两个账户间分配以使整体效用达到最大。

3. 行为组合理论的金字塔结构

现代资产组合理论认为，投资者应该把注意力集中在整个组合而非单个资产的风险和预期收益上，最优的组合配置处在均值方差有效边界上，这就需要考虑资产之间的相关性。然而，在现实中，大部分投资者无法做到这一点，他们实际构建的资产组合是一种金字塔状的行为资产组合，位于金字塔各层的资产都与特定的目标和特定的风险态度相联系，而各层之间的相关性被忽略了。基尼塔·沃尔(Ginita Wall, 1993)提出了行为资产组合的金字塔结构。金字塔是在与安全性、潜力性和期望值这三者相关的投资需求上构建起来的，金字塔的底部是为投资者提供安全性而设计的证券，包括货币市场基金和银行存款保证。上一层是债券，财务咨询师常常建议投资者们要把一些特定的投资项目用于一些特定的目标，例如使用零息债券去实现准备供养孩子上大学的目标等；再上一层是股票和房地产。沃尔(Wall)认为，这是按增值的潜力排列的。金字塔结构从底部到顶部是按其风险程度排列的，从右到左是按其收入价值由低到高的顺序来排的。金字塔的最顶部是最投机的资产，如期权和股票。

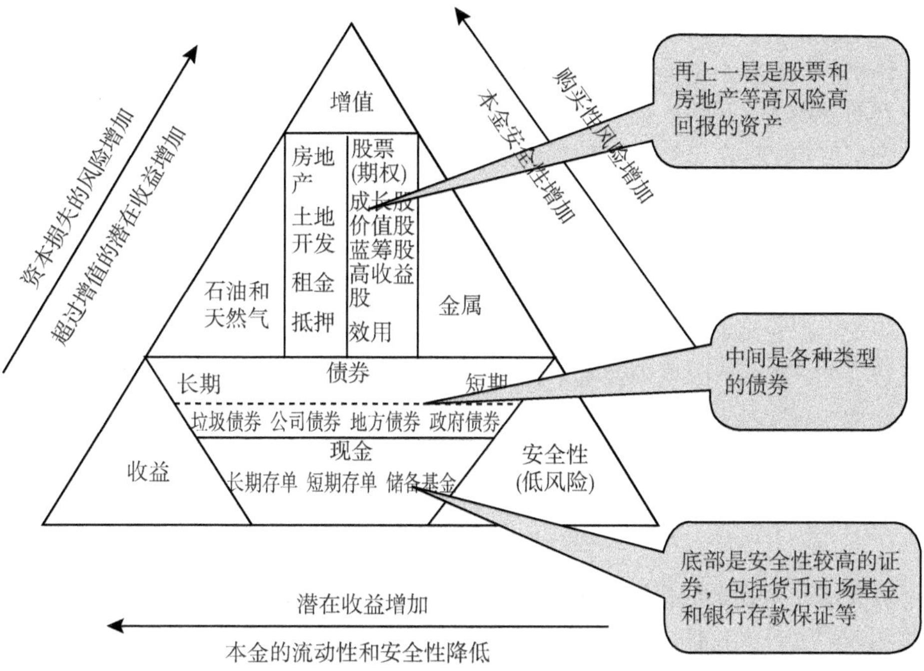

图 4-10　资产组合的金字塔结构图

三、行为资产定价理论①

行为资产定价模型(Behavioral Asset Pricing Model，BAPM)是 Shefrin 和 Statman 在 1994 年挑战资本资产定价模型而提出了行为资产定价模型。他们一方面通过借鉴心理学、行为学、社会学等其他学科，不断修正和完善传统金融学的基本预设和分析范式，另一方面也尝试着提出自己的解决问题的模型即行为资产定价模型(BAPM)。行为资产定价模型是行为金融理论之核心。但是，行为资产定价理论只是对“现代金融”的资本资产定价模型的补充和扩展。

与 CAPM 不同，在 BAPM 模型中，投资者被划分为信息交易者和噪声交易者。信息交易者是“理性投资者”，他们通常支持现代金融理论的 CAPM 模

① 行为资产定价一般均衡框架和行为资产定价模型的几种具体模型，有关内容根据陈彦斌、周业安的《行为资产定价理论综述》(经济研究)2004 年第六期编写。

型，避免出现认识性错误并且具有均值方差偏好。噪声交易者通常跳出 CAPM 模型，易犯认识性错误，没有严格的均值方差偏好。当信息交易者占据交易的主体时，市场是有效率的，而当噪声交易者占据交易的主体地位时，市场是无效率的。因此，BAPM 模型所描述的是理性交易者和非理性交易者互动情况下的资产定价方式。在 BAPM 模型中，证券的预期收益是由其“行为贝塔”(behavioral beta)决定的，把决定证券预期回报的β系数与行为相联系，这样的行为β与均值方差有效组合的切线有关，而不是与市场组合有关，行为资产组合(行为贝塔组合)较市场组合要人为地调高成长型股票的比例。BAPM 模型中资本市场组合的问题仍然存在，只是均值方差有效组合会随时间而改变。显然，BAPM 既有限度地接受了市场有效性，也秉承了行为金融学所奉行的有限理性、有限控制力和有限自利。

1. 行为资产定价一般均衡框架

(1)经济

考虑一个代表性投资者禀赋经济，代表性的投资者的t时财富为W_t，希望使用该财富最大化期望终身总效用：

$$\max E_t\left[\sum_{j=0}^{\infty}\beta^j u(c_{t+j},\ z_{t+j})\right]$$

此处E_t是条件期望算子，β是主观贴现因子，c_t是消费。$u(c_t,\ z_t)$表示修正后的效用函数，其中z_t是进入效用函数的变量，随着所研究的行为资产定价模型的不同而不同，比如习惯、财富、损失等。假定效用函数二次连续可微。

经济中有$n+2$种公开交易的资产：Lucas 树(股票)，债券和n种金融资产。经济中的每一个投资者在初始时刻，都被赋予一棵树，称为 Lucas 树。如果将 Lucas 树理解为股票，那么 Lucas 树的果实则可以理解为股票的红利。每棵 Lucas 树的价格为P_t，红利为y_t。经济中的无风险资产是债券，相应的一期无风险利率记为R_{bt}。经济中还存在n种金融风险资产，假定每份风险资产i的从t时到$t+1$时的收益率为$R_{i,t+1}$。

设代表性投资者在t期初持有s_t棵 Lucas 树，价值为L_t/R_{bt}的债券，数量为N_{it}的风险资产i。那么投资者的t时财富在消费和各个资产之间分配，即

$$W_t=c_t+P_ts_t+\frac{L_t}{R_{bt}}+\sum_{i=1}^{n}N_{it}$$

投资者在$t+1$时的财富等于各个资产的到期价值之和，即

$$W_{t+1} = (P_{t+1} + y_{t+1})s_t + L_t + \sum_{i=1}^{n} N_{it}R_{i,\ t+1}$$

(2)均衡

由于经济中的投资者是同质的，所以容易得到经济中的竞争性均衡。竞争性均衡是值函数 $V(W_t,\ z_t)$、Lucas 树的价格 P_t 和需求数量 s_t，以及无风险利率 R_{bt}，一方面使得投资者效用最大化，即值函数满足如下 Bellman 方程

$$V(W_t,\ z_t) = \max_{L_t,\ s_t,\ N_{it}} \{u(c_t,\ z_t) + \beta E_t[V(W_{t+1},\ z_{t+1})]\}$$

(3)均衡定价方程

投资者的控制变量则是所持有的资产数量，状态变量是财富和 z_t。不同的行为资产定价模型的具体求解过程有所不同，但思路大同小异。一般都是使用预算约束方程将消费替换为状态变量和控制变量，将下一期的财富替换为控制变量，代入 Bellman 方程。然后对控制变量求取一阶条件，并对状态变量使用 Benveniste-Scheinkman 公式，得到如下 Euler 方程

$$1 = E_t(M_{t+1}\ R_{t+1}^{\%}) \qquad ①$$

此处记号 $R_{t+1}^{\%}$ 表示各个资产的收益率，即 $(P_{t+1}+y_{t+1})/y_t$、R_{bt} 和 $R_{i,t+1}$，$M_{t+1}(\theta)$ 称为随机贴现因子(stochastic discount factor，简称 SDF)。不同的行为资产定价模型具有不同的随机贴现因子，并且投资者的主观参数向量 $\theta=(\theta_1,\ \cdots,\ \theta_K)$ 不同。

在一般均衡模型基础上提出的行为资产定价理论基本分析框架，与以前的 CAPM 模型相比存在着重要差别，即行为资产定价理论并不否认金融市场参与者的理性，行为资产定价模型给参与者的理性施加了限制。因此，行为资产定价理论可以看作对传统资产定价理论的延伸，与传统的金融学是兼容的。

运用行为资产定价理论的分析框架就能够有效解释金融市场上的各种“异常”，如股票溢价之谜和无风险利率之谜。这里，使用 SDF 模型来陈述股票溢价之谜和无风险利率之谜，将经济学和金融学中最常用的 CRRA 型效用函数 $u(c) = c_t^{1-\alpha}/(1-\alpha)$ 代入 SDF 模型方程，得到

$$0 = E_t\left[\left(\frac{c_{t+1}}{c_t}\right)^{-\alpha}(R_{s,\ t+1} - R_{bt})\right]$$

$$1 = E_t\left[\beta\left(\frac{c_{t+1}}{c_t}\right)^{-\alpha}R_{bt}\right] \qquad ②$$

其中 $R_{s,\ t+1}-(P_{t+1}+y_{t+1})/y_t$ 表示股票的收益率，第一个方程称为溢价方程，第二个方程称为无风险利率方程。将美国的历史数据(消费增长率，S&P500 指数收益率和短期债券收益率)，代入溢价方程②，可以计算出参数 α 约等于

27。而一般认为，普通投资者的相对风险规避系数应该小于3。由于过高的风险溢价，而得到过高的相对风险规避系数，就是股票溢价之谜。而将过高的相对风险规避系数代入无风险利率方程，用来计算债券的无风险利率，得到的无风险利率远远大于实际的平均水平（1 %），这就是 Weil（1989）的无风险利率之谜。

2. 行为资产定价模型的几种具体模型

通过引入财富偏好、习惯形成、追赶时髦、损失厌恶、嫉妒等行为因素来重新构造资本资产定价模型，从而形成繁荣的行为资产定价模型家族。

（1）财富偏好

财富偏好（Preference for Wealth）定义为，除了消费之外，投资者的财富也是效用函数中的变量，表示为$c(c_t, W_t)$。也就是说，投资者不但通过享受其消费品，而且通过占有财富，而得到效用。财富的边际效用大于0。巴克西和陈（Bakshi、Chen，1996）首次研究基于财富偏好的资产定价理论，在默顿（Merton，1969，1971）基础之上求解了基于消费偏好的消费-投资组合模型，并得到了相应的资产定价模型

$$\mu_{i-r} = -\frac{cu_{cc}}{u_c}\sigma_{i,\ c} - \frac{Wu_{cW}}{u_c}\sigma_{i,\ w}$$

其中影响风险资产的收益率的风险来源，除了来自消费的风险之外，还有来自财富的风险。Bakshi 和 Chen（1996）的基于财富偏好的资产定价模型和通过引入递归效用函数而得到的基于财富的资产定价模型都是两因素模型：资产的风险溢价依赖于其消费风险和财富风险。虽然两类模型的形式相同，但是内在机制完全不同。在 Bakshi 和 Chen 的模型中，投资者的消费和财富都是其效用函数中的变量，那么投资者不但关心其消费的波动，也关心其财富的波动。因此，投资者持有风险资产，不但对冲资产的消费风险，而且对冲资产的财富风险。财富偏好有助于解释无风险利率之谜。

（2）习惯形成

习惯形成（Habit Formation，Habit Persistence）是指投资者的偏好不但依赖于当前的消费水平，还依赖于习惯，可以描述为$u(c_t, h_t)$，其中习惯变量h_t与投资者过去的消费水平有关。习惯形成描述了投资者心理的一个基本特征：重复刺激减弱了对刺激的感知能力和反应能力（Campbell、Cochrane，1999）。习惯越大，投资者从当期消费品所得到的效用水平就越小，即习惯的边际效用小于0。

习惯因素引入资产定价主要体现在效用函数的重新构造上。习惯形成对资产定价的影响可表述为如下逻辑：为了简便起见，采用最简单的习惯定义方法 $h_t = h_t(C_{t-1})$。投资者的消费-投资组合选择问题为 $E_t\left[\sum_{j=0}^{\infty}\beta^j u(c_{t+j},\ h_{t+j})\right]$，预算约束条件不变。投资者的状态变量为财富 W_t 和习惯 h_t，控制变量不变。使用动态规划可以得到 $1 = E_t[M_{t+1}R_{t+1}^{\%}]$，其中随机贴现因子定义为：

$$M_{t+1} = \beta\frac{u_c(t+1) + \beta E_{t+1}\left[u_h(t+2)\frac{\tilde{c}h_{t+2}}{\tilde{c}c_{t+1}}\right]}{u_c(t) + \beta E_t\left[u_h(t+1)\frac{\tilde{c}\,h_{t+1}}{\tilde{c}\,c_t}\right]}$$

此处记号 $u_c(t)$ 表示 t 时消费的边际效用，即 $u(c_t,\ h_t)\ c_t$。为了使用习惯形成解释股票溢价之谜和无风险利率之谜，进一步采用 Abel(1990) 的效用函数形式，其中若 γ 为 0，那么习惯参数 h_t 恒等于 1，从而效用函数退化为 CRRA 型效用函数。与差型的习惯相比，乘积型的习惯不会导致负无穷大的效用水平(Carroll，2000)。将效用函数的具体形式代入 SDF 模型，得到

$$1 = E_t\left[\beta\frac{H_{t+2}}{E_t(H_{t+1})}\left(\frac{c_t}{c_{t-1}}\right)^{\gamma(\alpha-1)}\left(\frac{c_{t+1}}{c_t}\right)^{-\alpha}R_{t+1}^{\%}\right]$$

此处记号 $H_{t+1} \equiv 1-\beta\gamma\lambda_{t+1}^{1-\alpha}\lambda_{t+1}^{1-\alpha}\lambda_t^{-\gamma(1-\alpha)}$，其中 $\lambda_{t+1} \equiv y_{t+1}/y_t$ 是红利增长率。

Abel (1990) 通过数值模拟发现，选取 γ 等于 1，通过调整参数 α，可以使股票溢价(股票收益率与债券收益率之差)达到所要求的 6 个百分点，同时债券收益率维持低的水平。因此，Abel 所提出的模型可以用来解释股票溢价之谜和无风险利率之谜。

(3)追赶时髦

追赶时髦(Catching up with the Joneses)是指，投资者的效用函数定义在投资者自己的当前的消费水平和滞后一期的经济中的平均总消费水平之上。也就是说，投资者关心的不是自己的消费水平，而是相对消费水平。投资者的效用函数为 $u(c_t,\ h_t)$，其中偏好参数 $h_t = h_t(C_{t-1})$，此处 C_{t-1} 是 $t-1$ 时经济中的平均总消费，即 $t-1$ 时经济中所有投资者的消费总和除以总人数。

坎贝尔、科克伦(Campbell、Cochrane)所定义的外在型习惯(External Habit)实际上就是追赶时髦，使用动态规划可以得到基于追赶时髦的 SDF 模型 $1 = E_t[M_{t+1}R_{t+1}^{\%}]$，其中随机贴现因子定义如下：

$$M_{t+1} \equiv \beta u_c(t+1)/u_c(t)$$

由于所有投资者的偏好都是相同的，所以在均衡中的每一时间都有 $c_t = C_t = y_t$ 成立。Campbell 和 Cochrane 用来解释股票溢价之谜和无风险利率之谜以及其他实证问题。Abel(1990) 的基于追赶时髦的效用函数具体形式为 $(c_t/h_t)^{1-\alpha}/(1-\alpha)$，$h_t = C_{t-1}^{\gamma}$。代入上述的随机贴现因子，得到如下定价方程：

$$1 = E_t[\beta(c_t/c_{t-1})^{\gamma(\alpha-1)}(c_{t+1}/c_t)^{-\alpha}R_{t+1}^{\%}]$$

由于此期和滞后一期的消费增长率都进入资产定价方程，所以代表性投资者的追赶时髦行为会影响经济中所有资产的均衡收益率。利用滞后一期的消费增长率在当前是可测的这个事实，并将股票的资产定价方程减去债券的资产定价方程，可以发现股票溢价方程等同于基于 CRRA 效用函数的股票溢价方程。也就是说，追赶时髦行为并不影响股票溢价。虽然追赶时髦不影响股票溢价，但是可以影响无风险利率。在基于追赶时髦的资产定价方程中，通过调整参数 γ 可以得到低水平的无风险债券收益率，而股票溢价不会发生变化，因此可以解释股票溢价之谜和无风险利率之谜。但是，这将显著地增加模型中无风险利率的波动率，而实际中无风险利率的波动率是非常小的。

(4)嫉妒

嫉妒(Envy)是指投资者的效用函数定义在投资者自己的当前消费水平和当前的经济中的平均总消费水平之上，表示为 $u(c_t, C_t)$。加利(Gali，1994)和高利尔(Gollier，2003)研究了基于嫉妒的资产定价模型。嫉妒与追赶时髦都具有消费外在性，只是外在性影响偏好的时间不同：追赶时髦的消费外在性是一直滞后的，而嫉妒型的消费外在性是即时的。Abel(1999)构造了一个基于这两种消费外在性的效用函数，并研究了一般均衡下资产的风险溢价和期限溢价。Gali 的效用函数的形式为：

$$u(c_t, C_t) = c^{1-\alpha}C_t^{\gamma\alpha}/(1-\alpha)。$$

注意到在均衡中代表性个体的消费等于当前经济中的平均总消费水平，也等于树的红利。使用动态规划求解投资者的规划问题，得到如下欧拉方程：

$$1 = E_t[\beta(c_t/c_{t-1})^{\gamma(\alpha-1)}(c_{t+1}/c_t)^{-\alpha}R_{t+1}^{\%}]$$

当 $\gamma=0$ 时，Gali 的效用函数退化为 CRRA 型效用函数，欧拉方程退化为存在股票溢价之谜和无风险利率之谜的情形。当 $\gamma>0$ 时，C_t 进入了效用函数，消费具有外在性，γ 进入了 Euler 方程。因此，消费外在性确实对资产定价有影响，这是 Gali 的主要贡献。

(5)递归效用函数

递归效用函数是指投资者的值函数为如下形式：

$$V(W_t) = \max\left[(1-\beta)c_t^{1-\rho} + \beta\left[E_t(W_{t+1})^{\frac{1-\rho}{1-\alpha}}\right]^{\frac{1-\alpha}{1-\rho}}\right.$$

其中 α 是相对风险规避系数，$1-\rho$ 是跨期替代弹性。若 α 等于 ρ，偏好就回到了传统的可分效用函数。Tallarini（2000）的风险敏感偏好（Risk-sensitive preference）也是一种特殊的递归效用函数，其中的跨期替代弹性系数等于 1。使用随机动态规划可以得到 SDF 模型 $1 = E_t[M_{t+1}R_{t+1}^{\%}]$，此处随机贴现因子为：

$$M_{t+1} = \beta(c_{t+1}/c_t)^{-\rho\frac{1-\alpha}{1-\rho}}(R_{m,\ t+1})^{\frac{\rho-\alpha}{1-\rho}}$$

其中 $R_{m,\ t+1}$ 是市场组合收益率。

引入递归效用函数的主要作用在于通过分解投资者的跨期替代和风险规避两种不同的行为，从而可以建立更加灵活的资产定价模型。如果所有的资产收益率都服从独立同分布的正态分布，那么资产的溢价等于相对风险规避系数乘以资产的消费风险（Weil，1989）。因此，可以采用足够大的相对风险规避系数来产生高的股票溢价（Lucas，2003），从而避免了无风险利率之谜。

（6）损失厌恶

卡纳曼、特沃斯基（Kahneman、Tversky，1992）认为投资者不但厌恶风险，而且厌恶损失。并使用基于财富的效用函数给出了损失厌恶的定义（Loss aversion）：

$$v(X) = \begin{cases} X^{0.88}, & X>0 \\ -2.55(-X)^{0.88}, & X<0 \end{cases}$$

其中 X 为正表示财富的增值，为负表示损失。

Barberis，Huang 和 Santos（2001）在 Lucas（1978）基础上，将投资者的效用函数定义在消费和财富的波动之上，从而投资者不但规避消费风险，还规避财富的损失：$u = \frac{c_t^{1-\alpha}}{1-\alpha} + b_0\beta v(X_t,\ S_{t+1},\ z_t)$，其中 S_t 表示股票持有数额，状态变量 z_t 用来度量投资者的损失占股票持有数额的比例。可以得到如下 SDF 模型：

$$1 = E_t[\beta(c_{t+1}/c_t)^{-\alpha}R_{bt}]$$

$$1 = E_t[\beta(c_{t+1}/c_t)^{-\alpha}R_{st}+1] + E_t[b_0\beta v(R_{st}+1,\ z_t)]$$

其中 v 的定义与函数 v 的定义有关。

（7）主观贴现因子

描述投资者的偏好除了即时效用函数外，还有主观贴现因子。主观贴现因子反映了投资者对未来效用的评价，因而间接对投资者的消费和均衡资产价格有重要影响。贝克尔、穆利根（Becker、Mulligan，1997）建立了主观贴现因子内生决定的理论框架。模型中的主观贴现因子不再是常数，而是利率水平和投资者的收入的函数。而这些变量的随机性将会使得主观贴现因子是随机波动的，从而增加了资产价格的波动性。梅赫拉、沙(Mehra、Sah，2002)将主观贴现因子的波动称为情绪波动，并进一步研究了主观贴现因子的波动对均衡股票价格的定量影响。他们通过计算发现，主观贴现因子的一个百分点的波动可以导致股票价格高达几十个百分点的波动。也就是说，投资者情绪的较小波动，可以引起股票价格的很大波动，从而解释了股票市场的过度波动性。

莱布森(Laibson，1996、1997)研究了时间不一致的主观贴现因子，将传统效用函数写为：

$$u(c_t) + \delta E_t\left\{\sum_{j=1}^{\infty}\beta^j u(c_{t+j})\right\}$$

在上述偏好中，如果参数 δ 等于 1，那么效用函数就退化为传统的可分效用函数，此时 s 期的贴现因子为 β_s。如果参数 δ 小 1，那么 s 期的贴现因子是双曲贴现函数(Hyperbolic discount function)，可以记为 $(1+\eta_s)^{-\rho\eta}$，其中 η 和 ρ 是两个正数。Laibson(1996)研究了双曲贴现函数对消费和储蓄的影响，并发现跨期替代弹性系数小于相对风险规避系数的倒数。巴罗(Barro，1999)研究了双曲贴现函数对经济增长的影响。

第三节　公司金融学

公司金融学是金融学的分支学科，它是通过利用各种分析工具来管理公司的财务，研究如何利用各种融资渠道获得最低成本的资金来源，最有效率地配置公司内外资源来实现公司的财务目标，并形成合适的资本结构(capital structure)。公司金融学包括企业投资、利润分配、运营资金管理及财务分析等方面内容，它还涉及现代公司制度中的一些诸如委托—代理结构的金融安排等深层次的问题。

一、公司治理理论

自公司这一组织形式诞生起，公司治理问题也就应运而生。公司治理理论的思想渊源可以追溯到 200 多年前亚当 · 斯密在《国富论》中对代理问题的论述，他认为在股份制公司中由于所有权和经营权的分离而产生了一系列的问题，从而应当建立一套行之有效的制度来解决所有者和经营者之间的利益冲突。1932 年，伯利、名斯(Berle、Means)在进行了大量实证研究后写了一篇具有开创性的公司治理理论方面的开山之作，他们发现现代公司的所有权和控制权发生了分离，控制权从所有者手中转移到管理者手中，而公司的管理者常常追求个人利益的最大化，而非股东利益的最大化，所以应该强调股东的利益，实现股东对经营者的监督制衡。1976 年，詹森、梅金(Jensen，Meckling)提出了代理理论(Agency theory)，后来发展成为契约成本理论(Contracting cost theory)。20 世纪 80 年代以后，公司治理问题受到理论界越来越多的关注和重视，成为公司金融理论研究的首要问题。

1. 公司治理概念

公司治理(corporate governance)是现代企业制度中最重要的组织架构，是一个具有多角度多层次的概念。狭义的公司治理是指公司的所有者主要是股东对经营者的一种监督与制衡机制。即通过一种制度安排来合理地配置所有者与经营者之间的权利与责任关系。公司治理的目标是保证股东利益的最大化，防止经营者对所有者利益的背离。其主要特点是通过股东大会、董事会、监事会及管理层所构成的公司治理结构的内部治理。广义的公司治理则不局限于股东对经营者的制衡，而是涉及广泛的利害相关者，包括股东、债权人、供应商、雇员、政府和社区等与公司有利害关系的集团，是一个利益共同体。公司的治理机制不仅限于以治理结构为基础的内部治理，而是利益相关者通过一系列的内部、外部机制来实施共同治理，治理的目标不仅是股东利益的最大化，而是要保证公司决策的科学性，从而保证公司各方面的利益相关者的利益最大化。因此，公司治理是通过一套包括正式或非正式的、内部或外部的制度或机制来协调公司与所有利益相关者之间的利益关系，以保证公司决策的科学化，从而最终维护公司各方面的利益。

2. 公司治理的模式

(1)英美公司治理模式

以美国、英国为代表的公司治理模式是以市场导向为主要特点，在公司的制度框架中，主要依赖于市场体系对各相关主体进行监控，外部市场监控的公司治理中发挥主导作用，是典型的外部控制主导型公司治理模式，也被称为股东主导型公司治理模式，公司治理的目标是股东利益最大化。由于这种制度对于公司信息的披露有着严格要求，也常被称为“以信息披露为基础的制度”(Nestor and Thompson，1999)。

英美公司治理模式的结构分为内部结构和外部结构。内部结构包括股东大会、董事会、首席执行官以及独立审计。外部结构包括银行、机构投资者、个体股东。公司内部的权力分配是通过公司的基本章程来限定公司不同机构的权利并规范它们之间的关系的。各国现代企业的治理结构虽然基本遵循决策、执行、监督三权分立的框架，但在具体设置和权利分配上却存在着差别。这种公司治理模式具有这样几个特征：①银行作为纯粹的资金提供者，能够发挥的作用有限；②机构投资者是公司的最大股东，在公司治理中扮演重要的角色；③绝大部分公司已经上市，因此股权分散，个体股东数目较多，但持股很少；④证券市场发达，股权流动性高。

缺陷：①股权分数化，股东大会“空壳化”现象比较严重；②过于强调股东的利益，导致公司对其他利益相关者的投资不足，降低了公司的潜在财富创造力。

(2)德日公司治理模式

德日公司治理模式是指股东(法人股东)、银行(一般也是股东)和内部经理人员的流动在公司治理中起着主要作用，而资本流通性则相对较弱，突出银行在公司治理中的核心地位，称为是银行控制主导型公司治理模式或债权人控制主导型公司治理模式。法律法规经常是禁止“投机性”活动而不是坚持严格的信息披露，主要借助主银行(企业接受贷款中居第一位的银行)或全能银行的外部化相机治理机制与不同利益主体共同参与的内部治理机构，被认为更接近利益相关者治理模式。

①共同点

德日公司治理模式具有以下特征：

第一，商业银行是公司的主要股东，处于公司治理的核心地位。日本的主银行制是一个多面体，主要包括三个基本层面：一是银企关系层面，即企业与主银行之间在融资、持股、信息交流和管理等方面结成的关系；二是银银关系层面，即指银行之间基于企业的联系而形成的关系；三是政银关系，即指政府管制当局与银行业之间的关系。这三层关系相互交错、相互制约，共同构成一个有机的整体。在德国，银行开始仅仅是公司的债权人，只从事向企业提供贷款业务，但当银行所贷款的公司拖欠银行贷款时，银行就变成了该公司的大股东，银行可以持有一家公司多少股份，在德国没有法律的限制，但其金额不得超过银行资本的15%。商业银行是德日公司的最大股东，呈现公司股权相对集中的特征，但是这两国仍然存在一些区别。在日本的企业集团中，银行作为集团的核心，通常拥有集团内企业较大的股份，并且控制了这些企业外部融资的主要渠道。德国公司则更依赖于大股东的直接控制，由于大公司的股权十分集中，使得大股东有足够的动力去监控经理阶层。另外由于德国公司更多地依赖于内部资金融通，所以德国银行不像日本银行那样能够通过控制外部资金来源对企业施加有效的影响。

第二，法人持股或法人相互持股。这一特征尤其在日本公司中更为突出。二战后，股权所有主体多元化和股东数量迅速增长是日本企业股权结构分散化的重要表现，但在多元化的股权结构中，股权并没有向个人集中而是向法人集中，由此形成了日本企业股权法人化现象。由于德日在法律上对法人相互持股没有限制，因此德日公司法人相互持股非常普遍。法人相互持股有两种形态：一种是垂直持股，如丰田、住友公司，它们通过建立母子公司的关系，达到密切生产、技术、流通和服务等方面相互协作的目的；另一种是环状持股，如三菱公司、第一劝银集团等，其目的是相互之间建立起稳定的资产和经营关系。公司相互持股加强了关联企业之间的联系，使企业之间相互依存、相互渗透、相互制约，在一定程度上结成了“命运共同体”。

第三，严密的股东监控机制。德日公司的股东监控机制是一种“主动性”或“积极性”的模式，即公司股东主要通过一个能信赖的中介组织或股东当中有行使股东权力的人或组织——通常是一家银行——来代替他们控制与监督公司经理的行为，从而达到参与公司控制与监督的目的，如果股东们对公司经理不满意，不像英美两国公司那样只是“用脚投票”，而是直接“用手发言”。

②不同点

但是德日公司的监控机制的特征有所不同。德国公司监控机制的特征表现在两个方面：一是德国公司的业务执行职能和监督职能相分离，并成立了与之相对应的两种管理机构，即执行董事会和监督董事会，亦称双层董事会。依照法律，在股份公司中必须设立双层董事会。监督董事会是公司股东、职工利益的代表机构和监督机构。德国公司法规定了监督董事会的主要权责：A. 任命和解聘执行董事，监督执行董事是否按公司章程经营；B. 对诸如超量贷款而引起公司资本增减等公司的重要经营事项作出决策；C. 审核公司的账簿，核对公司资产，并在必要时召集股东大会。二是职工参与决定制度。通过选派职工代表进入监事会参与公司重大经营决策，即所谓“监事会参与决定”，使得企业决策比较公开，这有利于对公司经营的监督，同时还有利于公司的稳定和持续发展。因为职工在监事会中占有一定的席位，在一定程度上减少了公司被兼并接管的可能性。这也是德国公司很少受到外国投资者接管威胁的主要原因之一，从而保护了经理人员做出长期投资的积极性。

日本公司监控机制的特征表现在：公司治理结构采取三层结构，分为股东大会、董事会和高级经理。尽管股东大会是最高权力机构，但银行作为公司的大股东，公司权力集中特点突出，银行和其他主要法人股东在公司治理中的地位更为明显。日本银行及其法人股东通过积极获取经营信息对公司主管实行严密的监督。一方面，银行作为公司的主要股东，在盈利情况良好的条件下，银行只是作为“平静的商业伙伴”而存在。另一方面，如果公司盈利开始下降，主银行由于所处的特殊地位，能够及时发现问题，并可以通过召开股东大会或董事会来更换公司的最高领导层。

缺陷：A. 违反了股份公司原则；B. 引发公司支配权的不公正占有；C. 公司之间相互持股的现象使股东股东大会“空壳化”，经营者控制公司经营，腐败现象突出。

(3)亚洲家族公司治理模式

家族公司治理模式是指家族占有公司股权的相对多数，企业所有权与经营权不分离，家族在公司治理中起主导作用的一种公司治理模式。这种公司治理模式常见于亚洲国家，尤其是以东亚的韩国，东南亚的新加坡、马来西亚、泰国、印度尼西亚、中国香港等国家和地区为代表。

由于国情和企业所处的成长与发展环境的差异，韩国和东南亚各国家的家族公司治理模式也各有特点，但都具有一些共同特点。

①企业所有权或股权主要由家族成员控制。这些国家的家族企业初始所有权就是由创业者及其子女拥有，或由参与创业的兄弟姐妹或堂兄弟姐妹共同拥有，也有的由合资创业的具有血缘、姻缘和亲缘的家族成员共同控制，企业的所有权顺延传递给创业者第二代或第三代的家族成员后，也会形成由家族成员联合共同控股的局面。即使原来封闭状态的家族企业转为公开化或社会化，企业的部分股权转让给家族外的其他人或企业，或将企业进行改造后公开上市，从而形成家族企业产权多元化的格局，但这些股权已经多元化的家族企业的所有权仍然主要由家族成员控制着。

②企业主要经营管理权掌握在家族成员手中，企业决策家长化。家族企业企业经营管理权，一种情况是主要由有血缘关系的家族成员控制，另一种情况是主要由有血缘关系的家庭成员和有亲缘、姻缘关系的家族成员共同控制。企业的决策被纳入了家族内部序列，企业的重大决策，如创办新企业、开拓新业务、人事任免、决定企业的接班人等，都由家族中的同时是企业创办人的家长

一人做出，家族中其他成员做出的决策也须得到家长的首肯，即使这些家长已经退出企业经营的第一线，但由家族第二代成员做出的重大决策，也必须征询家长的意见或征得家长的同意。但与前一辈的家族家长相比，第二代或第三代家族家长的绝对决策权威已有所降低，这也是家族企业在第二代或第三代出现矛盾或冲突的根源所在。

③经营者激励约束双重化，经营者受到了来自家族利益和亲情的双重激励和约束。对于家族第一代创业者而言，他们的经营行为往往是为了光宗耀祖或使自己的家庭更好地生活，以及为自己的子孙后代留下一份产业。对于家族企业第二代经营者来说，发扬光大父辈留下的事业、保值增值作为企业股东的家族成员资产的责任、维持家族成员亲情的需要，是对他们的经营行为进行激励和约束的主要机制。但这种建立在家族利益和亲情基础上的激励约束机制，使家族企业经营者所承受的压力更大，并为家族企业的解体留下了隐患。

④企业员工管理家庭化。家族企业不仅把儒家关于“和谐”和“泛爱众”的思想用于家族成员的团结上，而且还推广应用于对员工的管理上，在企业中创造和培育一种家庭式的氛围，使员工产生一种归属感和成就感，增强了员工对企业的忠诚感，提高了企业经营管理者和员工之间的亲和力及凝聚力。

⑤来自银行的外部监督弱。许多家族企业都涉足银行业，其中一些家族企业的最初创业就始于银行经营，然后把企业的事业领域再拓展到其他产业，也有一些家族企业是发展到一定程度后再逐步把企业的事业领域拓展到银行业。作为家族系列企业之一的银行是实现家族利益的工具，因此，银行必须服从于家族的整体利益，为家族的其他系列企业服务。所以，属于家族的银行对同属于家族的系列企业基本上是软约束。许多没有涉足银行业的家族企业一般采取由下属的系列企业之间相互担保的形式向银行融资，这种情况也使银行对家族企业的监督力度受到了削弱。

⑥政府对企业的发展有较大的制约。在东南亚国家，家族企业一般存在于华人中间，而华人又是这些国家的少数民族(新加坡除外)，且掌握着国家的经济命脉；华人经济与当地土著经济之间存在着较大的差距，华人家族企业经常受到政府设置种种障碍的限制。为了企业的发展，华人家族企业被迫采取与政府及政府的公营企业合作，与政府公营企业合资以及在企业中安置政府退休官员和政府官员亲属任职等形式，来搞好与政府的关系。而在韩国，政府对家族企业的制约主要表现在政府对企业发展的引导和支持上。凡家族企业的经营活动符合国家宏观经济政策和产业政策要求的，政府会在金融、财政、税收等方面给予各种优惠政策进行引导和扶持，反之，政府会在金融、财政、税收等

方面给予限制。

缺陷：A. 公司用人任人唯亲，导致管理者缺乏管理才能和凝聚力；B. 企业所有权和经营权的家庭继承方式，常常会遇到家庭成员意见分歧影响，导致企业的解体；C. 家族企业的公开化和社会化程度低。

3. 公司治理结构体系

公司治理结构指为实现公司最佳经营业绩，公司所有权与经营权基于信托责任而形成相互制衡关系的结构性制度安排。公司治理结构包括内部治理结构和外部治理结构两个方面。内部治理结构是通过公司的规章制度来界定各方的利益和权限和义务，对公司治理产生直接的影响；外部治理结构是以监督激励的形式对公司内部人的行为加以约束，对公司治理产生间接影响。

公司治理内部结构由股东大会、管理层、董事会、监事会等部分构成。股东大会由全体股东组成，是公司的最高权力机构和最高决策机构。董事会是由全体股东选举的董事组成，负责公司或企业和业务经营活动的指挥与管理，对公司股东会或企业股东大会负责并执行股东会决议的常设机构，对内掌管公司事务，对外代表公司的经营决策机构。监事会是由股东大会选举的监事以及由公司职工民主选举的监事组成，对公司的法律教育网业务活动进行监督和检查的法定必设和常设机构，是股份公司法定的必备监督机关，是在股东大会领导下，与董事会并列设置，对董事会和总经理行政管理系统行使监督的内部组织，目的是防止董事会、经理滥用职权，损害公司和股东利益。管理层是指对被审计单位经营活动的执行负有管理责任的人员或组织。它负责公司经营管理的日常工作，按照对利益相关者最有利的方式行使多项管理职能，负有领导和指挥的职责，对公司的人力资源、财务资源、有形或无形资源的取得、配置和控制作出重大决策。

公司外部治理结构包括法律环境、上市公司收购、证券市场、信息披露机制和机构投资者五个方面。公司治理的法律环境主要涉及立法、执法、司法环境以及行业自律等方面，它通过外在力量干预公司治理结构，对公司治理的基本框架构建起有决定性作用。上市公司收购是指投资者依法购买股份有限公司已发行上市的股份，从而获得该上市公司控制权的行为。上市公司收购是公司控制权交易的一种方式，更是实现公司外部扩张的基本方式。上市公司是证券市场的基石，大量的优秀上市公司上市是促进证券市场发展的重要基础；而良好的证券市场又能有效地提高上市公司的治理水平，是支撑上市公司健康发展的重要保障。证券市场的融资机制，引导投资者更多地选择治理较好的上市公司；证券市场的价格机制，它可以反映上市公司的经营信息和公司治理成本；证券市场的并购机制，可以解决公司经营的低效率现象，促进公司治理水平的提高；证券市场的报酬机制，可以促进管理层加强公司经营管理，完善公司治理，提升公司价值。信息披露机制是上市公司为保障投资者利益、接受社会公众的监督而依照法律规定必须将其自身的财务变化、经营状况等信息和资料向证券管理部门和证券交易所报告，并向社会公开或公告，以便使投资者充分了解情况的制度。可以使社会各方面更多地了解公司经营状况，有利于公司经营情况的改善，维护公司利益相关者的利益。机构投资者是指符合法律法规规定可以投资证券投资基金的注册登记或经政府有关部门批准设立的机构。相对于个人投资者，机构投资者对公司治理影响更为突出。雄厚的资金实力可以更好地代表中小投资者的利益，行使股东的权利，参与和监督上市公司的重大决策，促进上市公司治理。

4. 公司治理结构的理论

(1)两权分离理论

两权分离理论即公司所有权与控制权分离理论，它是随着股份公司的产生而产生的。该理论的代表人物是贝利、米恩斯和钱德勒等。贝利和米恩斯在1932年出版的《现代公司与私有产权》一书中，对美国200家大公司进行了分析，发现在这些大公司中相当比例的是由并未握有公司股权的高级管理人员控制的。由此他们得出结论：现代公司已经发生了“所有与控制的分离”，公司实际已由职业经理组成的“控制者集团”所控制。钱德勒认为，股权分散的加剧和管理的专业化，使得拥有专门管理知识并垄断了专门经营信息的经理实际上掌握了对企业的控制权，导致“两权分离”。

(2)内部治理结构理论(“股东利益至上”理论)

“股东利益至上”理论认为，企业是股东的企业，股东拥有企业的全部所有权，企业的目的是股东利益最大化，从而主张“资本雇佣劳动”，即物质资本主导治理模式的稳定性和合理性。其代表人物主要有Shleifer、Vishny和Tirole等。“股东利益至上”理论依据是现代企业理论和委托-代理理论。由科斯开创的企业理论回答了为什么企业必须按照股东利益最大化目标经营的问题。委托代理理论的基本思想是：公司股东是公司的所有者，即委托代理理论中所指的委托人，经营者是代理人。代理人是自利的经济人，具有不同于公司所有者的利益诉求，具有机会主义的行为倾向。所以，公司治理结的中心问题就是解决代理风险问题，即如何使代理人履行忠实义务，具体地说，就是如何建立起有效的激励、约束机制，督促经营者为所有者(股东)的利益最大化服务。

单边治理理论包括以下一些基本内容：①股东所有权论。即作为公司所有者的股东才享有公司权力，他们对公司的财产不仅享有“剩余索取权”，而且还对公司的经营享有最高的直接控制权。为了体现这种股东至上主义，股东大会被认为是最高权力机关。②信托关系论。即董事会与股东大会之间被认为是一种信托关系，董事会对股东负信托义务，负责托管股东的财产并对公司高级管理人员的行为进行监督，以维护股东的利益。③委托代理关系论。即董事会与高层管理层之间被认为是一种委托代理关系，其中，董事会负责聘任或者解聘高级管理人员；而高级管理人员作为董事会的代理人，在董事会的授权范围内从事经营活动并受董事会的监督。

(3)利益相关者理论

利益相关者理论的提出最早可以追溯到美国学者杜德，他认为股东利益的最大化不应当是公司董事唯一的追求，他们还应当代表其他相关利益主体，如员工、债权人、消费者和社区的整体利益。1963 年斯坦福研究所最先提出“利益相关者”的概念。20 世纪 70 年代以来，利益相关者的定义越来越多。其中利益相关者理论的最主要倡导者美国学者布莱尔，他在 1995 年出版的专著中有针对性地提出了利益相关者理论。

与传统的“股东至上”理论不同的是，利益相关者理论认为，广义上凡是与公司产生利益关系，与公司发生双向影响的自然人或者法人机构，都是公司的利益相关者，如股东、债权人、员工、顾客、供应商、零售商、社区及政府等个人和团体。该理论认为，公司是一个责任主体，在一定程度上还必须承担社会的责任，公司的目的不能局限于股东利润最大化，而应同时考虑其他利益相关者，包括员工、债权人、供应商、用户、所在社区及经营者的利益，企业各种利益相关者利益的共同最大化才应当是现代公司的经营目标，也才能充分体现公司作为一个经济组织存在的价值。因此，有效的公司治理结构应当能够向这些利益相关者提供与其利益关联程度相匹配的权利、责任和义务，实现社会财富最大化。

与利益相关者理论相联系的是受托人理论。该理论认为大型公司是社会机构而不仅仅是私人契约的产物，董事会应被视为公司有形和无形资产的受托人，职责是确保在其控制经营下的公司资产的保值增值，并使资产收益在不同的利益相关者之间得到相对公平的分配。受托人不仅应考虑现有股东的利益，而且应考虑利益相关者的利益。在利益相关者理论指导下，公司治理问题将可以更广泛地理解为一种法律、文化和制度性安排的有机整合。这一整合决定了公司行为的范围、控制权的归属、控制权行使的方式和程序、风险承担与收益分配的机制等。

利益相关者理论关注利益相关者(特别是人力资本所有者)的利益，希望改善公司治理结构。但从实践上看，利益相关者很难界定，利益相关者之间的利益冲突可能会增加交易成本，并且利益相关者承担的风险通常已经通过某种契约，如优先偿付权得到补偿，再赋予他们公司治理权力会侵犯最后风险承担者——股东的利益。

二、企业资本结构理论

所谓企业资本结构，是指企业财务结构中各种资本的构成及其比例关系。它阐述了企业负债、企业价值和资本成本之间的关系。企业资本结构有广义和狭义之分。广义的企业资本结构代表一个企业的主要权利，是指企业全部资本价值的构成及其比例关系，包括债务资本和股权资本的结构、长期资本与短期资本的结构，以及债务资本的内部结构、长期资本的内部结构和股权资本的内部结构等。狭义的资本结构是指各种长期资本构成及其比例，尤其是指长期债务资本与(长期)股权资本之间的构成及其比例关系。狭义的企业资本结构单指企业各种长期资本价值构成及其比例关系，即长期资本中债务资本与权益资本的构成比例关系。企业资本结构理论是基于实现企业价值最大化或股东财富最大化的目标，着重研究企业资本结构中长期债务资本与权益资本构成比例的变动对企业总价值的影响，同时试图找到最合适企业的融资方式和融资工具。

1. 早期资本结构理论

早期资本结构理论主要是指 20 世纪 50 年代之前的资本结构理论。1952 年，美国经济学家大卫·杜兰特(David Durand)系统地总结了当时资本结构的理论，把当时对资本结构(capital structure)的见解划分为三种：净收益理论(net income theory)、净营业收益理论(net operating income theory)和介于两者之间的传统折衷理论(the traditional theory)。

(1)净收益理论。该理论认为：企业利用债务筹资总是有利的，可以降低企业的综合资本成本。这是因为债务资金在企业全部资本中所占的比重越大，综合资本成本就越接近债务成本，又由于债务成本一般较低，所以，负债程度越高，综合资本成本越低，企业价值越大。当负债比率达到 100%时，企业价值将达到最大。这是一种极端的资本结构理论观点，虽然考虑到财务杠杆利益，却忽略了财务风险。

(2)净营业收益理论。该理论认为，不论财务杠杆如何变化，企业加权平均资本成本都是固定的，因而企业的总价值也是固定不变的。这是因为企业利用财务杠杆增加负债比例时，虽然负债资本成本较之于股本成本低，但由于负债加大了权益资本的风险，使得权益成本上升，于是加权平均资本成本不会因负债比率的提高而降低，而是维持不变。因此，企业无法利用财务杠杆改变加权平均资本成本，也无法通过改变资本结构提高企业价值，资本结构与企业价值无关，决定企业价值的应是其营业收益。按照这种理论推论，不存在最佳资本结构，筹资决策也就无关紧要，可见，净营业收益理论和净收益理论是完全相反的两种理论。

(3)传统折衷理论。传统折衷理论是介于净收益理论和净营业收益理论之间的一种折衷理论。该理论认为，企业利用财务杠杆尽管会导致权益成本的上升，但在一定程度内却不会完全抵消利用成本率低的债务所获得的好处，因此会使加权平均资本成本下降，企业总价值上升。但是，超过一定程度地利用财务杠杆，权益成本的上升就不再能为债务的低成本所抵消，加权平均资本成本便会上升。以后，债务成本也会上升，它和权益成本的上升共同作用，使加权平均资本成本上升加快。这样加权平均资本成本线呈现 U 形结构，加权平均资本成本从下降变为上升的转折点，是加权平均资本成本的最低点，这时的负债比率就是企业的最佳资本结构。

2. 现代资本结构理论

MM 理论作为西方资本结构的经典理论，揭示了企业融资决策中最本质的负债和权益资本的关系，推动着资本结构理论乃至投资理论的研究，引导人们从动态的角度把握资本结构与资本成本、企业价值之间的关系以及股利政策与企业价值之间的关系，被西方经济学界称为一次“革命性变革”和“整个现代企业资本结构理论的奠基石”。以 MM 理论为基础，逐步释放假设条件，从而形成研究税收效应与资本结构关系的“税收学派”和研究破产成本与资本结构关系的“破产成本学派”或“财务危机成本学派”，这两大学派最后归于“权衡理论”，以 MM 理论为中心的现代资本结构理论发展达到了一个新的高潮，由此奠定了现代企业资本结构研究的基础。

(1)MM 定理

MM 理论是由美国学者莫迪利亚尼(Modigliani)和米勒(Miller)提出的，他们在 1958 年发表的《资本成本、企业财务与投资理论》一文中，提出了最初的 MM 理论。最初的 MM 理论是建立在如下基本假设基础上的：①企业只有长期债券和普通股票，债券和股票均在完全的资本市场上交易，不存在交易成本；②投资者个人的借款利率与企业的借款利率相同且无负债风险；③同一风险类别假设，即经营条件相似的企业具有相同的经营风险；④每一个投资者对企业未来的平均营业利润的期望值都相同；⑤所有的现金流量都是永续年金，包括企业的利益、税前利润(EBIT)等，即企业的增长率为零。

该理论认为，在不考虑企业所得税，认为企业无论以负债筹资还是权益资本筹资，都只是改变企业总价值在股权与债权人之间的分割比率，而不会影响企业的市场总价值，风险相同而资本结构不同的企业，其总价值是相等的，因此，企业的价值和资本成本均不受资本结构的影响。尽管 MM 理论的研究假设前提远离现实，但它成功地运用数学模型，特别是将资本结构研究抽象到企业经营者、所有者和债务人之间的矛盾与利益的协调，突出企业以股东财富最大化为目标进行资本结构决策，以寻求此三方面利益人的利益均衡，对现代资本结构理论研究起到奠基作用。

(2)税差学派

1963 年，莫迪利亚尼、米勒(Modigliani、Miller)又发表了《公司所得税与资本结构：一项修正》一文，将企业所得税引入到无企业税模型中，改变了最初企业资本结构与企业价值无关的结论。他们认为在绝大多数国家，企业因债务融资而支付的利息可以在支付所得税之前扣除，负债有利于减轻企业的税负，增加股东的税后收益，因此，企业会选择更多地使用债务融资，采用高负债率以实现企业股东价值最大化。即：

$$V_L = V_U + tB$$

其中；V_L是有负债的企业均衡价值，V_U是无任何负债的规模相同的企业均衡价值，t 是企业所得税率，B 是企业债务的市场均衡价值。显然，当负债比率达到 100%时，企业价值达到最大。

1976 年，Miller 又系统地阐述了纳入个人所得税的资本结构模型，他指出，在其他条件相同的情况下，如果普通股收益的个人所得税低于债券收益的个人所得税，债券的税前收益必须大到足以补偿普通股收益的个人所得税和债券收益的个人所得税之间的差别，否则没有人愿意持有债券。同理，对一个有负债的企业来说，由于利息是支付给债券持有者的，他们必须支付比普通股收益个人所得税率高的债券收益个人所得税。因此企业所得税的税收收益将被个人所得税所抵销。

Miller 还指出，就企业整体而言，存在着一个所有企业均衡的负债-权益比率，而对任何一个单独的企业来说没有最优的负债比例。在均衡状态下，任何一个企业的价值与其资本结构无关。Miller 模型是对 MM 定理的最后总结和重新肯定，他遵循一般市场均衡理论，从投资者之间在边际税率上的差别考虑，从资本结构的微观基础走到宏观市场的均衡，标志着 MM 定理的成熟。

(3)破产成本学派

破产成本学派的代表人物巴克斯特、斯蒂格利茨(Baxter，Stiglitz)等力图从理论上证明破产成本与 MM 定理的关系，阿特曼、华纳(Altman，Warner)等人则从破产成本的衡量与估计出发，试图找到企业最优资本结构。Baxter (1967)指出，为了获取债务融资，企业必须能让债权人确信其存在足够的权益保障。因此，每个企业都存在一个“被债权人接受的债务水平”。企业的债务量一旦超过这一“可接受”的水平，其平均资本成本就会随着债务水平的增加而提高，从而增加企业“破产”的可能性。他认为，过度的债务融资增加了企业破产的可能性，所以企业过度的债务融资必然会减少企业的总价值。但是他同时指出，只有当债务水平超过一定水平，即债务在企业资本结构里占有相当比例时，破产风险才随着债务水平的增加变得日益重要。Baxter 强调“债务杠杆的提高会增加破产的可能性，而破产成本的存在又会减少企业的总价值”。但是 Baxter 只是理论上提出破产成本对 MM 定理影响的可能性，并没有从方法上给予证明。

Stiglitz 认为 MM 定理最大限制的假设条件就是没有破产，不过与 Baxter 不同，他并不认为 MM 定理不成立，而是认为如果能给定某种更严格的条件限制，MM 定理也是成立的。Bexter、Stiglitz 等人为破产成本与资本结构的关系提供了大量证明，却没有能够准确地估计或衡量破产成本，他们中的许多人认为，破产成本很难独立进行衡量。而 Warner、Altman 等人却依据经验数据来估计和衡量破产成本。一般来说，破产成本包括直接破产成本和间接破产成本。按照 Warner 的定义，“直接破产成本包括律师和会计师的费用，其他职业性费用，以及花费在破产行政管理上的管理时间价值。间接成本包括丧失销售、利润以及企业除非按照十分恶劣的条款，否则无力获得信贷或发行证券的可能性”。而华纳又认为，直接破产成本一定会发生，间接破产成本却不一定，因此他完全忽略了间接破产成本。Altman 也把间接成本看作丧失的机会成本，但是他提出了确认和衡量预期间接破产成本的模型，即以预知的销售利润为基础来衡量间接破产成本。

(4)权衡理论

美国著名经济学家詹森和麦克林(Jensen and Meckling, 1976)、华纳(Warner, 1977)、梅耶斯和海吉拉夫(Myers and Majluf, 1984)针对MM理论的缺陷提出了“税负利益-破产成本”的权衡理论(The Trade-off Theory)。他们认为：MM理论的最大缺陷就是完全忽视了现代经济社会中极为重要的两个因素：财务拮据成本(又称财务危机成本)和代理成本，从而使MM理论的结论失去现实意义。权衡理论通过放宽MM理论完全信息以外的各种假定，考虑在税收、财务拮据成本、代理成本分别或共同存在的条件下，资本结构如何影响企业市场价值。它包括：一是负债的好处：①企业所得税的抵减作用。由于债务利息和股利的支出顺序不同，世界各国税法基本上准予利息支出作为成本税前列支，而股息则必须在税后支付。②权益代理成本的减少。负债有利于企业管理者提高工作效率、减少在职消费，更为关键的是，它有利于减少企业的自由现金流量，从而减少低效或非盈利项目的投资。二是负债的受限：①财务拮据成本，包括破产威胁的直接成本、间接成本和权益的代理成本；②个人税对企业税的抵销作用。因此，现实中企业的最优资本结构是使债务资本的边际成本和边际收益相等时的比例。

权衡理论认为，负债企业的价值等于无负债企业价值加上税赋节约，减去与其财务拮据成本的现值和代理成本的现值。最有资本结构存在税赋成本节约与财务拮据成本和代理成本相互平衡的点上。

$$V(a)=V_u+T_D(a)-C(a)$$

其中，V表示有举债的企业价值，V_u表示无举债的企业价值，T_D表示负债企业的税收利益，C是破产成本。a是举债企业的负债权益比。

根据权衡理论，V_u是不变的常量，而T_D和C都是a的增函数。在a较小时，T_D的增量速度高于C的增量速度，此时企业继续举债是有利的；但随着a的增加，当T_D的增量速度等于C的增量速度时，企业举债比例达到临界点，此时企业价值最大。如图4-11所示，存在最优负债比例B点使得有负债企业价值最大。

因此，权衡理论往往被称为最优资本结构理论(the theory of optimal capital structure)，在最优资本结构下，企业的价值最大。

3. 新资本结构理论

20世纪70年代以来，经济学家们将现代分析工具，如博弈论、信息经济学、委托代理理论等引入资本结构分析，将研究的视角转到企业内生的制度和结构性因素上来，从而建立和形成研究缓解对公司资源有索取权的不同群体之

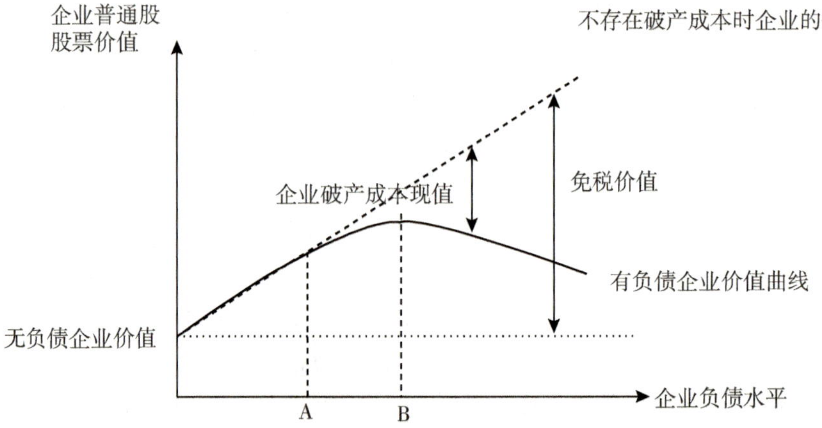

图 4-11　权衡理论示意图

间的利益冲突的代理成本理论、把私有信息传递给资本市场或缓解逆向选择的影响的信号传递理论、影响公司控制权争夺的结果的控制权理论，以及影响产品或要素投入市场中的产品和竞争特性的资本结构产业组织模型等新资本结构理论。

(1)代理成本理论

现代公司中管理者不拥有公司的全部股权，即公司所有权和控制权分离，从而造成管理者和股东之间存在着代理关系。这种代理关系导致股东和经营者之间存在着利益冲突，当经营者增加努力时，它承担了努力的全部成本，却只获得因努力带来的收益的一部分，这种现状会导致经营者追求在职消费。另一方面，债权所有者和股权所有者之间也存在着代理关系。这两种代理关系会产生额外的代理成本，从而影响企业的融资决策，由此产生了代理成本理论。经过研究代理成本与资本结构的关系，代理成本理论认为，公司债务的违约风险是财务杠杆系数的增函数，随着公司债权资本的增加，债权人的监督成本随之上升，债权人会要求更高的利率。这种代理成本最终要由股东承担，公司资本结构中债权比率过高会导致股东价值的减低。根据代理成本理论，债权资本适度的资本结构会增加股东的价值。

(2)信号传递理论

信号理论是探讨在信息不对称的情况下，企业怎样通过适当的方法向市场传递有关企业价值的信号，以此来影响投资者决策的理论。1974 年，斯宾塞(Spence)引入了关于企业的收入流、企业新的投资机会方面广泛存在的信息不对称，提出了信号模型，并将其发展成为一般均衡模型。随后，罗斯(Ross，1977)、利兰德(Leland，1977)和派尔(Pyle，1977)分别提出了负债比例信号模型和内部人持股比率信号模型，确立了通过负债比例和通过内部人持股比例传递信号的方法。

①罗斯(Ross)的负债比例信号模型。Ross 通过建立负债权益比这一"激励-信号"模型来分析企业资本结构的决定问题，并创造性地将经理人激励机制引入信号传递模型，提出了资本结构信号传递理论。他认为由于企业内部经营者与外部投资者之间存在信息不对称——企业管理者对企业未来的收益和投资风险具有内部信息，而投资者没有这些内部信息，因此投资者只能通过管理者输出的信息来评价企业市场价值。企业资产负债率就是一种把内部信息传递给市场的信号工具。他认为，由于破产概率与企业质量负相关，与企业负债率正相关，低质量企业无法用高负债的手段模仿高质量企业。因此，资产负债率是一个积极信号，企业经营状况越好，其资产负债率越高。

②Leland & Pyle(1977)的内部人持股比率信号模型(Leland-Pyle model，L-P 模型)。从企业家和投资者之间有关企业投资项目收益的信息不对称和企业家的风险厌恶的角度，探讨了资本结构的信息传递功能。在利兰德-派尔的模型中，企业家是风险回避者，企业家可以变动自己在项目中的股本，并把它用作一种传递有关项目质量的信号，因为市场会认为项目质量是企业家自己所有权份额的一个函数。当信息不对称时，为了吸引外部投资者投资，企业家常常需要先投入资金，以此向潜在投资者发出信号，表明这项投资是值得的。在均衡状态下，经营者持有的股权比例可以作为传递有关项目质量的信号，市场会认为项目质量是企业家自己所有权份额的一个函数。经营者的股份越高，传递的信息是项目价值越高，从而企业的市场价值也越大。

1984 年，梅耶斯(Myers)和迈基里夫(Majluf)在 Ross 研究的基础上，创立了优序融资理论(Pecking Order Theory，也称啄食理论)。优序融资理论以非对称信息条件以及交易成本的存在为前提，认为由于信息不对称而存在逆向选择问题，企业为新项目融资所发行的股票会被外部投资者所低估，导致股票价格下降和企业市场价值降低。并且，企业进行外部融资要多支付各种成本。而公司所有权与管理权的分离也导致了管理者为了不受制于外部资本市场而偏好内部融资，因此，非对称信息总是鼓励企业经营者少用外部融资，尤其是股票融资。当需要进行外部融资时，公司首先考虑发行最安全的证券，即从债务融资开始，然后选择混合型证券组合，如可转换债券，最后才会选择股权融资。但是，企业发行债券又受到企业财务亏空制约，所以，一般企业的融资顺序是，首先内部积累资金；如果需要外部融资，企业将首先进行债务融资，直到因债务增加引起企业陷入财务亏空概率达到危险区时，才发行股票。企业的这种优序融资理论，也使得投资者可以从企业资本结构所呈现出的融资结构信号来判断企业的市场价值，从而做出是否对企业投资的选择。

(3)控制权理论

资本结构的控制权理论(corporate control-based models)是以融资契约的不完全性为研究起点，以公司控制权的最优配置为研究目的，分析资本结构如何通过影响公司控制权安排来影响公司价值。在市场经济条件下，企业资本结构不仅决定着企业收入流的分配，而且决定着企业控制权的分配。股权和债务是重要的融资工具，也是非常重要的控制权基础，他们两者特定的比例就会构成特定的控制权结构。而股本和债务比例的变化主要与融资方式的选择有关系，选择什么样的融资方式就会形成什么样的股本-债务比例，从而就会形成什么样的控制和治理结构。

控制权理论认为，管理者占有的股份越多，其控制能力也就越强。由于管理者对控制权本身的偏好，他们通过影响控制权的分配所形成的资本结构来影响企业的市场价值。采用债权还是股权来进行项目融资要取决于项目资产的本质特性。资本结构的控制权理论把资本结构作为解决股东与管理者之间代理冲突的手段。如果资产具有可重新配置的属性则应选择债权，避免控制权的挑战。反之，如果资产具有很高的专用性，则最好是由管理层借助股权融资所具有的自由裁量权特性来管理这些资产。

控制权理论主要有以下五大模型：

①Harris & Raviv (1988)模型。该模型研究了股票权的经理控制、负债与股权的比例和并购市场三者之间的关系。该模型认为经理既能从持有的股份中获得收益，又能从对企业的控制权中获得收益；并且其持有的股份越多，获得收益的就越大。而随着经理持有股权比例上升，外在有潜力兼并者的成功机会就越小，从而影响企业活力，股票价值反而下降，而经理人控股收益也会减少。因此，以自身期望效用最大化为目标的经理在决定最优控股结构时要在掌握控制权的私人收益同企业价值损失之间相权衡。

②Stulz(1988)模型。该模型是以经理人员的期望效用最大化为目标来确定最优控制权结构的。经理常常愿意加大债务融资比率，因为这样可以提高自己的投票权比率，减少现金流，降低控制权的变动风险。对于兼并目标公司来说，兼并可以通过债务和股票互换使得公司股东收益增加，即兼并对股东来说是好事。而公司负债率越高，被兼并的可能性越小，股东获得这种收益的可能

性也降低。因此，公司最优资本结构应是选择一个负债水平，使得外部投资者价值最大化。

③Aghion & Bolton(1992)模型。Aghion & Bolton 运用不完全契约理论，从动态角度对经理人员和投资者之间的最优控制权安排进行研究。该模型认为，单纯追求货币收益的投资者与同时追求货币和私人收益的经理人员之间存在利益冲突，为了抑制这种利益冲突，最优的控制权结构应该是：如果货币收益(或经理人员的私人收益)与总收益之间是单调递增关系，那么投资者(或经理人员)单边控制便可以实现社会最优效率；如果货币收益或私人收益与总收益之间不存在单调递增关系，那么控制权相机转移将是最优的，即经理人员在公司经营状态好时获得控制权，反之，在项目投资收益为差的状态时，应将控制权给予投资者，让其选择对项目进行清算。其中"控制权相机转移"的思想是该模型的核心，它关注到了破产机制在债务契约中的作用。

④Hart(1995)模型。Hart 吸收 Aghion & Bolton 模型中"控制权相机转移"的思想，同时引入"公司持续经营与公司被清算"的矛盾，研究了最优融资契约和相应的最优控制权结构，并得出结论：如果融资方式是发行带有投票权的普通股票，股东应该掌握控制权；如果融资方式是发行不带有投票权的优先股，经理人员应该掌握控制权；如果融资方式是发行债券和银行借款，在按期偿还债务本息的前提下，控制权仍由经理人掌握，一旦破产，控制权转移到债权人手中。此外，该模型还注意到短期债务具有控制经理人员道德风险的作用，而长期债务(或股权)具有支持公司扩张的作用，因此认为最优资本结构应在这两者之间进行权衡。

⑤拉里夫曼模型。上述几种模型基本上是研究两种基本的融资工具(债券和股票)对公司控制权安排的影响，而未解释各种融资工具的具体形式如可转换债券、股票优先认购权债券等对公司控制权的影响。拉里夫曼模型通过对可转换债券混合所有权与标准债务进行比较分析，认为在发行可转换债券的情况下，创业资本家在有关控制权转移方面进行重新谈判不可能成功时，有最优激励去提高努力水平，因为这样做不仅可以增加他的支付，而且可以提高他可转换权行使的可能性。也就是说，设计一个适当的可转换债券可使企业家在混合所有权下更加努力和选择正确行为。所以，在资本市场多变的经济环境中，选择可转换债券等具有期权性质的公司债券对于有效安排公司控制权，改善委托代理关系有着较大的影响。

(4)资本结构产业组织模型

20 世纪 80 年代中后期，产业组织理论与资本结构理论开始出现相互融合的趋势。一方面，产业组织理论开始将资本结构引入产品竞争战略的分析，考虑资本结构对产品市场竞争中企业投资能力、产品定价行为与业绩的影响；另一方面，资本结构理论也开始研究产品特性、市场竞争结构对企业资本结构的影响，形成了以产品、要素市场相互作用为基础的资本结构理论。

Titman(1984)考虑债务水平与企业客户、供货商、雇员等利益相关者以及竞争对手之间的互动关系，提出利益相关者都会关注公司的财务状况。财务危机将改变顾客、供货商、雇员及竞争者对公司的看法影响公司运营及公司和这些利益相关方的关系。如果顾客觉得公司会破产，顾客就不会购买企业的产品，尤其当这种产品是唯一的。因此那种制造独特产品的公司将避免采用负债。

Brander & Lewis(1986)以 J-M 模型为基础，从事前承诺的角度出发，提出在激烈的市场竞争中，增强经营杠杆和财务杠杆的作用，可以诱使股东追求更具风险的投资战略，企业会选择较高的负债水平。如果企业产品毛利高，则选择较高的挑战性策略，否则选择较保守的策略。从而说明产品需求与资本结构也有关。

Maksimovic(1988)通过卖方垄断模型分析资本结构与产品市场策略之间的关系。由于寡头垄断公司可通过价格联盟或相互竞争来达到不同的利润水平。因此，公司有了债务后，代表股东利益的公司经理有激励打破价格联盟的平衡——脱离平衡后带来的额外利润可以被股东享有。因此企业的资本结构与其产品市场策略之间有着密切关系，企业的举债能力随产品需求弹性增加而增加，随折现率提高而减小。

Poitevin(1989)通过引入标准模型，把新进入企业和在位企业的资本结构均作为内生变量，分析了在位企业的企业掠夺行为，从而使 Telser(1966)的深口袋理论变得更加规范。美国芝加哥大学 Harris 教授和西北大学 Raviv 教授(1991)将运用产业组织理论的资本结构模型分为两类：一是研究企业资本结构与其在产品市场的竞争战略之间的关系；二是研究企业资本结构与其产品或投入的特性之间的关系，并指出将资本结构与产品和投入联系起来的模型是最有前途的。

20 世纪 90 年代以来，资本结构产业组织理论沿着 Harris 和 Raviv 的分类不断拓展丰富：企业资本结构与竞争战略之间的关系的研究细分为资本结构与产品数量、价格策略、投资策略、进入、退出策略之间的关系研究；企业资本结构与产品或投入特性之间的关系研究扩展到资本结构与非财务利益相关者(NFS)之间的关系研究。把金融理论与产业组织理论结合起来，分析了企业资本结构与产品市场竞争之间的关系。这种结合使经济学家在研究企业资本结构时所考虑的因素更加全面、更加符合现实的市场情况；并且，资本结构产业组织理论的研究也呈现出系统化和微观化的发展态势。在系统化方面是将资本结构、企业战略、市场结构、宏观经济环境纳入一个框架进行分析；微观化方面是进一步研究债务期限结构、优先结构、债务契约等与企业战略的相互影响。

4. 现代资本结构理论的新发展

(1)资本结构与行为金融学

20世纪80年代中后期行为金融理论获得了快速发展，同时也被应用于公司融资中，即行为公司财务理论。该理论将人的心理活动行为结合到财务理论中，试图解释经济现象的本质。它假定人们回避损失、易于接受次优选择、过度自信和偏见是根深蒂固的。股东价值最大化存在两个重要的行为障碍，会导致企业资本结构发生变化：一个是由于管理者对投资前景过度乐观、对投资成功过度自信、对投资损失厌恶，他们做出的决策不一定是理性的。管理者的自信度越高，越不愿意通过外部融资的方式，导致过高使用负债比例，形成管理者决策非理性的企业资本结构。另一个是当股票市场非理性而企业管理者理性时，一旦投资者对公司前景预期过于乐观，狂热地购买该公司股票而导致股价被高估时，管理者可以利用这种非理性发行更多股票；反之，管理者倾向于回购股票。这就是“市场时机假说”或“机会窗口理论”，它认为企业存在最佳的融资时机，形成投资者决策非理性下的企业资本结构。

(2)资本结构与企业外部环境

著名战略管理学家Michael Porter认为，形成竞争战略的实质就是将一个公司与其环境相联系。从这一意义上来说，企业最优资本结构是企业不断调整，以与其外部环境相适应的结果。企业的外部环境包括金融环境、法律环境和宏观政策制度。

Roy L. Simerly，Mingfang Li(2000)提出环境动力机制的概念，认为影响企业环境动力机制的因素包括行业内企业规模和企业数目的增加，以及技术进步比率和技术进步在行业内的扩散。企业环境动力机制变化将会导致企业评价债务资本对企业价值的不同，从而影响企业资本结构决策。La Porta、Lopez-de-Silanes、Shleifer、Vishny(简称LLSV，1996)研究不同法系条件下的投资者法律保护、法律起源及执法质量及其与金融市场发展的关系，各个国家法律完善程度的差异使投资者所受保护的程度不同，从而导致决策资本结构不同。

(3)资本结构和产业生命周期

任何产品和人力资本都有生命周期，可分为初创期、成长期、成熟期和衰退期。企业要根据自己所处的产业生命周期的不同阶段进行资本结构决策，以适应技术不断变化、产品持续改进和公司进行战略转型的需要。

Wokuwu(2000)以计算机及外设产业为例研究表明，最优资本结构和最优ROI值间的关系随产品所处的生命周期阶段不同而不同。在产品成长期，由于利润丰厚，厂商倾向于采取内部融资的方式，财务杠杆较低。Barcley、Morellec & Smith(2001)认为，处于产业生命周期成长阶段的上市公司，由于增长机会较多，在经营过程中对财务危机更加敏感，因此会选择较低的财务杠杆。而成熟期和衰退期的上市公司则会选择较高的负债水平。Bender & Cranfield(2002)研究表明，在整个产业生命周期中，企业经营风险一直下降，财务风险却在上升，通过运用经营风险和财务风险反向搭配制定产业生命周期各个阶段的财务战略。

伴随着新厂商理论的提出，资本结构理论又得到了新的发展。新厂商理论认为，企业的资产价值集中体现在“核心资产”(即对企业最有价值的资产)上。在一些知识型的新型企业中，核心资产就是人力资本；在一些分销企业中，核心资产就是其“渠道”，也就是市场资本。Raja & Zingales(2000)认为企业核心资产拥有者以及其他的利益相关者，如员工、主要顾客和供应商，甚至政府是除股东和债权人之外的企业剩余价值的索取者，他们按照自身的谈判能力共同影响着企业的价值。

三、企业并购理论

企业并购(Mergers and Acquisitions，M&A)是指企业法人在平等自愿、等价有偿基础上，通过购买目标企业的股权或资产来控制、影响目标企业，以增强企业的竞争优势，实现价值增值的行为。企业并购理论认为，企业并购是现代经济生活中企业自我发展的一个重要内容，是企业进行资本运作和经营的一种主要形式，是企业外部扩张与成长的重要途径之一。通过并购，企业可以有效实现资源合理配置，扩大生产经营规模，实现协同效应，降低交易成本，并可以提高企业的价值。

1. 企业并购理论

(1)竞争优势理论

竞争优势的概念最早可以追溯到张伯伦(E. Chamberlin)1939年的《垄断竞

争理论》。1978 年，Hofer and Schendel 提出竞争优势是组织通过其资源的调配而获得的相当于其竞争对手的独特性市场定位。Aaker 于 1984 年提出竞争优势是企业在一项或多项资产或技术领域较竞争对手具有优势。波特(Porter，1980、1985)则认为，企业竞争优势是指企业在有效的“可竞争市场”上向消费者提供具有某种价值的产品或服务的过程中表现出来的超越或胜过其他竞争对手，并且能够在一定时期之内创造市场主导权和超额利润或高于所在产业平均水平盈利率的属性或能力。在此基础上，波特提出了国家竞争优势理论，认为一国竞争优势的构建主要取决于生产要素、需求状况、相关产业、企业组织、战略与竞争度，以及机遇和政府作用。他在反思传统的国际贸易理论的基础上，提出了解释国家在国际市场上取得竞争优势的菱形模型，也称为“钻石模型”。

根据企业竞争优势理论，进行企业并购就是为了提高企业的竞争优势，获取独特的市场定位。企业并购方在竞争中通过消除或控制对方可以提高自身的竞争实力，从外部获得竞争优势；并且，企业并购的实现过程是竞争优势的双向选择过程，并产生新的竞争优势。并购方在选择目标企业时正是针对自己所需的目标企业的特定优势。

(2)规模经济理论

规模经济理论是经济学的基本理论之一，也是现代企业理论研究的重要范畴。规模经济理论是指在一特定时期内，企业产品绝对量增加时，其单位成本下降，即扩大经营规模可以降低平均成本，从而提高利润水平。

早在 1867 年马克思就提出，大规模生产是提高劳动生产率的有效途径。但真正意义的规模经济理论起源于美国，它揭示的是大批量生产的经济性规模，典型代表人物有阿尔弗雷德·马歇尔(Alfred Marshall)、张伯伦(E. Chamberin)、罗宾逊(Joan Robinson)和贝恩(J. S. Bain)等。马歇尔在《经济学原理》一书中论述了规模经济形成的两种途径，即依赖于个别企业对资源的充分有效利用、组织和经营效率的提高而形成的“内部规模经济”和依赖于多个企业之间因合理的分工与联合、合理的地区布局等所形成的“外部规模经济”。他进一步研究了规模经济报酬的变化规律，即随着生产规模的不断扩大，规模报酬将依次经过规模报酬递增、规模报酬不变和规模报酬递减三个阶段。

从规模经济理论出发，通过企业并购可以获得企业所需要的产权及资产，对企业资产进行补充和调整，实行一体化经营，在提高企业生产产量的同时，降低企业生产的单位成本，实现企业规模报酬递增效应。企业的横向并购，可实现产品单一化生产，降低多种经营带来的不适应；企业的纵向并购，可以将各个生产流程纳入同一企业，节省交易成本等。通过企业并购促进企业生产规模扩大，不仅增强了企业的整体实力，巩固了市场占有率，还能提供全面的专业化生产服务，更好地满足不同市场的需要。

(3)交易成本理论

交易成本理论(Transaction Cost Theory)是用比较制度分析方法研究经济组织制度的理论。它是英国经济学家罗纳德·哈里·科斯(R. H. Coase)1937年在其重要论文《论企业的性质》中提出来的。它的基本思路是：围绕交易费用节约这一中心，把交易作为分析单位，找出区分不同交易的特征因素，然后分析什么样的交易应该用什么样的体制组织来协调。

企业并购发生的动因，就是通过将市场交易关系转变为内部交易关系，节约交易成本，寻求交易费用效应。由于存在资产专用性，对此类生产要素存量或资产存量重新配置就需要付出很高费用，资产专用性越高，进行市场交易的费用越高。当这种资产专用性高到一定程度时，市场交易的潜在费用将会阻止企业继续依赖市场，这时，需要某种中间产品投入的企业倾向于对生产中间产品的企业实施并购，使作为交易对象的企业可以转入企业内部。同时，市场交易也存在不确定性，当交易费用的不确定性影响达到一定程度时，企业可以采用并购来保证合约的稳定性和可调整性，使生产者和购销者就将合并起来，以一体化的组织来替代市场合同的交易。但并购本身也会增加交易费用，那么，在资产专用性和不确定性给定的情况下，是否采取纵向并购就取决于因纵向并购而增加的交易费用能否得到补偿，而这是由交易次数决定的。若交易次数低，即交易不经常发生，则因并购而新增的交易费用很难得到补偿，并购一般不会发生。若交易频度高，则意味着交易是经常性和重复性的，则因并购而新增的交易费用可以分摊到大量不断进行的交易中去，相对费用可下降并且较易得到补偿。于是，当这种交易费用的节约大于企业经营管理成本时，就会发生企业并购。

(4)代理理论

代理理论(agency cost)最初是由詹森(Jensen)和梅克林(Meckling)于1976年提出的。这一理论后来发展成为契约成本理论(Contracting Cost Theory)。契约成本理论假定。企业由一系列契约所组成，包括资本的提供者(股东和债权人等)和资本的经营者(管理当局)、企业与供贷方、企业与顾客、企业与员工等的契约关系。

Jensen和Mecking(1976)提出代理问题理论，认为代理问题的产生是由于管理者只拥有公司的极少部分股权，使得管理者可能会不那么努力地工作并偏向于非金钱性的额外支出，如豪华消费等，而这些消费成本是由公司全体股东承担的，但一般的个人股东却缺乏足够的激励来花费资源去监督管理者，这种情形特别是在股权分散的大公司中较为常见，由此产生了代理成本问题。Mueller(1969)认为，代理人的报酬决定于企业的规模，因此，代理人有动机通过收购使企业规模扩大，而忽视企业的实际投资收益率。Fame and Jensen (1983)认为，解决或降低代理成本，可以通过将企业的决策管理与决策控制分开，或通过报酬安排以经营市场，或通过股票市场的股价水平给管理者的压力等机制解决。但当这些都不足以控制代理问题时，通过公开收购而造成的接管可能是最后的外部控制机制，公司现任管理者将会被代替。因此，并购可以对现有管理层构成有效的威胁，是解决代理问题的重要途径。因这一理论还产生了控制机制论、管理主义、骄傲假说等几种并购理论。

(5)价值低估理论

价值低估理论认为，当目标企业的市场价值由于某种原因未能反映其真实价值或潜在价值时，其他企业可能将其并购。而企业的市场价值被低估的原因主要有以下几点：①目标企业的经营者由于管理能力的原因，未能充分发挥自己应有的潜能，因此该企业的实际价值被低估了；②并购企业拥有外部市场所没有的关于目标企业真实价值的内部信息；③由于通货膨胀造成资产的市场价值与重置成本的差异，造成企业的价值被低估。当某一股票的市场价值低于资产的重置成本时，它将成为被并购的对象，并购将会产生潜在的效益。

2. 企业并购的形式

企业并购的方式很多，按照不同的分类标准可以划分为不同的并购形式。通常，我们可以从行业角度将企业并购划分为三种类型：①横向并购。横向并购是指同属于一个产业或行业，或产品处于同一市场的企业之间发生的并购行为。横向并购可以扩大同类产品的生产规模，降低生产成本，消除竞争，提高市场占有率。②纵向并购。纵向并购是指生产过程或经营环节紧密相关的企业之间的并购行为。纵向并购可以加速生产流程，节约运输、仓储等费用。③混合并购。混合并购是指生产和经营彼此没有关联的产品或服务的企业之间的并购行为。混合并购的主要目的是分散经营风险，提高企业的市场适应能力。

3. 企业并购动因

企业作为一个资本组织，必然谋求资本的最大增值。企业并购作为一种重要的投资活动，产生的动力主要来源于追求资本最大增值的动机以及竞争压力等因素，但是就单个企业的并购行为而言，又会有不同的动机和在现实生活中不同的具体表现形式，不同的企业会根据自己的发展战略确定并购的动因。

(1)并购的效应动因

在并购动因的一般理论基础上，提出许多具体的并购效应动因。主要有：①韦斯顿协同效应。该理论认为并购会带来企业生产经营效率的提高，最明显的作用表现为规模经济效益的取得，常称为1+1>2的效应。②市场份额效应，通过并购可以提高企业对市场的控制能力，通过横向并购，达到由行业特定的最低限度的规模，改善了行业结构、提高了行业的集中程度，使行业内的企业保持较高的利润率水平；而纵向并购是通过对原料和销售渠道的控制，有利的控制竞争对手的活动；混合并购对市场势力的影响是以间接的方式实现，并购后企业的绝对规模和充足的财力对其相关领域中的企业形成较大的竞争威胁。③经验成本曲线效应。其中的经验包括企业在技术、市场、专利、产品、管理和企业文化等方面的特长，由于经验无法复制，通过并购可以分享目标企业的经验，减少企业为积累经验所付出的学习成本，节约企业发展费用，在一些对劳动力素质要求较高的企业，经验往往是一种有效的进入壁垒。④财务协同效应。该理论认为并购会给企业在财务方面带来效益，这种效益的取得是由于税法、会计处理惯例及证券交易内在规定的作用而产生的货币效益，主要有税收效应，即通过并购可以实现合理避税、股价预期效应，即并购使股票市场企业股票评价发生改变从而影响股票价格，并购方企业可以选择市盈率和价格收益比较低，但是有较高每股收益的企业作为并购目标。

(2)企业并购的一般动因

企业并购的直接动因有两个：一是最大化现有股东持有股权的市场价值；二是最大化现有管理者的财富。而增加企业价值是实现这两个目的的根本，企业并购的一般动因体现在以下几方面：①获取战略机会并购者的动因之一是要购买未来的发展机会，当一个企业决定扩大其在某一特定行业的经营时，一个重要战略是并购相关行业中的现有企业，而不是依靠自身内部发展。②发挥协同效应主要来自以下几个领域：在生产领域，可产生规模经济性，可接受新技术，可减少供给短缺的可能性，可充分利用未使用生产能力；在市场及分配领域，同样可产生规模经济性，是进入新市场的途径，扩展现存分布网，增加产品市场控制力；在财务领域，充分利用未使用的税收利益，开发未使用的债务能力；在人事领域，吸收关键的管理技能，使多种研究与开发部门融合。③提高管理效率，企业现在的管理者以非标准方式经营，当其被更有效率的企业收购后，通过更替管理者来提高管理效率，当管理者自身利益与现有股东的利益更好地协调时，则可提高管理效率，使管理者集中精力于创造企业市场价值的最大化。④获得规模效益企业的规模经济是由生产规模经济和管理规模经济两个层次组成的，生产规模经济主要包括：企业通过并购对生产资本进行补充和调整，达到规模经济的要求，在保持整体产品结构不变的情况下，在各子公司实行专业化生产。管理规模经济主要表现在：由于管理费用可以在更大范围内分摊，使单位产品的管理费用大大减少。可以集中人力、物力和财力致力于新技术、新产品的开发。⑤买壳上市。目前，我国对上市公司的审批较严格。上市资格也是一种资源，某些并购不是为获得目标企业本身而是为获得目标企业的上市资格，通过到国外买壳上市，企业可以在国外筹集资金进入外国市场。

四、股利政策理论

股利政策(Dividend policy)是指公司股东大会或董事会对一切与股利有关的事项，所采取的较具原则性的做法，是关于公司是否发放股利、发放多少股利以及何时发放股利等方面的方针和策略，所涉及的主要是公司对其收益进行分配还是留存以用于再投资的策略问题。它有狭义和广义之分。从狭义方面来说的股利政策就是指探讨保留盈余和普通股股利支付的比例关系问题，即股利发放比率的确定。而广义的股利政策则包括股利宣布日的确定、股利发放比例的确定、股利发放时的资金筹集等问题。

1. 股利分配方式

(1)现金股利：现金股利是股份公司以现金的形式发放给股东的股利。现金股利发放的多少主要取决于公司的股利政策和经营业绩。

(2)股票股利：股票股利是企业将应分配给股东的股利以股票的形式发放。它可以用于发放股票股利的，除了当年的可供分配利润外，还有公司的盈余公积金发放股票股利时，一般按股权登记日的股东持股比例来分派，将股东大会决定用于分配的盈余公积金和可供分配利润转成股本，并通过中央结算登记系统，按比例增加各个股东的持股数量。

(3)股票分割：将大股分为小股，如用两股新股票换回一股旧股票，是在不增加股东权益的基础上增加股票数量。这样降低了股票交易价格，提高了流通性。

(4)股票回购：通过购回股利所持股份的方式，将现金分配给股东。

2. 影响股利政策的因素

(1)法律因素：包括资本保全的约束、企业积累的约束、企业利润的约束、偿债能力的约束等方面。①资本保全的约束是为了保护投资者的利益而做出的法律限制。股份公司只能用当期利润或留用利润来分配股利，不能用公司出售股票而募集的资本发放股利。这样是为了保全公司的股东权益资本，以维护债权人的利益。②企业积累的约束要求股份公司在分配股利之前，应当按法定的程序先提取各种公积金。这也是为了增强企业抵御风险的能力，维护投资者的利益。③企业利润的约束规定只有在企业以前年度的亏损全部弥补完之后，若还有剩余利润，才能用于分配股利，否则不能分配股利。④偿债能力的约束规定企业在分配股利时，必须保持充分的偿债能力。企业分配股利不能只看利润表上的净利润的数额，还必须考虑企业的现金是否充足。如果因企业分配现金股利而影响了企业的偿债能力或正常的经营活动，则股利分配就要受到限制。

(2)债务契约因素：指债权人为了防止企业过多发放股利，影响其偿债能力，增加债务风险，而以契约的形式限制企业现金股利的分配。这种限制通常包括：①规定每股股利的最高限额；②规定未来股息只能用贷款协议签订以后的新增收益来支付，而不能动用签订协议之前的留存利润；③规定企业的流动比率、利息保障倍数低于一定标准时，不得分配现金股利等。

(3)公司自身因素：指股份公司内部的各种因素及其面临的各种环境、机会而对其股利政策产生的影响。它主要包括现金流量、举债能力、投资机会、资金成本等。①现金流量是指企业在经营活动中，必须有充足的现金，否则就会发生支付困难。公司在分配现金股利时，必须要考虑到现金流量以及资产的流动性，避免出现财务困难。②举债能力是企业筹资能力的一个重要方面，不同的企业在资本市场上的举债能力会有一定的差异。公司在分配现金股利时，应当考虑到自身的举债能力如何，如果举债能力较强，在企业缺乏资金时，能够较容易地在资本市场上筹集到资金，则可采取比较宽松的股利政策；如果举债能力较差，就应当采取比较紧缩的股利政策，少发放现金股利，留有较多的公积金。③投资机会。在企业有良好的投资机会时，企业就应当考虑较少发放现金股利，增加留存利润，用于再投资，这样可以加速企业的发展，增加企业未来的收益，这种股利政策往往也易于为股东所接受。在企业没有良好的投资机会时，则往往倾向于多发放现金股利。④资金成本是企业选择筹资方式的基本依据。留用利润是企业内部筹资的一种重要方式，它与发行新股或举借债务相比，具有成本低、隐蔽性好的优点。合理的股利政策实际上是要解决分配与留用的比例关系以及如何合理、有效地利用留用利润的问题。在制定股利政策时，应当充分考虑到企业对资金的需求以及企业的资金成本等问题。

(4)股东因素：股利政策必须经过股东大会决议通过才能实施，股东对公司股利政策具有举足轻重的影响。一般来说，影响股利政策的股东因素主要有以下几方面：①追求稳定的收入，规避风险。依赖于公司发放的现金股利维持生活的股东，往往要求公司能够定期地支付稳定的现金股利。"一鸟在手"理论的股东支持者，认为留用利润而可能使股票价格上升所带来的收益具有较大的不确定性，还是取得现实的股利比较稳妥，也倾向于多分配股利。②担心控制权的稀释。大股东持股比例较高，对公司拥有一定的控制权，担心发放了大量的现金股利，会造成未来经营资金的紧缺，不得不通过资本市场来筹集资金，而发行新股筹集资金，虽然公司的老股东有优先认股权，但必须要拿得出一笔数额可观的资金，否则其持股比例就会降低，其对公司的控制权就有被稀释的危险。③规避所得税。按照我国税法规定，股东从公司分得的股息和红利应按20%的比例税率交纳个人所得税，而对股票交易所得目前还没有开征个人所得税，因而，对股东来说，股票价格上涨获得的收益比分得股息、红利更具吸引力。

3. 股利政策理论

(1)传统理论

传统的股利政策理论以一鸟在手理论、MM股利无关论和税差理论三种理论为代表。

①"一鸟在手"理论："一鸟在手"理论认为，用留存收益再投资给投资者带来的收益具有较大的不确定性，并且投资的风险随着时间的推移会进一步增大，因此，投资者更喜欢现金股利，而不愿意将收益留存在公司内部，而去承担未来的投资风险。该理论源于谚语"双鸟在林不如一鸟在手"。该理论最具有代表性的著作是M. Gordon 1959年在《经济与统计评论》上发表的《股利、盈利和股票的价格》，他认为企业的留存收益再投资时会有很大的不确定性，并且投资风险随着时间的推移将不断扩大，因此投资者倾向于获得当期的而非未来的收入，即当期的现金股利。因为投资者一般为风险厌恶型，更倾向于当期较少的股利收入，而不是具有较大风险的未来较多的股利。在这种情况下，当公司提高其股利支付率时，就会降低不确定性，投资者可以要求较低的必要报酬率，公司股票价格上升；如果公司降低股利支付率或者延期支付，就会使投

资者风险增大，投资者必然要求较高报酬率以补偿其承受的风险，公司的股票价格也会下降。

②MM 理论：1961 年，股利政策的理论先驱米勒(Miller，MH)和弗兰克·莫迪利亚尼(Modigliani，F)在其论文《股利政策，增长和公司价值》中提出了著名的“MM 股利无关论”，即认为在一个无税收的完美市场上，股利政策和公司股价是无关的，公司的投资决策与股利决策彼此独立，公司价值仅仅依赖于公司资产的经营效率，股利分配政策的改变就仅是意味着公司的盈余如何在现金股利与资本利得之间进行分配。理性的投资者不会因为分配的比例或者形式而改变其对公司评价，因此公司的股价不会受到股利政策的影响。

③税差理论：Farrar 和 Selwyn 于 1967 年首次对股利政策影响企业价值的问题作出了回答。他们采用局部均衡分析法，并假设投资者都希望试图达到税后收益最大化。他们认为，只要股息收入的个人所得税高于资本利得的个人所得税，股东将情愿公司不支付股息。他们认为资金留在公司里或用于回购股票时股东的收益更高，或者说，这种情况下股价将比股息支付时高；如果股息未支付，股东若需要现金，可随时出售其部分股票。从税赋角度考虑，公司不需要分配股利。如果要向股东支付现金，也应通过股票回购来解决。

(2)现代理论

进入 20 世纪 70 年代以来，信息经济学改进了过去对于企业的非人格化的假设，而代之以经济人效用最大化的假设。这一突破对股利分配政策研究产生了深刻的影响，并形成了现代股利政策的两大主流理论——股利政策的信号传递理论和股利政策的代理成本理论。

①信号传递理论：从放松 MM 理论的投资者和管理者拥有相同的信息假定出发，认为管理当局与企业外部投资者之间存在信息不对称。管理者占有更多关于企业前景方面的内部信息，股利是管理者向外界传递其掌握的内部信息的一种手段。如果他们预计到公司的发展前景良好，未来业绩将大幅度增长时就会通过增加股利的方式将这一信息及时告诉股东和潜在的投资者；相反，如果预计到公司的发展前景不太好，未来盈利将持续性不理想时，那么他们往往会维持甚至降低现有股利水平，这等于向股东和潜在投资者发出了不利的信号。因此，股利能够传递公司未来盈利能力的信息，这样导致股利对股票价格有一定的影响。当公司支付的股利水平上升时，公司的股价会上升；当公司支付的股利水平下降时，公司的股价也会下降。因此，信号传递理论认为，在信息不对称的情况下，公司可以通过股利政策向市场传递有关公司未来盈利能力的信息，从而会影响公司的股价。

②代理成本理论：股利代理成本理论是由 Jensen 和 Meckling(1976)提出的，是在放松了 MM 理论的某些假设条件的基础上发展出来的，是现代股利理论研究中的主流观点，能较强解释股利存在和不同的股利支付模式。Jensen 和 Meckling 指出："管理者和所有者之间的代理关系是一种契约关系，代理人追求自己的效用最大化。如果代理人与委托人具有不同的效用函数，就有理由相信他不会以委托人利益最大化为标准行事。委托人为了限制代理人的这类行为，可以设立适当的激励机制或者对其进行监督，而这两方面都要付出成本。"Jensen 和 Meekling 称之为代理成本(agency cost)，并定义代理成本为激励成本、监督成本和剩余损失三者之和。

代理理论认为，股利政策有助于减缓管理者与股东之间的代理冲突，股利政策是协调股东与管理者之间代理关系的一种约束机制。较多地派发现金股利至少具有以下几点好处：第一，公司管理者将公司的盈利以股利的形式支付给投资者，则管理者自身可以支配的"闲余现金流量"就相应减少了，这在一定程度上可以抑制公司管理者过度地扩大投资或进行特权消费，从而保护外部投资者的利益。第二，较多的派发现金股利，减少了内部融资，导致公司进入资本市场寻求外部融资，从而公司可以经常接受资本市场的有效监督，这样便可以通过资本市场的监督减少代理成本。

(3)行为理论

20 世纪 90 年代，财务理论学者们发现美国上市公司中支付现金股利的公司比例呈现下降趋势，这一现象被称作"正在消失的股利"，随后在加拿大、英国、法国、德国、日本等国也相继出现了类似的现象，蔓延范围之广，堪称具有国际普遍性。在这种背景情况下，美国哈佛大学 Baker 和纽约大学 Wurgler 提出了股利迎合理论最初来解释这种现象。

Baker 和 Wurgler 指出，由于某些心理因素或制度因素，投资者往往对于支付股利的公司股票有较强的需求，从而导致这类股票形成所谓的"股利溢价"，而这无法用传统的股利追随着效应来解释，主要是由于股利追随着效应假设之考虑股利的需求方面，而忽略供给方面。Baker 和 Wurgler 认为有些投资者偏好发放现金股利的公司，会对其股票给与溢价，而有些投资者正好相反，对于不发放现金股利的公司股票给与溢价。因此，管理者为了实现公司价值最大化，通常会迎合投资者的偏好来制定股利分配政策。

(4)股利政策类型

①剩余股利政策：它是以首先满足公司资金需求为出发点的股利政策。根据这一政策，公司按如下步骤确定其股利分配额：第一，确定公司的最佳资本

结构；第二，确定公司下一年度的资金需求量；第三，确定按照最佳资本结构，为满足资金需求所需增加的股东权益数额；第四，将公司税后利润首先满足公司下一年度的增加需求，剩余部分用来发放当年的现金股利。

②稳定股利额政策：它以确定的现金股利分配额作为利润分配的首要目标优先予以考虑，一般不随资金需求的波动而波动。这一股利政策有以下两点好处：第一，稳定的股利额给股票市场和公司股东一个稳定的信息。第二，许多作为长期投资者的股东(包括个人投资者和机构投资者)希望公司股利能够成为其稳定的收入来源，以便安排消费和其他各项支出。

③固定股利率政策：政策公司每年按固定的比例从税后利润中支付现金股利。从企业支付能力的角度看，这是一种真正稳定的股利政策，这一政策将导致公司股利分配额的频繁变化，传递给外界一个公司不稳定的信息，所以很少有企业采用这一股利政策。

④正常股利加额外股利政策：这一政策，企业除每年按一固定股利额向股东发放称为正常股利的现金股利外，还在企业盈利较高，资金较为充裕的年度向股东发放高于一般年度的正常股利额的现金股利，其高出部分即为额外股利。

第四节　传统金融理论

一、利率理论

利率是国家调控经济的重要杠杆，是推行货币政策和财政政策的重要工具，是企业、金融机构、基金会以至个人投资决策的重要参数，是金融市场和国际资金流动的重要杠杆。利率波动对国民经济各行各业，以致于对储蓄、投资、消费、利润都有影响，特别对一些利率敏感行业如建筑业、房地产、证券业等影响很大。而利率政策、利率措施与利率运用又与利率理论密切相关。

1. 利率体系构成

利率体系是指一个国家中存在的各种利率之间的互相依存和互相制约的系统。一般分为中央银行利率、商业银行利率和市场利率三种。

利率体系主要包括以下几个方面的内容。

(1)中央银行贴现率与商业银行存贷利率

中央银行贴现率是中央银行对商业银行和其他金融机构短期融通资金的基准利率。它在利率体系中占有特殊重要的地位，发挥着核心和主导作用，反映全社会的一般利率水平，体现一个国家在一定时期内的经济政策目标和货币政策方向。商业银行利率又称市场利率，是商业银行及其他存款机构吸收存款和发放贷款时所使用的利率。它在利率体系中发挥基础性作用。

(2)拆借利率与国债利率

拆借利率是银行及金融机构之间的短期资金借贷利率，主要用于弥补临时头寸不足，期限较短。拆借利率是短期金融市场中具有代表性的利率。国债利率通常是指一年期以上的政府债券利率，它是长期金融市场中具有代表性的利率。

(3)一级市场利率与二级市场利率

一级市场利率是指债券发行时的收益率或利率，它是衡量债券收益的基础，同时也是计算债券发行价格的依据。二级市场利率是指债券流通转让时的收益率，它真实反映了市场中金融资产的损益状况。

目前，我国的利率大体可以分为四部分：第一部分为“管制利率”，主要有居民和企业的人民币存款利率、美元小额存款利率等。第二部分为“准自由利率”，主要有商业银行的贷款利率、企业债券的发行利率等。第三部分为“自由利率”，包括除企业债券发行利率以外的各种金融市场利率、人民币协议存款利率、以美元为主的外币大额存款利率和外币贷款利率等。第四部分则是由中央银行控制的作为货币政策操作工具的利率体系，主要有法定准备金率、超额准备金率、再贷款利率、再贴现率和中央银行的票据利率等。

2. 利率理论

(1)古典利率决定理论

古典利率理论盛行于19世纪末与20世纪初，主要源于货币数量说，主要代表人物是费雪和马歇尔。该理论认为利率是由商品市场上的储蓄和投资决定。其中，投资是由资本边际生产力因素决定；储蓄是由人的“时间偏好”“忍耐”“等待”等因素决定。当投资增加、储蓄减少时，利率升高，相反则利率降低。利率具有自动调节投资与储蓄的功能。显然，基于古典货币理论的二分法方法论，古典利率决定理论认为利率决定于商品市场的投资与储蓄水平，与货币数量没有关系。

(2)凯恩斯的流动偏好利率理论

凯恩斯理论认为，利率由货币供求决定。货币供应由货币当局决定，货币需求取决于交易需求、预防需求及投机需求3个心理动机。其中交易与预防需求所需货币与收入同向变动，投机需求所需货币与利率反向变动。市场利率与货币供给反向变动，与价格水平和收入同向变动。在利率与储蓄的关系上，凯恩斯认为，利率只对储蓄形式的选择有决定作用，利率的变动只引起货币需求的变动，而不直接影响储蓄水平的变动，在消费倾向不变的情况下，直接制约储蓄水平的是收入的多少而不是利率的高低。在利率与投资关系上，凯恩斯提出利率与资本边际效率之比对企业与个人投资决策起决定作用，当资本边际效率不变时，利率上升会导致投资下降，倘若利率上升的同时资本边际效率也上升，并且上升的幅度大于或等于利率上升的幅度，那么高利率就不会抑制投资，只有当利率高于资本边际效率，投资者的盈利动机不能实现时，高利率才能阻止投资。因此，单纯的利率波动并不能直接引起投资量的增减。凯恩斯还提出，从总量上看，利率不仅与储蓄反向变动，而且与消费也反向变动。因此，凯恩斯认为高利率是社会有效需求不足的重要原因，降低利率是提高有效需求的措施之一，但是利率的下降是有限度的，当利率降到一定水平以后，由于人们的预期作用，货币的投机需求会变得无限大，即使投入更多的货币供给也只能落入货币投机需求的"陷阱"之中，此即"流动性陷阱"。此时，有效需求的提高，仅靠扩张性货币政策是不能完全奏效的，还必须运用扩张性的财政政策和奖出限入的外贸政策与之配套。凯恩斯的理论在二战后经过大批经济学家的不断发展，成为相当长的一段时期里各国政府进行宏观经济调控的主要理论依据。

(3)货币学派的借贷资金论

借贷资金论认为：利率不单取决于货币供求，也不单取决于储蓄和投资，而是主要取决于借贷资金的供求，利率有自发调节作用。该理论为货币学派所信奉。该理论认为，借贷资金的供给来自企业保留利润、基金、家庭储蓄、政府财政盈余、增加货币供给等。借贷资金的供给与国民收入和利率成正比。借贷资金的需求来自消费信贷、抵押贷款、企业借用作为厂房设备、存货、流动资金之备以及政府弥补赤字之需。利率是借贷资金的成本，借贷资金需求与利率成反比，利率高，需求减少，反之亦然。当借贷资金的供求相等时，决定均衡利率。

货币学派的主要理论家M. 弗里德曼对借贷资金论作了进一步的阐述，他首先指明利率不是货币的价格，而是信贷的价格。货币的价格是物价。人们往往把货币与信贷相混，影响了利率论。有人认为货币增加利率会下降，但当通货膨胀时，货币量增加利率也上升。货币量减少，价格下降，利率也下降。而信贷增加利率会下降，反之亦然。弗里德曼用流动效应来解释货币量与利率间的关系。所谓流动效应是指如果货币量突然增加，其结果会打乱人们的资产组合，人们发现他拥有的货币比计划的多，他们将用货币买证券以代替货币，重新调整资产组合。这样证券价格上升，利率下降，这就是流动效应。

弗里德曼的流动效应同凯恩斯的流动偏好论有某些相似，但弗里德曼强调货币最直接影响国民收入和物价，从而影响利率。而凯恩斯强调增加货币，可降低利率，增加投资，通过投资乘数增加国民收入。因此凯恩斯学派重视利率和金融市场信贷情况，以此作为货币政策的重要标的。而货币学派重视货币量直接影响物价和国民收入，因此货币政策重视每年货币供应量 M1、M2、M3的供应幅度。

3. 利率期限结构理论

利率期限结构是指某个时点不同期限的即期利率与到期期限的关系及变化规律。由于零息债券的到期收益率等于相同期限的市场即期利率，从对应关系上来说，任何时刻的利率期限结构是利率水平和期限相联系的函数。因此，利率的期限结构，即零息债券的到期收益率与期限的关系可以用一条曲线来表示，如水平线、向上倾斜和向下倾斜的曲线，甚至还可能出现更复杂的收益率曲线，即债券收益率曲线是上述部分或全部收益率曲线的组合。收益率曲线的变化本质上体现了债券的到期收益率与期限之间的关系，即债券的短期利率和长期利率表现的差异性。

(1)预期假说

利率期限结构的预期假说首先由欧文·费雪(Irving Fisher，1896年)提出，是最古老的期限结构理论。预期理论认为，长期债券的现期利率是短期债券的预期利率的函数，长期利率与短期利率之间的关系取决于现期短期利率与未来预期短期利率之间的关系。如果预期的未来短期债券利率与现期短期债券利率相等，那么长期债券的利率就与短期债券的利率相等，收益率曲线是一条水平线；如果预期的未来短期债券利率上升，那么长期债券的利率必然高于现期短期债券的利率，收益率曲线是向上倾斜的曲线；如果预期的短期债券利率下降，则债券的期限越长，利率越低，收益率曲线就向下倾斜。

这一理论最主要的缺陷是严格地假定人们对未来短期债券的利率具有确定的预期；其次，该理论还假定，资金在长期资金市场和短期资金市场之间的流动是完全自由的。这两个假定都过于理想化，与金融市场的实际差距太大。

(2)市场分割

市场分割理论认为，债券市场可分为期限不同的互不相关的市场，各有自己独立的市场均衡，长期借贷活动决定了长期债券利率，而短期交易决定了独立于长期债券的短期利率。根据这种理论，利率的期限结构是由不同市场的均衡利率决定的。市场分割理论最大的缺陷正是在于它旗帜鲜明地宣称不同期限的债券市场是互不相关的。但它无法解释不同期限债券的利率所体现的同步波动现象，也无法解释长期债券市场的利率随着短期债券市场利率波动呈现的明显有规律性的变化。

(3)流动性偏好

希克思首先提出了不同期限债券的风险程度与利率结构的关系，较为完整地建立了流动性偏好理论。根据流动性偏好理论，不同期限的债券之间存在一定的替代性，这意味着一种债券的预期收益确实可以影响不同期限债券的收益。但是不同期限的债券并非是完全可替代的，因为投资者对不同期限的债券具有不同的偏好。范・霍恩(Van Home)认为，远期利率除了包括预期信息之外，还包括了风险因素，它可能是对流动性的补偿。影响短期债券被扣除补偿的因素包括：不同期限债券的可获得程度及投资者对流动性的偏好程度。在债券定价中，流动性偏好导致了价格的差别。

这一理论假定，大多数投资者偏好持有短期证券。为了吸引投资者持有期限较长的债券，必须向他们支付流动性补偿，而且流动性补偿随着时间的延长而增加，因此，实际观察到的收益率曲线总是要比预期假说所预计的高。这一理论还假定投资者是风险厌恶者，他只有在获得补偿后才会进行风险投资，即使投资者预期短期利率保持不变，收益曲线也是向上倾斜的。

二、汇率理论

汇率(又称外汇利率)是指两种货币之间的对换的比率，亦可视为一个国家的货币对另一种货币的价值。汇率又是各个国家为了达到其政治目的的金融手段。汇率会因为利率，通货膨胀，国家的政治和每个国家的经济等原因而变动。汇率是由外汇市场决定。同时，汇率变动又对一个国家的进出口活动、物价、国民收入、就业和资源配置产生影响，也影响着对国际金融市场、国际贸易、国际货币储备和国际金融创新业务等方面。

汇率理论是货币的对外价格——汇率决定及其变化的理论模型，也称之为汇率决定理论。其中心思想为：汇率决定于外汇供求。西方汇率理论错综复杂，流派纷呈，有传统汇率理论，也有现代汇率理论；有论证汇率决定的，也有说明汇率变动的。汇率理论作为金融理论的一部分，伴随着汇率制度经历由简单到复杂的过程，由一种附属理论逐渐发展成一种独立的理论。

1. 汇率决定理论

西方汇率决定理论主要有国际借贷说、购买力平价说、汇兑心理说、货币分析说和金融资产说，分别从不同的角度对汇率的决定因素进行了分析。

(1)国际借贷说

1861 年，英国经济学家戈逊出版了《外汇理论》一书，提出了汇率的国际借贷说，或称外汇供求说，从而第一次出现了系统的外汇理论。他以金本位制度为背景，较为完善地阐述了汇率与国际收支的关系。他认为，汇率的变动主要取决于外汇市场外汇资金的需求与供给，而外汇的供求主要源于国际借贷。国际借贷可分为流动借贷和固定借贷。流动借贷是指已经进入实际支付阶段的借贷；固定借贷是尚未进入实际支付阶段的借贷。只有流动借贷才会影响外汇的供求。在一国进入实际支付阶段的流动借贷中，如果债权大于债务，外汇的供给就会大于外汇的需求，引起本币升值、外币贬值。相反，如果一定时期内进入实际支付阶段的债务大于债权，外汇的需求就会大于外汇的供给，最终导致本币贬值、外币升值。同时，利率的变动会引起国际资金的流动，而国际资金的流动又会影响即期汇标的价格，从而对汇率产生影响。

(2)购买力平价说

购买力平价说是由瑞典的经济学家古斯塔夫·卡塞尔提出的一种汇率决定理论。购买力平价理论的中心思想是：在某一段时期内，两国货币的汇率是由两国货币的购买力的对比关系决定的，而两国货币的购买力又可以用两国各自的物价水平来表示，即两国货币的汇率是由两国物价水平之比来确定。购买力平价理论是最有影响的汇率理论，由于它是从货币基本功能的角度分析货币的交换比率，合乎逻辑，表达简洁，在计算均衡汇率和分析汇率水平时被广泛应用，我国的换汇成本说就是购买力平价说的实际应用。

(3)汇兑心理说

第一次世界大战以后，针对各国货币相继贬值、汇率频频波动、外汇市场混乱无序的现象，以阿夫塔里昂为首的法国学派提出了汇兑心理说来解释汇率运动的这种无秩序的现象。他认为，汇率取决于外汇的供给与需求，但个人之所以需要外汇不是因为外汇本身具有购买力，而是由于个人对国外商品和劳务的某种欲望。因外币对每个人的边际效用不同，故每个人对外币的主观评价各异。但在外汇市场上，因受个人的主观评价的影响而变动的外汇供求会自动地趋于平衡，在这个均衡点上供求双方所接受的价格即是汇率，它是外汇供求双方对外币主观心理评价的集中表现。因此，决定外汇供求进而决定汇率最重要的因素是人们对外汇的心理判断与预测。

(4)货币分析说

货币分析说是在20世纪70年代初期，由经济学家约翰逊及其他一些经济学家创立的一种汇率理论。该理论实际上是在绝对购买力平价理论的基础上，结合货币学派的货币理论发展起来的。它认为汇率变动是由货币市场失衡引发的，引发货币市场失衡有各种因素：国内外货币供给的变化、国内外利率水平的变化以及国内外实际国民收入水平的变化等，这些因素通过对各国物价水平的影响而最终决定汇率水平。货币分析说最突出的贡献是它对浮动汇率制下现实汇率的超调现象进行了全面的理论概括。

(5)金融资产说

金融资产说阐述了金融资产的供求对汇率的决定性影响，认为一国居民可持有三种资产，即本国货币、本国债券和外国债券，其总额应等于本国所拥有的资产总量。当各种资产供给量发生变动，或者居民对各种资产的需求量发生变动时，原有的资产组合平衡就被打破，这时居民就会对现有资产组合进行调整，使其符合自己的意愿持有量，达到新的资产市场均衡。在对国内外资产持有量进行调整的过程中，本国资产与外国资产之间的替换就会引起外汇供求量的变化，从而带来外汇汇率的变化。

2. 汇率制度

汇率制度又称汇率安排(exchange rate arrangement)，是各国普遍采用的确定本国货币与其他货币汇率的体系，是各国或国际社会对于确定、维持、调整与管理汇率的原则、方法、方式和机构等所作出的系统规定。汇率制度对各国汇率的决定有重大影响。

(1)固定汇率制(fixed exchange rate system)

固定汇率制指一国政府将本国货币与外国货币的兑换比例，以法定形式固定下来，并将汇率的波动限制在较少的范围内。以本位货币本身或法定含金量为确定汇率的基准，汇率比较稳定的一种汇率制度。在不同的货币制度下具有不同的固定汇率制度。

(2)浮动汇率制(floating exchange rate system)

浮动汇率制指一国不规定本币与外币的黄金平价和汇率上下波动的界限，货币当局也不再承担维持汇率波动界限的义务，既不规定本国货币与外国货币的兑换比例，也不限定汇率波动幅度，而主要以市场供求为基础，由市场机制自行调节的汇率，汇率随外汇市场供求关系变化而自由上下浮动的一种汇率制度。

(3)可调整的钉住汇率制度(audjustable peg exchange rates)

可调整的钉住汇率制度指政府预先确定、公开承诺，并用干预市场的方法而得到的本国货币与某种(或某些)主要外币的法定平价和允许汇率上下波动的幅度，但是可以定期地调整法定的平价，以利用货币的贬值或升值来校正国际收支的不平衡，这是根据布雷顿森林体系建立的一种国际汇率制度。

(4)人民币汇率制度

自2005年7月21日起，我国开始有管理的浮动汇率制度，是一种以市场供求为基础、参考一篮子货币进行调节、有管理的浮动汇率制度。1994年以前的人民币汇率由国家实行严格的管理和控制。党的十一届三中全会以后，为鼓励外贸企业出口的积极性，我国的汇率体制从单一汇率制转为双重汇率制。1994年1月1日，人民币官方汇率与外汇调剂价格正式并轨，我国开始实行以市场供求为基础的、单一的、有管理的浮动汇率制。2005年7月21日我国对完善人民币汇率形成机制进行改革，人民币汇率不再盯住单一美元，而是选择若干种主要货币组成一个货币篮子，同时参考一篮子货币来计算人民币多边汇率指数的变化。实行以市场供求为基础、参考一篮子货币进行调节、管理的浮动汇率制度。

3. 国际货币体系

(1)国际货币体系：是指为适应国际贸易与国际支付需要，各国政府对货币在国际范围为发挥世界货币职能所确定的原则、采取的措施和建立的组织机构。它是国际货币制度、国际金融机构以及由习惯和历史沿革所约定俗成的国际货币秩序的总和。

(2)国际金本位制：是以一定重量和成色的黄金为本位货币，并建立起流通中各种货币与黄金间固定兑换关系的货币制度。其特点是：银行券可自由兑换金币；金币可自由铸造；黄金可自由输出入；货币储备全部使用黄金；国际结算使用黄金。

(3)布雷顿森林体系：是一种人为的国际货币制度，其核心内容是美元与黄金挂钩，各国货币与美元挂钩。

(4)特里芬两难：为满足世界经济增长对国际支付手段和储备货币的增长需要，美元的供应应当不断地增长；而美元供给的不断增长，又会导致美元同黄金的兑换性日益难以维持。美元的这种两难，指出了布雷顿森林体系内在的不稳定性及危机发生的必然性。

(5)牙买加协定：新的国际货币体系得以形成的基础，其核心思想是：汇率安排多样化，黄金非货币化，国际储备多元化，国际收支调节机制多样化。

4. 最适度货币区理论

1961年，蒙代尔发表了《论最适度货币区理论》一文，提出了他的最适度货币区理论。蒙代尔认为，应该根据生产要素可否自由流动来划分区域。在某些区域内，如果生产要素可以自由流动，即可作为一个最适度的货币区。麦金农就提出了另一种划分标准，即按经济的开放程度作为划分最适度货币区的标准。对一些相互间经济贸易关系密切的开放地区来说，组成一个货币区，相互之间保持汇率的稳定，是十分有利的。而对于与其贸易往来不太密切的地区，则实行弹性汇率比较有利。

第五章　证券市场运行与发展的若干理论

第一节　中国股市的制度设计偏差与变革①

2011 年的中国股市再度以不断下跌的走势而报收，并且跌幅居世界各国股市前列。中国股市的运行也再度受到管理层和市场各方人士的关注，尤其是沪指下破 2245 点后，中国股市十年“零涨幅”“熊冠全球”与“融冠全球”等言论更是广泛见诸于各种媒体，股市的长期低迷不振不仅影响市场的正常运行和社会稳定，也对目前经济的持续发展极为不利。在中国宏观经济保持高增长的基础上，中国股市的走势却远弱于西方一些饱受欧债危机的国家股市，使我们不得不重新审视中国股市的制度设计，也为我们探寻中国股市的制度性缺陷，寻求中国股市发展的正确道路提供了机会。

一、以融资者为中心的中国股市制度的形成和发展

中国股市是伴随国有企业发展和改革不断深入而产生的产物。二十多年前，中国股市首先是作为国有企业筹集资金渠道的需要而产生的，随后，市场经济体制的建立对企业经营机制转换提出新的要求，股市又成为企业经营机制转换的重要“推动器”，为国有企业发展和服务便成为中国股市的重要特色。尽管经过二十多年的发展，管理层和学术界对股市功能的认识也在不断发展，从 20 世纪 90 年代的股市为国有企业的“融资论”、市场交易过分投机的“赌场论”，到 2003 年尚福林提出了股市也应给投资者增加财富和创造就业机会的“投资者保护论”，以及随后中小板市场和创业板市场的建立为中小企业和民

① 涂人猛. 中国股市的制度设计偏差与变革[J]. 投资与证券，2012(9).

营企业发展服务的论述等，保护投资者利益和为中小企业发展和中国经济转型服务等功能也受到较高的重视，但股市为企业和政府的服务为中心的特点仍未改变。2010年尚福林在《中国金融》撰文，提出“全面提升资本市场的经济服务功能”，也在某种程度上反映出管理层强调中国股市的经济服务功能的特点。在投资者、融资者、相关中介和服务机构等几个市场主体中，融资者始终是制度设计的受益者。这种以融资者为中心的股市制度设计的不断延续，给中国股市的发展带来一系列的问题。

在20世纪90年代，根据资本市场为国有企业解困服务的定位，“国有企业”这四个字成为公司股票发行和上市最重要的“路条”，处于困境中的国企“死马当作活马医”，通过股票市场获得资金以求解困，只允许国有企业发行股票和上市，甚至出台了企业上市必须“捆绑”濒临破产的其他国企等极具特色的规则。在这种政策指导下，股市为国有企业发展筹集了大量资金，在2006年至2007年达到高潮，以大量巨型央企发行股票和上市为标志，并且出现单家企业的筹资规模达到五六百亿元。但这种股市制度设计在为90年代国企解困、促进中国经济快速发展的同时，也严重地伤害了股市投资者和资本市场。不少国有企业在股票发行之前经营困难，并符合股票发行和上市的相应规定，这样的公司在股票发行和上市后很难依靠自身的业务竞争力健康发展，也很难给投资者带来很好的回报，同时，一些企业不完全受通常市场规则约束，具有免责“金牌”，经营和运作过程中即使违规甚至违法，证券市场的监管者有时候也奈何不得它们。筹集资金作为股票市场的最基本功能，但并不代表是其唯一的功能，更不能因此忽视资本市场的投资功能，漠视投资者的利益。如果仅突出股市融资功能并不加节制地推行至各项具体规则和操作中，将不可避免地导致一系列的问题，最终会影响到资本市场的健康发展。

2004年后中小板市场和创业板市场的建立，为中小企业和大量民营企业的融资提供了渠道，也为我国经济转型创造了条件。但以片面的筹资功能定位的股市制度，加上新股发行制度的市场片面化发展，对中国股市形成了更大地冲击。中小板和创业板的上市公司大部分是民营企业，这些上市公司及其控制人是名副其实的“资本家”。相对国有股东而言，民营上市公司的实际控制人对于上市公司及其投资人的损害，可能会更加极端——他们更愿意看到高股价，更愿意在股价高企的时候兑现。特别是在股票全流通的背景下，在实业经营环境恶化、金融泡沫膨胀的时候，抛售股票，转投金融。在片面的筹集资金的市场定位没有改变之前，放开发行定价，对一些企业追逐利润的冲动进行某种放纵，又导致一些企业片面追求高发行价发行股票，形成“三高”现象，严重伤害了企业进行实体经济经营的积极性，为整个市场埋下了巨大的风险。

从我国股市的顶层设计来看，一开始就是融资服务当先，做大规模一直被视为治理者的大目标和大业绩。“在发展中解决问题”成为所有问题被拖延的借口。保护中小投资者利益这一国际资本市场的通行原则，在各种现实利益诱惑面前被长期虚化。然而，2011 年 10 月郭树清主席上任后，立即着手整顿中国股市混沌和无序的运行机制，推出退市制度，进行强制分红，引导价值投资，引入长期的机构投资者，打击内幕交易整肃市场风气，放松管制，推行并购重组，进行税费减免措施等一系列制度性改革，市场各种制度弊病在一定程度上得到改善，以融资者为中心的中国股市制度体系也正在发生改变，为中国股市的长远健康发展奠定了基础。

二、融资者为中心的制度设计偏差及其影响

1. 融资者为中心的股市制度表现

(1)重融资、轻回报，“圈钱”效应突出

中国股市长久以来的近乎丧失理性的融资和疯狂的扩张，使我国资本市场的融资已经处于无序的失控状态。

首先，从中国股市的发展速度和融资规模与世界各国股市比较来看，目前，仅仅二十一年中国股市的上市公司数量，已飙升到 2500 多家；而美国股市两百多年才上市了 3600 多只股票。其中，美国股市从挂牌到股票上市公司数量达到 800 家，用了一百年时间，而中国股市上市公司达到 800 家仅仅用了八年。在过去三年中，中国股市融资速度和数量更以几何级数上升，A 股市场一共通过 IPO 方式募集到 9252. 17 亿元，这比同期美国市场 IPO 募资总额高出 56%，比西欧市场所有 IPO 募资总额还高出 115%。从股市的市值变化来看，三年内股票的市值却扩张近 5 倍。从首发募集资金来看，2001 年 6 月 14 日之前的十来年间，股市首发募集资金近 2949. 84 亿元，而此后十来年间股市首发募集资金却高达 17685. 44 亿元，是前十来年的 6 倍左右。据聚源数据统计，2011 年两市共有 276 家公司 IPO，共计募集资金 2720. 02 亿元。相比 2010 年 4921 亿元的历史峰值，2011 年 A 股 IPO 融资规模同比下降了约 45%。不过即便如此，2720. 02 亿元的融资总额仍然是仅次于 2010 年与 2007 年的历史第三高水平。加上 2011 年有再融资公司 205 家，共募集资金 4396. 06 亿元，2011 年 A 股合计募资金额达 7116 亿元，与 2010 年 A 股募资超万亿元相比，下降

幅度达 31.4%。但 2011 年中国股市融资额仍保持全球第一，中国证监会研究中心祁斌预计这一趋势在未来十年将保持。

其次，在股市不断扩展的巨额融资同时，上市公司给投资者的回报却极少，股市成为“圈钱”场地。统计数据显示，1990 年末到 2010 年末，国内 A 股累计融资 4.3 万亿元，A 股累计完成现金分红总额约 1.8 万亿元，按普通投资者在上市公司的持股比例不超过 30%计算，其所分享的红利最高不过 0.54 万亿元。这意味着，近 21 年来 A 股市场给予普通投资者的现金分红总额占融资总额的比率不足 13%。如果按照现在 3.5%的一年期存款利率，以复利计算，21 年下来的储蓄回报可高达 105.9%。同时，数据显示 1990 年至 2010 年，A 股累计股票交易佣金总额约 4000 多亿元，A 股市场证券交易的印花税总额约 6000 多亿元。这意味着股民的分红回报只有付出的交易税费的 50%，A 股市场变成“圈钱”机器。更为恶劣的是，许多上市公司竟然以再融资募集的资金给投资者分红，配股融资圈来的钱又成为现金分红的来源。再次，从企业融资结构来看，国外成熟市场的企业融资决策次序是“内源融资—债务融资—股权融资”，而中国股市的企业融资决策次序是将股权融资摆在首位，现阶段企业上市作为一种稀缺资源，股权融资具有融资成本低、分红水平低下并且上市后企业股东可获取暴利而资本运作约束“软化”的特点，使中国企业的股市融资取向更为突出。

(2)高管离职和解禁股套现热潮不断，股市成为造富场所

2005 年进行的股权分置改革全面解决了长期困扰中国股市运行的非流通股流通问题，这种制度性变革也带来了股市规模的快速发展和股指长达两年多的大牛市。然而，非流通股股东对流通股股东的补偿并未改变两类股东持股成本的巨大差异，非流通股解禁后的巨大获利空间为股市发展带来巨大的压力，2008 年之后解禁股对市场的影响开始全面显现。股权分置改革完成以后，2005 年的减持规模为 3 亿元，2006 年骤然放大激增到 56 亿元，2007 年开始直接跃升到数百亿元量级，到 2011 年，88%的股权减持来源于限售股解禁，限售股减持规模达到 780 亿元。同时，在存量解禁股不断增长的同时，近今年新上市的新股也不断形成新的巨量解禁股，尤其是以民营资本为主体的中小板市场和创业板市场的解禁股，在巨大的获利空间诱惑下市场套现要求更为强烈，限受股解禁带来的被动扩容压力巨大成为股市长期低迷的最重要因素之一。两年多来，创业板市值几乎膨胀十倍，疯狂“圈钱”近 2000 亿元，创业板在为企业实际控制人及其家族创造了数亿元财富，创造了 164 位亿万富翁的同时，也有一些人“搭车”实现了千万元甚至上亿元财富的梦想。创业板两年时间里，

至少有超过1200名个人一夜之间身家超过千万元，创业板也被冠以“造富板”。创业板的“三高”特点和造富效应，也引发了近两年创业板市场的高管大规模辞职潮。据统计，创业板开板两年以来，共有超过90家公司遭到高管减持，高管总共减持股数超过1.3亿股。其中，总共有26家公司的高管减持股份超过100万股，其中有两家公司的高管减持股数超过千万股。其中，减持最为急剧的是首批登上创业板的华谊兄弟，5名高管减持股数达到3465万股，减持股约占公司总股本的7.8%，总共套现已达7.7亿元，创业板成了令人愤懑的“逃亡板”。

(3)投资者的利益严重受损

在体制性造富形成上市公司高管、大股东以及相关利益人暴富的同时，二级市场的普通投资者却蒙受巨大的损失。根据Wind数据显示，2001年6月至2011年10月，中国股市十年间的累计分红仅有7500.67亿元，近七成公司上市十年未有现金分红，上市之后公司的分红意愿也是逐年减弱。与此形成鲜明对比的是，十年来投资者累计为国家缴纳了5388.91亿元的印花税，加上投资者交给券商的交易佣金等各项交易费用，投资者的交易成本远远高于从上市公司获得的分红收益。而与此同时，A股流通市值从2001年约为1.5万亿元增长17.19万亿元，中国的证券化程度从不过13.6%，在10年后达到了42.9%；十年间股市首发募集资金却高达17685.44亿元，是股市前十年的6倍左右，股市重融资的特征在最近十年已经被无限放大。在统计显示，2011年A股总市值较年初锐减50837.79亿元，A股流通市值锐减28866.94亿元，如果流通市值损失平摊，则股民人均亏损4.2万元。2011年基金公司无一家赚钱，其总体亏损或超过4000亿元。最近三年半的时间里，基金管理公司给基民亏损了7101亿元。显然，中国股市的投资者不仅没有分享近十年中国经济高速发展和上市公司快速扩张发展的成果，反而在二级市场因为上市公司“重融资、轻回报”的行为、基金公司的管理费用、各种交易费用以及各种不规范的市场行为等蒙受巨大损失。

2. 融资者为中心的股市制度给市场运行带来的困境

(1)股市运行与经济发展状况不相适应，股指运行稳定性差

股市是观察经济运行状况的“晴雨表”，是维护金融安全的“缓冲阀”。中国股市二十多年的发展过程中，股指运行与宏观经济的运行关联度有越来越高之势，但与国外成熟的股市相比，股市与宏观经济的双向互动提升的重要纽带和核心价值关系尚未有效建立，即使与一些发展中国家的股市相比也呈现出常

脱离宏观经济运行的特点。在过去十年里，中国由世界第九大经济体跃居第二大经济体、世界第一大出口国和世界第二大贸易国。GDP 从 2001 年 11 万亿元增至 2011 年 40 多万亿元，年均增长超过 10%，以 302%的涨幅成为全球经济增速最快的国家，国家财政收入也从 16385 亿元增长至今年 100000 亿元以上，与长期陷入经济萧条和主权债务危机泥潭的欧美发达国家相比，中国的国家财富可谓是爆发性增长。从上市公司本身，十年间大多数上市公司，尤其是国有支柱企业的利润也在大幅增长，即使 2011 年下半年开始，A 股上市公司净利润平均增速滑落到不足 20%，也属于可以傲视全球的业绩。资金面上，十年间中国的货币供应量从 13 万亿元增长至现在的超过 84 万亿元，增长了 546%，可谓是裂变式增长。与此同时，中国股市十年股指"零涨幅"，而美国道琼斯指数从一万点稳步上涨到一万两千点以上，累计涨幅达 22%，英国伦敦金融时报指数上涨了 6%，德国 DAX 指数涨幅也逾 16%。发展中国家的印度，股市十年涨幅达 417%，印尼和巴西的股指更是十年以 967%和 428%的涨幅领跑，与 A 股联系最为紧密的香港恒生指数十年上涨了 69%，台湾加权指数涨幅也达 27%。再从 2011 年世界股市运行来看，由于欧债危机在 2011 年持续发酵，欧洲地区的股市成为表现糟糕的"重灾区"，意大利股市领跌，全年跌幅超过 24%。2011 年美国道琼斯指数收涨 5.53%。亚洲股市 2011 年为三年来首次年度收跌，跌幅约 18%；中国沪指下跌 22%，跌幅居全球前列，甚至跌幅超过饱受欧债危机影响的众多欧洲国家股市，显然与中国 GDP 增长达 9%的水平不相适应，股市运行背离经济运行基础，并在现实中形成"造富效应"和"马太效应"。股市走势不仅表现为涨少跌多，与中国经济发展不相适应，而且因各种市场操纵行为和市场政策的频繁多变而呈现出大幅波动的特点，稳定性较差。

(2)资源配置效率低下，企业发展缺乏可持续性

资源配置本来就是股市的重要功能之一。通过市场机制可以使市场资金流向效应好、发展潜力大又极需资金的企业，形成企业优胜劣汰的机制，实现资源的优化配置。然而，融资者为中心的股市制度却导致股市的资源配置功能难以实现。一方面，新股发行的高额超募行为使募集的资金难以有限发挥效益。据 Wind 数据统计，截至 2011 年 10 月 24 日，已经上市的 269 家创业板公司超募资金总数达 1116.9 亿元，超募率高达 98%。但创业板上市公司 84.66%的超募资金闲置于银行，就算使用也是偿还银行贷款和补充流动资金为主，更有甚者，直接把超募资金用来购房购车。如神州泰岳的第一批超募资金 2.5 亿元用于研发及办公用房的购置与建设；南风股份使用了包括超募资金在内的资金竞

买国有土地使用权；探路者动用6600万元超募资金购置房产等。如此多的超募资金无法真正用在刀刃上，而众多的中小企业发展却面临资金困境，资金配置效率低下。创业板公司对于超募资金使用仍缺乏明确规划和有效渠道，部分创业板公司可能因超募而走入歧途。另一方面，新股“三高”发行的制度性创富效应，形成了一批又一批公司高管和原始股东减持潮和离职潮，反映出众多的创业者在企业上市后面临唾手可得的巨额财富而缺乏经营实业的动力，离职套现成为必然，使企业的持续发展受到影响。

(3)投资价值缺失，股市暴涨暴跌现象不断

成熟的资本市场上，广大投资者应该重视上市公司的长期发展和分红回报，同时上市公司也必须以业绩的成长为核心，以丰厚的分红回报市场和股东。上市公司分红制度作为衡量股市成熟度和吸引力的重要标志，越来越成为一个广泛的共识。在比较成熟的欧美资本市场，红利分配比率要远远高于中国。据相关数据显示，美国上市公司的现金红利占公司净收入的比例由20世纪70年代的30%~40%提高到20世纪80年代的40%~50%。现在，不少美国上市公司已经将税后利润的50%~70%用于支付红利。而我国近10年，共有173家上市公司在10年内未曾进行任何的现金分红；同时这些被称为“铁公鸡”的上市公司10年间再融资金额却达近400亿元。此外，上市公司总是期望通过送红股的方式使股权得到稀释，而这样不仅会使业绩下滑并且对公司的市场形象造成损害。况且在一个存在诸多不规范的上市公司资本市场，有着规范的分红机制的公司也很难继续保持正确的分红理念，反而破坏了市场的公信力，导致市场无法形成客观、公正的公司价值评价机制。

我国上市公司这种不分红的现象，已经具备一种普遍性。同时，普通投资者还面临多方面交易成本压力。据《投资快报》统计，从2008年至2011年A股市场企业融资1.69万亿元，券商佣金2610.53亿元，交易印花税为2404.75亿元，基金公司管理费为865.96亿元，交易所的交易经手费、上市初费和年费为222.92亿元，四年间这五台“抽水机”一共从A股市场抽走超过2.3万亿元。显然，在股市投资价值缺失的环境下，股民在股市上不能够通过正常的价值投资获得红利回报，势必会转向短期投机市场，通过高抛低吸获取差额利润，从而加大了股市风险。而在资金和信息都无法与机构投资者相比的情况下，股民们的盲目投机又导致股市价值体系紊乱，股市暴涨暴跌现象普遍，增加了资本市场的不稳定性。

三、建立以投资者利益为核心的整体制度设计

1. 股市功能再定位：以投资者利益为中心

中国股市总是在制度的变革与完善中不断繁荣和发展的，每一次股市制度的变革不仅使中国股市制度更为完善，也常常为股市带来繁荣并形成一轮新的大牛市。2011年10月，郭树清主席上任后立即着手整顿中国股市混沌和无序的运行机制，推出了退市制度和强制分红制度，积极引入长期的机构投资者，打击内幕交易，放松管制推行并购重组以及税费减免措施等一系列制度性改革，市场生态环境加速好转。然而，从夯实股市健康发展根基的角度出发，中国股市的制度变革还需重新审视股市的功能定位，把着眼点从融资方转向投资方，切实保障投资者的利益，以统一的监管原则平等对待各类上市公司，以投资者的角度来审视和要求融资方，建立以投资者利益为核心的股市制度。目前重新定位股市功能，就是要从过去重融资的观念转换到以投资者为中心，充分认识投资者对股市的作用，发挥股市的投资功能和资源配置功能，只有这样，股市的融资功能才能更好地体现，资本市场才能健康发展。

2. 提高上市公司质量是实现投资者利益保护和进行价值投资的前提

上市公司是股市运行和发展的基础，上市公司质量直接影响股市的健康发展。然而，由于长期以来我们过分强调股市的融资功能，忽略了股市的投资功能培育，未能从维护普通投资者的利益出发，建立相适应的制度来提高上市公司的质量，造成上市公司对股东利益的重视程度也严重不足，一些公司存在较为突出的公司治理问题，较多上市公司经营不稳定，公司业绩大起大落、分配方式和分红水平变化无常，并且许多上市公司存在着业绩造假、信息披露不规范的问题，部分大股东存在着控制上市公司和损害上市公司利益的问题，一些公司高管存在着内幕信息披露和违规买卖本公司股票以及操纵市场、利益输送的问题等。这些问题的存在，不仅使股市运行缺乏一个较好的基础，投资价值缺失，难以有效实现股市的资源配置功能，也使投资者利益难以得到维护，股市的融资功能也常常受到制约，股市缺乏持续发展的动力和基础。近期管理层进行了一系列的制度改革，其中推出退市制度、完善分红制度等制度均是促进上市公司治理、提高上市公司质量的重要举措。今后，还应进一步加强上市公司的治理工作，通过完善各项制度促进上市公司提高股东权益的重视程度，促

进上市公司运作规范，使上市公司的信息披露充分体现真实性、全面性、及时性的要求，并对上市公司分配制度、“大小非”解禁股减持制度、并购和交易制度等多方面进行完善，从机制上促进上市公司重视实业经营和公司的持续发展。

3. 从维护投资者利益角度健全各项股市制度

近几年来，管理层一直致力于股市各项制度的建设和完善，进行了一系列的股市制度变革，对中国股市健康发展起到较好的推动作用。然而，如果这些相关政策和制度的制定没有充分认识到以投资者利益为中心这一主题，便难免存在漏洞，从而影响制度和政策的实施效应。例如，2009 年新股发行制度改革，监管部门不再对发行价格和发行市盈率作出要求，定价放开后，IPO 的价格自然是快速上升，新股发行市盈率也是节节攀升，结果是造成上市公司的高额超募，客观上为企业“圈钱”和少数人的“造富”运动提供了帮助。如果当时新股发行制度改革能更多地从投资者的利益角度考虑，对企业“圈钱”行为和解禁套现行为制定更多的约束政策，如增加原始股解禁后的套现价格不能低于发行价等制度约束，则新股发行市场化的效果将会更好。又如，退市制度的推出，有利于促进上市公司优胜劣汰机制的形成，实现市场资源合理配置。但目前中国股市中存在的许多面临退市的企业并不仅仅是因为经营不善造成的，存在大量的违规问题和高溢价发行股票获取巨额财富后经营意愿不足等问题，企业退市后普通投资者是最大的受害者，退市制度中只有增加对企业经营者实施更严格的约束，加大违规处罚力度，退市制度才能真正实现优化配置资源和保护投资者利益的目的。再如，对“大小非”解禁股制度的完善，应该考虑解禁股对市场的影响，通过增加“大小非”解禁股套现进行征税等制度，维护市场的稳定发展。

4. 引导价值投资理念，促进股市长期稳定发展

价值投资理念是在世界成熟股市中进行投资的基本特点。长期以来，我国股市由于各项制度的不完善，上市公司运作缺乏规范的制度约束，股息远远低于银行利息的收益率，股市缺乏投资价值，投资者进入股市以追求短期差价为主要目的，即使一些基金等机构投资者也热衷于短期市场操作，不仅造成股市大幅波动，也是造成普通投资者普遍亏损的重要原因，不利于股市的长期稳定发展。目前，管理层大力倡导价值投资，肯定中国股市中蓝筹股的投资价值，通过建立引入长期机构投资者对的制度建设，降低投资者交易成本，打击市场

内幕交易和市场操纵行为来约束市场短线炒作等措施，增强投资者对股市投资的信心，引导投资者重视股票的投资价值，对股市的长远发展起到较好的推动作用。今后，还应从维护普通投资者的利益角度出发，进一步完善市场价值投资的相关政策和制度，如基金管理费的提取与运作业绩相联系的制度，对机构投资者长期投资的交易成本和税收进行优惠等制度，以及鼓励投资者长期投资、持股的一系列制度等。

第二节　市场估值与价值投资体系建设①

一、中国股市的估值问题

在现代市场经济中，股市赖以生存的基础就是实现社会资源的有效配置，促进价值创造和财富生产。要成功地实现这一基本功能，股市的价格就必须可靠地反映股票的内在价值，也即股市的定价是有效率的。只有构造有效地价格形成机制，提高股市的定价效率，股市才能健康快速的发展。伴随中国股市的对外开放程度的提高和加入 WTO 后金融业开放步伐的加快，中国 A 股市场如何国际化问题更受市场所关注，而股市连续四年的低迷并创下近五年新低，A+H 股发行方式提出后给市场带来的恐慌性，更使人们对 A 股市场的估值以及与国际市场接轨问题加以关注。如何评价目前中国 A 股市场的投资价值，正确对 A 股市场进行估值，不仅是重塑市场信心的关键，也是我们合理制定政策，落实“国九条”的重要基础。

1. 一价定律与本土决定权

对于目前中国股市的定价水平评估，通常有二种观点：一是以与国际接轨中应遵循的“一价定律”为理论依据对中国股市估值，认为目前中国 A 股市场定价水平偏高，仍缺乏投资价值，尤其是股市的结构性差异较大；二是认为中国股市具有自身的独特性和运行环境差异性，A 股市场的定价应具有本土决定权，而目前股市的长期低迷不振，管理层推出一系列利好政策也未能给市场带来信心，正是由于股市定价的本土决定权的丧失。

股市的定价理论最早由索尔尼古在 1974 年建立，按照其建立的国际资产

① 涂人猛. 中国股市的估值问题研究[J]. 证券与投资，2006(1).

定价模型(ICAPM)，他认为在资本全球化流动的情况下，一国资产的价格并不由该国投资人决定，而是取决于世界范围内的竞争性定价，即一国资产的价格取决于其对全球市场组合的收益和风险贡献，并由此，逐步形成了股市定价方面的“一价定律”。所谓“一价定律”，通俗地讲，是指同一种商品只能有一种均衡价格，不能存在两种价值。一旦存在两种价格，就会出现套利机会。理论上讲，任何一个套利者都会尽可能建立巨大的套利头寸，瞬间就能将价差平噬，让价格重回均衡。由于过去中国股市处于完全封闭状态，境外市场的估值压力无法传递，A股定价仅取决于国内的供求关系。而伴随QFII启动，资本项目完全开放的预期已不遥远，A股市场与国际接轨已成为不可避免的趋势，使A股市场的市盈率偏高、A股与H股的价差等问题也便受到市场关注，“一价定律”也便成为人们评估A股定价的一个重要标准。然而，“一价定律”所描述的是一个理想的经济世界，在那个世界中，市场无摩擦，没有税赋，没有交易成本和流动性差异，没有信息的不对称，不存在投资者的思维异质性，更不用说制度的障碍所导致的资金流动障碍。这样的市场中，任何一种证券都有良好的替代品，都可以被一组基础证券所复制。反过来，现实世界的税赋、交易成本、信息的不对称、制度障碍乃至于投资者的情绪波动，都有可能导致套利活动的失败。因此，由于各国的法律制度状况、经济体制格局、金融体系状况、市场机制发挥作用程度、资源配置状况、技术进步状况，经济社会生活条件等诸多因素的差异存在，“一价定律”在实践中并不能有效评估股市的定价，金融市场中有悖于“一价定律”的所谓“市场异象”比比皆是，不仅在不同经济水平的国家间的股市定价存在差异，欧元国家中的股市定价水平也有差异，即使在美国，Nasdaq证券交易所与纽约证券交易所的股票定价、市盈率水平也存在较大差异。

“本土定价权”论认为，不同的国家，投资者的构成不同，国民的储蓄倾向和承受风险的偏好不同，可投资的领域和机会不同，利率和汇率政策不同，经济发展的阶段和成长潜力不同，即使同为成熟市场，各个市场对本土上市公司的估值仍存在较大差异，根本不存在什么统一的国际估值标准。在讨论中国股市投资价值和估值时不能丢掉“中国话语权”，“拱手相让定价权”，而应坚守“本土定价权”，要以A股市场的价格来确定海外发行价格水平，以维护A股市场的稳定性，在运用价值投资理论时也应从本土化的角度来考虑。“本土定价权”论考虑到各国和各个股市的差异和独特性，也有助于中国股市的正确估值和稳定。但股市是一个买卖双方交易形成的充分竞争的市场，而在一个充分竞争的市场中，无论是买方还是卖方，都不是市场价格的制定者，只能是市场价格的接受者，只有在垄断市场中才存在卖方定价。因此，对于股市来说，既不存在卖方垄断，也不存在专营，参与市场交易各方本来就不存在谁拥有决定价格权利的问题。在原来封闭的市场环境下，市场对股市价值认识又存在着局限性情况下，中国股市的定价可依靠政策和资金定得过高，形成高市盈率的特点，享受所谓的“本土定价权”。但在开放条件下，这种定价水平难以得到海外投资者的认同，在这种情况下，买方介入市场时会更多地考虑投资的风险溢价比，当投资者认为市场风险较大时，如果不能获得令他满意的风险溢价，市场价格就可以被认定是高估的，而且既不考虑市场的市盈率处于什么水平，也不会考虑沪指 1300 点是否已经处于很低的位置。

显然，“一价定律”和“本土决定权”论对股市的估值均有帮助，但两种观点也均有局限性，需要我们正确认识和运用。“一价定律”是我们进行股市估值和定价的基本原理和基础，而“本土决定权”论考虑了市场的差异性和各地域差异的特点，要求我们进行中国股市估值时应结合中国国情，这样，更有利于中国股市的发展。

2. 中国股市的估值和定价的国际比较

衡量股市的估值和定价水平，通常包括绝对估值法和相对估值法。绝对估值法是以未来现金流贴现值来衡量的，预期收入越高，其现值就越高。但因未来收入的不确定性使公司预期收入变化较大，投资者的风险偏好又不同，使用该方法的结果差异也很大。相对估值法主要是以市盈率、市净率等指标来分析，并可通过不同股市间的相关指标比较分析，对市场估值和定价做正确判断。这里通过对相关的指标的分析比较，我们可以发现中国 A 股市场的定价和估值具有这样几个特点：

(1)整体呈现大幅回归价值

近三年半来，中国股市经历了大幅调整走势，在股指大幅回落的同时，A 股市场的市盈率水平下降较快，股市投资价值逐步体现。2001 年 6 月时，市场平均市盈率水平高达 76. 98 倍(全部样本)或 61. 89 倍(剔除亏损)，股指的高企和股价明显偏高，而宏观经济当时又处于低谷之中，A 股市场形成的高市盈率既缺乏盈利基础作支撑，也缺乏国内和国际经济环境的配合，股市展开三年多的价值回归之路成为必然。而经过三年半的估值回落和近年宏观经济环境的改善，目前 A 股市场的定价水平也发生较大的改变，从截至 2004 年 10 月 27 日公布的 1090 家第三季度报表测算的沪指加权平均动态市盈率为 22. 31 倍；按 2004 年中报收益水平测算沪指的加权平均动态市盈率为 20. 45 倍，平均市净率为 2.29 倍，也即当沪指在 1300 点水平时，A 股市场的平均市盈率水平已基本接近国际成熟市场标准。

(2)定价水平仍相对偏高

尽管 A 股市场经过三年多的回落，整个市场市盈率水平也大幅下降回至历史相对低位，但与国际市场相比较仍显偏高的特点：

①从表 5-1 中数据比较，A 股市场的整体市盈率不仅远高于成熟市场的市盈率水平，更远高于一些对外开放的新兴市场。

表 5-1　**全球主要市场平均市盈率**

	各大市场平均市盈率	市盈率(倍)
成熟市场	美国道琼斯工业指数	17.7
	英国金融时报 100 指数	21.84
	德国 DAX 指数	21.2
	法国巴黎 40 指数	17.07
	香港恒生指数	16.83
	平均	18.93
对外开放的新市场	印尼雅加达综合指数	12.33
	吉隆坡综合指数	14.72
	菲律宾综合指数	14.09
	台湾加权指数	17.27
	汉城 KSI　KOSPI　50 指数	12.1
	平均	14.10
中国 A 股市场	所有 A 股(不含亏损股)	26.73
	所有 A 股(含亏损股)	32.89
香港 H 股	含 A 股的 29 只 H 股	14.54

注：市盈率计算以 2003 年度利润为依据，中国 A 股和 H 股计算截止日为 10 月 15 日，其他境外股市市盈率截止日期为 8 月 20 日。

(资料来源：《投资与证券》2004 年 12 月第 8 页)

②从蓝筹公司的定价来比较，中国蓝筹公司定价水平也呈偏高的特点(见表 5-2)。

表 5-2　　　　**中国蓝筹公司定价水平的国际比较**

	统计值	PE	预测本年 Pe	预测下念 Pe
B、H 股平均	简单平均值	16.59	13.62	11.88
	按市值加权平均值	12.81	10.90	10.43
	以各 B、H 股公司市值为权重的国际行业平均市盈率加权平均值	12.37	13.01	12.47
	与合理市盈率的定价差距	3.56%	-16.23%	-16.37%
A 股平均	简单平均值	28.10	23.53	22.06
	按市值加权平均值	19.79	15.36	14.31
	以 A 股各公司市值为权重的国际行业平均市盈率加权平均值	14.90	13.40	12.83
	与合理市盈率的定价差距	32.89%	14.64%	11.50%

注：数据获取日期为 2004 年 12 月 1 日。

③根据不同行业上市公司的市盈率作比较，A 股市场除硬件行业的公司估值偏低外，其余均偏高(见表 5-3)。

表 5-3　　　　**全球股市主要行业平均定价水平一览表**

一级行业	二级行业	定价参考	PE	预测本年 Pe	预测下年 Pe
基础原材料	石化	前 10 名平均	12.20	11.15	11.16
	钢铁	行业平均	10.12	7.36	7.46
	有色金属	前 10 名平均	16.86	12.95	10.69
	煤炭	行业平均	28.97	19.10	13.33
工业	水泥	行业平均	16.55	13.56	11.96
	工程机械	行业平均	19.46	17.00	14.44
	造纸	行业平均	15.64	17.15	14.52

续表

一级行业	二级行业	定价参考	PE	预测本年 Pe	预测下年 Pe
非周期性消费品	酒精饮料	行业平均	19.45	19.16	17.20
	食品	行业平均	20.45	16.06	14.10
	服装纺织	行业平均	19.15	17.69	15.47
	医药	行业平均	18.95	19.46	17.32
	零售	行业平均	19.55	19.55	16.76
信息技术	软件	行业平均	27.42	25.70	22.36
	计算机	行业平均	21.07	20.85	19.62
	元器件	行业平均	23.64	20.00	19.25
周期性消费品	汽车	行业平均	13.54	10.52	8.92
	房地产	行业平均	21.24	19.85	18.91
	家用电器	行业平均	16.26	15.13	14.66
金融	银行	行业平均	14.34	13.20	11.92
通信	电信	前10名平均	9.40	13.94	12.47
	传媒	行业平均	23.05	24.35	21.66
交通运输	航空	行业平均	16.25	16.23	14.84
	航运	前10名平均	15.50	11.69	10.75
公用事业	电力	行业平均	17.38	15.10	15.16
	水务	行业平均	19.74	19.61	18.42
简单平均值			18.25	16.66	14.95
以行业前10名公司平均市值为权重的加权平均值			17.58	16.78	15.30

说明：数据获取日期为2004年12月1日。

当然，目前中国股市整体定价偏高的前提存在股权分置问题，三分之二非流通股是否以大比例折股上市流通将直接影响到整个市场市盈率水平的变化。

(3)盈利能力和股息回报率低

一个市场的合理定价水平将取决于投资者要求回报率与股票资产在给定价格下所能提供回报率之间的均衡。近三年来，投资者所要求的预期回报率已有了很大程度上升，但仍未达到与A股上市公司的投资风险相匹配的状况。这一变化反映在A股市场公司的整体盈利能力相对不高，如2003年整体净资产收益率为7.62%，可持续增长率为4.15%；蓝筹公司分别为10.81%和6.44%，均低于经济长期增长率。另一方面，A股市场的股息回报率低，众多公司不愿意采取现金分红方式，2003年A股市场整体的股息回报率约为1.35%，蓝筹公司约为1.71%，远低于全球市场的水平，而发达市场与新兴市场的股息回报率平均为2.74%与3.00%(如表5-4所示)。A股市场重融资轻回报的做法，在某种程度上也影响了市场的投资价值的定价水平。

表5-4　　**中国A股盈利能力的国际比较**

指数	PE	PB	ROE (%)	12个月股息率 (D/P,%)	派现率 (d,%)	过去15年GDP增长率(%)	预期回报率 (Ke,%)
欧、美、澳、日等发达市场主要指数	21.23	2.38	12.38	2.74	48.5	2.94	10.29
亚非拉等新兴市场主要指数	16.51	1.99	12.54	3.00	49.52	4.78	15.65
上证A股	29.89	2.43	8.12	1.49	44.51	9.05	11.85
深证A股	35.67	2.37	6.66	1.25	44.48	9.05	11.85

(资料来源:《中国证券报》2004年11月5日第16版)

3. 重构中国股市估值的基础和标准

理论上来说，一个市场的合理定价水平将取决于投资者要求的投资回报率与股票资产在给定价格下所能提供回报率之间的均衡。作为股票资产的需求方，投资者对其投资的品种要求了一个投资回报率，这取决于无风险利率与股票风险溢价；作为股票资产的供给方，上市公司则提供了一个资产收益率——这取决于股息回报率以及盈利增长率，则意味着市场的定价处于合理水平，也即市场达到了“定价均衡”。然而，投资者的预期回报率及其实现，不仅与上市公司的盈利能力，股息回报率紧密相关，还会受到众多因素的影响，如股本结构、宏观经济环境、企业成长性、市场投资偏好等，因此，前述比较分析是反映了中国股市定价的一个基本现状，但并不能因此而确定中国股市定价究竟是高还是低，我们必须根据中国股市的特殊性重构股市估值的基础和标准。

(1)解决股权分置是股市估值的前提和基础

股本结构中存在着流通股和非流通股的股权分置现象是中国股市的重要特点。三分之二的股本不能流通，不仅影响了股市的运行机制和功能，也使股市定价基础呈现出模糊不定的特点。在这种情况下，如投资者不能从二级市场上获取更多差价，仅强调现金分红的回报举措，只会使流通股股东遭受更大的不公，市场化的股票发行机制以及 A+H 股发行模式的实施，也只会造成人为地打压股指，否认流通股股东的含权性，与保护投资者的利益这一原则相背离，解决股权分置问题时，究竟以怎样的方式对流通股作补偿，也直接影响到市场的整体市盈率水平，净资产收益率等一系列指标的变化。显然，在股权分置这一基础性问题未解决时，股市估值和定价便缺乏标准和基础。由于上市公司净资产一半以上增值来源于流通股股东，长期以来流通股又与非流通股处于同股不同权、同股不同价等极不合理的状态，流通股股东的利益严重受损。从“三公”原则出发，流通股应从非流通股的流通中获得溢价的分享和补偿，这就是流通股应具有含权的特点，并且流通股的含权多少应与过去其损失相对应。

(2)从中国股市的运行环境及特殊性建立科学的估值观

股权分置问题的解决是进行股市定价和估值的基础，但股价的运行在股权分置问题解决后还会受到更多因素的影响，需要我们从中国股市运行的内在因素作分析，建立科学正确的股市估值观。

①市场成长性影响股指预期。中国股市属新兴的发展中市场，整体规模相对不大，成长性特征明显，市场发展具有较广阔的空间，这种新兴发展中的股市，通常因市场的成长性特征而吸引众多投资者参与，也决定了其市场定位可以相对较高的市盈率来定位。同时，中国经济近几年形成高的发展速率与上市公司整体业绩的高成长性不断显现，也对股市的估值和定位有较大的影响。企业的高成长性和股本的高扩张性，赋予了市场定位的市盈率可以相对较高。

②投资者结构影响市场定价。投资者的投资行为是决定股价波动的一个重要因素。中国股市中小投资者比例相对较大，机构投资者经过几年发展有了较大改变，但整体上所占比例仍低，中小投资者缺乏专业投资素质，对公司基本面缺乏研究，其投资行为具有盲目性、短期性特点，在市场中常形成“追涨杀跌”的现象。机构投资者通常以价值投资为基础，注重于上市公司的基本面研究，投资行为具有中期性、长期性特点。中小投资者比例过大，是造成股市波动相对频繁的重要原因。东方人性格中的喜好风险和博弈的特点，也常造成市

场均换手率高、波动大的特点。

③市场运行环境差异影响着市场定价。中国股市运行的环境不仅体现了有较好的经济增长前景作基础，而且体现在货币利率水平、财务制度状况、市场机制发挥作用程度、金融体系状况等各方面均与西方国家存在差异。每年8%~10%的经济增长速度，对股市的定价和估值起有支撑作用，国家对资本市场发展的高度重视和出台的众多实质性发展股市的政策也对股市的估值和定价起有影响作用，而近几年中国成为全球最好的投资场所之一，引进外资数额不断增加，QFII规模日益扩大，中国加入世贸后体制风险的进一步减弱，也均会影响着股市的中长期定价变化。显然，中国股市的估值不能简单照搬国外股市，盲目实行“一价定律”，而应遵循股市运行规律和中国股市的复杂性、特殊性，建立与中国实际相一致的股市估值标准。

(3)构建多元估值指标，有效评估股市定价水平

目前，我们评估股市的定价水平时常缺乏统一的标准，大多以市盈率、净资产收益率等指标作分析。分析和评估中国股市定价水平时，我们应采取多元指标来综合分析，全面准确地判断股市的定价水平。目前，我们可以用三类指标作分析：一是市盈率、市净率等静态的指标作分析，在股权分置问题解决后，这些指标的高低可以参考国际市场的水平标准，再根据中国实际进行比较分析。二是反映投资回报的一些相关指标，如净资产回报率、资产回报率、股利报酬率、投资收益率、股息发放率等，这类指标的运用应根据中国的经济发展水平和商业银行利息水平进行比较分析。三是兼顾行业成长性和流通股本大小方面的指标。处于朝阳阶段的高成长性行业，通常在定价时具有偏高的市盈率水平；而流通股本的大小又直接反映到个股的资金供求状况，流通股本较小个股，在定价时具有相对偏高的市盈率。显然，只有综合考虑影响股市定价的多重因素，我们才能正确地评估中国股市的定价水平，有效促进中国股市的健康发展。

二、构建价值投资型中国股市体系

2013年的中国股市在全球股市一片涨声中却下跌6.75%，上证指数创下1849点的近年最低点，2014年上半年并再创1974点的低点，一直在1974点至2177点之间不足10%的空间内运行，成交也呈现呈现出极度低迷态势，创下上证指数二十三年以来的振幅最小纪录。而与此同时，美国标普500指数在2013年大涨32%之后，2014上半年又进一步上涨6%，并将历史高点提升至

1962.87点。然而，在经济基本面变化不大的情况下，中国股市在政策面的刺激下却重新活跃并展现牛市行情态势。2014年5月国务院颁发了《关于进一步促进资本市场健康发展的若干意见》对促进资本市场健康发展进行顶层设计和统筹部署，推动券商股带动的蓝筹股形成的短期暴涨和广大投资者却"满仓踏空"的行情，"改革红利释放"成为中国股市展开了新一轮牛市行情的主要推动力。显然，经过二十多年的发展，中国股市仍然没有改变"政策市"的特点。如何构建中国股市制度，使股市发展与宏观经济运行紧密结合，促进中国股市健康发展，我们需要从价值投资的角度入手，构建价值投资型中国股市体系。

1. 价值投资及投资理论

股市投资有多种理论和方法，其中依托于基本面分析形成了两种以基本面分析为基础的投资理念和方法，即注重股票投资价值的价值型投资和注重股票未来业绩可能大幅增长的成长型投资。所谓价值型投资，是指投资者通过基本面估值理论来评估某一金融资产的基础价值，并将评估的基础价值与市场价格相比较，在此基础上专门寻找价格低估、能获得足够的安全边际的证券进行买入的投资方法。与成长型投资不同的是，成长型投资者强调通过对某一金融资产的行业发展前景和成长潜力进行分析，寻找后期价格可能出现大幅上涨、具有极大想象空间的证券来进行买入。价值型投资者偏好利用本益比、账面价值或其他价值衡量基准选择价格偏低被低估的股票买入。反映在市场操作中，则表现为价值型投资者多选择有较好业绩、收益预期稳定的大盘蓝筹股；成长型投资者多选择新兴行业中成长性较好、投机性较强、预期收益波动性较大的中小盘科技股。

早在19世纪马克思就在《资本论》中对证券的价值有论述，认为证券价格的决定因素可归纳为预期收益的大小及其可靠度和利息率。随后，希尔法登（Rudoff Hilferding，1877—1941）继承了马克思在《资本论》中的一些股票价值投资理论，在其著作《金融资本论》中对成熟的资本主义经济下的金融经济现象进行理论分析，提出了股票的虚拟资本价值是用每股股票将来股息收入除以市场利率得出的。然而，关于价值型投资方法的形成最早可以追溯到20世纪30年代，是由哥伦比亚大学的本杰明·格雷厄姆首先提出，他首先将富有逻辑的分析原理引入到股票市场的投资中，成为价值投资分析流派的创始人，被誉为"价值投资之父"。后来，伯克希尔·哈撒威公司的CEO沃伦·巴菲特将价值投资理念运用于股市投资获得巨大收益，沃伦·巴菲特也成为通过股市投资而跻身于世界级富豪的第一人，使价值投资方法在20世纪70到80年代的美国受到推崇。

本杰明·格雷厄姆是第一个强调股票具有内在价值的学者，认为股票价格总是围绕其内在价值而上下波动的。1934 年，格雷厄姆和多德合著的《证券分析》对股票内在价值进行了全面阐述。他认为任何证券都有其的内在价值，证券价格反映了发行主体的经营实绩，即使证券价格短期可能出现大幅波动，证券价格是不能长期脱离价值的，所以进行证券分析必须仔细地研究有关证券发行主体的财务数据及其基本面情况，努力去发现该证券的内在价值再进行投资。本杰明·格雷厄姆的证券投资分析思想主要包括三个方面：①金融证券的价格常常会受投资者心态、市场消息、各种政策预期等一些影响深远但又变幻莫测的因素影响。格雷厄姆称这种随时都能支配证券价格的非人力因素为“市场先生”。②尽管各种金融证券的市场价格变化无常，并常常会出现大幅波动现象，但这些金融证券具有相对稳定的基础经济价值，即内在价值。而这一基础经济价值可以通过一些方法来合理地计算和衡量。1938 年约翰·B·威廉斯首先使用“贴现”概念提出计算股票内在价值的计算公式，后来，耶鲁大学的欧文·费雪进一步发扬光大，提出现在广泛应用的股票内在价值计算公式，即 $V=\sum_{t=1}^{\infty}\frac{D_t}{(1+i)^t}$。③当证券的市场价格明显低于理论计算所得的内在价值时进行投资，最终都会形成超额回报。格雷厄姆将价值和价格之间的这一差价称为“安全边际”。显然，上述论述也反映出进行价值投资的基本思路是，根据股票价格总是围绕“内在价值”进行上下波动，而内在价值又是可以测定的，投资者进行时投资首先要考虑股票的内在价值；尽管股票价格受到市场因素影响具有较大的不确定性，但股票价格长期来看有向“内在价值”回归的趋势，在进行股票价值判断的基础上，投资者应该树立正确的投资态度，进行长期投资；同时，投资者也应树立“安全边际”思想，强调风险控制，在股票价格低于内在价值时进行投资机会较大。

从股市的长期操作实践来看，资料也显示在不同的时间段、不同的市场下进行价值投资组合，投资的收益率均高于整体市场平均收益率，在我国进行价值投资的基金经理的业绩也能够长期优于市场平均水平。进行价值投资所创造的投资收益远远高于其他方法，既反映出价值投资理论在股市投资分析中的重要性，也成为引导投资者找有投资价值的股票进行理性投资的重要思想基础。

2. 股市制度顶层设计存在偏差，难以形成价值投资理念

价值投资理论作为股票市场投资的一个重要基础理论，在国外成熟的股票

市场实践中被广泛运用并获得成功。在中国股市中，价值投资理论的运用近几年虽然地位不断提高，获得部分投资者的青睐，但市场整体上仍表现为无论是机构投资者还是个人投资者都热衷于投机行为，追求市场投资的短期效应，使得价值投资理念难以有效建立。这种市场投资理念的偏差，反映出中国股市在制度设计、价值投资型市场体系建设、上市公司运行、投资者投资行为和市场运行机制的设计等方面均存在较大偏差，制约了市场价值投资行为培育和发展。

(1)股市制度设计偏差使股市投资价值效应难以形成

我国股市的顶层设计从一开始就是为企业改革和企业融资进行服务的。产生于20世纪90年代初的中国股市首先是因为国有企业需要大量筹集资金，而股市具有可以解决企业发展资金不足的功能。邓小平同志南方讲话后，我国开始建立市场经济体制，对企业的经营机制转换提出新的要求，而股份制改革又是企业经营机制转换的重要渠道，为国有企业发展服务和中国经济转型服务便成为中国股市的重要特色。经过二十多年的发展，国家和一些学者学对股市功能的认识也在不断发展和变化，从90年代单一认识股市为国企企业融资的功能、吴敬琏的股市交易过分投机的"赌场论"，到2003年管理层提出的股市也应给投资者增加财富和创造就业机会等功能的论述，以及随后管理层反复强调的投资者保护论述。伴随中小板市场和创业板市场的建立，管理层又为实现我国经济转型而强调股市应该为中小企业和民营企业发展服务，近期周小川又提出资金进入股市也是支持实体经济的论述，反映了国家和学界对股市功能认识的不断深化，保护股市投资者利益，尤其是保护中小投资者利益，以及大力发展中小企业和民营经济，为实现中国经济转型服务等功能也受到较高的重视，然而，直到目前，股市为企业和国家服务为中心的功能仍未根本改变。在投资者、融资者、相关中介和服务机构等几个市场主体中，融资者始终是制度设计的受益者。"保护中小投资者利益这一国际资本市场的通行原则，在各种现实利益诱惑面前被长期虚化，这种以融资者为中心的股市制度设计的不断延续，给中国股市的发展带来一系列的问题",① 尤其使股市投资价值功能缺失，投资者热衷于短期市场效应，股市波动幅度大，换手率高，投机氛围明显。在2014年以来的股市炒作中，投资者的投资追求的不是依据市盈率等指标进行价值投资，而是追求股票的"市梦率""市胆率""市傻率"，创业板市场的疯狂也反映了这一特点。

---

① 中国证券业协会. 证券投资分析[M]. 北京：中国财政经济出版社，2006.

(2)上市公司"圈钱"效应突出，企业缺乏持续发展动力

以企业融资和为政府服务为中心的中国股市制度体系，使20世纪90年代"国有企业"成为股票市场上市的主要对象，处于困境中的国企试图通过股票市场获得资金以求解困，管理层甚至推出一系列只允许国有企业发行股票和上市的相关政策，出台了企业上市必须"捆绑"濒临破产的其他国企的规则。在这种政策取向下，中国股市为国有企业发展筹集了大量资金，尤其是在2006年至2007年有众多的大量巨型央企和五大银行发行股票和上市，股市为企业融资达到高潮。显然，这种股市发行和上市制度，使一些公司在股票发行和上市后很难依靠自身的业务竞争力健康发展，也很难给投资者带来很好的回报，同时，一些企业不完全受通常市场规则约束，具有免责"金牌"，经营和运作过程中即使违规甚至违法，证券市场的监管者有时候也奈何不得他们。2004年以后，中小板市场和创业板市场的建立，为众多的中小企业和民营企业的融资提供了渠道，也为我国经济转型奠定了基础。但片面的定位于筹资功能的中国股市，加上一些市场规则的制定不合理，实施片面的市场化新股发行和定价制度，对中国股市造成更大地冲击。中小板和创业板的上市公司大部分是民营企业，在新股发行定价的市场化和股票市场的全流通环境下，新股发行的高定价，使民营上市公司的实际控制人的追逐利润的目标更为突出，尤其是2008年的世界金融危机使实业经营环境恶化，一些企业更是追求用高发行价发行股票，以求在股票禁售期满后好高位套现，股票市场形成高发行价、高市盈率、高超募资金的"三高"现象，创业板成为一些企业大股东条形出逃的"造富板"和"套现板"，股市变成"圈钱"机器，导致众多的企业家经营实体经济的动力和愿意明显不足，企业发展受到制约，缺乏可持续性。

(3)低回报的分红效应造成投资者持股的短期效应突出

成熟的资本市场极其重视上市公司的分红回报，上市公司也只有注重于公司的成长性，以丰厚的分红回报投资者才能在市场中获得更大的发展机会和空间。与比较成熟的欧美股市相比较，中国上市公司对企业分红极不重视，只顾"圈钱"而不考虑回报，即使分配红利，也是更热衷于送红股而非现金分红，现金分红在股市净收入中的比例较低。据相关数据显示，美国上市公司的现金红利占公司净收入的比例由20世纪70年代的30%~40%提高到20世纪80年代的40%~50%。现在，不少美国上市公司已经将税后利润的50%~70%用于支付红利。① 在我国，通过对上市公司再融资等条件制定一系列强制的、半强

① 郑振龙. 各国股票市场比较研究. 北京：中国发展出版社，1996.

制性的现金分红政策，使一些上市公司的现金分红比例有所提高，但仍然有173家公司在近十年内未曾进行任何的现金分红。统计数据显示，1990年至2010年末，国内A股累计融资4.3万亿元，A股累计完成现金分红总额约1.8万亿元，普通投资者所分享的红利最高不过0.54万亿元,① 年收益率远远低于银行的存款3%的年收益率。显然，在一个投资回报较低的市场里，投资者不能通过正常的价值投资获取红利回报，那么通过市场炒作股票来获取差价收益，追求各种概念炒作以获取短期收益便成为必然。而机构投资者为获取股票投资收益，也不必采取价值投资思路，而是迎合中小投资者的短期炒作行为，通过与上市公司联合编故事、讲故事，只要故事讲得好，"猪"也能飞上天，在2014年以来的股市运行中，形成一批所谓"飞猪"的概念股。机构投资者把股票价格炒高后再引导中小投资者接盘以获取收益，导致市场投资者无法对上市公司的投资价值正确地判断，股票市场的股价定位体系出现紊乱，一些市盈率不到10倍的大盘蓝筹股受到市场冷落，而小盘股不断被爆炒，股价严重脱离价值，股市暴涨暴跌现象普遍。

(4)市场运行机制不完善和体系的不健全制约了市场的价值投资

近20多年的发展，中国股市的运行机制有了很大的改变，市场化特点更为突出，市场体系建设也取得了很大成绩，从主板市场到中小板市场、创业板市场、三板市场以及相关衍生品市场的发展，为投资者提供了丰富的投资产品。但目前的市场运行机制仍存在一些问题，统一的T+1市场交易规则，使中小规模的股票相对于大盘蓝筹股具有更多的活性，吸引更多的资金进入炒作。近几年主板市场极为低迷的同时创业板市场却不断创新高，投资者选股不考虑市盈率和市净率，而是考虑有题材的小盘股，造成股市低迷，众多的大盘蓝筹股股价跌破净资产，价值投资难以形成，即使机构投资者如基金等也追捧高市盈率的中小盘股票。对公募基金投资和基金管理公司的自身利益行为缺乏相关制度约束，基金在股市低迷，市道也难以保障投资者利益，2011年基金公司就无一家赚钱，其总体亏损或超过4000亿元。而市场对外开放的程度不够和运行体系的不健全，使价值投资型基金或机构投资者无法有效进入股市投资，价值投资理念难以建立。

3. 建设价值型市场体系的基本思路

当前管理层市场化改革正逐步推进、股市注册制改革也深入取得进展，改

---

① 郭政，吴卫星. 现代资本市场理论研究. 北京：中国人民大学出版社，2006.

革红利将逐渐释放。但要有效促进中国股市的长期稳定发展，我们必须建立价值投资型中国股市体系。

(1)提高上市公司质量是实现价值投资理念的前提

上市公司质量是股市运行的基础，上市公司的行为和业绩成长性直接影响到投资者投资股市的收益率，而上市公司发展的可持续性，也直接影响到股市发展的可持续性。长期以来，管理层一直注重于上市公司的公司治理和市场行为的监管，并通过一系列制度的制定来促进上市公司的规范运行，努力提高上市公司的质量，如制定和完善上市公司的信息披露制度，规范上市公司兼并重组方面的制度，完善上市公司分红制度等，近两年管理层又推出上市公司退市制度，有助于上市公司质量的提高。但目前市场运行的一些相关制度的不完善，使上市公司的经营实体经济的行为仍受到影响，股票上市后的高定价和原始股东的短期暴富现象，不仅影响到上市公司大股东的经营实体经济的意愿，各种“大小非”解禁股的套现行为，常常对低迷的市场形成冲击。目前仍然存在严重的信息披露问题，澄清公告常常成为上市公司与市场机构投资者共同操纵股价的工具。今后应该进一步完善各种上市公司运行的相关制度，促使上市公司的经营者注重于实业经营和公司质量的提高，为股市健康发展奠定坚实的基础。

(2)健全和完善股市运行制度，引导价值投资

建立完善的股市运行制度是促进中国股市形成价值投资理念的重要保证。尽管中国股市经过20多年的发展，各项股市运行制度也逐步完善，对股市健康发展起到较好的促进作用。但如何通过股市制度的建立促进市场形成价值投资理念，今后我们还需要作很多工作。第一，建立和完善鼓励投资者长期持股的相关政策，如建立对长期持股的交易成本和税收实行优惠政策等制度，引导投资者长线持股，进行价值投资。建立基金公司的基金管理费提取与运作业绩相联系的制度，既可以有效保护基金投资者的利益，又可以引导基金公司树立价值投资理念。第二，进一步完善退市制度，对企业经营者实施更严格的制度约束，加大对违规企业处罚力度，对一些因为违规和股票上市后获取暴利从而导致企业经营者经营意愿不足而使上市公司退市的现象从重处罚，并给普通投资者相应的补偿等制度，保护普通投资者的利益，引导投资者正确选择上市公司进行价值投资。第三，改革现有的分红政策，建立与投资者需求相一致的多元回报机制，并优化投资者回报外部环境，包括研究试点以股代息、完善股份回购等。同时，完善市场交易制度，如建立蓝筹股T+0交易机制，实行优先股制度等。

(3)加快资本市场的对外开放步伐，引导价值投资机构进入股市

目前，伴随改革的深化，机构投资者进入股市的步伐进一步加快，企业年金、养老金等长期资本也正渐次入场。通过QFII额度的不断增加和沪港通的交易制度建立，中国股市的对外开放也获得较大的发展。2016年深港通开通，将会引进更多的海外机构投资者，而这些长期投资于成熟市场的海外机构投资者更重视于价值投资，有利于价值投资市场的建立和形成。在建立和完善中国股市运行机制和制度，吸引海外机构投资者进入中国股市的同时，还应进一步完善关于机构投资者投资行为方面的制度和基金投资股票方面的一些政策，鼓励机构投资者进行长线投资，引导机构投资者进行价值投资。

第三节　中国股市的稳定性及调节机制①

2005年5月中国股市开始走出低迷，展开新一轮牛市行情。经过近两年的上涨，中国股指已翻几番，股市泡沫论开始充斥市场，成为学者和传媒时常论及的话题。但2007年10月后不到半年的时间，沪深股指便大跌50%，救市论又成为市场反复呼喊的主调。2008年7月以来，监管层多次强调维护股市的稳定，新华社因多次论及股市稳定问题而被戏称为“股评社”，《人民日报》和《瞭望》杂志也反复论述全力维护股市的稳定。然而，中国股市在这段时间却反复出现单日大涨大跌的现象，股指也以不断下跌的方式展开，沪指不仅下破2001年的高点2245点，并有考验2000点的态势，股市稳定性成为管理层考虑的首要问题。如何建立和完善中国股市运行的稳定机制，也便成为我们目前需研究的一个重要课题。

一、股市的稳定性概念及价格稳定机制

所谓股市的稳定性是指股指及股票价格的稳定性，即股指和股票价格短期波动程度及其调节平衡的能力。稳定性是市场结构设计的基本原则之一，也是市场运行所要实现的主要政策目标之一。保持证券价格的相对稳定性，防止价格过度波动，是证券市场的内在要求。较低的波动性有利于市场的健康发展，因为在风险与收益相对称的世界里，效用的最大化或者损失的最小化有赖于市

① 涂人猛. 中国股市的稳定性及调节机制研究[J]. 证券与投资，2009(3).

场的有效性。目前，学术界对是否需要稳定股价波动还存在着不同的看法。从市场有效性理论来看，采取稳定股价的措施，将会延迟股价反映的速度从而影响到市场的有效性，而在一个有效的市场中，相对的理性投机行为会使价格自然具有稳定作用，并且，只有波动的价格才可以使消费者和生产者获得利益。而赞同采取稳定措施的一方则认为，股市不是一个无摩擦的市场，股市的波动常会超过基本因素所能解释的幅度，投资者无法及时获得正确的信息而采取理性投资，只有价格稳定才能使社会趋近于帕累托最优状态。然而，无论学术界对是否需要对股市采取稳定措施存在分歧，但剧烈波动的股市不仅影响投资者的信心，也影响我国金融系统的安全和经济运行的基础，这已得到学术界和管理层的普遍认可。事实上，股市的稳定性只是一个相对的概念，波动性本来就是股市运行的一个重要特点，是市场运行的基础和内在属性。但波动过大的市场，不仅会影响到投资者的信心，也使股市的资源配置功能的发挥缺乏较好的基础。从股市运行的特点和内在要求上看，股市稳定性在内涵上应是使股价能尽可能围绕价值而上下波动，从而实现引导市场资源合理流动和配置，提高市场运行效率的目标。

证券市场的价格稳定机制可分为内生稳定机制和外生稳定机制。

内生价格稳定机制是指影响市场稳定的基础制度结构，包括经济、法律、政治制度以及一个能有效调节证券市场供求，及时反映价格变化的诸要素相互作用形成的市场。中国股市经过十多年发展和制度建设，目前管理层已建立了一套相对完善的内生价格稳定机制，如为提高上市公司质量，加强上市公司治理，建立信息披露制度；为了大力发展机构投资者，改变市场投资者结构，建立和完善市场交易制度及各项法规，加大执法力度，规范市场各类投资者行为，进行股权分置改革，完善公司法人治理结构等。这些相关制度的建设，对提高市场运行效率，保证股市健康运行起有较好的作用。近期，针对股市运行的现状，管理层所推出的大股东回购股权的机制，对上市公司现金分红制度的修改，试图通过可交换债券和二次发售解决大小非问题等，均属于市场内生稳定机制。

外生稳定机制则是指监管者运用行政手段抑制证券市场异常波动的若干临时或非临时的管制措施和规则。外生稳定机制又可分为自由式外生稳定机制和调控式外生稳定机制。自由式外生稳定机制是指监管者对市场参与者的交易行为基本不加干预，由市场的参与者通过市场交易自发稳定市场，监管者只有在市场出现重大突发事件时才采取一些特殊的措施来稳定市场。调控式外生稳定机制是指监管者不仅对市场设有若干价格与数量方面的交易限制，而且还经常通过行政手段干预市场，以降低市场的波动性。在建立外生稳定机制方面，我国也建立了涨跌幅限制、涨跌停板制度、T+1交收机制、股票停牌制度、大宗交易机制等一系列制度，并根据市场的运行适时出台一些相关的政策和措施，如降低交易印花税、控制新股发行节奏、建立平准基金调控股市的运行等，都属于外生稳定机制范畴。

显然，内生稳定机制是稳定股市运行的内在基础，而外生稳定机制则是股市稳定运行的重要条件和保障。只有构建一个完善的内生稳定机制，建立一个具有投资价值的股市，吸引众多的投资资金进入股市，股市才有可能围绕价值而有序波动。而中国股市长期受政策影响较大，具有政策市的特点，国家对股市的调控政策在一定阶段直接影响到股市的稳定，如何构建一个合理的政策体系，使各项保证股市稳定运行的政策能持续有效的得到贯彻，也是维护股市稳定运行的一个重要条件。

二、中国股市的稳定性现状及机制缺陷

从中国股市近18年的运行来看，市场投机性强，股价波动剧烈更是一直困扰中国股市运行的一个重要问题。首先，股价指数和个股价格波动剧烈。18年来，深沪股市经常出现年度股价指数上涨超过100%、年度跌幅超过30%的波动，不止一次出现过两三年内股价指数上涨超过几倍、跌幅超过50%的波动。2007年10月至2008年8月沪指便下跌超过60%，而同期美国及周边股市的跌幅仅在20%左右。一些个股出现了连续十几个甚至几十个涨停板或跌停板的情况，有的个股出现了一年上涨十几倍甚至更高或跌幅高达90%的情况。其次，市场交投极不稳定。十多年来，沪深股市既出现了年度总体换手率高达十倍的情况，也出现了年度总体换手率只有两三倍的情况；既出现了日交易量超过4000亿元的高纪录，也出现了交易量不足10亿元的低纪录；既出现了有的个股有时日换手率高达80%的情况，也出现了有的个股有时日交易量不足百股的情况。第三，市场融资功能表现大起大落。2007年，沪深股市直接融资超过7000亿元。然而，沪深股市过去多年出现了年直接融资额不足1000亿元的情况。有一些年份，沪深股市还出现了连续几个月停止新股发行的情况。第四，股市运行与宏观经济运行以及上市公司基本面的关联度较低，股指的涨落常脱离宏观经济背景，表现出过度涨落的特点，从2007年的股指疯狂上涨到2008年股指的过分下跌走势，市场运行与宏观基本面、政策的取向相矛盾，个股炒作突出，题材成为股价上涨的主要动力，造成一些个股的市

盈率极高。显然，上述这些现象，充分反映了目前中国股市的不稳定现状，并且，股市运行的这种不稳定状况在目前已带来一系列问题，直接影响到我国经济的运行和社会的和谐发展。

造成中国股市不稳定的原因，虽与目前中国股市尚处于发展初期阶段，市场刚完成股权分置改革，市场机制的形成需要一个较长的过程，投资者的行为尚不成熟，市场运行的内外环境发生急剧变化等因素有关，但根本原因在于股市稳定机制的不完善，无论是内生稳定机制还是外生稳定机制均存在明显的缺陷，难以有效地稳定股市运行。这些缺陷具体表现在：

1. 上市公司质量不高、回报低，缺乏投资功能

股市是一个投资的场所，具有投资功能是吸引不同投资者广泛参与的基础，也股市运行和健康发展的前提。长期以来，我们过分强调股市的融资功能，忽略了股市的投资功能培育，未能从维护普通投资者的利益出发，建立相适应的制度给投资者合理的回报，使市场缺乏投资的基础。一是分红制度不完善。尽管近几年，管理层对上市公司的分红制度已采取了一系列的改进措施，强调现金分红，并与再融资挂钩，但缺乏对所有上市公司进行制约的更完善的分红制度，上市公司的现金分红整体比例极低，即使在低迷市道低价买入的大多数股票长期持有，其每年的现金分红回报也远低于银行利息回报，导致投资者进入股市更注重于追求差价，助长了股市短期投机氛围。二是上市公司的质量总体不高，市场缺乏稳定的估值基础。我国较多上市公司是直接由国有企业改制上市的，一些公司存在较为突出的公司治理问题，较多上市公司经营不稳定，公司业绩大起大落、分配方式和分红水平变化无常，使投资者无法对个股的定价进行估值。三是上市公司存在着业绩造假、信息披露不规范的问题，部分大股东存在着控制上市公司和损害上市公司利益的问题，一些公司高管存在着内幕信息披露和违规买卖本公司股票以及操纵市场、利益输送的问题，在全流通的环境下，大股东的行为对股价的影响更为突出。目前，大小非的流通问题，也直接影响到股票的市场估值和定位，对投资者的持股信心影响极大，成为影响目前市场稳定的一个最重要因素。正是由于市场缺乏投资基础，国家大力发展的机构投资者和基金，并未能起到稳定市场的作用，反而被迫采取短线操作，加大了市场的波动性。

2. 交易机制不完善，缺乏避险功能

目前的中国股市仍是一个单边市场，没有股指期货和融资融券等反向交易

机制进行平衡，而单向交易制度难以满足不同市场主体的投资需求和风险偏好，不可避免地让参与者陷入被动做多和做空的恶性博弈中，不利于整个股票市场的稳定发展。由于只有股市不断上涨，进入市场的投资者才能赚钱，在涨升行情中，便会不断吸引场外资金介入，股指和股价也便会一路上行，市场追涨氛围也逐步浓厚并变为“博傻”，导致牛市行情中市场的上涨极度偏离内在价值。在下跌行情中，机构投资者为了后期市场上涨有更大的空间并迫使管理层出台利好政策，又会拼命打压股指，使市场形成恐慌氛围，导致股价回到投资价值区域也难吸引资金介入。所谓的“牛市不言顶”“熊市不言底”便反映了单向交易机制下的股市运行的一个重要特点。这种单边市场中，投资基金即使采取价值投资和“抱团取暖”等策略，也难以抵抗市场系统性下跌风险。同时，交易市场结构的不完善，债券市场发展滞后，投资品种偏少，一方面，使企业的融资渠道受到限制，另一方面，也导致股市成为投资者普遍介入的场所，而普通投资者的不成熟，常呈现非理性的投资行为，也是市场不稳定的一个重要原因。

3. 调控政策缺乏预见性，难以形成供需平衡的市场机制

在做好市场供需平衡方面，近几年管理层已经做了许多工作，如大力发展投资基金，加快机构投资者的发展，对新股发行节奏调控，对再融资进行限制，拟采取二次发售和可交换债券等措施解决大小非问题等。但由于调控政策的制定缺乏预见性、针对性和滞后性，难以及时有效地对市场供需平衡进行调节，反而造成市场的不稳定。2008 年中国股市的不稳定，首先是由平安保险的再融资引起的恐慌抛售，导致股指大幅下挫。随后，大小非的流通问题又引发市场的进一步下挫，2005 年前的股权分置改革虽解决了长期以来的股市制度性缺陷问题，但显然未能对目前市场所面临的供需失衡状况作充分估计。尽管大小非的解禁并不意味着都减持，8 月份市场减持数量大幅减少，市场主要压力在小非减持，但面对市值是现有流通量两倍的大小非，会在什么时候、什么价格以多大的量来流通都不明朗的情况下，市场信心严重受挫便成为必然。尤其是在大小非引起的市场恐慌还在延续的情况下，出台的新股上市规则又使上市新股的限售股锁定时间由 32 个月缩短为 12 个月，进一步使市场供需矛盾加大。据 Wind 资讯统计，2009 年股改限售股解禁市值为 17287 亿元，而首发限售股解禁市值为 20988 亿元；2010 年，股改限售股解禁市值大降至 4080 亿元，而首发限售股解禁市值却高达 36369 亿元，是前者的 9 倍。显然，中国股市长期偏重于融资的特点和政策作用过于突出，政策的调控又表现得缺乏预见

性、针对性和滞后性，导致市场供需平衡的市场机制难以形成，政策的变化也是股市运行不稳定的一个重要因素。

三、建立和完善具有中国特色的股市稳定机制

维护资本市场稳定运行，无论是对维护广大投资者的信心，还是对实现“保持经济平稳较快发展、控制物价过快上涨”的宏观调控首要任务，促进社会和谐发展都有着重大的现实意义。从中国资本市场健康发展的长远目标出发，我们也需要从战略高度看待市场的稳定问题，建立和完善具有中国特色的股市稳定机制。

1. 保护投资者权益是构建股市稳定机制的核心目标

投资者是以投入资金购买种类证券而介入证券市场的，是证券市场中的一个重要参与者。在中国证券市场的发展过程中，作为市场资金的供给者，投资者作出了巨大的贡献。近几年，管理层在对投资者的保护方面做了很多工作，体现在市场的各项配套制度、政策和措施的制定和完善上。但在构建各类市场主体间的利益机制中，普通投资者的权益仍未得到体现。普通投资者由于其分散性，在与各类市场主体的冲突中处于天然的弱势地位。与上市公司利益冲突中，上市公司常通过信息优势和内幕交易，操纵市场以牟取暴利的手段，大股东盲目圈钱，而普通投资者只能处于被动的承受地位。在交易过程中，受信息不对称性制约，中小投资者难以充分利用信息来保障其投资选择的准确性。同时，机构投资者还可利用资金、人力和关系等优势来控制股价，误导投资者，侵害中小投资者的权益。投资基金又面临基金公司不管盈亏都收管理费，而投资者却完全承担风险的格局。近期市场的不稳定格局的形成，进一步反映了中小投资者在与国家利益冲突中的被动地位。2008 年上半年，代表国家的保险资金有 1810 亿元资金撤离股市，保持盈利，而代表公众的证券投资基金却承担维稳的重任，上半年亏损达 30%～40%。目前，关于大小非的流通问题上，实质上也是普通投资者与国家间的利益冲突问题。股市的发展，便是通过各方利益的不断冲突和制度平衡而得到实现的。如何平衡各市场主体间的利益，是关系股市健康发展的重要问题。而普通投资者作为市场的弱势群体，是股市运行和健康发展的基础，无疑应管理层构建市场利益机制时需要重点考虑的对象，保护投资者权益则是构建股市稳定机制的核心目标。

2. 构建股市稳定机制应包括的内容

(1)公司治理机制和分红机制

完善上市公司的治理结构是提高上市公司质量和发展股票市场的基础。上市公司需在《上市公司治理准则》《上市公司股东大会规则》等相关法律法规的指引下完善公司治理结构，建立有效的股权激励机制，实现激励与约束的统一。同时，上市公司的分红机制建立又是促进投资者理性投资和吸引长期投资资金进入市场的重要基础。目前，在将现金分红与再融资挂钩的同时，还应进一步完善现金分红制度，如确立上市公司每年现金分红的比例和下限等。

(2)双向交易机制

尽可能尽早推出融资融券业务和股指期货，建立市场做空机制，通过建立市场的双向交易机制，使投资者可以进行反向交易，从而满足不同风险喜好投资者的投资需求。这种具有同时做多和做空的双向交易机制，在一定程度上能起到稳定市场的作用。

(3)供需平衡的市场机制

市场供需在静态上和动态上的失衡是股市运行不稳定的重要原因之一。股市的剧烈波动，既与我国股市缺乏足够的、长期的、稳定的投资资金有关，也与上市公司的融资需求变化很大有关。如何根据市场的有效投资需求平衡上市公司的融资需求，是建立股市供需平衡市场机制的立足点。可以从发行核准、交易税收、收益分配等方面采取措施，建立起“立体化”的供需平衡调控体系。当前，在解决市场资金面环境与上市公司融资之间的矛盾同时，还应充分考虑大小非的减持情况，通过政策和制度引导，化解目前市场存在的供需失衡状况。

(4)发行定价稳定机制

资本市场的定价既受到国家整体经济前景和股市运行的阶段性特点影响，还应以上市公司的基本面为基础。可以通过制度安排和政策调节，引导市场主体和中介机构在股票定价方面理性运作，尽可能地消除价格操纵等违法、违规行为，使证券发行的价格大体上符合上市公司的基本面和具有我国特点的市盈率、市净率定价规律。

(5)股市预警与调控机制

建立股票市场预警系统是保障股市运行稳定的重要基础。根据我国股市运行的特点和宏观经济与股市的相互关系，建立股票市场预警系统，对股市运行现状作判断，可以在股价过度偏离实体经济状态时采取相应的调控措施，通过平准基金的干预和各项调控政策的实施，达到稳定股市运行的目的。而市场的调控机制建立，将使管理层对股市的调控更具有预见性、适时性、针对性和协调性。

3. 构建股市稳定机制需采取的措施

(1)营造良好的市场运行环境

证券市场是一个环境高度约束性市场，除了证券监管部门的政策制定和监管外，国资管理部门、金融部门、财税部等各政府职能部门的政策出台也会对股市运行起较大的影响和制约作用，各政府职能部门对股市是否认识一致并采取协调一致的政策，直接影响到股市的运行状态。宏观经济运行环境和上市公司的经营业绩也是股市稳定运行的重要基础，各媒体的舆论更是造成股市波动的主要因素。近期，股市的不稳定，便与投资者对宏观经济运行环境预期失去信心有很大关系，而各媒体消息面上的变化，又是造成股市大幅波动的一个重要因素。营造良好的市场环境，就是要从基础上加强舆论引导工作，从机制上保障和促进各政府职能部门间的协调统一，提高政策和制度的稳定性和连续性，保证宏观经济稳定有序的运行，给市场及时、准确、全面地传导各种信息。

(2)提高上市公司质量

上市公司质量不高，是引发个股价格巨幅波动和投资风险的根源。要提高上市公司质量，就要加强上市公司治理，促进上市公司运作规范，使上市公司的信息披露充分体现真实性、全面性、及时性的要求，并对上市公司分配作制度上的规定，把上市公司的市值管理水平和分红情况与再融资挂钩，从机制上促进上市公司树立持续发展的思路。

(3)强化信息披露制度，确保市场规范运作。强化信息披露制度，利用法律手段规范各市场主体的行为，防止证券操纵和犯罪，是证券市场规范化的内在要求。目前，要进一步规范上市公司的信息披露，加强市场制度建设，严格市场监管控制，在进一步完善各项市场运作制度的同时，更要加大执法力度，同时，还应建立上市公司、证券公司等中介机构、投资者和其他参与方的行为自律机制。通过有效监管和各市场主体的自律机制运行，确保市场规范运作和股市的稳定发展。

(4)引导长期资金入市，加快发展机构投资者。一方面，应当继续加快基金公司和其他机构投资者的发展步伐，适当扩大 QFII 的投资额度，同时鼓励社保基金、保险公司、企业年金增加股票市场的投资比例，鼓励机构投资者进行长线投资。另一面，管理部门（包括证监会、保监会等）对于所监管机构的投资也应当出台一些规范和指引，财政税务部门还可以在税收政策上加以引导，从制度上引导机构投资者进行长线投资。

（5）通过多种渠道努力解决大小非问题。大小非问题是困扰目前市场运行的一个最重要因素。根据聚源数据库截至 2008 年 9 月 4 日的统计，沪深两市上市公司总股本为 23961 亿股，其中限售股份约占 48%，限售流通 A 股总市值为 8.6 万亿元，约相当于目前 A 股市场流通市值的 1.73 倍。如此大规模的股份进入市场流通，即便实际售出的股份数量有限，其对投资者的心理冲击力也是可以想象的。目前需要采取切实可行的方法来解决大小非的流通问题，如通过国资部门可以规定银行、石油、通讯、电力、煤炭、军工、港口等关系国计民生的行业的国家最低控股比例并向社会公开，并对中央企业大非股票减持时间和流通比例作明确规定，使市场对大小非的流通有明确的预期；鼓励国有与民营的大非自愿按照公司法股东自治的原则，延长大小非的锁定期；建立平准基金或组织其他资金先承接到期的大小非股票，然后再根据市场运行状况再逐步流通；对大小非解禁后急于套现的行为从税收上加以制约，根据解禁后持股时间确立税收的比例；将大小非减持与其市值管理、经营业绩、分红和再融资相挂钩等。

（6）完善各项调控措施，提高市场调控水平。目前的中国股市尚处于发展阶段，受政策的影响较大，管理层的调控政策和调控水平对市场的稳定起有重要的作用。证券部门应与其他相关部门建立密切联系的关系，使相关的职能部门共同参与调控股市和稳定股市的工作，完善各项股市调控手段，如印花税、股息税等税收调节市场手段；建立平准基金调控市场的资金环境，给市场注入流动性等举措，提前对市场可能出现的各项调控措施作安排。这样，管理层在进行股市的调控中才能针对市场来适时推出调控措施，达到稳定股市运行的目的。

第四节　我国的证券投资者权益保护问题①

投资者的利益保护是当前证券市场理论界与实际工作中所关注的热点问题，也是近几年政府管理层颁布的有关中国股市的各种法规文件中出现频繁最高的一句话。2004 年 12 月 8 日，证监会发布了《关于加强社会公众股股东权

① 涂人猛. 我国投资者权益保护问题初探[J]. 武汉金融，2006(8).

益保护的若干规定》，提出了保护社会公众投资者合法权益的具体措施，反映出管理层的重视程度。2005 年，管理层在颁布股权分置改革试点的通知时特别强调了要特别保护社会公众股东的权益，温家宝总理主持国务院会议讨论证券法实施修改时，也强调应突出保护社会公众投资者，特别是中小投资者的合法权益。然而，这些相关政策的出台和对社会公众投资者地位的认识，并未能有效唤起广大投资者的信心，投资者在市场的利益并未能真正得到保护，因此如何切实保护投资者利益便成为我们需要认真考虑的一个问题。

一、投资者权益及其功能

投资者是以投入资金购买种类证券而介入证券市场的，是证券市场中的一个重要参与者。作为证券市场的参与者，投资者具有证券交易权、交易选择权，与证券相关的各种公开信息的知情权以及所购买证券所赋予的相应权利。而当投资者所购买证券为股票时，其身份也便转为所购买股票公司的股东。作为公司的股东，投资者又具有股东权，即基于其股东资格而可对公司主张的权利，是一种十分重要的民事权利。因此所谓投资者权益应包括证券交易权、交易选择权、信息知情权以及证券赋予的权利四大基本权益。在目前中国证券市场构成中，股票市场占据主导地位的环境下，投资者购买股票所赋予的相应权益更受市场所重视。维护投资者权益，在落实上述四大基本权益的同时，最根本的是要有效地落实流通股股东所应具有的相关权益。

作为证券市场的投资者，尤其是作为投资股市的社会公众投资者，在行使市场赋予的权利时，不仅对上市公司的经营发展起有作用，而且对证券市场的发展也常起有重要的推动作用。首先，投资者是证券市场的交易主体，是证券市场运行的重要基础。证券市场的投资者是资金供给者，也是金融工具的购买者。各种证券要能够顺利地发行和交易，不仅应能为投资者所接受，而且应能满足投资者的需求。一旦投资者的权益受到伤害，影响到投资者介入证券市场的信心和行为时，投资者便会选择离开市场，则整个市场的运行和交易也便呈现低迷状态，证券发行也会受到极大的限制。其次，投资者的证券选择权引导着市场资金流向，是实现社会资源有效配置的基础。作为流通股股东，投资者具有“用脚投票”的权利，一旦上市公司经营不佳，股票走势不能有效满足其要求时，便可选择卖出股份，从而避免或减少损失，转而投资于业绩成长性好的企业，实现社会资源的有效流动和优化配置。尤其是机构投资者的不断发展和市场价值投资理念的形成，投资者的证券投资选择权将会更为有效地实现社会资源优化配置。第三，约束和规范上市公司的经营行为，作为流通股股东，投资者不仅具有“用脚投票”的权利，而且在分类表决制度建立后可以“用手投票”，对上市公司具有知情权、提案权、话语权等权力，使投资者可以参与上市公司的经营决策，并通过其对公司股票的买卖行为影响着上市公司管理层的经营决策行为，从而达到规范上市公司经营行为、促进上市公司健康发展的目的。

二、投资者权益受损的原因及表现

1. 公众投资者“弱势群体”地位突出

在中国证券市场的发展过程中，作为市场资金的供给者，投资者做出了巨大的贡献，截至 2004 年底 1300 多家上市公司从股市融资达 8400 多亿元，非流通股股东资产增值达一万多亿元，而公众投资者从上市公司获得的现金分红仅 620 多亿元，14 年来市场投资者累计现金红利收益仅约 5. 9%，近四年的股市下跌又给投资者带来一万多亿元的市值损失，公众投资者在证券市场中的“弱势群体”地位突出。首先，非流通股股东与流通股股东根本利益存在冲突，在双方博弈的过程中，非流通股股东掌握着资源，占尽优势，使非流通股股东可以利用股市的制度缺陷，长期反复地掠夺中小流通股股东的利益。其次，在交易过程中，受信息不对称的制约，中小投资者难以充分利用信息来保障其投资选择的准确性。同时，机构投资者还可利用资金、人力和关系等优势来控制股价，误导投资者，侵害中小投资者的权益。第三，法规制度的不完善，使中小投资者在进行法律诉讼中又面临着成本因素影响，很难维护自身权益。此外，中小投资者具有较为分散的特点，难以形成较为一致的利益和意见，投资行为又表现为明显的短期化特点，也无法增强维权意识。

2. 制度缺陷是造成投资者权益受损的根本原因

中国股市从诞生之日便存在明显的缺陷，并具有明显的制度取向和行政干扰的特点，各项政策的推出都与国企改革和经济发展密切相关，过分强调利用股市为经济发展的服务功能，而忽视股市的自身发展规律和市场机制的培育。首先，股市的功能主要体现在融资。从 1992 年便强调为国有企业进行筹资的服务功能，1998 年更明确为“为国有企业解困服务”的政策。1999 年后的国有股减持试点以及按市场价减持国有股的政策取向，均反映出国家利用股市为国有企业发展和社保资金筹集资金的意向。这种与民争利的掠夺式政策取向，直接侵害了广大投资者的利益。其次，股本结构分为非流通股与流通股的制度设计，使非流通股与流通股的利益目标不一致，甚至呈对立的特点。而非流通股与流通股的原始成本巨大差异，又使非流通股股东处于极为不平等的地位，非流通股不仅通过流通股的溢价发行快速增值，而且通过随后的分红等进一步侵占流通股股东的权益。因此而形成非流通股股东的不考虑公司经营发展，只顾盲目圈钱等行为，造成众多企业上市后便呈现“一年绩优，二年平，三年亏损，四年重组”的现象。第三，缺乏相对完善的法规制度，监管薄弱使广大投资者的权益难以得到保护。尽管近几年管理层在完善证券法规和制度上有较大的进步，但市场中各种利用法规漏洞来侵害中小投资者利益的现象仍层出不穷。如每年有上百家上市公司改变募股资金投向仅作事后信息披露而无实质性监管措施，又如2004年科龙电器三季度业绩尚优秀的情况下，在年报预告期内也一直无变化信息，但到2005年4月下旬将公布年报时突然预亏，类似这种信息披露不及时的情况还有很多，也缺乏明确的法规和问责制来约束，直接影响中小投资者的利益。然而面对众多的违规现象，管理层的监管不力也极为突出，不能有效地在违规现象发生初期便采取措施制止，使投资者的利益缺乏保障基础。

3. 投资者权益受损的具体表现

从近几年的证券市场运行看，投资者权益受到损害的现象比比皆是，归纳起来表现在这样几个方面：

(1)政策的功利性造成股指下跌，投资者权益受损。如2005年4月13日公布了具备启动股权分置试点、完善公司治理等多项利好后，第二天便公布宝钢增发方案通过，造成股市随后连续下跌并创新低；4月26日为宝钢复牌能保持相对稳定的走势，又公布多条利好消息，却仍未改宝钢跌停的格局，政策出台选择明显为了配合宝钢的增发、筹资，功利性明显。

(2)大股东利用法规漏洞和监管不严格等情况，利用自己的表决权优势在筹资、投资、生产经营、收益分配、股权转让等环节将公司的利益转移到自己手中，或通过股东大会决议的形式，基于自身利益滥用表决权作出损害公司或小股东利益的决议。2004年年报显示，大股东占款总额约达500亿元，有170多家上市公司存在违规担保，担保总额达323亿元；有40多家上市公司现金分红采取“透支”行为，其目的在于再融资或为非流通股快速收回投资等，大股东利用自身优势侵占中小投资者权益现象相当普遍。

(3)中介机构与大股东或公司管理层联手侵害公司或中小投资者利益，如搞内幕交易、关联交易、虚假披露信息等使中小股东处于更为不利的地位。2005年以来便有方大、张家界、同人华塑、金盘股份等数十家上市公司因披露虚假信息等而受到立案调查，中介机构缺乏职业道德和履行职责不当，对中小投资者的权益造成损害。一些证券咨询机构与机构投资者的联手炒作，以及其"法轮功"式的股评活动，也造成投资者权益的损害。

(4)机构投资者利用资金和信息优势，误导投资者的投资行为。2000年的"基金黑幕"事件，可反映出机构投资者的"自利"行为对中小投资者权益的损害，而昌九生化股价操纵案便是近年市场中众多庄家对股价的操纵而使中小投资者利益被侵占的代表性案例。据估计，近十多年来，市场中的庄家获利达2000多亿元。

三、建立投资者权益保护机制的基本思路

投资者一方面是证券市场交易的主体，另一方面又属于市场中的弱势群体，尤其是中小投资者的"弱势"特点更为突出。要保证证券市场正常运行和健康发展，使市场功能充分有效地发挥，保护好广大投资者的权益便极为重要。如何维护投资者的权益呢？关键在于建立完善的投资者权益保护机制。具体来说应包括以下几个方面内容：

1. 健全的制度约束机制

保护投资者权益需要完善的法规和制度来配合，尤其是中国证券市场中投资者权益的受损主要来自于制度性因素和法规的不完善。股权分置的制度性缺陷，使流通股股东成为中国股市发展中付出高昂代价的群体；而法规不完善和监管不力，又使上市公司、证券公司以及市场机构投资者违规成本低廉，市场侵害中小投资者利益现象层出不穷。建立完善的制度约束机制，不仅要通过建立和健全各项法规制度，提高各种违规、违法行为的成本，约束市场参与各方的行为，最大限度地制约损害中小投资者利益的行为发生；而且还应通过完善的法规制度，尽可能消除一些利用合法方式来侵害投资者权益的行为。例如，2005年4月29日，管理层发布通知开始进行股权分置改革试点，尽管国家反复强调保护中小投资者利益，股权分置改革试点通知中也赋予了流通股股东的表决权和话语权，但伴随四个试点公司的方案推出，目前管理层提出的股权分置改革试点办法存在明显的不足。一是缺乏明确的对流通股股东补偿原则，使

上市公司推出的补偿方案如杯水车薪，难以有效反映保护投资者利益这一原则。如紫江企业上市发行及随后的配股、增发，其价格均在7.84元以上，考虑其中的更多分红给投资者带来的损害，如按同股同价同成本的公平原则，非流通股欲获流通权至少应以16股缩1股的方式进行缩股流通，而目前公司试点仅提出对流通股10股送3股方式，实际上非流通股每股向流通股支付了0.75元的对价，非流通股成本升至1.75元，而流通股成本降低约2.2元，成本差由1∶16变为1∶11，流通股持股成本仍为非流通股的11倍，显然与市场公平原则相去甚远。二是缺乏明确的对非流通股股东行为的约束机制。如解决股权分置的议案是由上市公司提出，在非流通股股东与流通股东的谈判博弈中，流通股股东处于不利地位，一旦非流通股股东获流通意愿不强，可以不断推出较差方案，无休止拖延，逼迫流通股股东接受不合理的方案。三是流通股股东的话语权和表决权难以有效实施。这一方面反映在机构投资者与上市公司存在合谋的可能性，股改初期推出四家试点公司中大多有较多基金介入持股，虽有利于方案的实施和试点的成功，但推广后如何监督基金等机构投资者行为便成问题；另一方面，中小投资者参与表决的投票率难以保证，众多投资者长期被套或买入数量较少已长期离场，参与表决可能性不大。同时，从紫江企业、三一重工管理层表态其推出方案是“极限”方案的态度，更使流通股话语权、表决权无法体现。显然，这种政策制度的不完善，是损害投资者利益的最主要原因。如在颁布股权分置改革试点等政策时，从制度上加以完善，约束各种侵占中小投资者利益的各种行为，如对补偿比例作明确的原则规定，使非流通股与流通股谈判有一个底线和原则；对补偿方式也应适当规定，可以避免目前有些公司均选择对流通股扩股形成总股本扩大而不是对非流通股缩股方式等，建立完善的制度约束机制。随后的股改配套政策出台，对上市公司股改作出较多的政策性约束，是目前股改能顺利展开并渐获成功的关键。

2. 建立多元补偿机制体系

完善的法规制度是约束市场参与各方行为和保护中小投资者利益的前提和基础，而如何建立多元化的补偿机制对一些违规欺诈行为给广大投资者造成的损失进行补偿，则更能有效保护投资者利益，维护投资者的市场信心。目前，建立多元补偿机制可分三个层次进行：①民事赔偿诉讼机制。《证券法》以及一些相关法规对证券欺诈和大股东剥夺等侵害投资者利益现象已作相应规定，投资者可以采取证券民事诉讼方式来保护自己的利益。但这一补偿方式的实施尚需进一步完善，如何降低诉讼费用，提高证券诉讼赔偿效率，如何加强“内幕交易、操纵市场”等行为监管，使违规行为发生后投资者能较快采取民事诉讼方式以减少损失等。②行政补偿机制。行政补偿机制的核心是使违法行为人不能从违法行为中获利，采取要求违法行为人吐出非法获利的措施来对投资者进行补偿。应通过法规明确规定，对于违规行为追缴的违法所得和罚款首先用于偿付受害投资者。可以由中国证监会加强对证券欺诈案件的监管、追查，以及对违法行为人的处罚，然后将追缴违法所得和罚款委托给金融机构、证券业自律组织或独立的基金会等执行返还补偿方案，由中国证监会监督执行整个追还补偿过程。③建立投资者保护基金。这一补偿方式适用于证券公司因经营行为对投资者造成的损失作补偿，如证券公司挪用客户资金的遗留问题、委托理财不当造成严重亏损导致支付危机等，可以通过财政直接拔款或者央行再借款启动，然后会员按照其交易总额的一定比例每年交纳一定的资金放入基金，如美国依法注册的证券经纪商、自营商、全国性证券交易所会员，按照经营毛利的 5‰交纳会费以建立投资者保护基金。在特定情况下也可以从财政部借入一定数额的紧急资金。基金的使用应受到中国证监会的监督和指导，但具体运行上可以相对灵活，采取多样化的方式。

3. 完善政策调控机制

中国股市的运行面临着众多的制度变革，这种新兴股市的运行特点也决定了法规制度的完善性总是相对的和短期性的。面临市场发展过程中不断出现的新问题，应及时在政策上加以调控，弥补已有各项法规的不足。例如，按照股份经济原则，股东表决制度应实行“一股一票，同股同权”的制度，但在目前流通股股东权益如何保障上国家制定了实施类别股东表决制度，虽在本质上与股价经济原则相违背，却符合目前中国股市运行的实际情况，反映出政策的及时调控作用。又如众多保护流通股股东的政策措施都具有短期性和不确定性的特点，如何根据市场实际情况及时调整政策取向，完善政策内涵更显重要性。目前实施的股权分置改革政策，应在进行试点时不断完善其内涵，在保证试点成功的同时，还要使股权分置改期方案具有推广的价值。这就要管理层在政策制定上从非流通股对流通股的补偿原则、补偿方式、谈判过程的监督，方案实施过程中的监管等众多方面作进一步明确化，这样才能有效地在保护广大投资者利益的基础上实现股权分置改革的成功进行。不断完善和丰富各项政策的内容，可以及时调控市场上出现的新问题，是完善投资者利益保护机制的一个重要方面。

第五节　站在“新时代”的历史方位寻求资本市场的新发展①

习近平总书记在党的十九大报告中指出，“经过长期努力，中国特色社会主义进入了新时代，这是我国发展新的历史方位”。作为新时代中国特色社会主义市场经济的重要组成部分，资本市场应充分发挥其在新时代的中国特色社会主义事业发展中的特有的服务功能，重新审视资本市场发展的新定位、新方向，焕发资本市场的强大生机活力，为实现“两个一百年”的奋斗目标，建设现代化经济体系作出应有的贡献。

一、提升资本市场对接国家战略的能力，更好服务实体经济

新时代中国社会的主要矛盾已转变为人民日益增长的美好生活需要和不平衡不充分发展的矛盾。解决新时代中国社会的主要矛盾，实现新时代中国特色社会主义的总目标和总任务，必须实施科技强国战略、中国制造2025战略、区域经济协调发展战略，以及新型工业化、信息化、城镇化、农业现代化同步发展战略等一系列国家战略，促进经济高质量发展。而从资本市场来说，对接国家战略，就是要进一步充分发挥资本市场的融资功能，提高企业的直接融资比例，增强资本市场服务实体经济能力。

过去的五年里，我国股市总市值增长近1.5倍，证券行业服务企业完成股权融资6万亿元、债权融资15万亿元、并购重组交易3.5万亿元，股市发展总体与经济增长同步，资本市场在促进资本形成、优化资源配置、服务实体经济和投资者方面发挥着越来越重要的作用。但从实体经济对直接融资的需求来说，这一增长是不够的。从股市市值与GDP的比值来看，到2016年底我国股市的证券化率仅为75%，相比发达国家的证券化率还处于相对较低的水平，我国的股市还有很大的空间。而从未来我国GDP的增长态势上看，平均每年增加5万亿元至6万多亿元，到2020年，我国GDP将超过92.7万亿元，到本世纪中叶，我国GDP将达2020年的3倍到4倍。仅仅按到2020年的GDP

① 涂人猛. 站在“新时代”的历史方位，寻求资本市场的新发展[J]. 政策，2017(12).

增长水平测算，我国股市证券化率保持目前水平，则股票市值就有 10 多万亿元的增长空间；而按发达国家的证券化率达 100%～130%的水平测算，随着我国股市证券化率的进一步提高，股市市值也将呈现巨大的增长空间，中国股市为企业提供直接融资、服务于实体经济具有巨大的潜力。

在充分发挥资本市场的融资功能方面，目前还有许多工作要做：

一是在进一步增强股市融资功能的同时，完善企业融资结构，提高企业直接融资的比重。2017 年前 9 个月新股融资达 1758.33 亿元，是中国股市创立以来的又一高峰，上市公司定增融资达 8444.44 亿元，但企业债净融资仅为 1583 亿元，与 2016 年企业债净融资实现 3 万亿元相比明显减少。今后应在充分考虑市场承受能力的基础上，积极增加市场新股的供给，并加大企业债券的融资力度，在股票、债券两方面扩大规模的基础上，完善资本市场融资结构。

二是充分考虑区域协调发展的要求，对西藏、新疆和贫困地区企业实施"即报即审、审过即发"的绿色通道政策。近两年新股发行的区域协调有所改善，2016 年西藏共有 3 家企业完成 IPO，融资 10.39 亿元；新疆共有 6 家企业完成 IPO，融资 24.08 亿元；受理 7 家贫困地区首发企业，但新股发行的地区不平衡现象仍然突出，应在适当考虑企业质量的同时，使新股发行进一步向革命老区、民族地区、边疆地区、贫困地区的企业发展倾斜。资本市场还要加大力度支持推进西部大开发、东北等老工业基地振兴和中部地区崛起等建设的资金需求，为促进区域经济协调发展提供支撑作用。

三是从建设制造强国，培育经济增长新动能要求，支持战略性新兴产业和现代服务业企业的融资。近两年创业板和中小板在支持新兴产业企业发展方面起了很大作用，2016 年核准的 162 家中小企业发行上市中多数为符合战略性新兴产业发展方向的企业。按照我国经济结构调整和产业发展态势来看，到 2020 年，我国战略性新兴产业增加值将占 GDP 的 15%，服务业占 GDP 比重提升至 56%，最终消费率达到 55%，消费对经济增长的年均贡献率稳定超过 60%。今后还要进一步根据科技强国战略要求和新兴产业发展的新方向，满足更多有发展潜力的新兴产业企业的融资需求。

四是在产业升级、创新产业发展模式，促进"三去一补、调结构"国家战略方面，充分发挥资本市场的支持作用。新型工业化要求升级和优化传统产业，在大力发展新兴产业和现代服务业的同时，要按照十九大报告提出的"推动新型工业化、信息化、城镇化、农业现代化同步发展"要求，推动互联网、大数据、人工智能和实体经济融合，创新产业模式；深化土地和产权制度改革，培育新型农业经营主体，健全农业社会化服务体系；扩大开放要求实施高水平的贸易和投资便利化政策，大幅度放宽市场准入，在自贸区试验基础上探索自由贸易港，培育对外贸易新业态新模式，促进我国产业迈向全球价值链的中高端。而这些产业发展和升级需求的国家战略实施，都离不开多层次资本市场的支持，需要资本市场不断完善制度建设，以国家产业发展要求为导向，为这些国家战略的实施提供更为广阔的融资平台。

二、遵循新的发展理念，构建具有强大生机的多层次资本市场体系

“发展是解决我国一切问题的基础和关键，发展必须是科学发展，必须坚定不移贯彻创新、协调、绿色、开放、共享的发展理念”。资本市场发展要贯彻新的发展理念，就是要在加强资本市场融资功能的基础上，不断提升资本市场的资源配置功能，通过资本的市场之手调配资源，促进要素有序流动，引导资金、资源优先供给与新发展理念相符合的国民经济发展的重点行业、重点领域，服务国家战略实施。重点支持中高端消费、创新引领、绿色低碳、共享经济、现代供应链、人力资本服务等领域的企业融资，培育新增长点、形成新动能；促进互联网、大数据、人工智能和实体经济深度融合；建设美丽中国，保护生态环境，搞好污染防治，引导资本流向能源、材料、环保等领域，打造循环经济产业链；服务好“三去一降一补”和关键领域改革，促进更多的资源优化配置到实体经济最需要的领域，为国企国资改革、化解过剩产能、创新催化等方面提供帮助；遵循“一带一路”发展战略，为实体企业提供更加丰富、便捷的投融资服务，同时进一步促进资本市场的对外开放，以更加开放的姿态构建一个市场机制有效、微观主体有活力、宏观调控有度的多层次资本市场体系。

新时代的新发展理念在指引中国从高速增长阶段转向高质量发展阶段，建设现代化经济体系的同时，也将促进资本市场的快速有效发展。而构建一个具有强大生机的多层次资本市场体系，需要我们遵循新的发展理念，做好一系列资本市场体系建设方面的基础工作：一是进一步规范发展股票市场的主板、中小企业板、创业板、新三板以及交易所债券市场、银行间债券市场等融资市场，满足不同类型企业的融资需求，既为先进制造业、中高端消费、创新引领、绿色低碳、共享经济、现代供应链、人力资本服务等领域的企业提供融资渠道，更好地解决有高知识、高技术、高风险、轻资产、缺乏抵押物等特点的高端制造业、现代服务业和民营中小企业的融资需求，也为传统产业优化升级提供融资支持。二是大力发展直接融资，降低权益融资门槛，创新债券融资工

具，积极发展项目收益债及可转换债券、永续票据等股债结合产品，丰富直接融资工具，有效降低中小企业融资成本。三是要进一步创新资本市场制度，建设完善证券市场的各项法规和制度，在完善“沪港通”和“深港通”等资本市场对外开放途径的基础上，加快“沪伦通”等对外开放的步伐，进一步促进资本市场对外开放，构建与新时代发展要求相符合的多层次资本市场体系。

三、贯彻“以人民为中心”的发展理念，促进资本市场健康发展

“坚持以人民为中心”是习近平新时代中国特色社会主义思想的重要内容。在十九大报告描绘的宏伟画卷中，提出一系列贴心的民生举措，如“加强水利、铁路、公路、水运、航空、管道、电网、信息、物流等基础设施网络建设”；“完善文化经济政策，培育新型文化业态”；“尽快实现全国养老保险全国统筹”；“加快建立多主体供给、多渠道保障、租购并举的住房制度”等，从教育、就业、住房、医疗、养老等与民生相关的各个方面都提出创新发展要求。

新时代的资本市场发展要充分体现“以人民为中心”的发展理念，就是要关注民生产业的发展融资需求，在新股发行和资源配置上充分考虑民生类企业的发展。与此同时，也要从资本市场的建设方面贯彻“以人民为中心”的发展理念，推动资本市场长期稳定、健康发展。

首先，践行“以人民为中心”的发展理念，要求管理层在资本市场相关制度制定上充分考虑市场各类主体的利益，不仅要考虑筹资者、专业服务机构等各类具有强势特点的市场主体的利益，更要考虑中小投资者的利益，增强投资者的市场投资信心，让投资者切实感受到资本市场发展带来的好处，使资本市场有一个坚强稳定的基础。

其次，在强化投资者教育的同时，通过建立和健全各项法规制度，提高各种违规违法行为的成本，约束市场参与各方的行为，最大限制地制约损害中小投资者利益的行为发生，建立完善的投资者保护机制，如推出投资者适当性管理办法，保障中小投资者权利行使、投诉处理等投资者保护专项规章制度，进一步细化投资者保护的相关要求；建立和完善投资者集体诉讼制度，建立和完善公益性中小投资者维权代理机构；建立健全中小投资者投票机制，以及以投资者需求为导向的信息披露制度和平台建设；开发适合中小投资者的产品，鼓励专业化中介机构服务中小投资者等；在注册制、创业板、新三板、公司债券、并购重组、退市等制度中全面嵌入投资者保护要求。

第三，进一步加强资本市场监管和执法力度，严厉惩处市场操纵或欺诈行为。通过完善市场主体信息披露机制，让问责追责者有据可查、有源可溯；建立社会化监督机制，规范重要股东和董监高行为，从严监管和惩处各种市场操作行为，尤其是上市公司董监高参与的市场操作行为；进一步增强各个市场主体的依法合规意识，完善诚信监管机制，实现市场主体诚信记录的全面、统一、权威归集；建立证券期货违法违规行为举报奖励制度，有效增加违法违规线索发现和分析能力。只有完善各项法规，从严监管，加大违规惩处力度，才能有效地保证贯彻“以人民为中心”的发展理念。

第六章　证券投资分析基本理论

证券投资分析是指投资者(法人或自然人)购买股票、债券、基金等有价证券以及这些这些有价证券的衍生产品，以获取红利利息及资本利得的投资行为和投资的过程。根据证券投资分析理论和方法进行证券投资分析，是投资者投资证券获利的前提和基础。经过世界各国股市一百多年的运行和发展，人们建立和归纳总结出各种证券投资分析的方法，并逐步形成以传统经济学分析为基础的基本面分析方法、以传统证券投资分析或称为图表分析为基础的证券技术分析方法、以现代金融理论为基础的证券投资组合方法、以行为金融学为基础的行为分析方法以及以以演化证券学理论为基础的演化分析方法等流派，广泛运用于证券投资过程中。

第一节　有价证券的投资价值分析

一、债券的投资价值

(一)影响债券投资价值的因素

1. 影响债券投资价值的内部因素

(1)期限

债券的期限是指在债券发行时就确定的债券还本的年限，债券的发行人到期必须偿还本金，债券持有人到期收回本金的权利得到法律的保护。债券的期限越长，债券的投资风险也越高，因此要求有较高的收益作为补偿，而收益率高的债券价格也高。所以，为了获取与所遭受的风险相对称的收益，债券的持有人当然对期限长的债券要求较高的收益率，因而长期债券价格一般要高于短期债券的价格。

(2)票面利率

债券票面利率是指债券发行者每一年向投资者支付的利息占票面金额的比率，它在数额上等于债券每年应付给债券持有人的利息总额与债券总面值相除的百分比。票面利率的高低直接影响着证券发行人的筹资成本和投资者的投资收益，一般是证券发行人根据债券本身的情况和对市场条件分析决定的。

(3)提前赎回规定

债券提前赎回条款是证券发行人所拥有的一种选择权，允许债券发行人在债券到期前按约定的赎回价格部分或全部偿还债务。具有较高提前赎回可能性的债券应具有较高的票面利率，其内在价值相对较低。

(4)税收待遇

一般来说，免税债券的到期收益率比类似的的纳税债券的到期收益率要低。

(5)流动性

流动性是指债券可以随时变现的性质，反映债券规避由市场价格波动而导致的实际价格损失的能力。流动性是市场能够进行迅速低成本交易的能力，流动性好的债券与流动性差的债券相比，具有较高的内在价值。

(6)信用级别

是指债券发行人按期履行合约规定的义务、足额支付利息和本金的可靠程度。信用级别越低的债券，投资者要求的收益率越高，其内在价值也越低。

2. 影响债券投资价值的外部因素

(1)基础利率

在证券投资分析中，基础利率一般指无风险证券利率。短期政府债券风险最小，可以近似看作无风险证券，其收益率可以用来确定基础利率；银行存款风险较低，银行利率应用广泛，因此，基础利率也可以参照银行存款利率来确定。

(2)市场利率

市场利率是债券利率的替代物，是投资于债券的机会成本。市场利率上升，债券的收益率也相应上升，从而使债券的内在价值降低；反之则市场利率下降，债券的收益率也相应下降，从而使债券的内在价值上升。

(3)其他因素

影响债券定价的外部因素还有通货膨胀水平以及外汇汇率。通货膨胀造成的购买力损失会使债券投资收益下降，而汇率变化造成的本币贬值损失，也影响债券的收益率，这些因素都必须在债券定价中得到体现。

（二）债券价值的计算公式

假定 P_n 为从现在开始 n 个时期后的终值，P_0 为现值，r 为每期的利率，n 为时期数，M 为面值。

1. 货币的终值和现值

终值是指今天的一笔投资在未来某个时点上的价值。

用复利计算：

$$p_n = P_0(1+r)^n$$

用单利计算：

$$p_n = P_0(1+nr)$$

现值是将未来所获得的现金流量折现。

$$P_0 = \frac{P_n}{(1+r)^n}$$

2. 一次还本付息债券的定价公式

若按单利计息，并一次还本付息，但按单利贴现：（i 为每期利率，r 为必要收益率）

$$P = \frac{M(1 + i \times n)}{1 + r \times n}$$

若按单利计息，并一次还本付息，但按复利贴现：

$$P = \frac{M(1 + i \times n)}{(1 + r)^n}$$

若按复利计息，并一次还本付息，但按复利贴现：

$$P = \frac{M(1 + i)^n}{(1 + r)^n}$$

3. 附息债券的定价公式

一年付息一次，按复利贴现（C 为每年支付的利息）：

$$P = \sum_{t=1}^{n} \frac{C}{(1 + r)^t} + \frac{M}{(1 + r)^n}$$

一年付息一次，按单利贴现：

$$P = \sum_{t=1}^{n} \frac{C}{(1 + r \times t)} + \frac{M}{(1 + n \times r)}$$

若为半年付息一次，C 除以 2，n 乘以 2。

(三)债券收益率的计算

1. 当前收益率

当前收益率指债券的年利息收入与买入债券的实际价格的比率。其计算公式为:

$$Y=\frac{C}{P}\times 100\%$$

式中:y 为当前收益率;C 为每年利息收益;P 为债券价值。

2. 内部到期收益率

内部到期收益率是将未来的投资收益率折算成现值。其计算公式为:

$$P=\frac{C}{1+Y}+\frac{C}{(1+Y)^2}+\cdots+\frac{C}{(1+Y)^n}+\frac{F}{(1+Y)^n}$$

式中:P 为债券价格;C 为每年利息收益;Y 为内部到期收益率;n 为时期(年数);F 为到期价值。

对于半年付息一次的债券:

$$P=\frac{C}{1+Y}+\frac{C}{(1+Y)^2}+\cdots+\frac{C}{(1+Y)^n}+\frac{F}{(1+Y)^n}$$

式中:P 为债券价格;C 为每半年利息收益;Y 为半年利率;n 为时期(年数乘以 2);F 为到期价值。

3. 持有期收益率

持有期收益率是从买入债券到卖出债券期间获得的年平均收益与买入债券的实际价格的比率。其计算公式为:

$$Y=\frac{C+(P_1-P_0)+N}{P_0}\times 100\%$$

式中:Y 为持有期收益率;C 为每年利息收益;P_i 为债券卖出价格;P_0 为债券买入价格;N 为持有年限。

4. 赎回收益率

赎回收益率是指累计到首次赎回日止,利息支付额与指定的赎回价格加总的现金流量的现值等于债券赎回价格的利率。其计算公式为:

$$P=\sum_{t=1}^{n^*}\frac{C}{(1+Y)^t}+\frac{M^*}{(1+Y)^{n^*}}$$

式中:P 为发行价格;n 为直到第一个赎回日的年限;M 为赎回价格;C 为每年利息收益。

(四)债券的利率期限结构理论

1. 利率期限结构概念

利率期限结构(term structure of interest rates)是指在某一时点上，不同期限资金的收益率(yield)与到期期限(maturity)之间的关系。利率的期限结构反映了不同期限的资金供求关系，揭示了市场利率的总体水平和变化方向，为投资者从事债券投资和政府有关部门加强债券管理提供可参考的依据。

2. 利息期限结构的类型

利率期限结构包括如图 6-1 所示的四种类型：图(a)为向上倾斜的利率曲线，表示期限越长的债券收益率越高；图(b)为向下倾斜的利率曲线，表示期限越长的债券收益率越低；图(c)是一条平直的利率曲线，表示不同曲线的债券利率相等；图(d)是拱形曲线，表示期限较短的债券，利率与期限呈正相关，期限较长的债券，利率与期限呈反向关系。

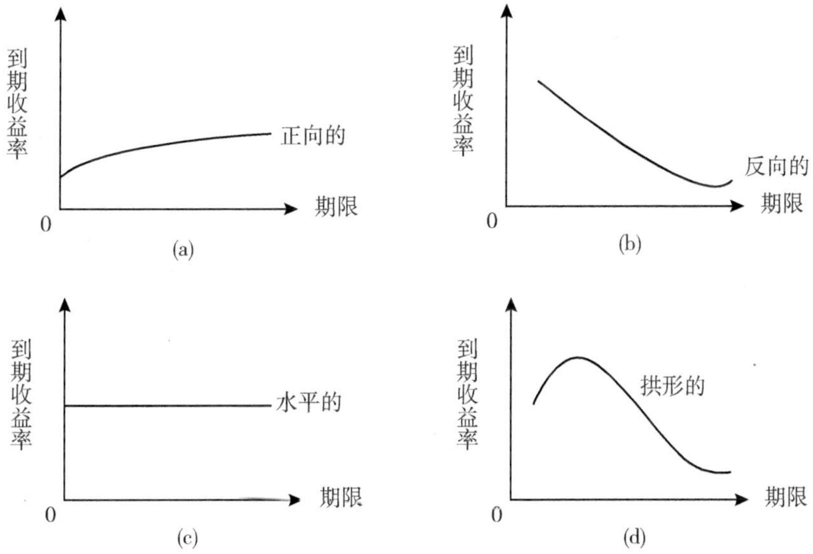

图 6-1　利率期限结构图

3. 利率期限结构的理论

(1)预期假说

利率期限结构的预期假说首先由欧文·费歇尔(Irving Fisher，1896 年)提出，是最古老的期限结构理论。预期理论认为，长期债券的现期利率是短期债券的预期利率的函数，长期利率与短期利率之间的关系取决于现期短期利率与未来预期短期利率之间的关系。如果以 $E_t(r(s))$ 表示时刻 t 对未来时刻的即期利率的预期，那么预期理论的到期收益可以表达为：

$$R(t, T) = \frac{1}{T-t}\int_t^T E_t(r(s))\,\mathrm{d}s$$

因此，如果预期的未来短期债券利率与现期短期债券利率相等，那么长期债券的利率就与短期债券的利率相等，收益率曲线是一条水平线；如果预期的未来短期债券利率上升，那么长期债券的利率必然高于现期短期债券的利率，收益率曲线是向上倾斜的曲线；如果预期的短期债券利率下降，则债券的期限越长，利率越低，收益率曲线就向下倾斜。

这一理论最主要的缺陷是严格地假定人们对未来短期债券的利率具有确定的预期；其次，该理论还假定，资金在长期资金市场和短期资金市场之间的流动是完全自由的。这两个假定都过于理想化，与金融市场的实际差距太大。

(2)市场分割理论

预期假说对不同期限债券的利率之所以不同的原因提供了一种解释。但预期理论有一个基本的假定是对未来债券利率的预期是确定的。如果对未来债券利率的预期是不确定的，那么预期假说也就不再成立。只要未来债券的利率预期不确定，各种不同期限的债券就不可能完全相互替代，资金也不可能在长短期债券市场之间自由流动。

市场分割理论认为，债券市场可分为期限不同的互不相关的市场，各有自己独立的市场均衡，长期借贷活动决定了长期债券利率，而短期交易决定了独立于长期债券的短期利率。根据这种理论，利率的期限结构是由不同市场的均衡利率决定的。市场分割理论最大的缺陷正是在于它旗帜鲜明地宣称，不同期限的债券市场是互不相关的，但它无法解释不同期限债券的利率所体现的同步波动现象，也无法解释长期债券市场的利率随着短期债券市场利率波动呈现的明显有规律性的变化。

(3)流动性偏好假说

希克思首先提出了不同期限债券的风险程度与利率结构的关系，较为完整地建立了流动性偏好理论。

根据流动性偏好理论，不同期限的债券之间存在一定的替代性，这意味着一种债券的预期收益确实可以影响不同期限债券的收益。但是不同期限的债券并非是完全可替代的，因为投资者对不同期限的债券具有不同的偏好。范·霍恩(Van Home)认为，远期利率除了包括预期信息之外，还包括了风险因素，它可能是对流动性的补偿。影响短期债券被扣除补偿的因素包括：不同期限债券的可获得程度及投资者对流动性的偏好程度。在债券定价中，流动性偏好导致了价格的差别。

这一理论假定，大多数投资者偏好持有短期证券。为了吸引投资者持有期限较长的债券，必须向他们支付流动性补偿，而且流动性补偿随着时间的延长而增加，因此，实际观察到的收益率曲线总是要比预期假说所预计的高。这一理论还假定投资者是风险厌恶者，他只有在获得补偿后才会进行风险投资，即使投资者预期短期利率保持不变，收益曲线也是向上倾斜的。如果 $R(t, T)$ 是时刻 T 到期的债券的到期收益，$E_t(r(s))$ 是时刻 t 对未来时刻即期利率的预期，$L(s, T)$ 是时刻 T 到期的债券在时刻 s 的瞬时期限溢价，那么按照预期理论和流动性偏好理论，到期收益率为：

$$R(t, T) = \frac{1}{T - t}\left[\int_t^T E_t(r(s))\,\mathrm{d}s + \int_t^T (s, T)\,\mathrm{d}s\right]$$

二、股票的投资价值分析

（一）影响股票投资价值的因素

1. 影响股票投资价值的内部因素

（1）公司净资产：净资产是属企业所有，并可以自由支配的资产，即所有者权益或者权益资本。企业的净资产（net asset value），是指企业的资产总额减去负债以后的净额，它由两大部分组成，一部分是企业开办当初投入的资本，包括溢价部分，另一部分是企业在经营之中创造的，也包括接受捐赠的资产，属于所有者权益。

（2）公司盈利水平：是指企业获取利润的能力，也称为企业的资金或资本增值能力，通常表现为一定时期内企业收益数额的多少及其水平的高低。盈利能力指标主要包括营业利润率、成本费用利润率、盈余现金保障倍数、总资产报酬率、净资产收益率和资本收益率六项。

（3）公司的股利政策：是关于公司是否发放股利、发放多少股利以及何时发放股利等方面的方针和策略，所涉及的主要是公司对其收益进行分配还是留存以用于再投资的策略问题。一般来说，股票价格与股利政策成正比，股利水平越高，股票价格越高；反之则股利水平越低，股票价格越低。股利政策反映了公司的经营策略，不同的股利分配方式也常常会影响股价的波动。

(4)股份分割：股票分割是指即将一张较大面值的股票拆成几张较小面值的股票。股票分割对公司的资本结构不会产生任何影响，一般只会使发行在外的股票总数增加，资产负债表中股东权益各账户(股本、资本公积、留存收益)的余额都保持不变，股东权益的总额也保持不变。但由于投资者的持有股份数量增加，给投资者带来了今后可多分股利和获得更高收益的预期，常常会推动股价上涨。

(5)增资和减资：增资是指公司为扩大经营规模、拓展业务、提高公司的资信程度，依法增加注册资本金的行为。增资对公司股价影响不尽相同，公司增资扩股未能出示效益效益前，公司的每股净资产会下降，会导致公司股价下跌；而对于业绩优良、财务结构健全、具有发展潜力的公司，增资会给公司带来更多的发展资金，从而公司经营实力进一步增强，又会推动公司股价上涨。减资是指公司资本过剩或亏损严重，根据经营业务的实际情况，依法减少注册资本金的行为，常常会造成股价的下跌。

(6)公司资产重组：资产重组总会影响公司价值发生较大的变化，常常会造成股价大幅波动，而公司重组后是否能改善改善经营状况、有效促进公司快速发展将决定股价波动的方向。

2. 影响股票投资价值的外部因素

(1)宏观经济因素：宏观经济走向和宏观经济政策是影响股票投资价值的重要因素。宏观经济走向包括经济周期、通货变动以及国际经济形式等因素。宏观经济政策又包括国家的货币政策、财政政策、收入分配政策和对证券市场发展的政策取向等，都会对股票投资价值产生较大的影响。

(2)行业因素：产业的发展状况和趋势、国家的产业发展政策和相关的行业发展政策，都会对该行业的上市公司股票投资价值产生影响。

(3)市场因素：投资者的心理预期对股票走势产生重要影响，尤其是市场中的中小投资者的从众心理，常常在市场上形成“羊群效应”。

(二)股票内在价值的计算方法

1. 现金流贴现模型

现金流贴现模型是运用收入的资本化定价方法来决定普通股票内在价值得方法。现金流是未来时期的预期值，对普通股票而言，预期现金流即为预期未来支付的利息。

$$V=\sum_{t=1}^{\infty}\frac{D_t}{(1+k)^t}$$

式中：V 表示股票期初的内在价值；D 为时期 t 末以现金形式表示的每股股息；K 为一定风险程度下现金流的合适的贴现率，也称必要收益率。净现值等于内在价值与成本之差，即 $NPV=V-P$。

P 为在 $t=0$ 时购买股票的成本。

若 $NPV>0$，则股票价值被低估；

若 $NPV<0$，则股票价值被高估。

内部收益率是指使得投资净现值等于零的贴现率，用 k^* 代表内部收益率。

$$NPV = V - P = \sum_{t=1}^{\infty} \frac{D_t}{(1+k^*)^t} - P = 0$$

$$P = \sum_{t=1}^{\infty} \frac{D_t}{(1+k^*)^t}$$

由此可见，内部收益率实际上使得未来股息流贴现值恰好等于股票市场价格的贴现率。

若 $k^*>k$，可以考虑购买股票；若 $k^*<k$，则不可买进股票。

该模型的难点在于未来支付股息的预测。

2. 零增长模型

零增长模型的股息增长率为零。

$$V = \sum_{t=1}^{\infty} \frac{D_0}{(1+k)^t} = D_0 \sum_{t=1}^{\infty} \frac{1}{(1+k)^t} = D_0 \cdot \frac{1}{k} = \frac{D_0}{k}$$

内部收益率为：

$$k^* = \frac{D_0}{P}$$

该模型较适合与优先股票投资价值得计算。

3. 不变增长模型

不变增长模型股息保持一定的增长率 g 不变。有两种情形：一为股息按照不变得增长率增长，二为股息以绝对值增长。第一种情形较为常见。

$$V = \sum_{t=1}^{\infty} D_0 \frac{(1+g)^t}{(1+k)^t} = D_0 \sum_{t=1}^{\infty} \frac{(1+g)^t}{(1+k)^t}$$

若 $k>g$

$$V = D_0 \frac{1+g}{k-g}$$

$$\because D_1=D_0(1+g)\therefore V=\frac{D_1}{k-g},$$

内部收益率为

$$k^*=\frac{D_1}{P}+g$$

4. 多元增长模型

二元增长模型假定在时间 L 以前股息以一个 g_1 的不变速度增长，在时间 L 以后，股息以另一个 g_2 的不变速度增长。

$$\begin{aligned} V &= \sum_{t=1}^{L} D_0 \frac{(1+g_1)^t}{(1+k)^t} + \sum_{t=L+1}^{\infty} D_L \frac{(1+g_2)^{t-L}}{(1+k)^t} \\ &= \sum_{t=1}^{L} D_0 \frac{(1+g_1)^t}{(1+k)^t} + \frac{1}{(1+k)^L} \times \frac{D_{L+1}}{(k-g_2)} \end{aligned}$$

其中

$$D_{L+1}=D_0(1+g_1)^L\times(1+g_2)$$

可以用试错法去计算内部收益率。

5. 股票市场价格计算方法——市盈率估价方法

市盈率=每股价格/每股收益

(1)简单估价法

①利用历史数据进行估计：一是算术平均数法或中间数法(剔除异常者)，适用于市盈率比较稳定的股票；二是趋势调整；三是回归调整法。

②市场决定法：第一，市场预期回报率倒数法。在不变增长模型中，进一步假定：公司利润内部保留率为固定不变的 b，再投资利润率为固定不变的 r，股票持有者的预期回报率与投资利润率相当。若 E 为收益，I 为再投资

由假设 2 得：$E_t=E_{t-1}+rI_{t-1}$

由假设 1 得：$I_{t-1}=bE_{t-1}$

$E_t=E_{t-1}+rbE_{t-1}=E_{t-1}(1+br)$

$\therefore g_E=(E_t-E_{t-1})/E_{t-1}=br$

由假设可知：股息增长率与收益增长率相同，$g=g_D=g_E=br$

不变增长模型变为 $P_0=D_0(1+g)/(k-br)$

$\because r=k \quad \therefore P_0=D_0(1+g)/(r-br)$

$\therefore r=k=D_0(1+g)/[(1-b)P_0]$

$=D_1/[(1-b)P_0]$

$=E_1/P_0$ 其中 $D_1=(1-b)E_1$

在一定假设条件下，股票持有者预期的回报率恰好是本益比的倒数。

第二，回归分析法。美国 Whitebeck 和 Kisor 用多重回归发现，在 1962 年 6 月 8 日的美国股票市场中，存在以下规律：

市盈率=8. 2+1. 50×收益增长率+0. 067×股息支付率-0. 200×增长率标准

公式中系数为权重，正负号表示方向，增长越快、股息越多、风险越低，则市盈率越大。

该公式能解释在某一时刻的股价表现，但很少能成功解释较长时间内市场的复杂变化，原因有三个：市场兴趣的变化，引起权重的变化；数据的值随时间变化；未考虑到的因素。

三、投资基金的投资价值分析

1. 基金净资产

是指某一时点上某一投资基金每一单位实际代表的价值，是基金单位价格的内在价值。基金资产净值的计算包括基金资产净值总额的计算和基金单位资产净值的计算。具体计算方法如下：

(1)上市股票、债券等，以计算日证券交易所的收盘价格为准；

(2)未上市债券，以其面值加计至计算日止应收的利息为准，投资所产生其他利息或收益时，应列入资产价值内；

(3)如果第 1 条规定的计算日无收盘价格，则按其前一日的收盘价格计算；

(4)现金与相当于现金的资产，应收款项、迟延费用应列计其全价或市价；

(5)管理公司会同会计师事务所如认为有任何资产无法全部收回或基金有负债时，可以预留适当的折价或提列准备；

(6)如遇特殊情况而无法或不宜依上述标准来确定净资产价值时，管理公司应依照有关规定办理。

单位基金资产净值，即每一基金单位代表的基金资产的净值。单位基金资产净值计算的公式为：

$$单位基金资产净值 = (总资产 - 总负债) / 基金单位总数$$

其中，总资产是指基金拥有的所有资产(包括股票、债券、银行存款和其他有价证券等)按照公允价格计算的资产总额。总负债是指基金运作及融资时所形成的负债，包括应付给他人的各项费用、应付资金利息等。基金单位总数是指当时发行在外的基金单位的总量。

2. 基金收益率

衡量基金收益率最重要的指标是基金投资收益率，即基金证券投资实际收益与投资成本的比率。投资收益率的值越高，则基金证券的收益能力越强。如果基金证券的购买与赎回要缴纳手续费，则计算时应考虑手续费因素。

计算公式为：收益 = 当日基金净值 × 基金份额 ×(1 − 赎回费) − 申购金额 + 现金分红

收益率 = 收益 / 申购金额 × 100%

3. 开放式基金的价格决定

(1)申购价格：申购价格=资产净值/(1-销售费用)

(2)赎回价格：不收费开放式基金：赎回价格=资产净值

收费开放式基金：赎回价格=资产净值/1+赎回费用

4. 封闭式基金的价格决定

(1)发行价格：它由两部分组成，即基金面值和基金发行费用，如律师费、会计费等。

(2)交易价格：它主要受净值的影响，但市场供求关系、宏观经济状况、基金政策等也会影响其价格变动。封闭式基金没有开放式基金的价格稳定，具有股票价格波动的特点，可以利用普通股票的价格公式来进行确定。

四、其他投资工具的价值分析

1. 可转换债券

可转换债券（convertible bond）是债券的一种，可以转换为债券发行公司的股票，通常具有较低的票面利率。本质上讲，可转换债券是在发行公司债券的基础上，附加了一份期权，允许购买人在规定的时间范围内将其购买的债券转换成指定公司的股票。可转换债券的价值评估需要根据可转换债券的转换比例或转换价格等因素来确定。

转换比例是指一定面额可转换债券可转换成普通股票的股数。用公式表示

为：转换比例=可转换债券面值/转换价格

转换价格是指可转换债券转换为每股普通股份所支付的价格。用公式表示为：转换价格=可转换债券面值/转换比例

因此，可转换债券的转换价值为：普通股市价×转换率。

一旦可转换债券失去转换性能后，其价格确定可以参照同类债券的价值评估方法。

2. 认股权证

认股权证是一种约定该证券的持有人可以在规定的某段期间内，有权利(而非义务)按约定价格向发行人购买标的股票的权利凭证。

权证价格由内在价值和时间价值两部分组成。当正股股价(指标的证券市场价格)高于认股价时，内在价值为两者之差；而当正股股价低于认股价时，内在价值为零。但如果权证尚没有到期，正股股价还有机会高于认股价，因此权证仍具有市场价值，这种价值就是时间价值。认股权证的价值确定，与认购比率、杠杆比率、认股权证执行价格、持有年限、普通股的市场价格等因素有关，用公式表示为：

$$W=f(X、T、S、D、F)$$

式中：W 为认股权证的价值；X 为认股权证的执行价格；T 为距离认股权证到期的时间；S 为基础股票的当前市场价格；D 为认股权证执行时潜在的普通股稀释量；F 为该普通股的未来预期价格。

第二节 证券投资分析方法与决策过程

一、证券投资分析的几种方法

证券投资分析指人们通过各种专业性的分析方法，对影响证券价值或者价格的各种信息进行综合分析以判断证券价值或者价格及其变动的行为，是证券投资过程中不可或缺的一个重要环节，其目标是实现投资分析决策的科学性和实现证券投资净效用最大化。证券分析方法的种类很多，门派各异，但从大体上可以分为以下四类：基本分析法、技术分析法、投资组合分析法和行为金融分析法。

1. 基本分析方法

基本分析方法又叫基本面分析，是根据经济学、金融学、会计学及投资学等基本原理，对决定证券价值和价格的基本要素进行分析，如宏观经济指标、经济政策走势、行业发展状况、产品市场状况等进行分析，从而评估证券的投资价值，判断证券的合理价位，最终提出相应的投资建议的一种分析方法。

基本面分析包括宏观经济分析、行业分析和公司分析。在股票分析过程中，如果是由宏观经济分析着手，接着进行行业分析，然后进行公司分析，那么这种分析称为“由上至下”，如果是先进行公司分析和行业分析，再进行宏观经济分析，就是由下至上的分析。任何资产都有其内在价值，当市场价格与其内在价值不相等时就会出现“定价错误”。基本分析方法的主要内容就是对能够影响证券价格的因素，如宏观经济、行业和区域因素及公司具体因素三个层次进行分析。

基本分析方法的优点主要是能够比较全面地把握证券价格的基本走势，适用于波动周期比较长的证券价格预测；缺点是对短线投资者的指导作用比较弱，预测的精度比较低。这些基本走势若能够预测出来，便不能够被轻易左右，由此可见基本分析方法适合于长线投资。

2. 技术分析方法

技术分析方法是以证券市场过去和现在的市场行为为分析对象，运用图表形态、逻辑和数学的方法，探索证券市场已有的一些典型变化规律，并据此预测证券市场的未来变化趋势的技术方法。该方法的基本假定是“历史会重演”。

它以证券市场已有的价、量为基础，运用图示分析法，如 K 线类、切线类、波浪类；指标分析法，如趋向指标(DMI)、能量潮(OBV)，又称平衡成交量法，是由格兰维尔于 1963 年提出。能量潮是将成交量数量化，制成趋势线，配合股价趋势线，从价格的变动及成交量的增减关系，推测市场气氛及乖离率(BIAS)，是测量股价偏离均线大小程度的指标。量价关系分析法有很多理论，如古典量价关系理论、格兰维尔量价关系理论等。

技术分析方法的优点是以市场数据为基础，对市场的反应比较直接，其结果也更接近市场实际，分析的结论时效性强对短线投资有很强的指导意义；缺点是考虑问题的范围较窄，对市场的长远趋势不能进行有效判断。

3. 投资组合分析法

投资组合分析法是根据不同的证券具有不同的风险收益特征，通过构建多种证券的组合投资以达到投资收益和投资风险平衡的分析方法，在处理上，它通过求解在特定的风险条件下实现收益的最大化或在特定的收益条件下使得风险最低，来求得组合内各个证券的组合系数，进而进行组合投资的分析方法。

它可以分为传统的证券组合分析方法和现代证券组合分析方法。传统分析方法是根据不同证券对相同的系统性风险的不同反应，来降低非系统性风险；而现代组合分析方法是一种数量化的组合管理方法，以实现投资收益和风险的最佳平衡，如马克维茨的均值方差模型、夏普和林特纳的资本资产定价模型和罗斯的套利定价理论。

投资组合分析方法的优点是在投资分析中对风险进行分类和定量化描述，寻求收益和风险的制衡(trade-off)，在理论上证明了组合投资可以有效降低非系统风险的同时，还能够运用定量化的方法来求解证券组合中各个证券的最佳比例关系，这样就克服了传统证券组合方法在确定各组合证券比例中的盲目性，从而实现投资收益和风险的最佳平衡；缺点是需要计算复杂模型，对证券市场的假定条件过于苛刻，甚至这些条件与实际市场存在很大差距，如果证券市场的发展不是很成熟的话，一些条件不可能满足；计算组合比例需要大量的数据支撑，而且模型没有考虑到有的证券之间根本无法构建投资组合。

伴随现代金融科技的快速发展，量化分析逐渐成为机构投资者的重要分析工具，利用统计，数值模型和其他定量模型进行证券市场相关研究，以使用大量数据，模型和电脑为显著特点，量化分析广泛应用于解决证券估值，组合构造与优化，策略制定，绩效评估，风险计量，与风险管理的投资的相关问题。因此，投资组合分析方法也因此有了更好的应用基础，广泛运用于机构投资者尤其是基金公司和社保公司证券投资的运作中。

4. 行为金融分析法

行为金融分析法源于20世纪80年代证券市场上不断出现了一些与经典理论相悖而经典理论无法解释的“异象问题”，如周末现象、假日现象等，一些投资者利用这些“异象”进行投资确实获得了超常收益。因此该方法是以这些“异象”为研究对象，从对标准金融理论的质疑开始，以行为科学为基础研究投资者的心理行为，进行投资决策的分析方法。该方法以古典金融理论的严格假定与现实市场相悖为出发点，如市场无摩擦、投资者是完全理性的，而在证券市场中并不是每一个投资者都会用投资理论中的复杂数学方法来推导所谓的理性与均衡价格来指导自己的投资行为，投资者并不总是根据基本面来进行投资决策，有时会根据噪音来决策，成为所谓的噪音交易者(noise traders)。

行为金融分析方法的优点是能够使投资者在证券投资过程中保证正确的观察视角，特别是在市场重大转折点的心理分析上，往往具有很好的效果；缺点是该方法基于人的不同理性行为和心理假设，很难得到一个统一的结论用于指导投资者的行为。

总之，以上四种分析方法的使用都是有条件的，并且各有优缺点，要想在证券市场中获得稳定的利润，只靠一种分析方法来指导投资决策是不行的，甚至要冒很大的风险，必须把上述几种方法结合起来使用。相信随着证券市场的不断发展，投资者会变得越来越成熟，对市场的洞察力也会越来越强，进而娴熟地综合运用各种分析方法，以最小的损失获取更大的收益。

二、证券投资分析的主要步骤

证券投资分析作为证券投资过程的一个重要环节，对投资的成败起着十分重要的作用。分析结论的正确程度实际上取决于三个方面：①分析人员占有信息量的大小以及分析时所使用的信息资料的真实程度；②所采用的分析方法和分析手段的合理性和科学性；③证券分析过程的合理性与科学性。

一般来说，比较合理的证券分析应该有以下四个步骤：

1. 资料的收集与整理

资料收集与整理阶段的主要工作包括：①证券投资分析信息资料的收集。②信息资料的分类。③信息资料的保存和使用管理。

2. 案头研究

案头研究首先是根据自己的研究主题和分析方向，确定所需的信息资料。其次是利用证券投资分析的专门方法和手段，对占有的资料进行仔细的分析。第三是作出分析结论，也就是得出有关指标与证券价格之间相关关系的正式结论。

3. 实地考察

实地考察是指分析人员就自己的研究分析主题到实际工作部门或公司企业

等单位进行实地的考察考察调查。证券投资分析过程中的实地考察主要出于两个目的：一是就信息资料的真实性到实际工作部门或公司企业进行调查核实；二是就某些阶段性分析结论的公正性和客观性到实际工作部门或公司企业进行调查核实。

4. 形成分析报告

形成报告也就是将分析人员的分析结论通过书面的形式反映出来。分析报告一般都应该包括以下几个方面的内容：①研究分析的主题；②所使用的数据来源和数据种类；③采用的分析方法和分析手段；④形成分析结论的理由；⑤所得出的分析结论及建议；⑥分析结论和建议的适用期限；⑦报告提供者或撰写者；⑧分析报告形成日期。

第三节　证券投资的基本分析方法

基本分析法是以传统经济学理论为基础，以企业价值作为主要研究对象，通过对决定企业内在价值和影响股票价格的宏观经济形势、行业发展前景、企业经营状况等进行详尽分析，以大概测算上市公司的长期投资价值和安全边际，并与当前的股票价格进行比较，形成相应的投资建议。基本分析认为股价波动不可能被准确预测，而只能在有足够安全边际的情况下买入股票并长期持有。

一、基本分析方法的理论基础：稳固基础理论

1. 稳固基础理论的提出

稳固基础理论认为，股票具有内在价值，它是股票价格的稳固基点。股票内在价值等于该股票未来股息收入的现值。当股票市价高于(或低于)其内在价值时，就出现卖出(或买进)机会，股票价格总是围绕其内在价值而上下波动的。

稳固基础理论的鼻祖当推马克思。马克思认为，“市场价值，会随着它们有权索取的收益大小和可靠程度而发生变化……这种证券的市场价值部分地有投机的性质，因为它不是由现实的收入决定的，而是由预期得到的、预先计算

的收入决定的。但是，假定现实资本的增值不变？那么，这种证券的价格的涨落就和利息率成反比。”可见，马克思把证券价格的决定因素归纳为预期收益的大小及其可靠度和利息率。利息率之所以重要是因为它在把预期受益折成现值时充当贴现率的作用。

希尔法登(Rudoff Hilferding，1877—1941)在其《金融资本论》一书中继承马克思的《资本论》，对更加成熟的资本主义经济下的金融经济现象作了理论分析，指出股票的虚拟资本价值是用每股股票将来股息收入除以市场利率得出的，这种方式被称为资本还原或资本化(capitalization)。

后来，格雷厄姆和多德合著的《证券分析》(1934年)对稳固基础理论进行了全面阐述。他们认为证券有反映其发行主体经营实绩的内在价值，价格是不能长期脱离价值的，所以证券分析家必须仔细地研究有关发行主体的财务数据及其他资料，努力去发现该证券的内在价值。

计算股票内在价值的公式则是由约翰·B. 威廉斯在其《投资价值理论》(1938年)一书中提出的。他首先使用了“贴现”概念。后来，耶鲁大学的欧文·费雪教授对此概念进一步发扬光大，使之被广泛使用。

对于股票投资者而言，每股税后利润中未分配部分的所有权亦归投资者所有，虽然现期得不到，但可为未来创造更多利润，因此内在价值应反映每股税后利润而不仅仅是每股股息，加上第二次世界大战后各发达国家经济发展加快，这个矛盾就更为突出。于是，本益比(P/E ratio)概念应运而生。本益比又称市盈率，表示股价相对于每股税后利润的倍数。

2. 稳固基础理论的运用

稳固基础理论认为，决定股票价格的最重要因素是股票未来股息的高低，由于这些股息是在未来长时间里不断产生的，因此投资者必须根据现在已知的情况和预计将来可能发生的变化对各种股票的股息收入作出长期预期，并随时间的推移不断根据情况的变化修正这种预期。为此，稳固基础理论认为要对影响股票股息收入的全部因素加以分析，这种分析方法被称为基本分析法。基本分析法主要通过宏观经济状况、宏观经济政策、经济运行周期、社会资金紧缺度及流向、各行业状况及其前景、公司的财务状况、经营能力、管理能力及其发展前景等，对各种股票未来的股息收入作出预期，并根据市场利率将其转化成现值，即股票的内在价值。

稳固基础理论把决定股票价格的因素概括为三条准则：

准则一：在其他条件相同时，股息增长率越高，该增长率持续时间越长，该股票的价值就越高。

虽然现期股息收入对一般投资行来说也许是很重要的，但稳固基础理论更看重股息的增长率和持续时间。对于这个问题的一个最生动的例证是：1626年美国白人以24美元的价格向印第安人买下了曼哈顿岛，对增长率没有概念的人都认为印第安人上了大当。然而，如果将24美元按6%的单利率存入银行，每半年计一次复利，这笔钱到现在就会变成400多亿美元，用这笔钱可以买回现已高度开发的大部分曼哈顿土地。6%的年增长率，每半年计一次复利，在370年的时间内就可增长近200万倍，这就是增长率及其持续时间的非凡意义。股票是无期限的所有权证书，因此，此点对股票具有非常重要的意义。

由于增长率及其持续时间具有如此重要的意义，因此稳固基础理论很重视行业分析，该理论建议投资者购买处于成长期的公司股票而卖出处于衰退期的公司股票。

准则二：在其他条件相同时，公司股息增长率的波动税程度即风险越小，该股票价值也越高。

一般来说，投资者总是厌恶风险的。因此，为了让投资者承受较高的风险，他必须得到较高的补偿，即较高的预期收益率，这就是高风险高收益的概念，换句话说，公司股息增长率的波动程度越小，即风险越小，则该股票的预期收益越低，其价值越高。

准则三：在其他条件相同时，市场利率水平越高，则股票价值越低。

每个投资者面前都有许多投资机会可供选择，各种投资机会之间存在比较收益问题。当市场利息率水平提高时，股票投资的机会成本随之提高，股票投资预期收益率应随之提高，股票价值自然应下降。

3. 稳固基础理论的评价

稳固基础理论从“股票是虚拟资本，是现实资本的纸制复本”这一本质出发，认为股票价格取决于共内在价值，即股票能为其持有者带来收益的能力。这种分析方法抓住了事物的本质，抓代了问题的主要方面，这无疑是值得肯定的，但稳固基础理论也有其不足之处。

首先，稳固基础理论也具有片面性，它只重视股票的内在价值对股票价格的决定作用，而忽视了其他因素对股价的影响作用。事实上，股价总是围绕着其内在价值上下波动的。其原因在于股票的内在价值不是一个明确不变的数据，而是投资者根据其对该股票未来收益的预期并将它们折成现值得出的，而每个投资者由于其知识水平、环境、心理状态、情绪等方面的不同，对未来预期从而对股票内在价值的判断会大不相同，且会随时间的推移而改变，从而导致股价随之变动。

其次，稳固基础理论对投资者定性存在偏差，稳固基础理论认为股票内在价值取决于该服票未来股息收入的现值和，这就潜含着一种假定：股票投资者都是长期投资者，其投资股票是以赚取股息收入为目的的。实际上，由于股票交易市场的存在为股票转让提供了条件，许多投资者更关心的是买入价与卖出价之间的差价，即资本利得或损失。实际上，由于股票是无期限的，而人的生命是相对短暂的，因此真正意义上的长期投资者是几乎不存在的，卖出价的高低对绝大多数投资者来说比股息收入更为重要。而稳固基础理论把未来的卖出价定为卖出以后该股票未来股息收入的现值和，这本身就存在着缺陷。因为它潜含着一种假定：未来的股票市价等于其时该股票的内在价值。而从事实看，股票市价等于其内在价值的可能性极小。可以说，稳固基础理论和空中楼阁理论对投资者的定性是处于两个极端。

第三，对未来预测的准确度很低导致了稳固基础理论在实际运用中相当困难。由于影响公司盈利水平的因素多如牛毛，大如国内外政治社会经济状况、行业发展周期，小到公司管理水平、资金松紧状况、产品生命周期，甚至连气候、天气、人事变动等都有可能影响公司盈利水平，因此要准确预测公司盈利水平是相当困难的，进行长期预测更是难上加难，特别是对于绝大多数中小散户来说更是如此，这就决定了“内在价值”的不确定性和不准确性。

最后，稳固基础理论跟现实存在较大差异，稳固基础论要求投资者在证券价格高于其内在价值时卖出该证券，而在价格低于其内在价值时买入。然而，在现实生活中，证券价格超涨超跌的现象相当普通，且常出现超涨再超涨、超跌再超跌，或者暴涨暴跌的现象，这种现象的普通存在使得按稳固基础理论买卖的投资者常常在短期内蒙受巨大损失。且稳固基础理论无法解释和预测证券价格的大幅度波动，这在价格涨跌代表着巨额财富再分配的证券市场中，是令人难以接受的。因此，虽然从科学性来讲，稳固基础理论远胜于空中楼阁理论，但从被市场参与者接受的程度看，后者反而大大超过前者。

二、基本分析方法的内容

基本分析方法的主要内容就是对能够影响证券价格的因素，如宏观经济、行业和区域因素及公司具体因素三个层次进行分析。

1. 宏观经济分析

(1)经济指标分析

经济指标分析主要探讨各经济指标对证券价格的影响。经济指标分为三类：一是先于证券价格变化的超前性指标，如利率水平、主要生产资料价格等；二是与证券价格变化基本趋于同步的吻合性指标，如 GDP、社会商品销售额等；三是滞后于证券价格变化的滞后性指标，如失业率、库存量等。通过对反映经济的这些指标进行分析，并参考分析国内生产总值与经济增长率、通涨率、利率、汇率、财政支出、国际收支、固定资产投资规模等相关变量指标，得出宏观经济发展的基本趋势。

(2)宏观经济政策分析

宏观经济政策分析是指从宏观经济政策调控的持续均衡的经济增长、充分就业、物价水平稳定、国际收支平衡四大目标角度，把握宏观经济政策的变化特点和趋势，重点分析国家预算、税收、国债、财政补给、政策管理体制、转移支付制度等财政政策，分析货币供应量、利率与货币总量、法定存款准备金、再贴现政策、公开市场业务等货币政策，以及收入分配总量和分配格局等收入政策等一系列政策，探寻宏观经济政策对证券市场的影响，把握证券市场运行的基本趋势。

2. 行业和区域分析

行业分析是指根据经济学原理，综合应用统计学、计量经济学等分析工具对行业经济的运行状况、产品生产、销售、消费、技术、行业竞争力、市场竞争格局、行业政策等行业要素进行深入的分析，从而发现行业运行的内在经济规律，进而进一步预测未来行业发展的趋势。行业分析包括对行业的类型即完全竞争型、垄断竞争型、寡头垄断型、完全垄断型分析，在不同经济运行周期下的行业特点以及不同阶段各行业的发展状况、产业发展态势和产业政策等。

区域经济分析主要是从经济发展的角度对区域经济发展的水平及所处的发展阶段、区域产业结构和空间结构进行分析。通过对区域发展的自然条件和社会经济背景特征及其对区域社会经济发展的影响进行分析，探讨区域内部各自然及人文要素间和区域间相互联系的规律。从区域经济分析对证券市场的影响来看，各种区域经济发展政策的研究更为重要，过去的浦东开发、西部大开发、振兴东北、中部崛起等一系列区域发展政策都对证券市场运行产生较大的影响，目前的“一带一路”建设，加大力度支持革命老区、民族地区、边疆地区、贫困地区加快发展，强化举措推进西部大开发形成新格局，深化改革加快东北等老工业基地振兴，发挥优势推动中部地区崛起，创新引领率先实现东部地区优化发展，建立更加有效的区域协调发展新机制等区域发展新举措，也是我们分析证券市场发展的重要基础。

3. 企业分析

企业分析包括三个方面：一是企业的现状分析，通过对近几年企业财务报表的比较分析以及与同行业企业的分析比较，了解企业的人、财、物、技术、信息等资源利用情况及其经营活动的效率和规模地位。二是企业能力分析，通过对企业盈利能力、股息水平与股息政策、公司净资产值、公司管理水平、主导产品市场占有率、新产品开发能力等进行分析，把握企业的发展潜力。三是对企业的重大事项如资产重组等进行分析。

第四节 证券投资的技术分析方法

技术分析法是以传统证券学理论为基础，以股票价格作为主要研究对象，以预测股价波动趋势为主要目的，从股价变化的历史图表入手，对股票市场波动规律进行分析的方法总和。技术分析认为市场行为包容消化一切，股价波动可以定量分析和预测，如道氏理论、波浪理论、江恩理论等。

一、技术分析方法的理论基础：空中楼阁理论

1. 空中楼阁理论的提出

空中楼阁理论的倡导者是约翰·梅纳德·凯恩斯。他在1936年出版的《就业利息和货币通论》一书的第十二章“长期预期状态”中，专门论述了投资者预期对于股票价格决定的重要性。凯恩斯认为，股票价值虽然在理论上取决于其未来收益，但由于进行长期预期相当困难和不准确，故投资大众应把长期预期划分为一连串短期预期。而一般大众在预测未来时都遵守一条成规：除非有特殊理由预测未来会有改变，否则即假定现存状况将无定期继续下去。于是，投资者不必为不知道十年以后其投资价值几何而失眠，他只要相信这条成规不被打破，使他常有机会在时间过得不多、改变还不太大时就可以修改其判断，变

换其投资，则他觉得他的投资在短期间内相当安全，因此在一连串短期内(不论有多少)也相当安全。一般投资者如此，专业投资者也只好如此，这些专业人士最关心的，不是比常人高出一筹地预测某一投资品在其整个寿命中所产生的收益如何，而在于比一般群众稍早一些预测在此成规下市场对新的变化会有什么反应。凯恩斯把此种行为比作选美比赛：报上发表一百张照片，要求参赛者选中最美的六个，选择结果与得票率最高的六个相符者获奖。在这种竞赛规则下，每一参赛者为了获胜都不会根据自己的审美标准，而会根据他对别人审美观点的推断来选美。每个人为了获奖，都必须遵从大众的喜好，同理，专业人士要在投资中获利，也必须遵从一般投资大众的思维方式。一项投资对投资者来说值一定的价格，是因为他期望能以更高的价格卖给别人。于是股票投资就成了博傻游戏：每个人在购买股票时都不必研究该股票值多少钱，或者说会为他带来多少长期收益，而只关心有没有比他更傻的傻瓜愿意以更高的价格向他买进；每个人在购买股票时都愿意充当暂时的傻瓜，只要他相信会有更傻的人来接替他的傻瓜职务，他就可以晋升为聪明人了。这种游戏一直继续下去，直至找到最后的傻瓜为止，此时股价开始下跌，于是傻瓜们又开始了“割肉比赛”。基于上述分析，凯恩斯认为，“股票价格乃代表证券市场的平均预期”，“循此成规所得市价，只是一群无知无识者群众心理之产物，自会因群意之骤变而剧烈波动。”。

除了凯恩斯之外，亚当·斯密在其《货币博弈》一书中也有相似的论述。美国经济学家奥斯卡·摩根斯特恩在其专著《博弈论和经济行为》和他与克莱夫·格兰杰合著的《股票市场价格的可预测性》中也认为，探寻股票的内在价值无异于探索虚无缥缈的事物，“他人愿支付的乃一物之价值也。”

2. 空中楼阁理论的内容要点

目前，空中楼阁理论在世界各国都很有市场，其要点可归纳为：

(1)股票价格并不是由其内在价值决定的，而是由投资者心理决定的，故此理论被称为空中楼阁理论，以示其虚幻的一面。

(2)人类受知识和经验所限，对长期预期的准确性缺乏信心，加上人生短暂造成的短期行为，使一般投资大众用一连串的短期预期取代长期预期。

(3)占少数的专业人士面对占绝大多数的一般投资大众的行为模式只好采取顺应的策略，导致股票价格取决于市场的平均预期。

(4)心理预期会受乐观和悲观情绪的影响而骤变，从而引起股票价格的剧烈波动。

(5)投资者想要在股市中取胜，必须先发制人，智夺群众。而斗智的对象，不是预期股票能带来多少长期收益，而在于预期短期间之后，股价会因投资者的心理预期变化而有何变化。

(6)只要投资者认为未来价格会上涨，他就可以不必追究该股票内在价值有几何而一味追高购买，而当投资者认为未来价格会下跌时，他也不顾市场价格远低于内在价值而杀低抛出，于是股票投资成为博傻游戏，成为投机者的天堂。

3. 空中楼阁理论的运用

空中楼阁理论的核心论点是股票价格是由投资者心理决定的。于是，预测股票价格走势只要预测投资者心理变化规律及其影响因素即可。由于影响投资者心理的因素不胜枚举，因此空中楼阁理论的运用就产生了形形色色的流派。按各派分析问题的角度，笔者把它们分为成因法、结果法和机理法。

(1)成因法。成因法主要通过分析影响投资者心理变化的某个因素来预测股价的走势。例如，有的根据气候变化的根据太阳黑子的运动、有的根据星相来预测股票走势，因为这些因素据说都会影响投资者的心理。其中最玄妙的当数美国人艾拉·科希利提出的“多头市场和裙子裸膝”理论，他通过研究19世纪末至今美国女子裙子下摆长短的变化与股市走势图之间的关系后发现，当流行长裙时，股价就下跌；当流行短裙时，股价就上升。同样玄妙的还有根据美国职业篮球队的比赛结果来预测股价，如，当纽约巨人队获胜时，预示着股市将进入午市；而当堪萨斯市主人队获胜时，则预示着股市将进入熊市。“多头市场和裙子裸膝”理论和职业篮球赛理论的荒谬处在于，他们把本来毫不相关但由于偶然巧合而出现统计学上的高度相关的两件事硬扯在一块，并把因果关系套在它们之上。其他各种流派则只抓住影响人们心理预期的某个因素，忽视其他因素来预测股价运动，犯了“只见树木不见森林”的错误，其预测的准确度也可想而知，追随者自然也寥寥无几。

(2)结果法。结果法就是根据投资者心理变化的结果——股价的历史变动来预测股价的未来变动，这种分析的典型代表是技术分析法。技术分析论者认为要通过分析影响大众心理预期的所有复杂的因素进而预测股价走势是不可能的，也是没有必要的，因此他们放弃输入分析法，而采用输出分析法，或者称结果分析法。他们认为，投资者的心理预期变化将通过他们的买卖行为而直接表现在股票价格的变动上，因此，只要潜心研究股价过去运动规律就可从中发现投资者心理预期变化的规律，从而预测股价未来的变化。对技术分析论者来说，他不需要基本面、政策面、消息面、资金面等任何信息和资料，他只需要时间、价格(包括开盘价、最高价、最低价、收盘价)和成交量的数据，就可预测股价的走势，从而给出买卖信号。

技术分析论者的分析基于如下三个命题：①命题一(反映性)：市场价格是一切信息的反映。基本面、政策面、消息面、资金面等的变化，都能通过股价及成交量得以反映。②命题二(趋向性)：股价运动遵循物理学的动力法则，其总体走势是按一定趋势(上升、下跌或盘整)进行的，直至有突发因素改变这种趋势为止。③命题三(重现性)：人类行为遵循固有模式，历史会重演。

技术分析方法可分为两大类，一类是图形形态分析法，即把股价和成交量数据绘制在图上，根据图形形态来发出买卖信号，比较典型的图形有头肩形、双重顶(底)、三角形、旗形、楔形等；另一类是技术指标分析法，有数十种之多，较常见的有相对强弱指数、随机指标、股价移动平均线、动向指标、平滑异同移动平均数、能量潮等。技术分析者的一个“标准照”是：在一个把所有门窗都钉死的房子里只通过一台传递股价和成交量数据的电脑与外界联系，即可预测股价的走势。在中国台湾，专靠画图表来预测股价走势的人被戏称为“线仙”。

(3)机理法。机理法则直接研究投资者心理变化的机理或规律，从而寻找股市运行规律，其典型代表是波浪理论。波浪理论的创始人是美国股票分析大师艾略特，他把股价变化周期分成推动浪和修正浪两部分，推动浪由五浪构成，修正浪由三浪构成，而且几个小周期构成一个更大的周期，依次类推。艾略特还把著名的费波纳奇数列及由此而产生的黄金分割率引入到波浪理论中，他把 0. 618 称为自然法则，投资者心理及由此决定的股价变化都要遵循这个法则。

4. 空中楼阁理论的评价

空中楼阁理论的逻辑是：股票价格是由供求关系决定的，股票供求行为取决于投资者的心理预期，而每个投资者的心理预期都是根据他本人所认为的大众按成规进行预期的情况下将作出何种预期而作出的。显然，空中楼阁理论的最大缺陷在于它的片面性，这种片面性产生于它对投资有心理预期模式的错误判断。

首先，影响投资者预期的因素很多，包括他对政治局势、宏观经济状况、社会资金紧缺度和流向、行业前景、公司现状及前景等一系列的分析判断，包括政策和消息面动向，包括他对投资大众将如何预期的判断，还包括影响他情绪从而影响他预期的因素，如气候、太阳黑子运动等。显然空中楼闻理论只看到其中一个因素而完全忽视了其他因素，甚至是最重要的因素，当然，在投资者作预期时，一般大众将产生什么样的预期是应考虑的一个因素，因此对空中楼阁理论也不应全盘否定。

其次，空中楼阁理论过分强调人性短期行为和长期预期准确性差的一面，而片面强调投资者注重短期预期和追求资本利得，从而把股市描绘成赌场。的确，各国股市中都存在大量以赚取短期资本利得为目的的投机者，但也不乏以追求获得长期股息为目的的长期投资者，特别是在西欧等历史较悠久的成熟股市中更是如此。对于长期投资者而言，股票能给他带来多少长期收益即股票的内在价值是他买卖股票时要考虑的最为重要的因素。虽然长期预期是有很大难度，但投资者可根据情况的变化对其长期预期不断进行修正，而不全是像空中楼阁理论所描述的那样，由一连串关于一般大众将如何预期的短期预期组成长期预期。空中楼阁理论对投资者追求目标归纳的片面性也决定了其结果的片面性。

第三，由于空中楼阁理论否定股票的内在价值，从而使投资者无法判定股票价格区位的高低，仅凭技术分析发出的买入或卖出信号进行买卖。而技术指标和技术图形普遍存在滞后现象，即股价上涨后发出买入信号，股价下跌后发出卖出信号，从而容易诱使投资者追涨杀跌，增大市场的投机程度，使股市变为“博傻”游戏场。

最后，按技术指标和技术图形发出的买卖信号较为简单明了，易为投资大众普遍接受，从而使投资大众行为趋同，然而股市的骗人本性决定了股市的表现跟大多数人的预期往往相反，这就决定了根据技术分析发出的买卖信号经常失灵，这就是所谓的“骗线”。“骗线”产生的直接原因就是一些主力机构利用投资大众对技术分析的迷信，通过操纵价格来改变技术图形和技术指标，使之发生虚假的买入或卖出信号，以达到出货或吸货的目的。作者把这种现象概括为“股市规律自灭定律，即当股价运动规律一旦被发现并被股市投资者广泛利用，则这种规律将自动消灭或转变成一种与此相异的形式”。

当然，空中楼阁理论也有它的可取之处。毕竟有许多投资者由于缺乏进行长期预期所需要的专业知识，因此，他们的股票投资行为跟前述的选美比赛行为有类似之处，而这部分投资者在各国股市特别是在新兴股市中还很普遍，技术分析法对于寻找适当的买卖时机还是具有一定的参考价值。

二、证券投资的技术分析方法

(一)K 线与形态分析

1. K 线的概念

K 线又叫日本线，其起源于日本，是根据股价(指数)一天的走势中形成的四个价位，即开盘价、收盘价、最高价、最低价，绘制而成的由影线和实体组成的一条柱状线。

收盘价高于开盘价时，则开盘价在下收盘价在上，二者之间的长方柱用红色或空心绘出，称之为阳线；其上影线的最高点为最高价，下影线的最低点为最低价。收盘价低于开盘价时，则开盘价在上收盘价在下，二者之间的长方柱用黑色或实心绘出，称之为阴线，其上影线的最高点为最高价，下影线的最低点为最低价(见图 6-2)。根据 K 线的计算周期可将其分为日 K 线，周 K 线，月 K 线，年 K 线。周 K 线是指以周一的开盘价，周五的收盘价，全周最高价和全周最低价来画的 K 线图。同理，可以绘制月 K 线和年 K 线定义。

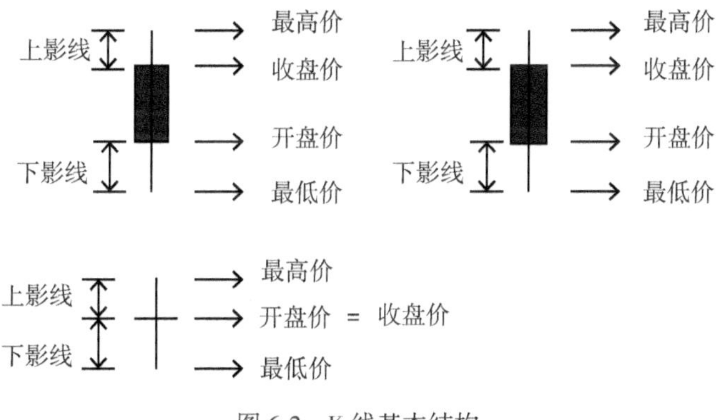

图 6-2　K 线基本结构

2. K 线基本形态与行情判断(见图 6-3)

(1)光头光脚阳线：是一根没有上下影线的阳线，俗称光头光脚阳线，如果矩形很长，则称为大阳线，该 K 线表明多方已经控制盘面，逐浪上攻，步步逼空，涨势强劲。

(2)光头光脚阴线：是一根没有上下影线的阴线，俗称光头光脚阴线，如

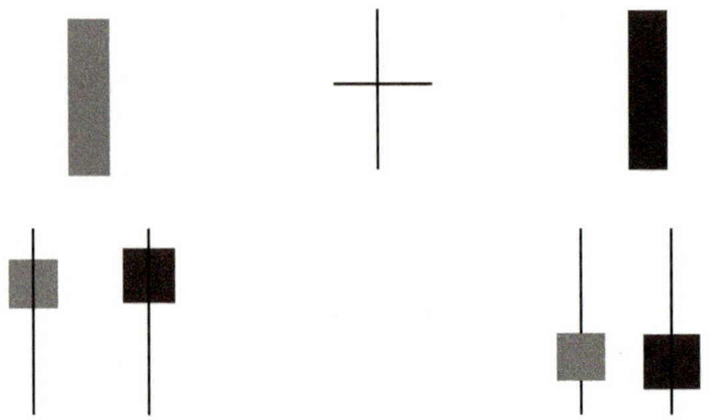

图 6-3　K 线的几种基本形态

果矩形很长，则称为大阴线，该 K 线表明空方已占尽优势，多方无力，股价被打压，后市看淡。

(3)光头阳线：是一条没有上影线而有下影线的阳线，光头阳线若出现在低价位区域，变现为股价探底后逐浪走高且成交量同时放大，预示为一轮上升行情的开始；如果出现在上升的行情途中，表明后市继续看好。

(4)光头阴线：是一条没有上影线而有下影线的阴线，光头阴线如果出现在低价位区域，表明抄底盘的介入，使股价有反弹的迹象，但力度不大，同时表明进一步下跌的空间已不大。

(5)光脚阳线：是一条没有下影线而有上影线的阳线，光脚阳线表明上升势头很强，但在高价位处多空双方有分歧，购买需谨慎，需要根据其矩形、影线的长短，并结合此前的 K 线形态与位置综合分析。

(6)光脚阴线：是一条没有下影线而有上影线的阴线，光脚阴线出现表明股价虽有反弹，但上方抛压很大，空方趁势打压使股价以阴线报收，也需要根据矩形和影线的长短进行综合分析，做出判断。

(7)一字形：是一条没有实体也没有影线的 K 线，该 K 线出现表明股价从开盘到收盘均为同一价格，通常在股票全天均处于涨停或跌停时才会出现。

(8)十字形：也称十字星，是一条没有实体而有上下影线的 K 线，根据直线的价位是否高于上一个交易日的收盘价，分为阴、阳十字星；根据影线的长短，分为大、小十字星。十字星表明多空双方力量暂时平衡，如果上影线长于下影线，表明空方略强，反之，则相反。

(9)T 字形：是一条没有实体和上影线而有下影线的 K 线，根据直线所处的价位是否高于上一交易日的收盘价，可分为 T 形阴线和阳线两种，该 K 线表明多方占优。

(10)倒 T 字形：是一条没有实体和下影线而有上影线的 K 线，根据直线所处的价位是否高于上一交易日的收盘价，可以分为阴线和阳线，一般说，该 K 线表明空方占优。

3. 常见 K 线组合与行情判断

(1)反转形态

①锤子与吊人形态：锤子是在锤子线之前，必定先有一段下降趋势(哪怕是较小规模的下降趋势)，这样锤子线才能够逆转这个趋势。吊人是指上吊线的实体与上吊线次日的开市价之间向下的缺口越大，那么上吊线就越有可能构成市场的顶部。在上吊线之后，如果市场形成了一条黑色的实体，并且它的收市价低于上吊线的收市价，那么，这也可以看做上吊线成立的一种佐证(见图 6-4)。

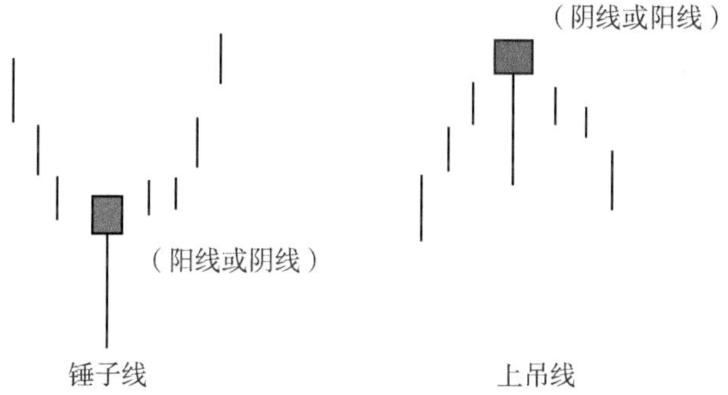

图 6-4　锤子与吊人形态图

②吞噬形态：用阴包阳或者阳包阴来表述吞没形态。可以分为底部看涨吞没形态和顶部看跌吞没形态(见图 6-5)。

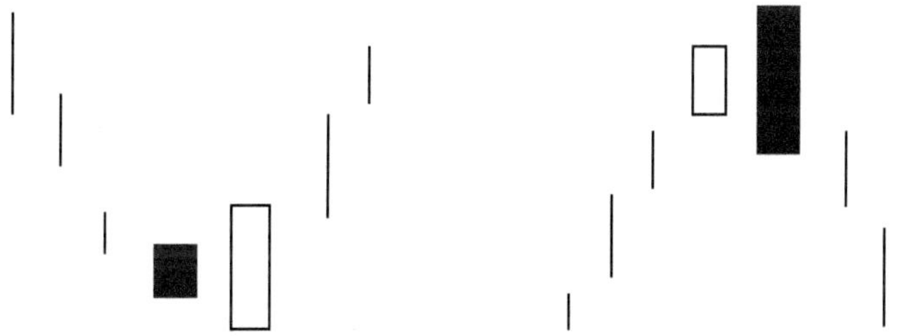

图 6-5　吞噬形态图

③孕线：K 线形态呈现前长后短的组合形态，形似怀有生孕的妇女一样，所以称为孕线。孕线孕育着希望，趋势随时都可能会反转。孕线一般分为三种形态(见图 6-6)：一是前一条图线是一条长大的阳线，第二条图线是一条短小的阴线，称为阴孕阳线，简称阴孕线；二是前一条图线是一条长大的阴线，第二条图线是一条短小的阳线，称为阳孕阴线，简称阳孕线；三是前一条图线是一条长大的阳线(或阴线)，第二条图线是一条十字星线，为十字星孕线，简称星孕线。

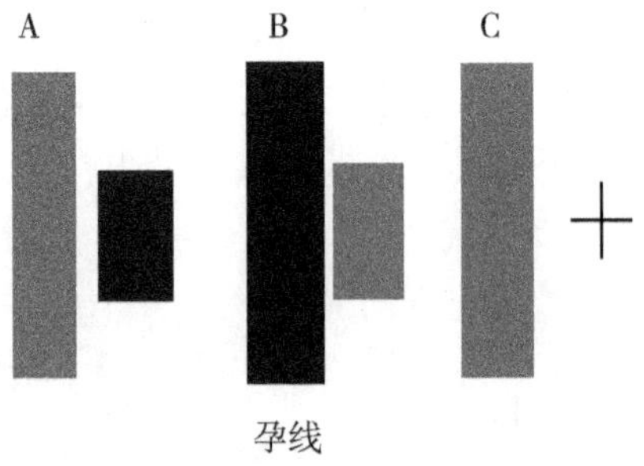

图 6-6　孕线形态图

④乌云盖顶形态：这种形态由两根 K 线组成，它们一般出现在上升趋势之后，在有些情况下也可能出现在水平调整区间的顶部(见图 6-7)。乌云盖顶经常发生在一段上升行情的顶部，由一阴一阳两根 K 线组成，是一个看跌反转信号。

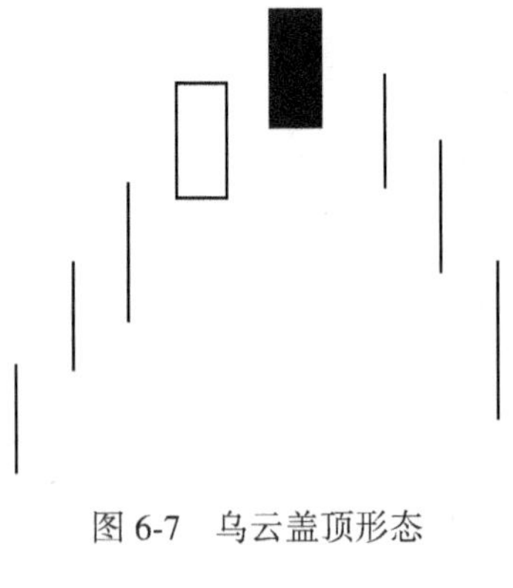

图 6-7　乌云盖顶形态

⑤晨星与黄昏之星：早晨十字星和早晨之星是见底组合，一般会在底部先

拉一个中阴线然后是一个十字星，十字星的一字一般在阴线的收盘价附近，接着是一个从十字星的一字附近开盘收一个中阳线，组成一个经典的组合(见图6-8)。相反的是黄昏十字星和黄昏之星，组合的方向相反，先是涨势最后拉一个放量中阳线，然后出一个放量十字星，再出一个中阴线。

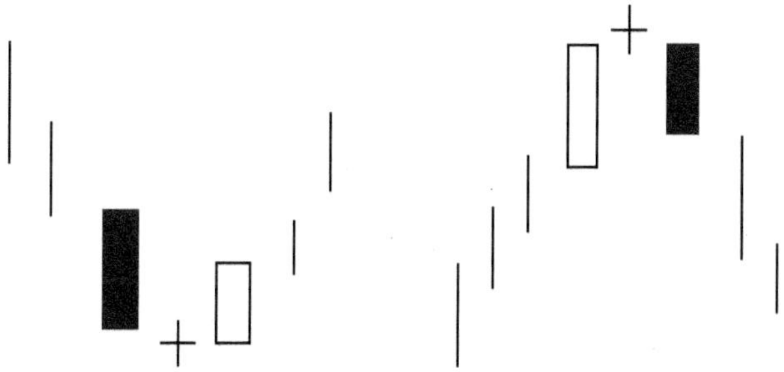

图 6-8　晨星与黄昏之星形态图

⑥岛型反转形态：是指证券标的物的技术走势中的某一时段，出现了左右对称性的跳空缺口，一旦确立，其后市走势将与之前的走势呈相反形态，即称为岛型反转形态(见图 6-9)。

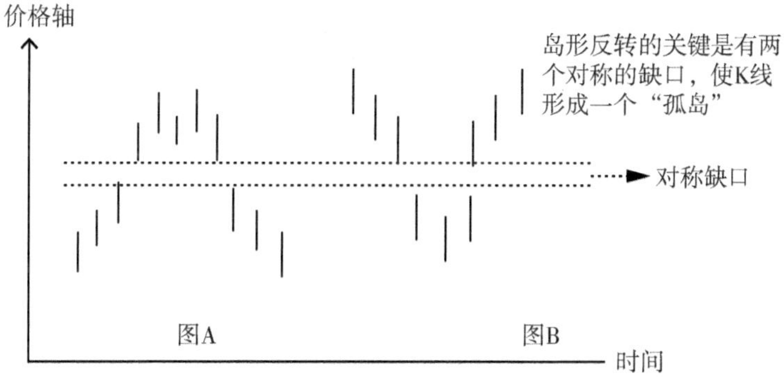

图 6-9　岛型反转形态图

(2)持续形态

①上升三法与下降三法

上升三法形态是一种继续看涨的 K 线形态(见图 6-10)。市场在上涨趋势里出现了一根大阳线后连续出现了几根(最好是三根)实体较小的阴线(或带有阳线)，这几根较小的K线的最高价格(指数)不得超过前面大阳线的最高点，它们的最低点不得低于前面大阳线的最低点，也就是说，这几根小K线都在前面大阳线的体内。接着这几根小K线后面出现一根坚挺的大阳线，这根大阳线的最高点要高于第一个大阳线的最高点，其开盘价位置也要高于它前一天的K线的收盘价，也就是说最后一根大阳线的开盘时跳空高开的。这样就组成一个上升三法形态。

下降三法形态是在下跌趋势中继续看跌的一种持续形态。在市场下降趋势里首先出现了一根大阴线，接着它后面出现了一群小阳线(或带有小阴线)，这些小阳线的价格范围都处在前面一根大阴线的价格范围内，在这些小K线后如果又出现了一根大阴线，并且这根阴线的开盘价低于它前一根K线的收盘价，它的最低点超过前面大阴线的最低点，那么下降三法持续看跌形态就形成。

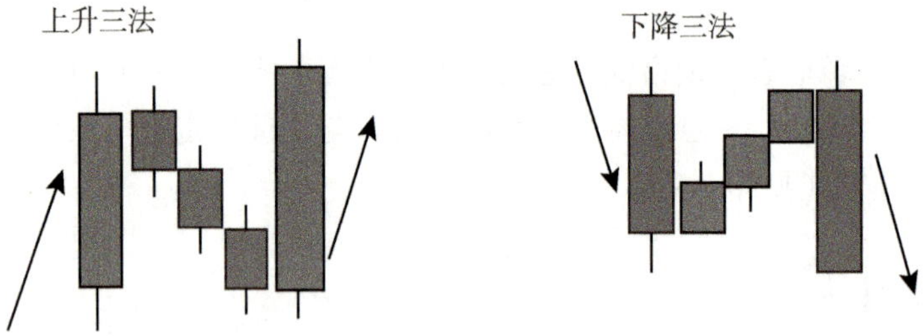

图6-10　上升三法与下降三法形态图

②白三兵

“白三兵”又名前进白色三兵形态、红三兵，是由三根蜡烛线所组成的K线组合形态。在下降趋势中，该形态发出强烈的反转信号。这种价格运动行为表明看涨，不容忽视。白三兵形态的特征如下：A. 三根连续的长阳线，每天出现更高的收盘价；B. 每天的开盘价应该在前一天的实体之内；C. 每天的收盘价应该在当天最高点或接近最高点。

如果其中第二根和第三根蜡烛线，或者仅仅是第三根蜡烛线，表现出上涨势头减弱的迹向，就构成了一个前方受阻的大敌当前白三兵形态，这就意味着这轮上涨行情碰到了麻烦。特别是在上升趋势已经处于晚期阶段时，如果出现了前方受阻的形态，更得多加小心。

如果在后两根蜡烛线中，前一根为长长的白色实体，并且向上创出了新高，后一根只是一个小的白色蜡烛线，那么就构成了一个(白三兵)停顿形态。

有时候，这种形态也称为(白三兵)深思形态。当这一形态出现时，说明多方的力量至少暂时已经消耗尽了，成为多头头寸平仓获利的重要信号(见图6-11)。

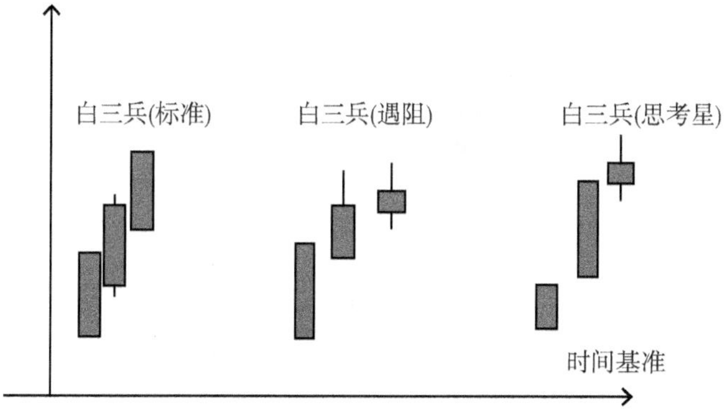

图 6-11　白三兵形态图

③分手线

分手线形态的两根蜡烛线具有相同的开市价，分手蜡烛线形态属于持续信号。分手线形态是由两条运动方向相反的图线组成，如同两人分手后各自朝不同的方向走去一样。

分手线分为两种形态：一种是前阴后阳组合形态，另一种是前阳后阴组合形态。两种组合形态的性质有所差别，前一形态多显示买入信号，后一形态则多显示卖出信号。分手线出现的频率不高，一般出现在上升行情和下降行情的运行途中。处在上升行情中的分手线可适时做多，处在下降途中的分手线适宜做空。

4. K 线形态组合与行情判断

(1)反转突破形

所谓所转突破形态，通常是指预示大盘运行趋向发生逆转的一些 K 线组合形态，每当股指运行时出现这类技术形态时，便是投资者采取相对应的操作策略的时机，但对各种反转形态的特点和运行趋向的技术性量度空间作认识，无疑是进行市场操作的基础。这里，我们对几种反转形态的基本情况列表如表 6-1 所示：

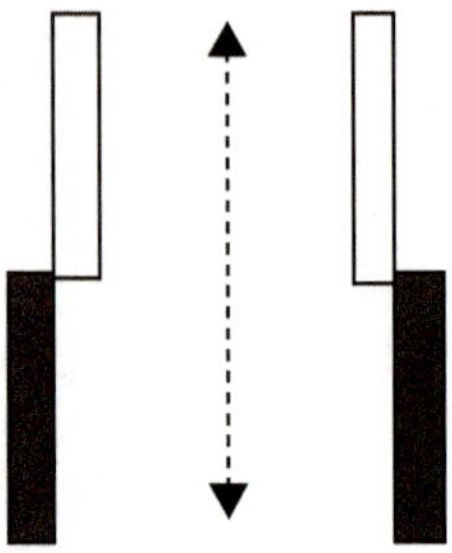

图 6-12　分手线示意图

表 6-1　**反转突破形态比较**

形态＼项目		形态特点	价量配合	运行趋向	量度空间测算	确认	图形
双顶（底）形态	双顶	构成 M 形	第二顶比第一顶低，成交也较小	向下	头到颈线的距离为量度跌幅	颈线突破或破位	见图 6-13
	双底	构成 W 形	第二底比第一底高，成交也较大	向上	底部到颈线距离为量度升幅		见图 6-13
多重顶（底）形态		在 M 头或 W 底的基础上再多反复几次，构筑较多的头或底，颈部与顶部连线为水平的	自第二个顶（底）开始成交会逐步萎缩	与原形态运行趋势相反	多以构成的箱体宽度作为突破或破位后的技术性空间	破箱顶（底）后反复回试确认	见图 6-15
头肩形态		构筑成三个头（底），其中中间一头（底）相对较高（低），两侧的头（底）成为肩	头肩顶下破颈线时成交不一定放大，但头肩底向上破颈线时需伴随较大的成交	与头的方向相反	头到肩的颈线区域的距离为突破颈线后的技术性升幅（或跌幅）	破颈线位后确认	见图 6-15 和图 6-16

续表

项目 形态	形态特点	价量配合	运行趋向	量度空间测算	确认	图形
图弧顶(底)形态	各种顶或底没有明显的头或底的感觉，股价来回拉锯，但受接近圆弧的曲线的制约	两头成交较多，而中间成交少，越接近顶或底成交越少，突破伴随大成交量	与圆弧方向相反	反转深度和高度是不可测的	突破圆弧向上时，成交会明显放大	

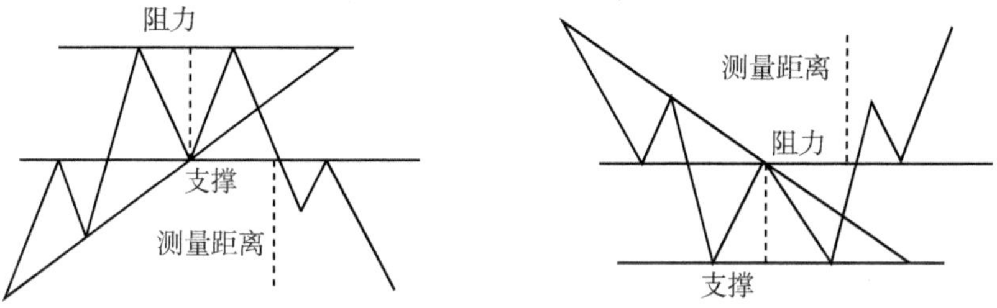

图 6-13　双顶(底)形态示意图

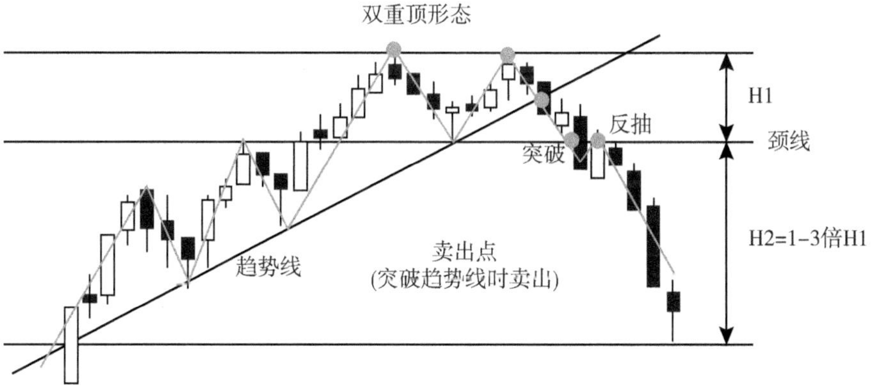

图 6-14　双重顶形态图

(2)持续形态

持续形态是指股指的上升或下降过程中的一种中途形态，仅起一个调整蓄

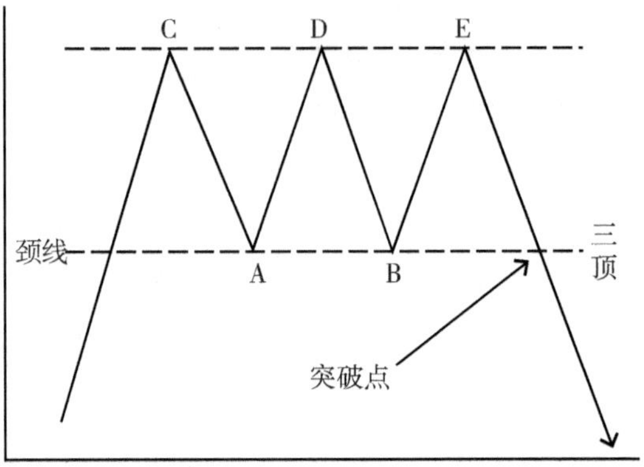

图 6-15　多重顶形态示意图

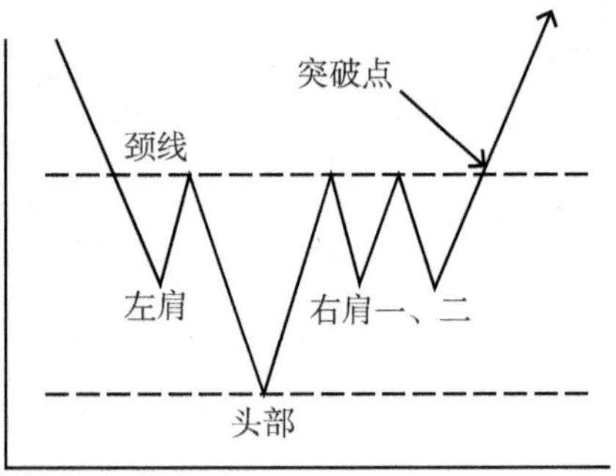

图 6-16　头肩形态示意图

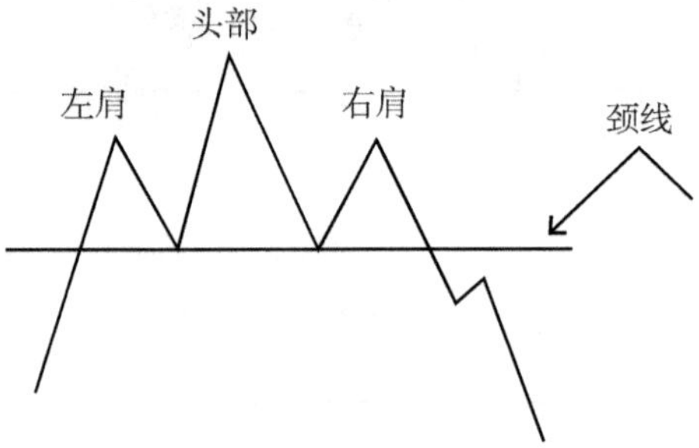

图 6-17　头肩顶形态图

势的作用，并不改变原来股指运行的趋向，通常有三角形、矩形、旗形、楔形等不同形态，具体特点可归纳为如表 6-2 所示：

表 6-2　　　　　　　　　　**几种持续形态比较表**

项目 形态	形态特点	突破位置	整理时间	价量配合	判断	图形
对称三角形	由 4 个以上转折点，构成横向整理的收敛形态，上下边具有对称性	在三角形横向宽度的1/2到 3/4 之间某处	不会太长	成交量不断萎缩后再放大	越到三角形顶端突破力度越弱	见图 6-18
上升三角形	下边形成底点不断抬高之势，而高点区域不改，看涨形态	多在三角形顶端区域向上突破	有时会形成较长的大三角形态	突破时需放大成交量配合	具有较好的均线系统配合	见图 6-19
下降三角形	与上升三角形相反，看跌形态	多在靠近顶端区域	相对较长，与形态大小相一致	破位后伴随成交量放大	破位后回试遇阻	见图 6-20
矩形	股价反复受制于下档压力位和下档支撑区域构成箱形	不明确	较长	成交量反复性大	突破时需成交量放大配合	见图 6-21
旗形	有旗杆和构成四边旗形特点	沿原趋势运行，与旗形的方向向反	形态完成后突破，较短	由左向右减少	突破前后成交量较大	见图 6-22
楔形	四边形变成上倾或下倾，有时出现在顶部或底部	保持原趋势，与形态方向相反	形态尾端，较短	成交量逐步减少	突破后成交量大	见图 6-23 和图 6-24

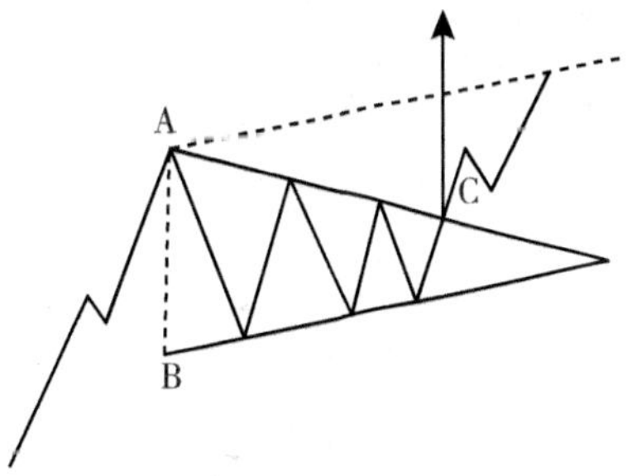

图 6-18　对称三角形示意图

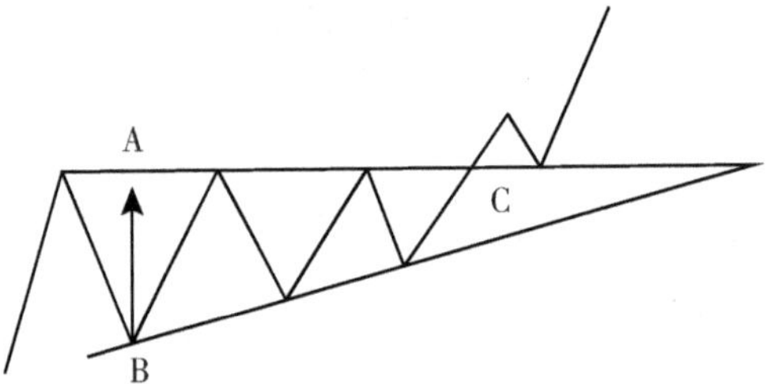

图 6-19 上升三角形示意图

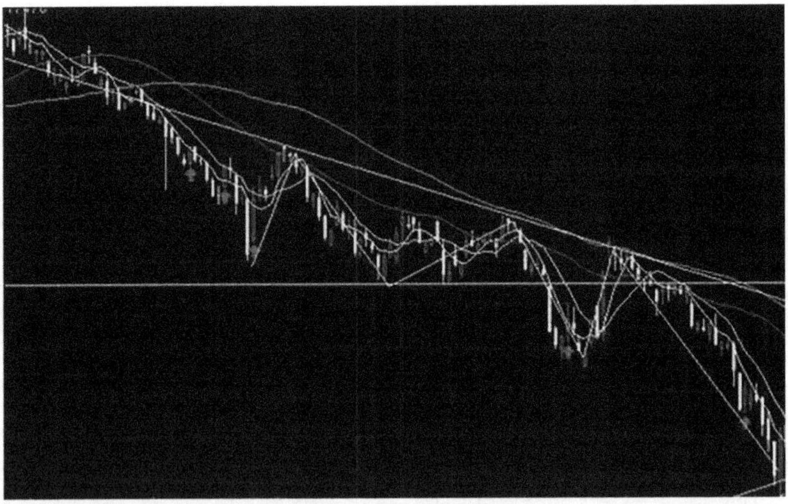

图 6-20 下降三角形示意图

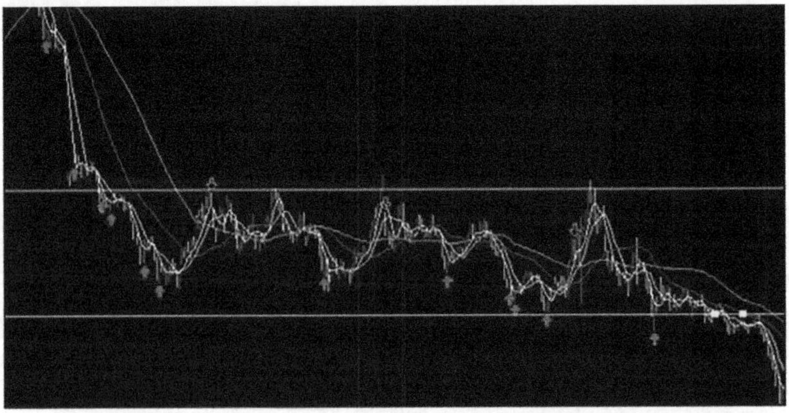

图 6-21 矩形调整示意图

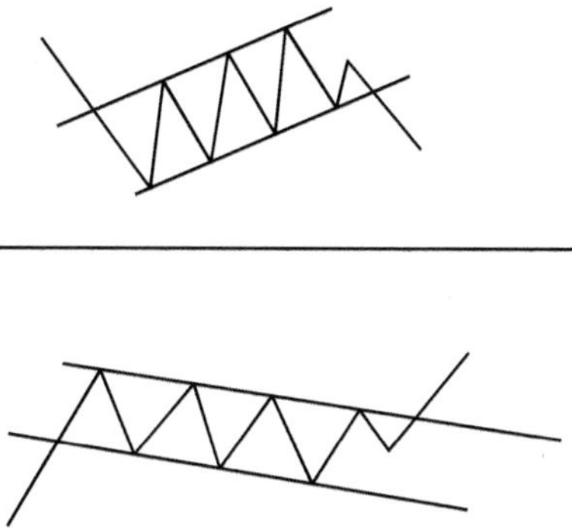

图 6-22　旗形示意图示意图

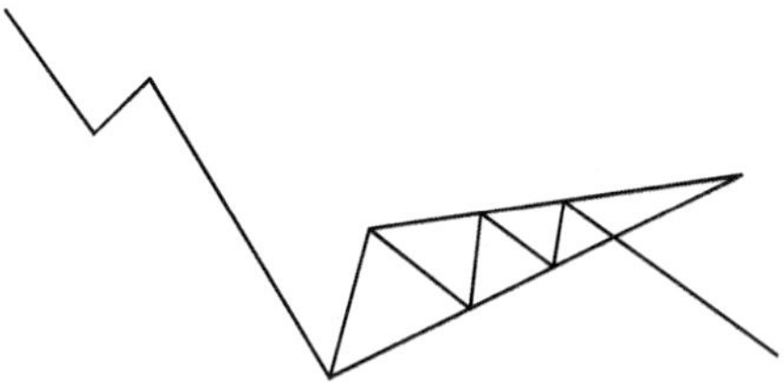

图 6-23　上升楔形示意图

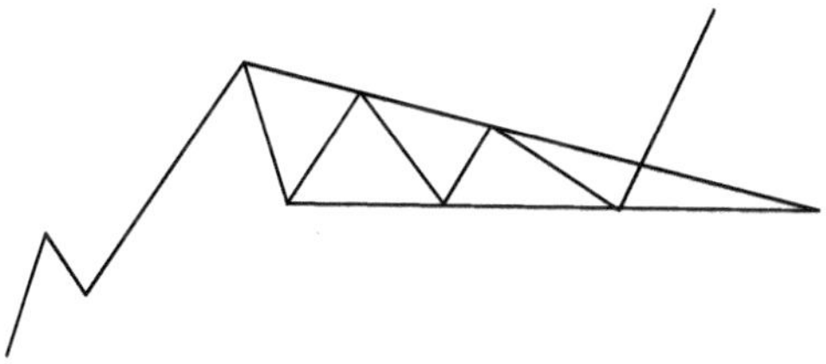

图 6-24　下降楔形示意图

(3)顶部看跌形态

这一形态类型属于较特殊的形态，通常是市场在多空的激烈冲撞中形成的，在行情判断上也有特殊的意义，现将喇叭形、菱形这两种形态特点归纳如表 6-3 所示。

表 6-3　　几种顶部看跌形态比较

项目 形态	形态特点	量度测算	判断依据	其他
喇叭形	股价波幅越来越大，形成三个高点两个低点，增大三角形	中期调整	反扑高度不到下跌高度一半则下跌势头保持	有时为中继形态
菱形（钻石形）	前半部分类似喇叭形，后半部类似对称三角形	至少下跌一个形态高度（最宽处的高度）	成交量先越来越大后再越来越小	有时为持续形态

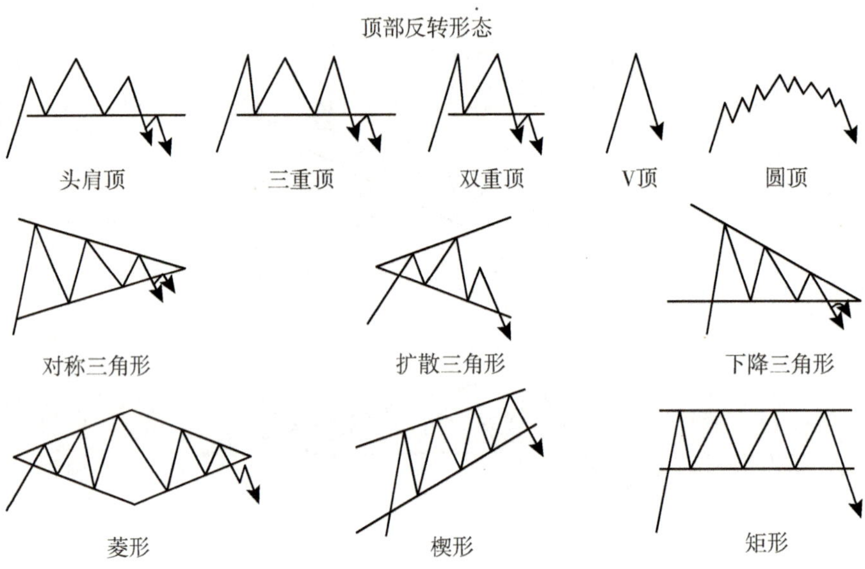

图 6-25　几种常见反转形态

（二）道氏理论与趋势分析

趋势理论的基本内容包括：趋势的市场含义及类型、趋势线的定义及画法、压力线的类型、支撑位与阻力位的含义及类型等。和波浪理论、K 线理论、形态理论、均线理论、量价理论等一样，趋势理论是股票市场技术分析理论体系的重要组成部分，它是技术分析三大假设之一即股价沿趋势运行。

1. 支撑线、压力线与轨道线

支撑线是指将两个或两个以上的相对低点连成一条直线。压力线是将两个或两个以上的相对高点连成一条直线。支撑线(surport line)又称为抵抗线。当股价跌到某个价位附近时，股价停止下跌，甚至有可能还有回升，这是因为多方在此买入造成的。支撑线起阻止股价继续下跌的作用。这个起着阻止股价继续下跌或暂时阻止股价继续下跌的位置就是支撑线所在的位置(见图 6-26)。

压力线是将两个或两个以上的相对高点连成一条直线。压力线(resistance line)又称为阻力线。当股价上涨到某价位附近时，股价会停止上涨，甚至回落，这是因为空方在此抛出造成的。压力线起阻止股价继续上升的作用。这个起着阻止或暂时阻止股价继续上升的位置就是压力线所在的位置。

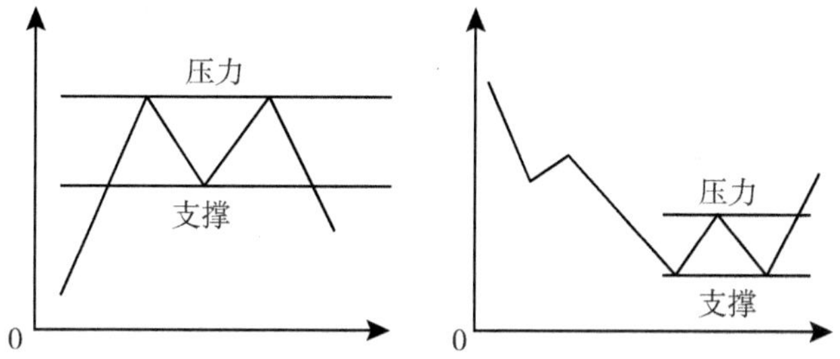

图 6-26　支撑线和压力线示意图

轨道线又称通道线或管道线，是基于趋势线的一种方法。在已经得到了趋势线后，通过第一个峰和谷可以作出这条趋势线的平行线，这条平行线就是轨道线。轨道线是趋势线概念的延伸，当股价沿道趋势上涨到某一价位水准，会遇到阻力，回档至某一水准价格又获得支撑，轨道线就在接高点的延长线及接低点的延长线之间上下来回，当轨线确立后，股价就非常容易找出高低价位所在，投资人可依此判断来操作股票。

2. 趋势分析

所谓趋势分析，就是根据股价上下变动的趋势所画出的线路，用划线的方法将低点或高点相连，利用已经发生的事例，推测次日大致走向的一种图形分析方法。

根据股价上下变动的趋势，我们可以在接股价波动的低点画一直线，同时在连接股价波动的高点画一直线，于是股价便在这两条直线内上下波动，这就形成股市运行的趋势轨道。依照股市波动脉络，我们就可以寻找出恰当的卖点与买点，在股市波动的低点连线即支撑线处来买入股票，在高点的连线即压力

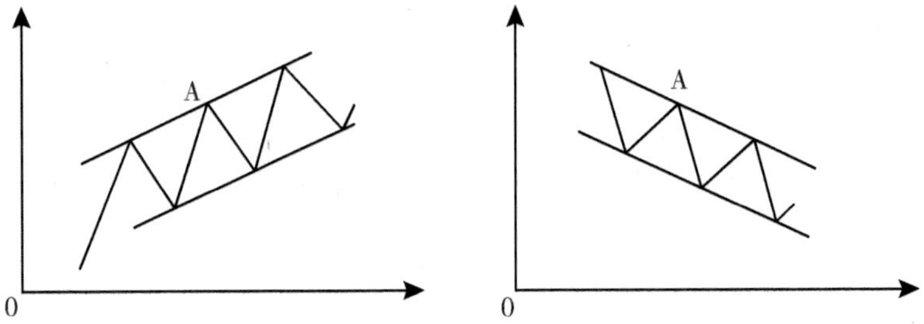

图 6-27　轨道线示意图

线处卖出。

股市波动的趋势线可分为上升趋势线、下降趋势线与横向整理趋势线。股价在上升行情时，除了在连接股价波动的低点画一直线外，也应在连接股价波动的高点画一直线，于是股价便在这两条直线内上下波动，这就是上升趋势轨道。股价在下跌行情时，除了连接股价波动的高点画一直线外，也要在股价波动的低点画一条直线，股价在这两条直线内上下波动，这就是下跌趋势轨道。股价在横向整理时可形成横向箱型趋势线。

3. 趋势分析理论的研判要点

(1)上升趋势线是股价回挡的支撑点，当上升趋势线被跌破时，形成出货信号。下降趋势线是股价反弹的阻力位，一旦下降趋势线穿破，形成进货信号。

(2)无论向上突破还是向下突破，均以超过3%方为有效突破，否则为假突破。

(3)向上突破须佐以成交量放大，而向下突破无需量的配合，但确认有效后成交量方会增大。

(4)如果突破以缺口形式出现的话，则突破将是强劲有力的。

(5)在上升或下降趋势的末期，股价会出现加速上升或加速下跌的现象，所以，市况反转时的顶点成底部，一般均远离趋势线。

4. 道氏理论

道氏理论是一种反映市场总体趋势的晴雨表。根据道氏理论，股票价格运动有三种趋势，其中最主要的是股票的基本趋势，即股价广泛或全面性上升或下降的变动情形。这种变动持续的时间通常为一年或一年以上，股价总升(降)的幅度超过20%。对投资者来说，基本趋势持续上升就形成了多头市场，持续下降就形成了空头市场。股价运动的第二种趋势称为股价的次级趋势。因为次级趋势经常与基本趋势的运动方向相反，并对其产生一定的牵制作用，因而也称为股价的修正趋势。这种趋势持续的时间从3周至数月不等，其股价上升或下降的幅度一般为股价基本趋势的1/3或2/3。股价运动的第三种趋势称为短期趋势，反映了股价在几天之内的变动情况。修正趋势通常由3个或3个以上的短期趋势所组成。

（三）指标分析与量价关系

1. 平均移动线（MA）

所谓平均移动线是指将某一段时间的收盘价之和除以该周期，而求得的连续若干天市场价格的算术平均值。移动平均线常用线有5天、10天、30天、60天、120天和250天的指标。其中，5天和10天的短期移动平均线，是短线操作的参照指标，称做日均线指标；30天和60天的是中期均线指标，称做季均线指标；120天、250天的是长期均线指标，称做年均线指标。

（1）特点

①追踪趋势。注意价格的趋势，并追随这个趋势，不轻易放弃。

②稳定性。因为MA的变动不是一天的变动，而是几天的变动，一天的大变动被几天一分摊，变动就会变小而显不出来。

③滞后性。

④助涨助跌性。

⑤依靠性。

⑥支撑线和压力线的特性。

（2）平均移动线判断行情的方法——葛兰威尔法则（Granville）

①移动平均线从下降逐渐走平且略向上方抬头，而股价从移动平均线下方向上方突破，为买进信号（见图6-28）。

②股价位于移动平均线之上运行，回档时未跌破移动平均线后又再度上升时为买进时机。

③股价位于移动平均线之上运行，回档时跌破移动平均线，但短期移动平均线继续呈上升趋势，此时为买进时机。

④股价位于移动平均线以下运行，突然暴跌，距离移动平均线太远，极有可能向移动平均线靠近（物极必反，下跌反弹），此时为买进时机。

⑤股价位于移动平均线之上运行，连续数日大涨，离移动平均线愈来愈远，说明内购买股票者获利丰厚，随时都会产生获利回吐的卖压，应暂时卖出

持股。

⑥移动平均线从上升逐渐走平，而股价从移动平均线上方向下跌破移动平均线时，说明卖压渐重，应卖出所持股票。

⑦股价位于移动平均线下方运行，反弹时未突破移动平均线，且移动平均线跌势减缓，趋于水平后又出现下跌趋势，此时为卖出时机。

⑧股价反弹后在移动平均线上方徘徊，而移动平均线却继续下跌，宜卖出所持股票。

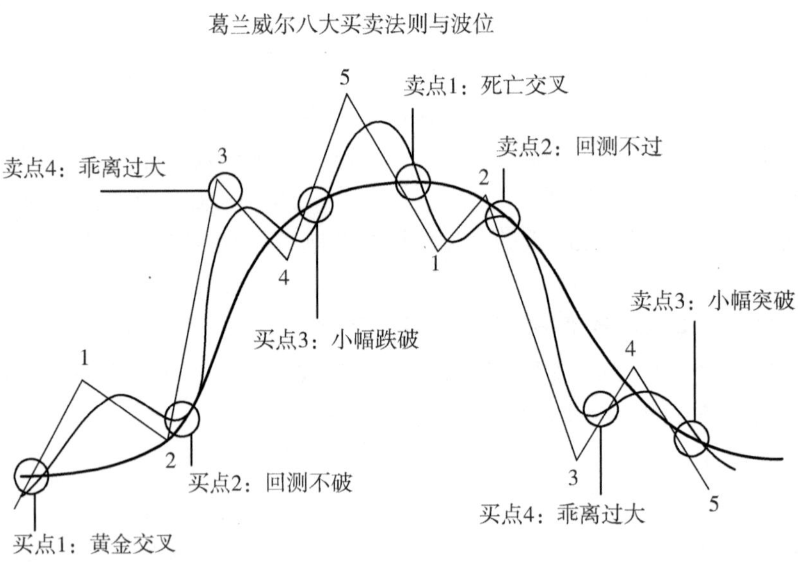

图 6-28　葛兰威尔法则

2. 平滑异同移动平均线(MACD)

平滑异同移动平均线，是由快的指数移动平均线(EMA12)减去慢的指数移动平均线(EMA26)得到快线 DIF，再用 2×(快线 DIF-DIF 的 9 日加权移动均线 DEA)得到 MACD 柱。MACD 的意义是由快、慢均线的离散、聚合表征当前的多空状态和股价可能的发展变化趋势。当 MACD 从负数转向正数，是买的信号。当 MACD 从正数转向负数，是卖的信号。当 MACD 以大角度变化，表示快的移动平均线和慢的移动平均线的差距非常迅速地拉开，代表了一个市场大趋势的转变。

平滑异同移动平均线由正负差(DIF)和异同平均数(DEA)两部分组成。而 DIF 是快速平滑移动平均线与慢速平滑移动线的差。所谓快速与慢速区别在于参数大小，即短期为快速，而长期为慢速。其计算方法是先计算出快速移动平均线(EMA1)和慢速移动平均线(EMA2)：

快速(EMA1)：今日 EMA(12)＝2/(12+1)×今日收盘价+11/(12+1)×昨日 EMA(12)

慢速(EMA2)：今日 EMA(26)＝2/(26+1)×今日收盘价+25/(26+1)×昨日 EMA(26)

平滑因子为 13 和 27

再计算离差值(DIF)：DIF＝EMA(12)－EMA(26)

然后计算参考天数的 DEA 是 DIF 的移动平均，即连续数日的 DIF 的算术平均。

2×(DIF－DEA)即为柱状线(BAR)。因此，MACD 指标是由两线一柱组合起来形成，快速线为 DIF，慢速线为 DEA，柱状图为 MACD。

平滑异同移动平均线的买卖原则为：

(1)DIF、DEA 均为正，DIF 向上突破 DEA，买入信号参考。

(2)DIF、DEA 均为负，DIF 向下跌破 DEA，卖出信号参考。

(3)DIF 线与 K 线发生背离，行情可能出现反转信号。

(4)DIF、DEA 的值从正数变成负数，或者从负数变成正数并不是交易信号，因为它们落后于市场。

3. 威廉指标(WMS 或 R)

威廉指标是由 Larry Williams 于 1973 年首创的，表示市场是处于超买还是超卖状态的一个衡量指标。

WMS 的计算公式是：

$$n\text{ 日 WMS}=(H_n-C_t)/(H_n-L_n)\times 100$$

式中：C_t 为当天的收盘价；H_n 和 L_n 是 n 日内(包括当天)出现的最高价和最低价。

WMS 指标表示的涵义是当天的收盘价在过去的一段日子的全部价格范围内所处的相对位置。如果 WMS 的值比较大，则当天的价格处在相对较低的位置，要注意反弹；如果 WMS 的值比较小，则当天的价格处在相对较高的位置，要注意回落；WMS 取值居中，在 50 左右，则价格上下浮动的可能性都有。形态分析的一些方法可以参考运用。

应用法则：

(1)当 W&R 高于 80，即处于超卖状态，行情即将见底，应当考虑买进。

(2)当 W&R 低于 20，即处于超买状态，行情即将见顶，应当考虑卖出。

(3)在 W&R 进入高位后，一般要回头，如果股价继续上升就产生了背离，是卖出信号。

(4)在 W&R 进入低位后，一般要反弹，如果股价继续下降就产生了背离，是买进信号。

(5)W&R 连续几次撞顶(底)，局部形成双重或多重顶(底)，是卖出(买进)的信号。

4. 随机指数(KDJ)

随机指数(KDJ)中综合了动量观念、强弱指数和移动平均线的一些优点，在计算过程中主要研究高低价位与收市价的关系，即通过计算当日或最近数日的最高价，最低价及收市价等价格波动的真实波幅，反映价格走势的强弱势和超买超卖现象。其计算方法是：

(1)随机值 $RSV=(C-L)/(H-L)\times100\%$

式中：C 为最后一天收盘价；H 为最后 n 天内最高价；L 为最后 n 天内最低价。

(2)对 RSV 进行 3 日指数平滑移动平均得到 K 值：

$$今日K值=2/3\times昨日K值+1/3今日RSV$$

对 K 进行 3 日指数平滑移动平均得到 D 值：

$$今日D值=2/3\times昨日D值+1/3\times今日K值$$

式中：1/3 为平滑因子。K 指标反映敏捷，但易出错，D 值反映慢但稳重可靠。

(3)J 是 D 加上一个修正值，计算方法为：

$$J=3D-2K=D+2(D-K)$$

随机指数(KDJ)的具体应用法则如下：

①超买超卖区域的判断。K 值在 80 以上，D 值在 70 以上为超买的一般标准。K 值在 20 以下，D 值在 30 以下，即视为超卖的一般标准。

②背驰判断。当股价走势一峰比一峰高时，随机指数的曲线一峰比一峰低，或股价走势一底比一底低时，随机指数曲线一底比一底高，这种现象被称为背驰，随机指数与股价走势产生背驰时，一般为转势的讯号，表明中期或短期走势已到顶或见底，此时应选择正确的买卖时机。

③K 线与 D 线交叉突破判断。当 K 值大于 D 值时，表明当前是一种向上涨升的趋势，因此 K 线从下向上突破 D 线时，是买进的讯号，反之，当 D 值大于 K 值，表明当前的趋势向下跌落，因而 K 线从上向下跌破 D 线时，是卖出讯号。K 线与 D 线的交叉突破，在 80 以上或 20 以下较为准确，KD 线与强

弱指数不同之处是，它不仅能够反映市场的超买或超卖程度，还能通过交叉突破达到归出买卖讯号的功能，但是，当这种交叉突破在50左右发生，走势又陷入盘局时，买卖讯号应视为无效。

④K线形状判断。当K线倾斜度趋于平缓时，是短期转势的警告讯号，这种情况在大型热门股及指数中准确度较高；而在冷门股或小型股中准确度则较低。

⑤另外随机指数还有一些理论上的转向讯号：K线和D线上升或下跌的速度减弱，出现屈曲，通常都表示短期内会转势；K线在上升或下跌一段时期后，突然急速穿越D线，显示市势短期内会转向：K线跌至零时通常会出现反弹至20至25之间，短期内应回落至接近零。这时，市势应开始反弹。如果K线升至100，情况则刚好相反。

5. 相对强弱指标(RSI)

相对强弱指数是通过比较一段时期内的平均收盘涨数和平均收盘跌数来分析市场买沽盘的意向和实力，从而作出未来市场的走势。

(1)计算方法：

将n日内的平均收盘涨数的总和作为买方总力量A，n日内的平均收盘跌数的总和作为卖方总力量B。则：

$$A=\text{每一天收盘价减去上的收盘价的正数之和}$$

$$B=\text{每一天收盘价减去上的收盘价的负数之和}\times(-1)$$

因此，n日的$\mathrm{RSI}(n)=A/(A+B)\times100$

$\mathrm{RSI}(n)$的取值范围在0-100。

(2)应用法则：

①强弱指标的值均在0与100之间。指标保持高于50表示为强势市场，强弱指标保持高于50表示为强势市场，反之低于50表示为弱势市场。

②强弱指标多在70与30之间波动。当6日指标上升到达80时，表示股市已有超买现象，如果一旦继续上升，超过90以上时，则表示已到严重超买的警戒区，股价已形成头部，极可能在短期内反转、回转。

③当六日强弱指标下降至20时，表示股市有超卖现象，如果一旦继续下降至10以下时则表示已到严重超卖区域，股价极可能有止跌回升的机会。

④每种类型股票的超卖超买值是不同的。在牛市时，通常蓝筹股的强弱指数若是80，便属超买，若是30便属超卖，至于二二线股，强弱指数若是85至90，便属超买，若是20至25，便属超卖。

⑤超买及超卖范围的确定还取决于两个因素。第一是市场的特性，起伏不

大的稳定的市场一般可以规定 70 以上超买，30 以下为超卖。变化比较剧烈的市场可以规定 80 以上超买，20 以下为超卖。第二是计算 RSI 时所取的时间参数。例如，对于 9 日 RSI，可以规定 80 以上为超买，20 以下为超卖。对于 24 日 RSI，可以规定 70 以上为超买，30 以下为超卖。

⑥强弱指标与股价或指数比较时，常会产生先行显示未来行情走势的特性，亦即股价或指数未涨而强弱指标先上升，股价或指数未跌而强弱指标先下降，其特性在股价的高峰与谷底反应最明显。当强弱指标上升而股价反而下跌，或是强弱指标下降而股价反趋上涨，这种情况称之为“背驰”。当 RSI 在 70 至 80 上时，价位破顶而 RSI 不能破顶，这就形成了“顶背驰”，而当 RSI 在 30 至 20 下时，价位破底而 RSI 不能破底就形成了“底背驰”。这种强弱指标与股价变动，产生的背离现象，通常是被认为市场即将发生重大反转的信号。

(四)波浪理论

艾略特的波浪理论的核心理论包括三个部分，第一，波浪的形态；第二，浪与浪之间的比例关系；第三，作为浪间的时间间距。而这三者之间，波浪的形态最为重要。

1. 神奇数字与黄金分割

费波兰茨(Fibonacli)的神奇数字在波浪理论中占有及其重要的地位。最初，这组数据是古埃及数学家所发现的，称之为“黄金比率”。埃及的金字塔和比萨塔的建成，都与神奇数字组合有直接关联。后来，费波兰茨将之重新整理，成为现在的神奇数字组合。此数字组合是由一开始，直至无限，具体数字组合如下：

1，1，2，3，5，8，13，21，34，55，89，144……

此数字组合具有这样几个特点：

(1)任何数字都是由前两个数字之和构成。如 1+1=2，1+2=3，2+3=5，3+8=8，等等。

(2)除了最初四个数字外，任何一个数字与其后一个数字存的比例，结果都会趋向于一个固定数字：0. 618。

(3)除了最初四个数字外，任何一个数字与其前一个数字存的比率，都大约为 1. 618，而此数的倒数又是 0. 618。

(4)任何一个数字与其后的第二个数之比率，都会接近 2. 618，而与其前的第二个数相除，结果又接近 0. 382。0. 382 的一半为 0. 191，而 0. 191+0. 618 又等于 0. 809。

这样，我们就可以得到一组数字：1，0.5，0.191，0.382，0.618，0.809，1.618，2.618 等，这组数字就是黄金分割率。

上述费波兰茨(Fibonacli)的神奇数字和一组比率关系数字，不仅反映了大自然定律和人们日常生活中的一些规律，也是波浪理论分析的重要基础，是衡量波浪理论运行的时间周期和调整或上升幅度的重要指标。

2. 波浪的基本结构

艾略特波浪理论(Elliott Wave Theory)认为市场走势不断重复一种模式，每一周期由 5 个上升浪和 3 个下跌浪组成。而在上升浪和下跌浪中又分推动波与调整波(修正波)。任何一级次的波可被细分，只不过级次有别。一个八波运动的结束，又可视为一个周期的完成，一个完整的市场周期有 144 个小波(见表 6-4 和图 6-29)。而此八波运动又构成其大一级次的两个波。

表 6-4　**一个完整的市场周期结构表**

一个循环来细分	多头市场	空头市场	完整周期
循环波	1	1	2
基本波	5	3	8
中型波	21	13	34
小型波	89	55	144

3. 各波动的大小及表示符号(见表 6-5)

表 6-5　**各波动的大小及表示符号**

波动大小	与走势相同的五波					与走势相反的三波		
超大循环波	Ⅰ	Ⅱ	Ⅲ	Ⅳ	Ⅴ	A	B	C
大循环波	(Ⅰ)	(Ⅱ)	(Ⅲ)	(Ⅳ)	(Ⅴ)	(A)	(B)	(C)
循环波	Ⅰ	Ⅱ	Ⅲ	Ⅳ	Ⅴ	A	B	C
基本波	①	②	③	④	⑤	a	b	c
中型波	(1)	(2)	(3)	(4)	(5)	(a)	(b)	(c)
小型波	1	2	3	4	5	A	B	C
细波	i	ii	iii	iv	v	a	b	c
微波	1̲	2̲	3̲	4̲	5̲	a̲	b̲	c̲

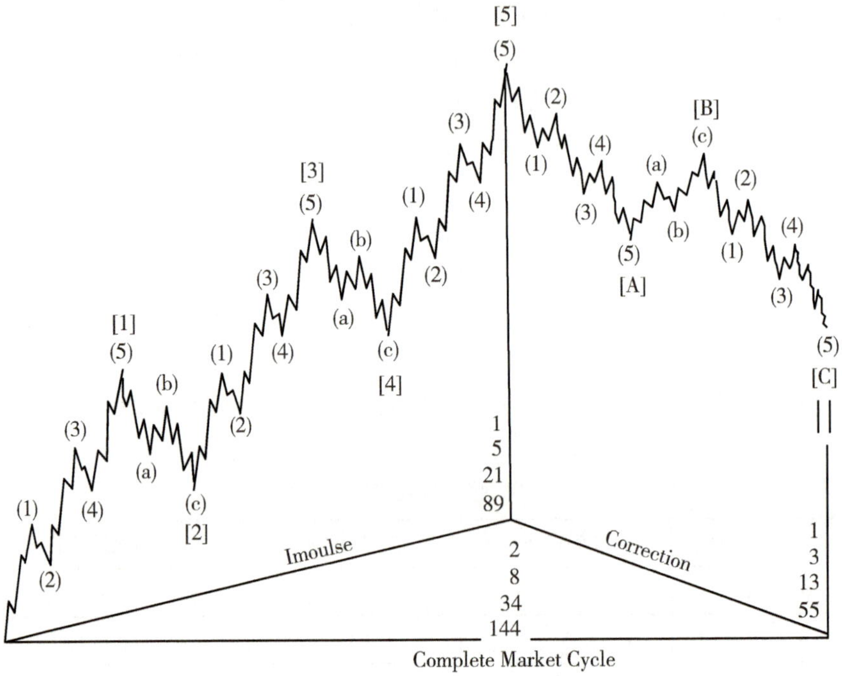

图 6-29　一个完整的市场周期结构图

4. 推动波

推动波通常是指与运行趋势相一致的波浪，可以是向下的，也可以是向上的，且由 5 浪形态构成。在 5 浪上升行情形态中，第 1 浪、第 3 浪、第 5 浪即为推动波，而 3 浪调整行情形态中，A 浪、C 浪即为推动波，它们都可以细分为 5 浪形态。

在股市的实际运行过程中，推动波常常会出现变异形态，具体表现为：

(1)波的延伸

所谓波的延伸形态，是指波发生了拉长或放大的情况，使得其中的次级波延伸波的规模大小与原级波的规模相当，而原级波的波数可能会由 5 个变成 9 个。每个波浪周期中，三个推动波中大多会有一波而且仅有其中一波会出现延伸波。

A. 推动波的延伸一般都发生在第 3 波，但第 1 波和第 5 波也有可能发生。第 5 波发生的延伸波具有重要的特性，即随后的 a 波修正将以次级波第 2 波为其修正幅度，而 c 波修正将以第 4 波为其修正幅度(见图 6-31 至图 6-34)。

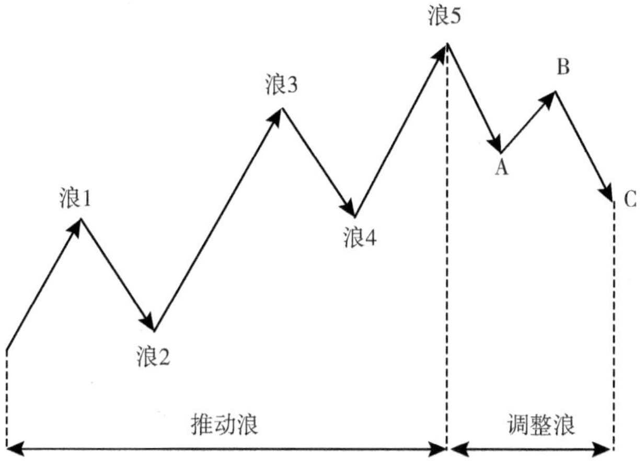

图 6-30　波浪理论基本结构

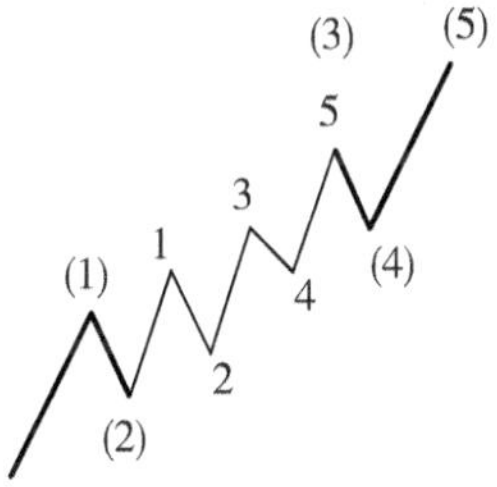

图 6-31　多头行情中第三浪出现延伸形态

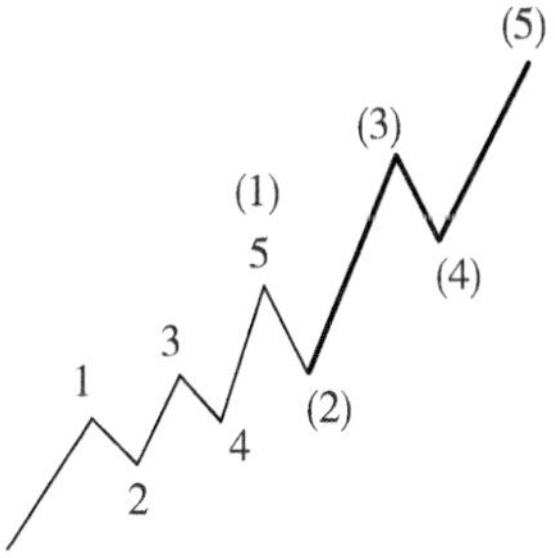

图 6-32　多头行情中第一浪出现延伸形态

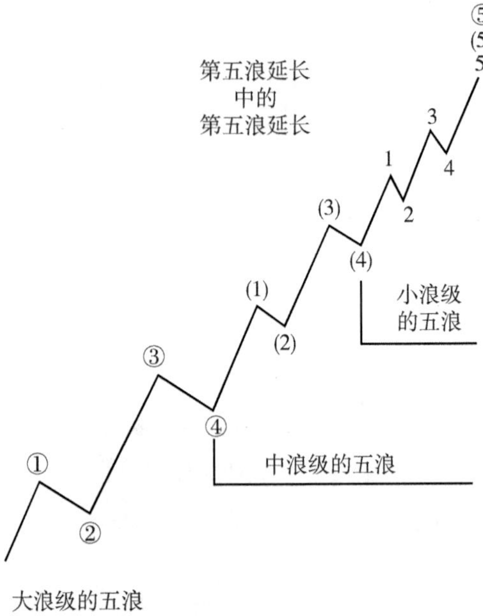

图 6-33　多头行情中第五浪出现延伸形态

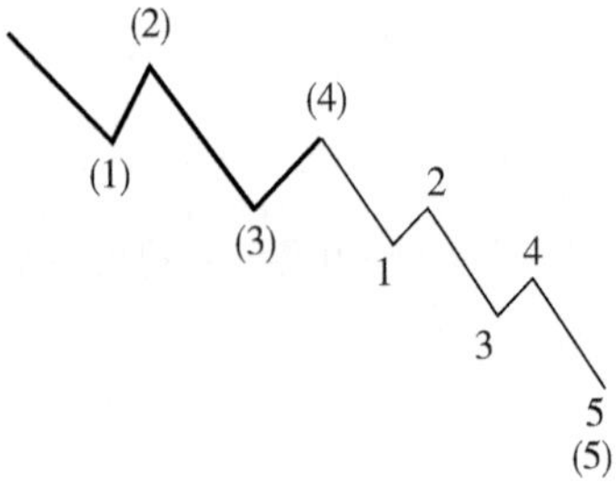

图 6-34　空头行情中第五浪出现延伸形态

B. 第 5 波可能会出现失败(failure)形态，当第 5 波的高点未能突破第 3 波的高点时，便称之为第 5 波失败形态。这个形态象征着原有形态的弱化，隐含着市场的趋势即将反转。这个形态有一个规则，即当第 5 波失败形态出现时，该周期的第 2 波的拉回幅度绝对不会超过第 1 波的 100%(见图 6-35)。

C. 第 5 波可能以一个楔形(wedges)或是斜三角形态的形态出现，并且每个波都可细分为三波的 3—3—3—3—3 形态。而这种形态也可能发生在 c 波，

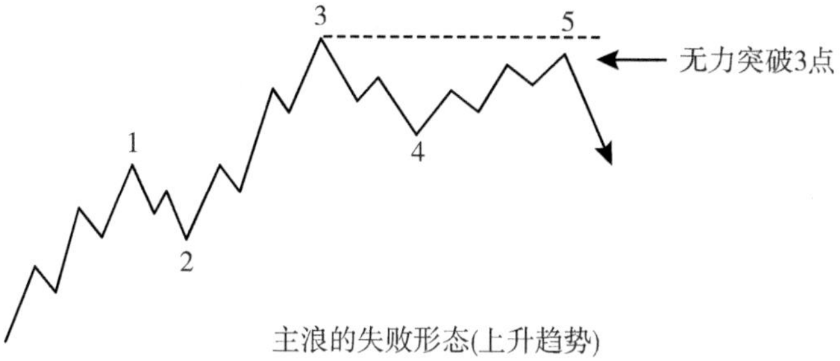

图 6-35　第五浪失败形态

都是加速赶底，意味着行情将发生逆转(见图 6-36)。

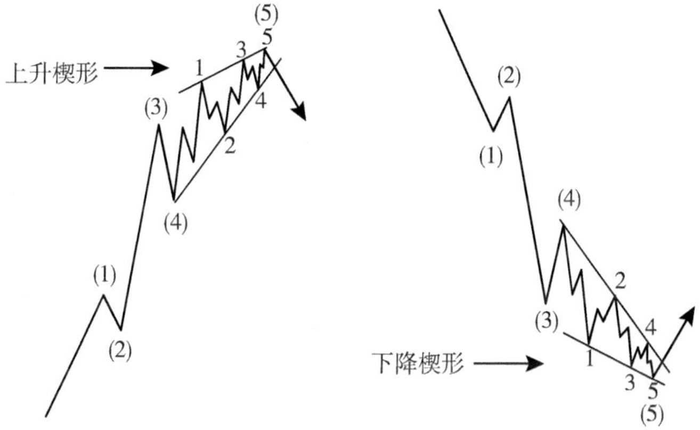

图 6-36　推动波的变异形态：斜三角形态

5. 修正波

推动波通常是指与运行趋势相反的波浪，可以是向下的，也可以是向上的，且由 3 浪形态构成。在一个波动周期在，第 2 浪、第 4 浪和 b 浪即为修正波。修正波通常表现为四种形态：

(1)锯齿形态(5—3—5)：是一个简单的三波下跌形态，以 A、B、C 标记，波浪可以细分为 5—3—5 的基本形态(见图 6-37)。

(2)平台型(3—3—5)：通常在延伸波之后出现，反映主导运行趋势相当强劲，C 浪低点在 A 浪低点附近就完成调整，以 3—3—5 的形态结构呈现(见图 6-38)。

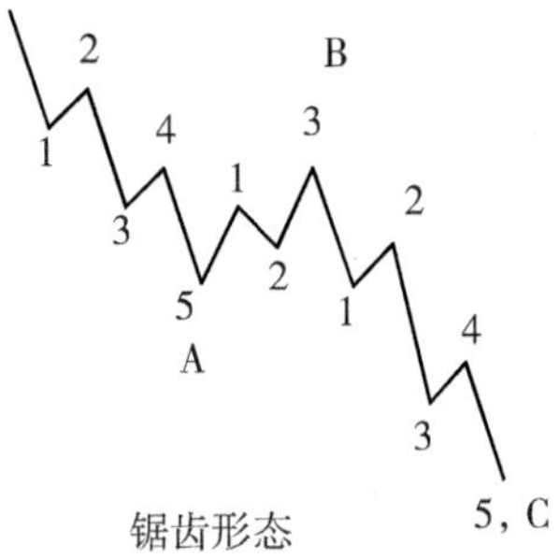

图 6-37　锯齿形态(5—3—5)调整形态

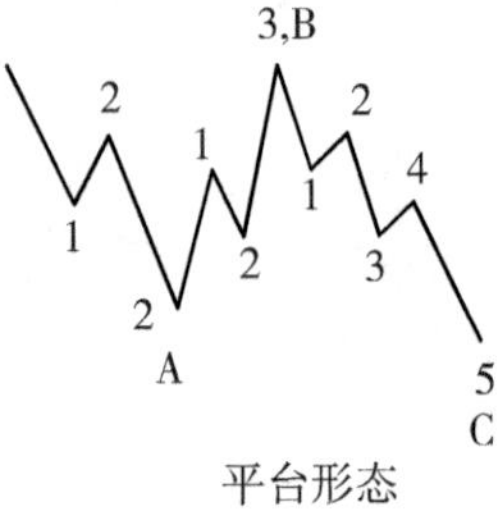

图 6-38　平台型(3—3—5)调整形态

(3)三角型态(3—3—3—3—3)：是一种具有重复形式的五波形态，每一个波浪又可以细分为 3 波，形成 3—3—3—3—3 形态结构，以横向三角形运行为特点，通常有四种变形，分上升、下降、收缩、扩张等形态，这种三角形修正形态多在第四波发生(见图 6-39)。

(4)双重三波或三重波：是由较为简单的修正波型态如锯齿型、平台型或三角型等两三种形态组合而成，整体呈现横向运动。通常反映一种形态和两种形态的调整后，市场调整仍不充分，以横向方式再进行反复调整，直至市场调整充分完成，再进行突破运行趋势(见图 6-40 至图 6-42)。

6. 波浪形态划分的基本原则

波浪形态的划分必须遵循一些原则，按此原则划分的波浪才是有效的，否则，划分的波浪形态不能有效反映市场的运行。进行波浪形态的划分和行情判断通常需要遵循以下原则：

(1)第 4 波和第 1 波上下波动范围不应有所交叠。

(2)第 3 波在三个推动波中不会最短。

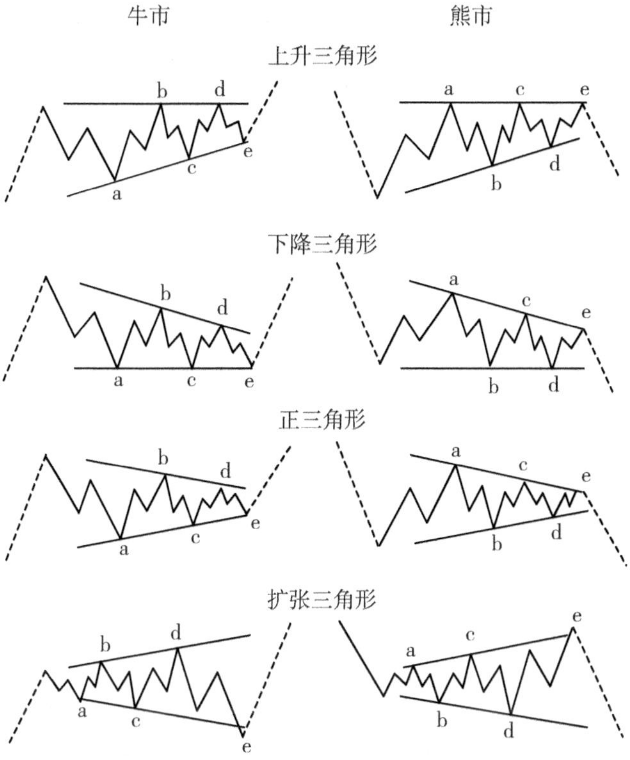

图 6-39　三角型态(3—3—3—3—3)调整形态

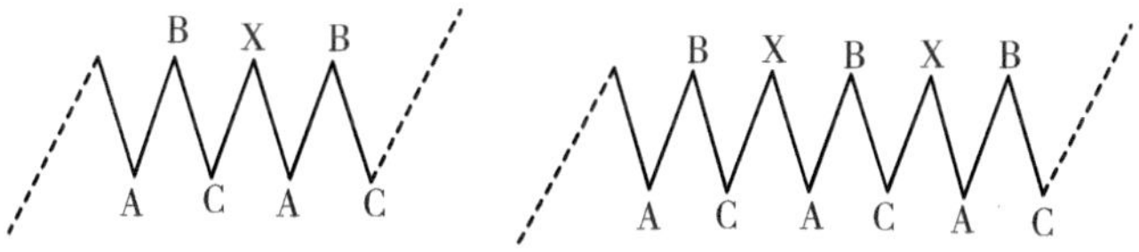

图 6-40　两个或三个平台型组合形态

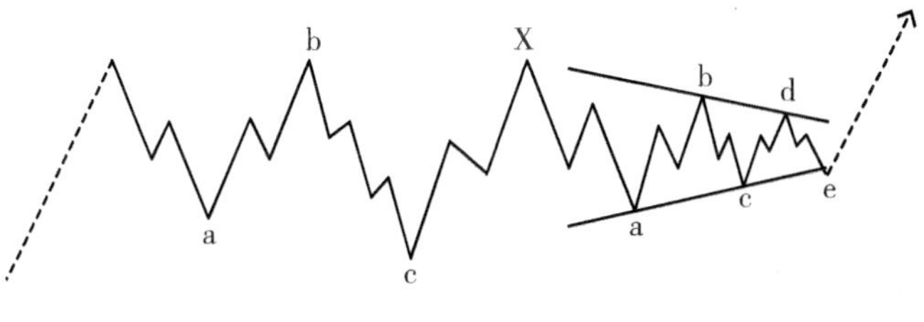

图 6-41　平台型和任意三波再加三角型组合形态

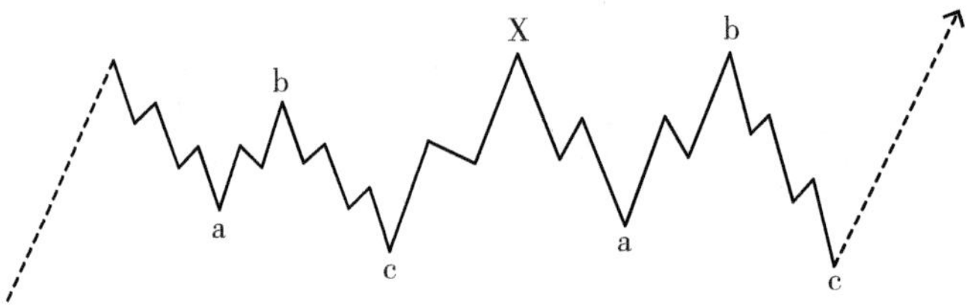

图 6-42　锯齿形和任意三波再加平台型组合形态

(3)当第 5 波出现变异而无法穿越第 3 波顶点时，其第 2 波整理的幅度不致超过第 1 波的 100%。

(4)交替原则：当第 2 浪以纵向形态呈现时，第 4 浪则会以横向形态形式呈现；反之，当第 2 浪以横向形态呈现时，第 4 浪则会以纵向形态形式呈现。

(5)五波行进的推动波中会有两波具有相等的时间，大小也相同，或以 0.618 比例运行。

7. 波浪运行的幅度测算

按照波浪理论，每一波浪的运行通常会依照黄金分割比率进行，也即修正波通常根据前一个推动波的升幅，按照 0.382、0.5、0.618 等黄金分割比率进行回调，推动波的上升幅度也会以前面的推动波升幅为基础，按照黄金分割关系来确定上升空间。

(1)推动波的上升比率：

①第 5 浪延伸形态下与第 1 浪和第 3 浪幅度的黄金分割倍数关系。

②第 3 浪延伸时，第 1 浪和第 5 浪长度的倍数关系。

③第 5 浪与第 1 浪和第 3 浪长度的倍数关系。

(2)修正波的比率

①调整行情中股市回调的幅度，在强势市场中仅仅回调上升幅度的 0.382 倍区域就完成调整；而弱势市场中，股市回调幅度可以回调前期升幅的 0.618 倍区域。

②横向调整中遵循黄金分割比率的回调幅度。

8. A、B、C 与第一、第二、第三、第四、第五波的波性区别

第一浪：由于第一浪的走出一般产生于空头市场后的末期，市场上的空头气氛以及习惯于空头市场操作的手法未变，因此，跟随着属于筑底一类的第一浪而出现的第二浪的下调幅度，通常都较大(见图 6-43 至图 6-48)。

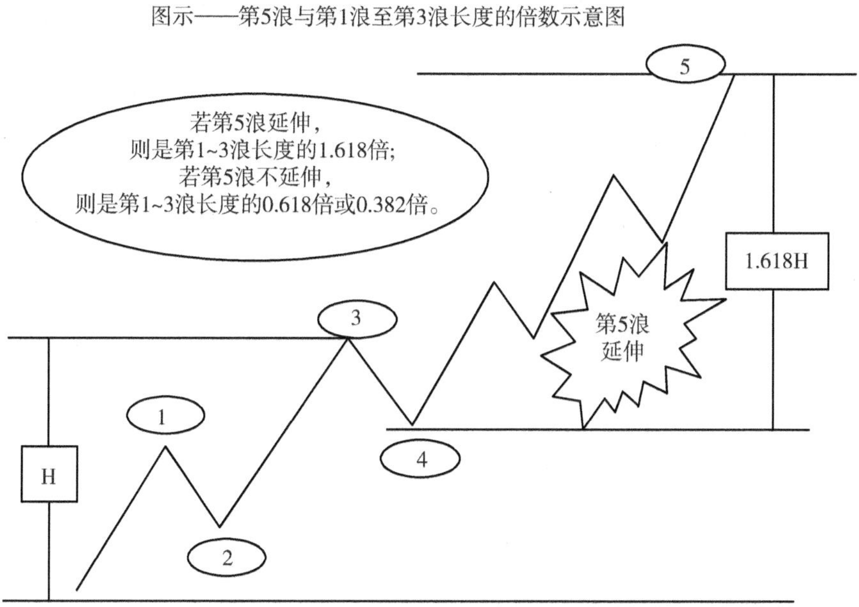

图 6-43　第 5 浪与第 1 浪和第 3 浪的升幅关系

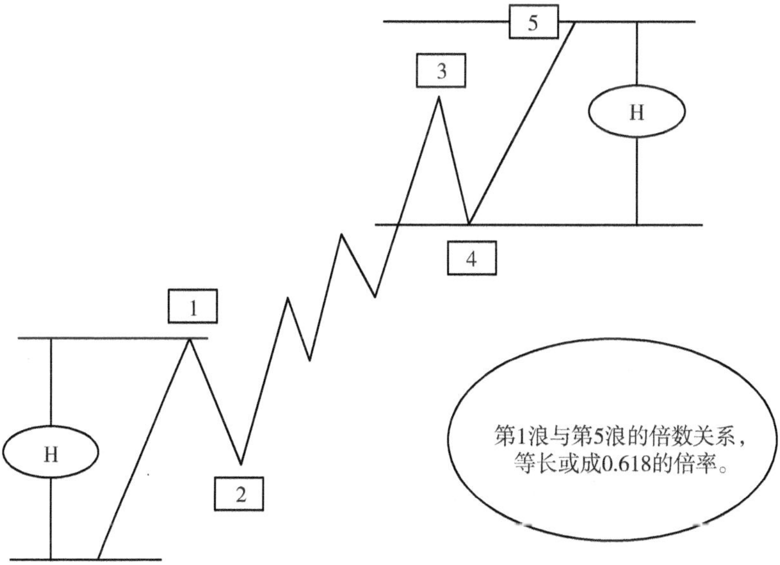

图 6-44　第 3 浪延伸时第 1 浪与第 5 浪升幅关系

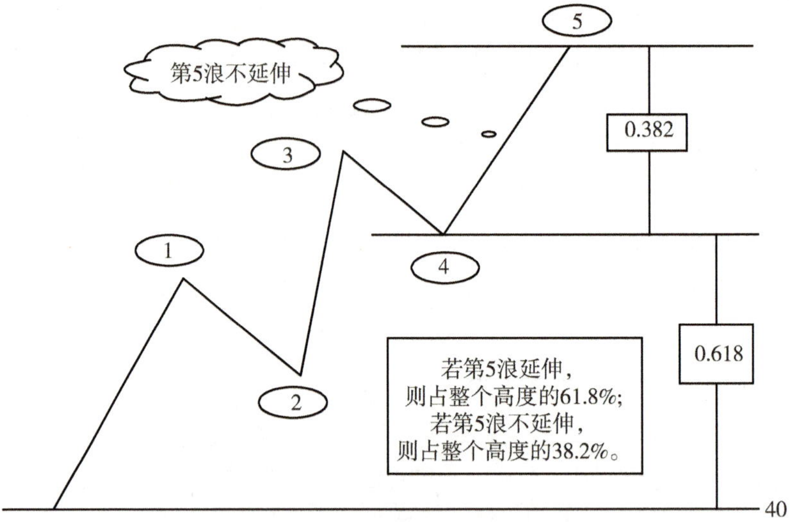

图 6-45　三个主升浪之间的升幅关系

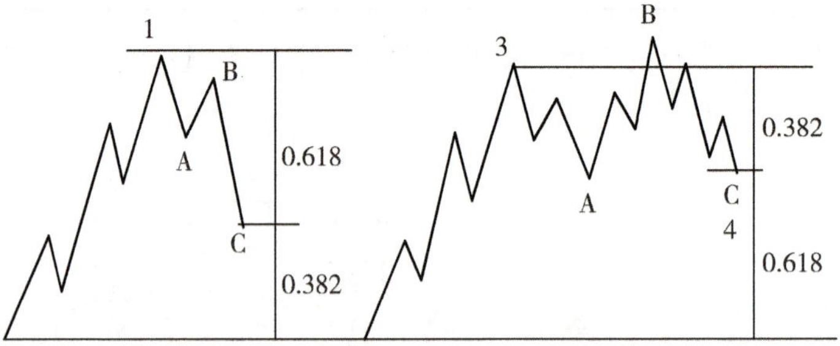

图 6-46　调整行情中回调幅度的度量

第二浪：通常第二浪在实际走势中调整幅度较大，而且还具有较大的杀伤力，人们常常误以为熊市尚未结束。第二浪的特点是成交量逐渐萎缩，波动幅度渐渐变窄，反映出抛盘压力逐渐衰竭，出现传统图形中的转向形态，例如常见的头肩、双底等。

第三浪：通常第三浪属于最具有爆炸性的一浪。它的最主要的特点是：第三浪的运行时间通常会是整个循环浪中的最长的一浪，其上升的空间和幅度亦常常最大；第三浪的运行轨迹，大多数都会发展成为一涨再涨的延升浪；在成交量方面，成交量急剧放大，体现出具有上升潜力的量能；在图形上，常常会以势不可挡的跳空缺口向上突破，给人一种突破向上的强烈信号。

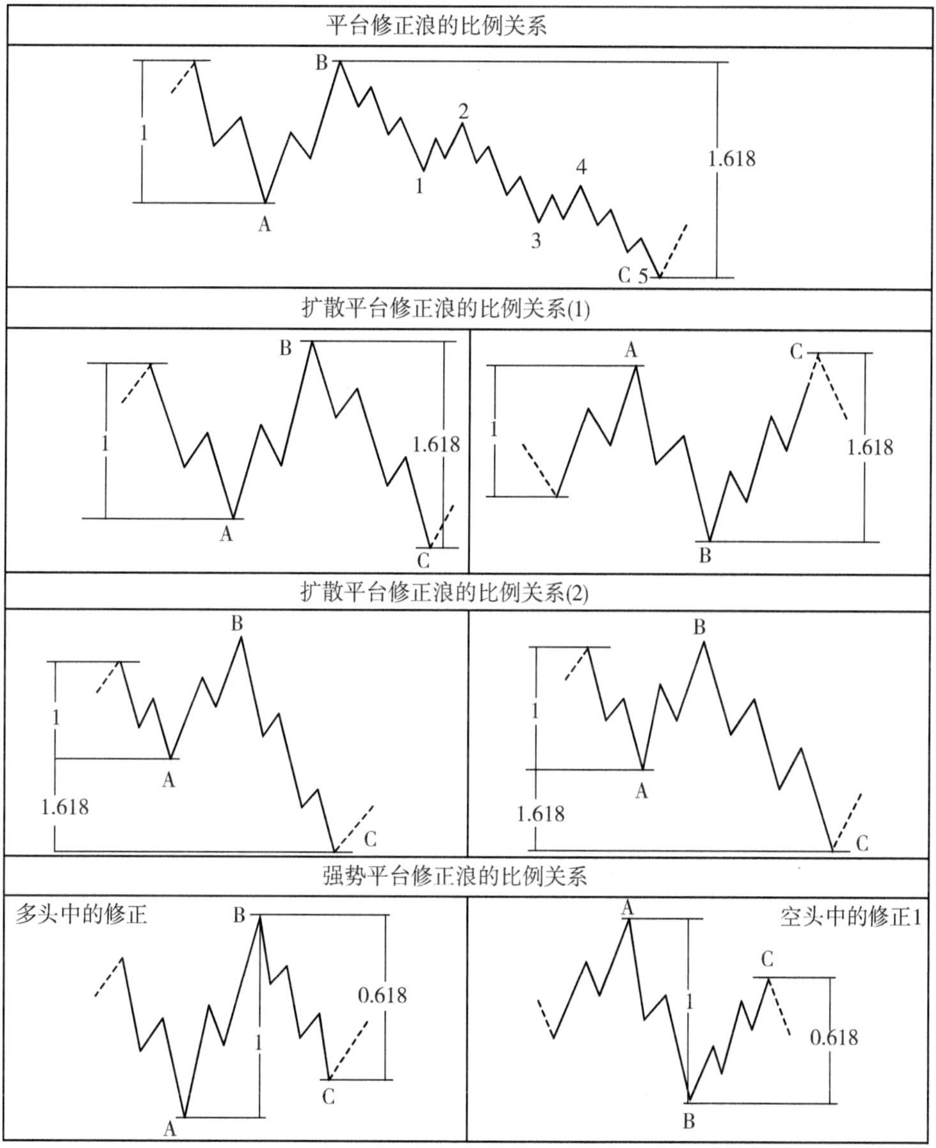

图 6-47　横向调整行情中黄金分割比率关系

第四浪：从形态的结构来看，第四浪经常是以三角形的调整形态进行运行。第四浪的运行结束点，一般都较难预见。同时，第四浪的浪底不允许低于第一浪的浪顶。

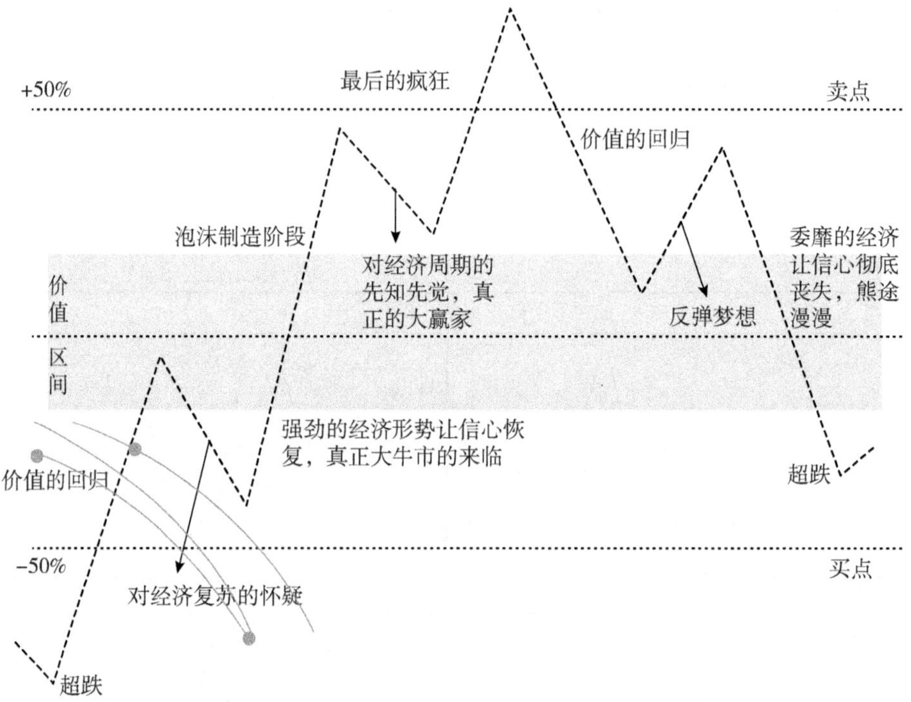

图 6-48　波浪理论五浪上升和三浪调整的特点示意图

第五浪：在股票市场中，第五浪是三大推动浪之一，但其涨幅在大多数情况下比第三浪小。第五浪的特点是市场人气较为高涨，往往乐观情绪充斥整个市场。从其完成的形态和幅度来看，经常会以失败的形态而告终。在第五上升浪的运行中，二、三线股会普遍上升，而常常会升幅极其可观。

A 浪：在上升循环中，A 浪的调整是紧随着第五浪而产生的，所以，人们会认为市势仍未逆转，毫无防备之心，只看作为一个短暂的调整。A 浪的调整形态通常以两种形式出现：平坦型形态与三字形形态，它与 B 浪经常以交叉形式进行形态交换。

B 浪：B 浪的上升常常会较为情绪化，这主要是市场上大多数人仍未从牛市冲天的市道中醒悟过来，还以为上一个上升尚未结束，在图表上常常出现牛市陷阱，从成交量上看，成交稀疏，出现明显的价量背离现象，上升量能已接济不上。

C 浪：紧随着 B 浪而后的是 C 浪，由于 B 浪的完成顿使许多市场人士醒悟，一轮多头行情已经结束，期望继续上涨的希望彻底破灭，所以，大盘开始全面下跌，从性质上看，其破坏力较强。

(五)江恩理论

江恩理论是投资大师威廉·江恩(William D. Gann)通过对数学、几何学、宗教、天文学的综合运用建立的独特分析方法和测市理论，结合自己在股票和期货市场上的骄人成绩和宝贵经验提出的，威廉·江恩在其53年的投资生涯中共从市场上取得过3.5亿美元的纯利。江恩理论包括波动法则、周期循环理论和江恩线等众多方面的内容。

1. 江恩的波动法则与分割比率

江恩波动法则包含着非常广泛的内容，我们这里可以从乐理角度去解释江恩的波动法则。音节的基本结构由七个音阶组成，七个音阶的结构为(见表6-6)：

表6-6 七个音阶与波浪法则

音乐名称	音符	代号	频率
Do	C	1	523
Re	D	2	587
Mi	E	3	659
Fa	F	4	698
So	G	5	784
La	A	6	788
Si	B	7	988

七个音阶的频率上存在比率关系：D约为C的一又八分之一倍，E约为C的一又四分之一倍，F约为C的一又三分之一倍，G约为C的一又二分之一倍，A约为C的一又三分之二倍，B约为C的一又八分之七倍，高八度的C则为C的二倍。在七个音阶中，发生共震的是C与G及高八度的C，亦即百分之十及一倍水平。也就是说，音阶以二分之一、三分之一、四分之一及八分之一的形式产生共震，因此频率的一倍、两倍、四倍、八倍会产生共震。而上述比例及倍数与江恩的波动法则有着密切联系，也就是江恩的分割比率。

江恩的分割比率是以8为基础的，也就是江恩的分割比率是50%(二分之一)，其次是 25%(四分之一)和 75%(四分之三)，再其次便是八分之一、八分之三、八分之五及八分之七。同样，频率的一倍、两倍、四倍、八倍等会产生共震点的倍数关系。这就为我们建立起一种市场框架，当时间和价位的单位都运行到这种倍数关系和分数关系时，市场的转折点就可能到达，在价位方面会出现自然的支撑和阻力，在时间方面会出现时间转折节点。从市场的重要低位开始，计算二分之一，四分之一，八分之一的增长水平，及一倍、两倍、四倍、八倍的位置，将可能成为重要的支撑和阻力。

在低位区，走势常受到八分之一的阻力，波动小，时间长，走势反复，一旦产生有效突破，阻力减少，走势明快。在市场的重要高点，计算该位置的二分之一、三分之一、四分之一及八分之一，成为调整的重要支撑。将股指或股价的重要低点至高点的幅度分割为八份，分割的位置都是重要的支撑和阻力，图 6-49 即为江恩理论关于市场低位 L 开始的波动比率及倍数运行图。图中反映出股价向上突破后的上升倍数关系是按一倍、二倍、四倍等关系运行的。而股价的回调也是以二分之一、四分之一、八分之一关系作为支撑点。

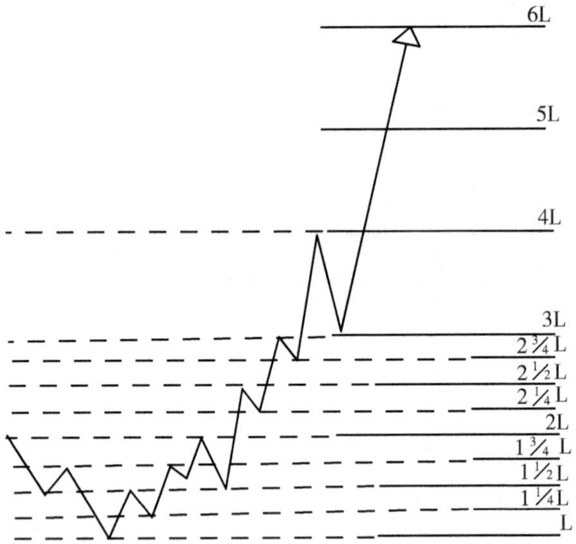

图 6-49　市场低位 L 开始的波动比率及倍数运行图

回调理论是江恩价格理论中重要的一部分。根据价格水平线的概念，50%、63%、100%作为回调位置是对价格运动趋势构成强大的支持或阻力。江恩认为：不论价格上升或下降，最重要的价位是在 50%的位置，在这个位置经常会发生价格的回调，如果在这个价位没有发生回调，那么，在63%的价位上就会出现回调。在江恩价位中，50%、63%、100%最为重要，他们分别与几何角度45度、63度和90度相对应，这些价位通常用来决定建立50%回调带。投资者计算50%回调位的方法是：将最高价和最低价之差除以2，再将所得结果加上最低价或从最高价减去。当然，价格的走势是难以预测的，我们在预测走势上应该留有余地，实际价格也许会高于或低于50%的预测。

2. 江恩的循环周期理论

江恩按一定规律展开的圆形、正方形和六角形来进行理论推述。这些图形包括了江恩理论中的时间法则、价格法则、几何角、回调带等概念，图形化地揭示了市场价格的运行规律。对于时间循环，可将一个圆形的360度看作市场的时间周期的单位，并用二分之一、四分之一及八分之一的比率分割，分割为180度、90度、45度，包括月份、星期、日期的周期单位，分割的位置常成为市场周期的重要转折点。江恩认为较重要的循环周期有：

短期循环：1小时、2小时、4小时……18小时、24小时、3周、7周、13周、15周、3个月、7个月；

中期循环：1年、2年、3年、5年、7年、10年、13年、15年；

长期循环：20年、30年、45年、49年、60年、82或84年、90年、100年。

30年循环周期是江恩分析的重要基础，因为30年共有360个月，这恰好是360度圆周循环，按江恩的价格带理论对其进行1/8、2/8、3/8……7/8等，正好可以得到江恩长期、中期和短期循环。

10年循环周期也是江恩分析的重要基础，江恩认为，十年周期可以再现市场的循环。例如，一个新的历史低点将出现在一个历史高点的十年之后，反之，一个新的历史高点将出现在一个历史低点之后。同时，江恩指出，任何一个长期的升势或跌势都不可能不做调整，持续三年以上，其间必然有三至六个月的调整。因此，十年循环的升势过程实际上是前六年中，每三年出现一个顶部，最后四年出现最后的顶部。

同时，在江恩理论中，认为短期趋势为42到49天，中期短势为85到92天，中/长期趋势为175到185天三段时间最重要。市场重要顶部及底部的1、2、3、4或5周年之后的周年纪念日，以及发生在假期前后的市场常常会出现转势走势。

上述长短不同的循环周期之间存在着某种数量上的联系，如倍数关系或平方关系。江恩将这些关系用圆形、正方形、六角形等图形显示出来，为正确预测股市走势提供了有力的工具。

3. 江恩角度线

当市场的趋势是向上或向下时，趋势线在图形中显示出一个重要的角度，而在此重要的角度线上常常会形成阻力或支撑。打开股市或期货合约的历史走势图形，用江恩角度线(即甘氏上升角度线或甘氏下降角度线)在K线图上画出来，会令你吃惊地发现，几乎所有的重要转折点都在江恩角度线的支撑或阻力位发生。

江恩角度线是根据“百分比值”而得出的。所谓“百分比值”是将一个波段的价位中，最高价与最低价间细分为8个等份，即：1/8、2/8、3/8、4/8、5/8、6/8、7/8、8/8，另外在最高价与最低价之间的3个等份即：1/3、2/3、3/3也是相当重要的。这就可以得出以下几个百分比值：

1/8=12.5%　　2/8=25.0%　　1/3=33.0%

4/8=50.0%　　5/8=62.5%　　2/3=66.0%

6/8=75.0%　　7/8=87.5%　　8/8(3/3)=100%

在以上9个百分比值中，江恩认为最重要的是50%百分比数字，其次是37.5%和62.5%，这些百分比值有可能是价格反弹或回档的幅度。

4. 江恩螺旋四方形

(1)江恩四方形的制作

以四方形的中心为起点，将这个中心点填上市场的长期或中期低位。然后，由中心点的右边开始，按逆时针方向运行，每一格增加一特定单位，从而形成一个四方形。一般而言，我们会选择10的倍数或分数作为每格的单位，如0.001、0.01、0.1、1、10或100等。每格单位的选择，应使四方形的数字最能反映现时市场价位水平的情况。在某些情况下，5的倍数或分数也会被用上。

(2)含义与应用

江恩四方形的意义是一个以逆时针按固定步长无穷增长的螺旋形态。按这种计算方法，其起点(四方形的中心)是一个市场的历史性高点或低点，按固定步长延伸出来时，第一层有8个步长、第二层是16个步长、第三层是24个步长……第n层是$n\times8$个步长。所以江恩四方形所计算的支撑及阻力位，其实是以8、16、24……为单位的数学级数。

江恩四方形的应用是计算市场价位的支撑及阻力位。按照江恩四方形，四方形的两条对角线上的价位，四方形的横轴上的价位，四方形的纵轴上的价位，都是市场运行的重要支撑及阻力。如果是低位开始的这些价位就为阻力位，如果是高位开始的这些价位就是支撑位。

在江恩的手稿中，他经常将江恩四方形的横轴、纵轴及对角线的角度线以一年的季节时间来划分，其中：

0 度——3 月 21 日(春分)；

45 度——5 月 5 日(立夏)；

90 度——6 月 21 日(夏至)；

135 度——8 月 8 日(立秋)；

180 度——9 月 22 日(秋分)；

225 度——11 月 8 日(立冬)；

270 度——12 月 21 日(冬至)；

315 度——2 月 4 日(立春)。

(3)江恩四方形平方作用

如果我们将历史性低位作为一个单位为起点，价格的上升单位也为一，围绕历史性低位逐一加上去，绘制江恩四方形，可以得到图 6-50。

145	144	143	142	141	140	139	138	137	136	135	134	133
146	101	100	99	98	97	96	95	94	93	92	91	132
147	102	65	64	63	62	61	60	59	58	57	90	131
148	103	66	37	36	35	34	33	32	31	56	89	130
149	104	67	38	17	16	15	14	13	30	55	88	129
150	105	68	39	18	5	4	3	12	29	54	87	128
151	106	69	40	19	6	1	2	11	28	53	86	127
152	107	70	41	20	7	8	9	10	27	52	85	126
153	108	71	42	21	22	23	24	25	26	51	84	125
154	109	72	43	44	45	46	47	48	49	50	83	124
155	110	73	74	75	76	77	78	79	80	81	82	123
156	111	112	113	114	115	116	117	118	119	120	121	122
157	158	159	160	161	162	163	164	165	166	167	168	169

图 6-50　江恩四方形示意图

在图 6-50 中，江恩四方形的右下对角线上的数字是 1、9、25、49、81、

121、169、225……分别是 1、3、5、7、9、11、13……这些单数的平方。

江恩四方形的左上对角线上的数字减 1 是 4、16、36、64、100、144、169……分别是 2、4、6、8、10、12、14……这些双数的平方。

由此，可以延伸出江恩判断市场走势的两个观点：

①若一个大的上升趋势以某价位为起点，则可能在这个价位的平方上结束。

②若一个大的下跌趋势以某价位为起点，则可能在这个价位的平方根上结束。

(4)江恩四方形与与神奇数字

江恩四方形与黄金螺旋四方形都是从一个中心开始，以螺旋形态向外扩展开来，不同的是江恩四方形以等差级数增长，而黄金螺旋是以对数级数进行，其倍数单位为黄金分割比率的 1.618 倍。

江恩四方形与黄金螺旋四方形的阻力与支持位，有一点是共通的，就是神奇数字大部分都落在江恩四方形的重要角度线上，神奇数字的 1、2、3、5、8、13、21、34、55 前 9 项都落在江恩四方形的轴线和对角线上，而 89、144 稍有偏差。当江恩四方形对角线上的数字与神奇数字汇合时，常常会产生强大的阻力或支撑。

(5)江恩四方形与金字塔

金字塔除了在比例上反映黄金比率的结构外，其量度的幅度其实亦有相当特别的含义。

金字塔底边长 756.47 英尺，若转化为英寸计算，每边长 9077.64 英寸(1 英尺=12 英寸=0.3048 米)，而四条边共 36310.56 英寸，四边的总数与圆形的 360 度十分接近。换言之，金字塔的每一边所代表的乃是一个季节，金字塔的一周亦为地球运行的一个周期。金字塔的结构大致上是将圆形的周期化为一个四方形的周期。江恩四方形的整体概念便是建立在金字塔的结构基础之上。

若大家从高空鸟瞰金字塔的结构，所看到的便是一个“江恩四方形”，金字塔由顶部开始，石块以螺旋形不断向外延伸，从而形成一个不断向外扩展的四方形，而这个四方形的长和宽刚好代表地球的周期，每边为一季。

江恩四方形以不同的角度代表地球上不同的时间，意义与金字塔如出一辙。市场一直传言：江恩的神秘理论是到埃及游历后领悟出来的。

5. 江恩理论的买卖十二法则

江恩最后一本重要著作是 1949 年出版的《华尔街 45 年》，书中江恩坦诚披露几十年来在市场上的取胜之道，总结 45 年在华尔街投资买卖的经验，写成十二条买卖规则。

(1)法则一：决定趋势

江恩认为，对于所有市场，决定其趋势是最为重要的一点。对于股票而言，其平均综合指数最为重要，以决定大市的趋势。此外，分类指数对于市场的趋势亦有相当启示性。所选择的股票，应以根据大市的趋势者为主。若将上面规则应用在外汇市场上，则“美元指数”将可反映外汇走势的趋向。在应用上面规则时，他建议分析者使用一种特殊的图表方法，对于大市指数来说，应以三天图及九点平均波动图为主(见图 6-51)。

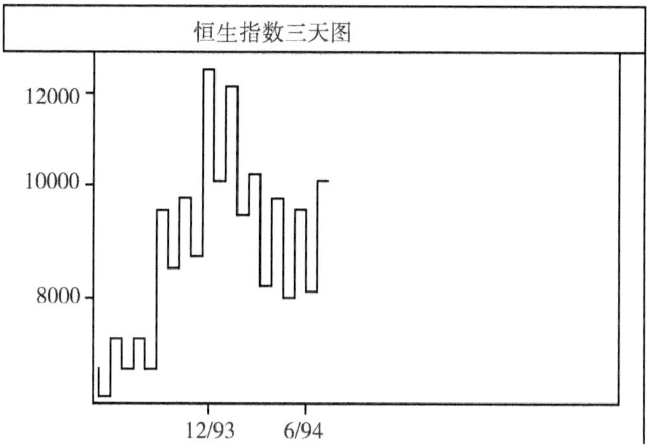

图 6-51　恒生指数三天图

三天图的意思是，将市场的波动，以三天的活动为记录的基础。这三天包括周六及周日。三天图表的规则是，当三天的最低水平下破，则表示市场会向下，当三天的最高水平上破，则表示市场会出现新高。

绘画方法上，可按照以下步骤：

①当市场从低位上升，连续三天出现较高的底位及高位，图表上的线应移至第三天的高点。若市场下跌两天后第三天再创新高，则图表上的线应垂直上移至当天的高点。

②当市场连续三天创新低时，图表的线便可下移至第三天低位的水平，若市场继续下跌，则可将图表上的线垂直下移至当天的低点。

③若市场连续三天创新高点，则“三天图”表便可回升。

除了“三天图”外，江恩还建议使用一种名为“九点平均波动图”的图表来分析市势(见图 6-52)。

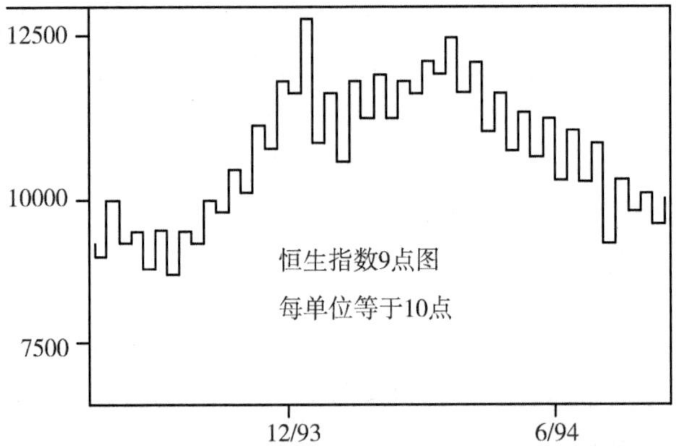

图 6-52　恒生指数九点图，每单位等于 10 点

江恩所对 1912 年至 1949 年的道琼斯工业平均指数进行统计结果如下：

①在 37 年内，有 464 次波幅在 9 点或以上，54 次少于 9 点，平均每月有 9 点的波动。

②有超过 50%市场上落幅度为 9 点至 21 点。

③有 25%市场上落幅度在 21 点至 31 点之间。

④有约 12%市场上落幅度在 31 点至 51 点之间。

⑤在 464 次市场上落中，只有 6 次在 51 点之上。

因此，市场上落 9 点至 21 点，是一个重要的市场转折的指标。

“九点平均波动图”的规则是：

若市场在下跌的市道中，市场反弹低于 9 点，表示反弹乏力。超过 9 点，则表示市场可能转势，在 10 点之上，则市势可能反弹至 20 点，超过 20 点的反弹出现，市场则可能进一步反弹至 30 至 31 点，市场很少反弹超过 30 点的。

对于上升的市道中，规则亦一样。

在制作图表时，若市况上升超过 9 点，图表线可作上升，图表线跟随每日高点上移，直至市场出现 9 点的下跌，图表线才跟随下移至当日低点。

“三天图”及“九点图”与目前我们所使用的“点数图”十分类似，都是以跟随市势的方式绘制。不过，上述图表中有几个特点需要注意：

①江恩的“三天图”是以时间决定市势的趋向，“九点图”则以价位上落的幅度去决定市势的走向，双剑合璧，分析者对市场趋势掌握了如指掌。

②与点数相比，定义点数图的转向由分析者自行决定，成功与否在于分析者对市况的认识。江恩的九点图，则是以统计为基础，九点转势的成功机会有近 88%。

在实际应用“九点图”时，分析者必先了解所分析的市场，例如在外汇市场中的倾向的平均上落幅度，所取的幅度应以超过 50%的出现机会为佳。

(2)法则二：在单底，双底或三底水平入市买入

江恩第二条买卖规则十分简单，当市场接近从前的底部，顶部或重要阻力水平时，根据单底、双底或三底形式入市买卖(见图 6-53)。

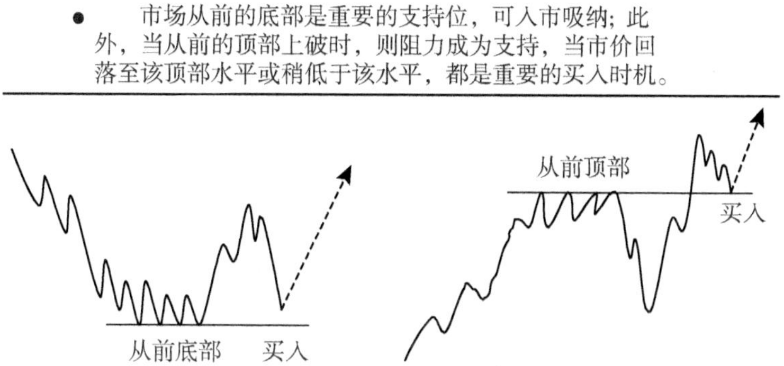

图 6-53 在从前底部或顶部之上买入

这个规则的意思是，市场从前的底部是重要的支持位，可入市吸纳。此外，当从前的顶部上破时，则阻力成为支持，当市价回落至该顶部水平或稍低于该水平，都是重要的买入时机。相反而言，当市场到达从前顶部，并出现单顶、双顶以至三顶，都是沽空的时机。此外，当市价下破从前的顶部，之后市价反弹回试该从前顶部的水平，都是沽空的时机(见图 6-54)。

不过投资者要特别留意，若市场出现第四个底或第四个顶时，便不是吸纳或沽空的时机，根据江恩的经验，市场四次到顶而上破，或四次到底而下破的机会会十分大(见图 6-55)。

在入市买卖时，投资者要紧记设下止蚀盘，不知如何止蚀便不应入市。止蚀盘一般根据双顶/三顶幅度而设于这些顶部之上。

(3)法则三：根据市场波动的百分比买卖

江恩认为，只要顺应市势，有两种入市买卖的方法(见图 6-56)：

①若市况在高位回吐 50%，是一个买入点。

- 当市场到达从前顶部，并出现单顶、双顶以至三顶部是沽空的时机。此外，当市价下破从前的顶部，之后市价反弹回该从前顶部的水平，都是沽空时机。

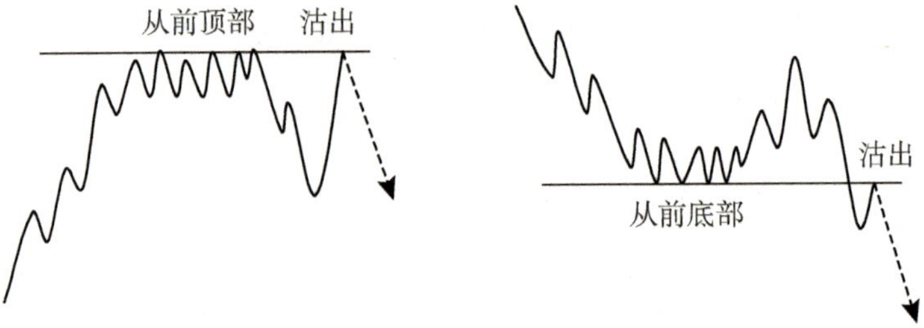

图 6-54　在从前顶部或底部下沽货

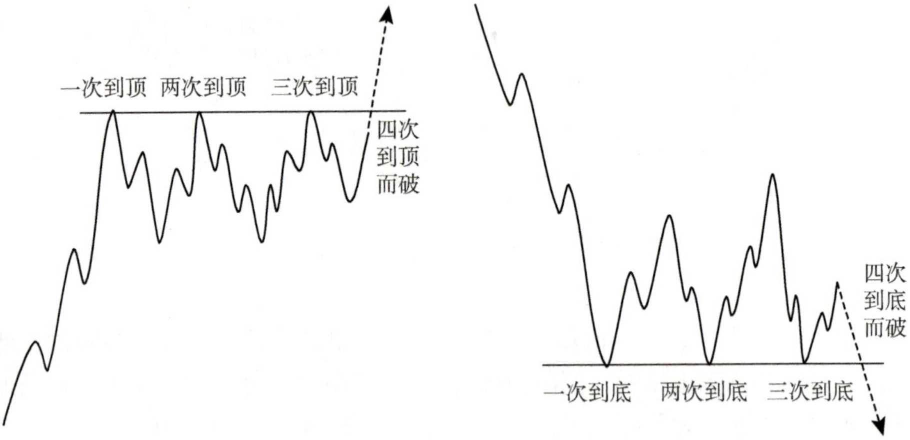

图 6-55　四次到顶而破以及四次到底而破

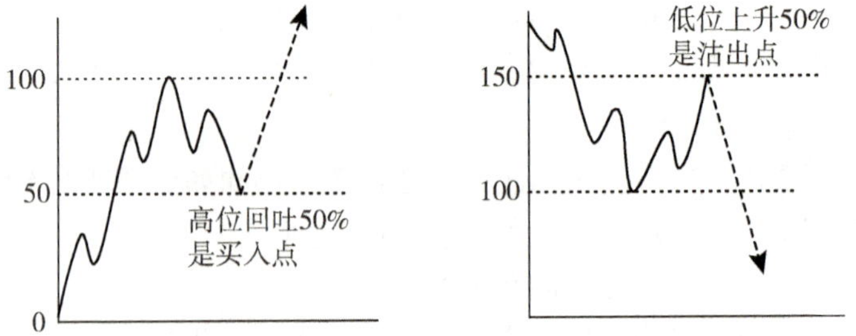

由高点价位的50%水平买入　　由低点价位的50%水平沽出

图 6-56　由高点价位的 50%水平买入；由低点价位的 50%水平沽出

②若市况在底位上升50%，是一个沽出点。

此外，一个市场顶部或底部的百分比水平，往往成为市场的重要支持或阻力位，有以下几个百分比水平值得特别留意(见图6-57)。

①3%~5%；②10%~12%；③20%~25%；④33%~37%；⑤45%~50%；⑥62%~67%；⑦72%~78%；⑧85%~87%。

在众多个百分比之中，50%，100%以及100%的倍数皆为市场重要的支持或阻力水平。

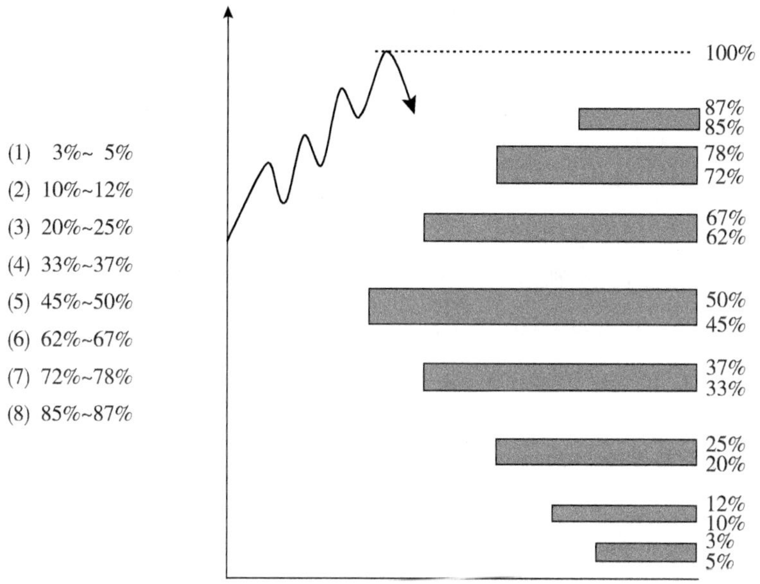

图6-57　调整浪的支持水平

(4)法则四：根据三星期上升或下跌买卖

江恩在设计他的第四条买卖规则时，对金融市场做了十分广泛的统计，他将市场反弹或调整的买卖归纳为两点：

①当市场主流趋势向上时，若市价出现三周的调整，是一个买入的时机。

②当市场的主流趋势向下时，若市价出现三周的反弹，是一个沽出的时机。

当市场逆趋势出现调整或反弹时，江恩认为在以下的时间必须留意市势的发展：

①当市场上升或下跌超过30天时，下一个留意市势见顶或见底的时间应

为6至7星期。

②若市场反弹或调整超过45至49天时，下一个需要留意的时间应为60至65天，根据江恩的经验，60至65天为一个逆市反弹或调整的最大平均时间的幅度。

(5)法则五：市场分段波动

在一个升市之中，市场通常会分为三段甚至四段上升的。在一个下跌趋势中，市场亦会分三段，甚至四段浪下跌的，如图6-58所示。

这一条买卖规则的含义是，当上升趋势开始时，永远不要以为市场只有一浪上升便见顶，通常市场会上升、调整、上升、调整，然后再上升一次才可能走完整个趋势；反之，在下跌的趋势中亦一样。

江恩这个对市场走势的看法与艾略特的波浪理论的看法十分接近。

波浪理论认为，在一个上升的推动图中有五个浪，其中，有三次顺流的上升，两次逆流的调整。

这点，江恩与艾略特的观察互相印证。不过，对于一个趋势中究竟应该有多少段浪，江恩的看法则似乎没有像艾略特那样硬性规定下来，江恩认为在某些市场趋势中，可能会出现四段浪。

究竟如何去处理江恩与艾略特之间的不同看法呢？一般认为有三种可能：

①所多出的一段浪可能是低一级不规则浪的b浪。

②所多出的一段浪可能是形态较突出的延伸浪中的一个。

③所多出的一段浪可能是调整浪中的不规则b浪。

(6)法则六：根据五或七点上落买卖

江恩对于市场运行的研究，其中有一个重点是基于数字学之上。所谓数字学，乃是一套研究不同数字含义的学问。对于江恩来说，市场运行至某一个阶段，亦即市场到达某一个数字阶段，市场便会出现波动及市场作用，如图6-59所示。

江恩的第六条买卖规则是：

①若趋势是上升的话，则当市场出现5至7点的调整时，可趁低吸纳，通常情况下，市场调整不会超过9至10点。

②若趋势是向下的话，则当市场出现5至7点的反弹时，可趁高沽空。

③在某些情况下，10至12点的反弹或调整，亦是入市的机会。

④若市场由顶部或底部反弹或调整18至21点水平时，投资者要小心市场可能出现短期市势逆转。

江恩的买卖规则有普遍的应用意义，他并没有特别指明是何种股票或哪一

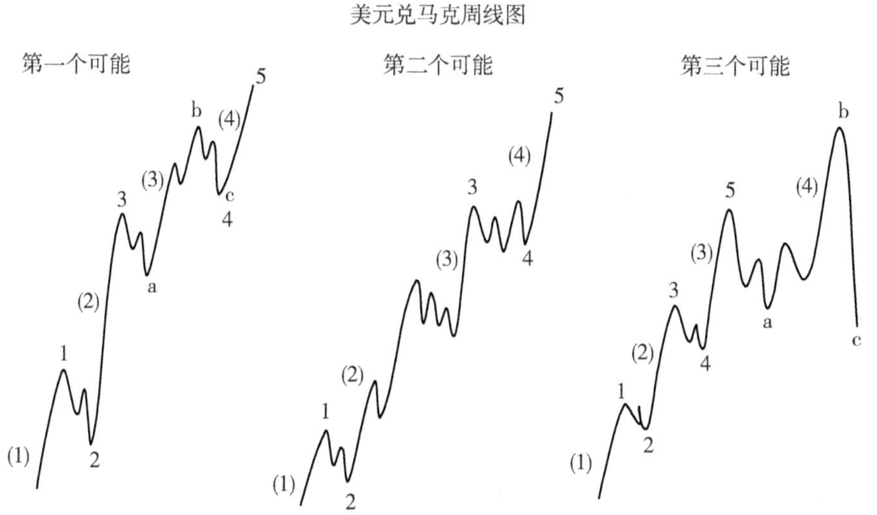

图 6-58 市场运行的三段甚至四段上升

种金融工具，亦没有特别指出是哪一种程度的波幅。因此，他的着眼点乃是市场运行的数字，这种分析金融市场的方法是十分特别的。

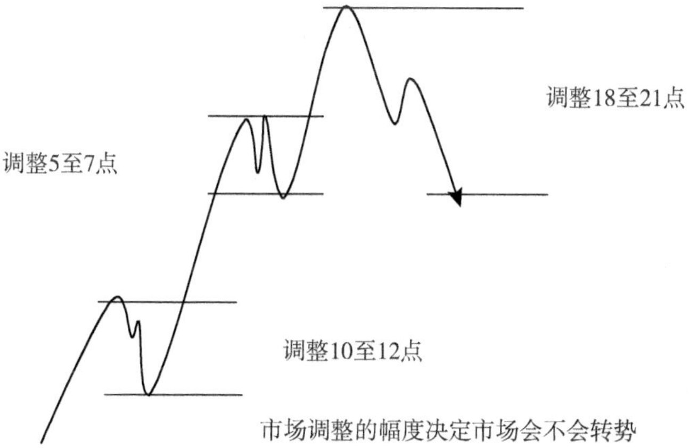

图 6-59 市场五或七点上落调整图

若将上面的规则应用在外汇市场上，一般而言，短期波幅可看为 50 至 70 点，100 至 120 点，而重要的波幅则为 180 至 210 点。汇市超过 210 点的反弹或调整，要小心短线市势逆转。

(7)法则七：市场成交量

江恩认为，经常研究市场每月及每周的成交量是极为重要的，研究市场成交量的目的是帮助决定趋势的转变。利用成交量的纪录以决定市场的走势，基本以下面两条规则为主(如图 6-60 所示)：

第一，当市场接近顶部的时候，成交量经常大增，其理由是：当投资者蜂拥入市的时候，大户或内幕人士则大手派发出货，造成市场成交量大增，当内幕人士派货完毕后，坏消息浮现，亦是市场见顶的时候。因此，大成交量经常伴着市场顶部出现。

第二，当市场一直下跌，而成交量续渐缩减的时候，则表示市场抛售力量已近尾声，投资者套现的活动已近完成，市场底部随即出现，而市价反弹亦指日可待。

在利用成交量分析市场趋势逆转的时候，有以下几点规则必须结合应用，可以收预测之效：

①时间周期——成交量的分析必须配合市场的时间周期，否则收效减弱。

②支持及阻力位——当市场到达重要支持阻力位，而成交量的表现配合见顶或见底的状态时，市势逆转的机会便会增加。

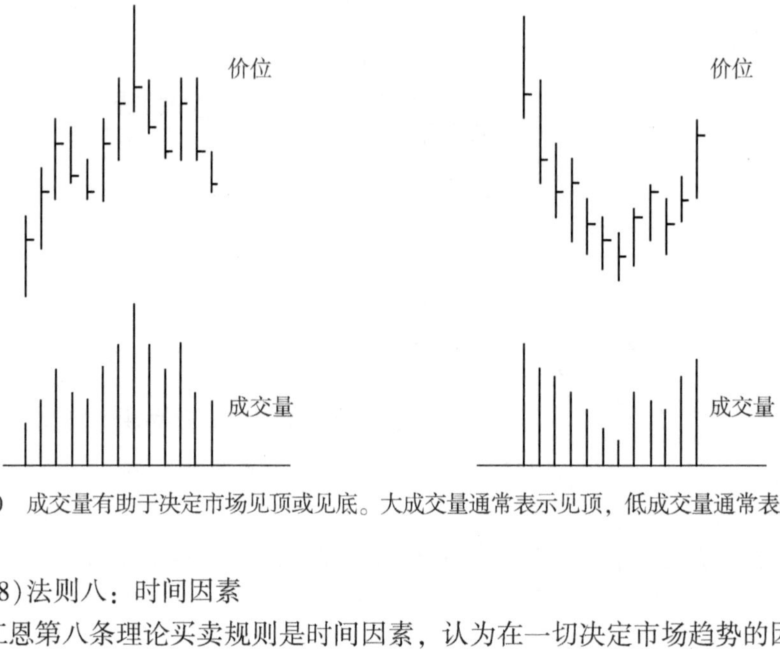

图 6-60　成交量有助于决定市场见顶或见底。大成交量通常表示见顶，低成交量通常表示见底

(8)法则八：时间因素

江恩第八条理论买卖规则是时间因素，认为在一切决定市场趋势的因素之

中，时间因素是最重要的一环。江恩认为时间是最重要的一因素，原因有二：

第一，时间可以超越价位平衡；

第二，当时间到达，成交量将增加而推动价位升跌。

上面第一点，是江恩理论的专有名词，所谓“市场超越平衡”的意思是：当市场在上升的趋势中，其调整的时间较之前的一次调整的时间为长，表示这次市场下跌乃是转势。此外，若价位下跌的幅度较之前一次价位高速的幅度为大的话，表示市场已经进入转势阶段，如图6-61所示。

当市场在下跌的趋势中，若市场反弹的时间第一次超越前一次的反弹时间，表示市势已经逆转。同理，若市场反弹的价位幅度超越前一次反弹的价位幅度，亦表示价位或空间已经超越平衡，转势已经出现，如图6-62所示。

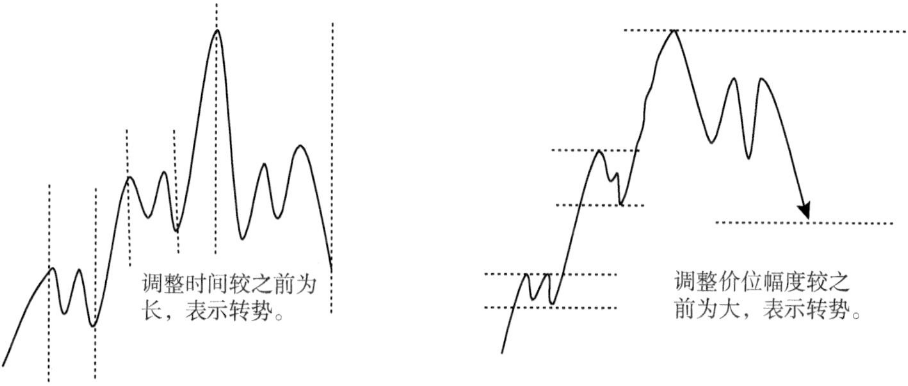

图6-61　市场的时间及价位超越平衡，表示市场转势回落

在市场即将到达转势时间时，通常市势是有迹可循的。在市场分三至四段浪上升或下跌时，通常末段升浪无论价位还是时间的幅度上都会较前几段浪为短，这现象表示市场的时间循环已近尾声，转势随时出现。

江恩亦认为，金融市场是受季节周期性影响的。因此，只要将注意力集中在一些重要的时间，配合其他买卖规则，投资者可以很快察觉市场趋势的变化。

江恩特别列出一年之中每月重要的转势时间，非常具有参考价值，现详列如下：

①1月7日至10日及1月19日至24日——上述日子是年初最重要的日子，所出现的趋势可延至多周，甚至多月。

②2月3日至10日及2月20日至25日——上述日子重要性仅次于1

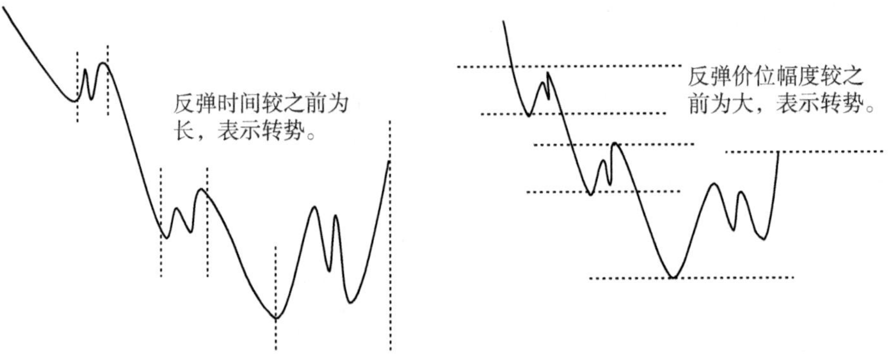

图 6-62　市场的时间及价位超越平衡，表示市场见底回升

月份。

③3 月 20 日至 27 日——短期转势经常发生，有时甚至是主要的顶部或底部的出现。

④4 月 7 日至 12 日及 4 月 20 日至 25 日——上述日子较 1 月、2 月次要，但后者也经常引发市场转势。

⑤5 月 3 日至 10 日及 5 月 21 日至 28 日——5 月是十分重要的转势月份，与 2 月的重要性相同。

⑥6 月 10 日至 15 日及 6 月 21 日至 27 日——短期转势会在此月份出现。

⑦7 月 7 日至 10 日及 7 月 21 日至 27 日——7 月份的重要性仅次于 1 月份，在此段时间，气候在年中转化，影响五谷收成，而上市公司亦多在这段时间半年结派息，影响市场活动及资金的流向。

⑧8 月 5 日至 8 日及 8 月 14 日至 20 日——8 月转势的可能性与 2 月相同。

⑨9 月 3 日至 10 日及 9 月 21 日至 28 日——9 月是一年之中最重要的市场转势时候。

⑩10 月 7 日至 14 日及 10 月 21 日至 30 日——10 月份亦是十分重要的市场转势时候。

⑪11 月 5 日至 10 日及 11 月 20 日至 30 日——在美国大选年，市场多会在 11 月初转势，而其他年份，市场多在 11 月末转势。

⑫12 月 3 日至 10 日及 12 月 16 日至 24 日——在圣诞前后，是市场经常出现转势的时候。

在上面所列出的日子中，每月共有两段时间，细心一看，大家便可以明了江恩所提出的市场转势时间，相当于中国历法中的24个节气。从天文学角度，乃是以地球为中心来说，太阳行走经度15度的时间。由此可见，江恩对市场周期的认识与气候的变化息息相关。

江恩理论认为，要掌握市场转势的时间，除了留意一年里面，多个可能出现转势的时间外，留意一个市场趋势所运行的日数，是异常重要的。

基于对“数字学”的认识，江恩认为市场的趋势是根据数字的阶段运行，当市场趋势运行至某个日数阶段，市场是可能出现转势的。

由市场的重要底部或顶部起计，以下是江恩认为有机会出现转势的日数：①7至12天；②18至21天；③28至31天；④42至49天；⑤57至65天；⑥85至92天；⑦112至120天；⑧150至157天；⑨175至185天。

在外汇市场中，最重要的为以下三段时间：①短期趋势——42至49天；②中期短势——85至92天；③中/长期趋势——175至185天。

以美元马克及瑞士法郎的趋势为例，以下是一些引证：

①中期趋势——美元兑瑞士法郎由1992年10月5日1.2085上升至1993年2月15日共上升94天。

②短期趋势——美元兑瑞士法郎由1993年3月5日1.55下跌至5月7日，共44天。

③长期趋势——美元兑马克由1991年12月27日至1992年9月2日两个底部相差共176天。

江恩理论分析的引人入胜之处，乃是江恩对于市场重要顶部或底部所预测的时间非常准确。

对于所预测的顶底时间，江恩当然在图表分析上下了不少功夫，在他的著作中，他介绍了三种重要的方法，颇值得投资者参考。

第一，江恩认为，将市场数十年来的走势作一统计，研究市场重要的顶部及底部出现的月份，投资者便可以知道市场的顶部及底部会常在哪一个月出现。他特别指出，将趋势所运行的时间与统计的月份作一比较，市场顶部及底部的时间便容易掌握得到。

第二，江恩认为，市场的重要顶部及底部周年的纪念日是必须密切留意的。在他的研究里，市场出现转势，经常会在历史性高低位的月份出现。纪念日的意义是，市场经过重要顶部或底部后的一年、两年，甚至十年，都是重要的时间周期，值得投资者留意。

第三，重要消息的日子，当某些市场消息入市而引致市场大幅波动，如战争、金融危机、贬值等，这些日期的周年都要特别留意。此外，分析者要特别留意消息入市时的价位水平，这些水平经常是市场的重要支持或阻力位水平。

(9)法则九：当出现高低底或新高时买入

江恩的第九条买卖规则最为简单，可分为以下两项(如图 6-63 所示)：

①当市价开创新高，表示市势向上，可以追市买入。

②当市价下破新底，表示市势向下，可以追沽。

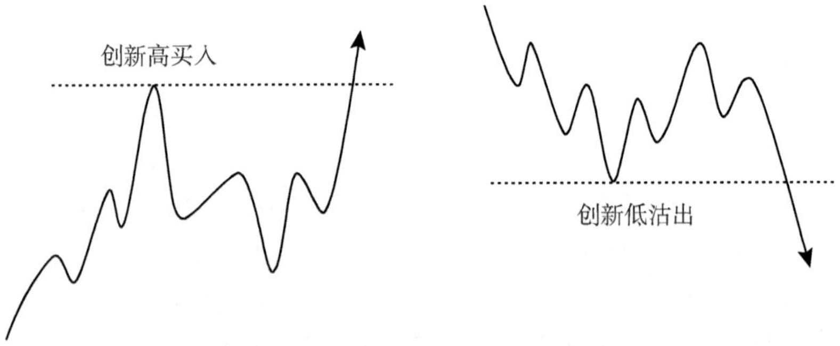

图 6-63　市场创新高见买入的机会，创新低则是沽出的机会

不过，在应用上面的简单规则前，江恩认为必须特别留意时间的因素，特别要注意：①由从前顶部到底部的时间；②由从前底部到底部的时间；③由重要顶部到重要底部时间；④由重要底部到重要顶部的时间(如图 6-64 所示)。

江恩指出，如果市场上创新高或新低，表示趋势未完，投资者可以估计市场下一个转势的时间，这个时间可以从前文所述的“数字学”而计算。若所预测者为顶部，则可从顶与顶之间的日数或底与顶之间的日数以配合分析；相反，若所预期者为底部，则可从底与底之间及顶与底之间的日数来配合分析，若两者都到达第三的日数，则转势的机会便会大增。

除此之外，市场顶与顶及底与顶之间的时间比率，如 1 倍、1.5 倍、2 倍等，亦顺理成章地成为计算市场下一个重要转势点的依据。

(10)法则十：决定大市趋势的转向

根据江恩对市场趋势的研究，一个趋势逆转之前，在图表形态上及时间周期上都是有迹可循的。在时间周期方面，江恩认为有以下几点值得特别留意：

①市场假期

江恩认为，市场的趋势逆转，通常会刚刚发生在假期的前后。对于汇市来说，美国市场主导了其走势，因此要留意的乃是美国假期的前后时间，现罗列如下：1 月 3 日(新年)；5 月 10 日(美国纪念日)；7 月 4 日(美国独立日)；9

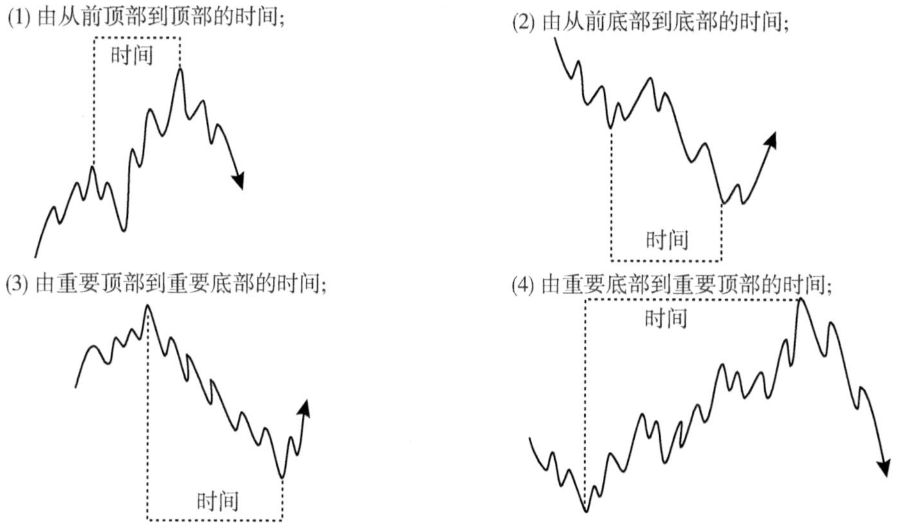

图 6-64　量度市场顶底之间的关系，有助于预测市场转势

月初(劳动日后)；10 月 10 日至 14 日(哥伦布日)；11 月 3 日至 8 日(大选年时)；11 月 25 日至 30 日(感恩节)；12 月 24 日至 28 日(圣诞节)。

从美元到马克 1989 年至 1994 年的图表上可见，几个市场转势时间均与美国假期十分接近：1988 年 1 月 4 日美元在新年后转势；1989 年 9 月劳动日后，美元由 2 马克急跌；1991 年 7 月 5 日，美元在独立日后见顶；1991 年圣诞后，美元见底回升；1993 年哥伦布日后，美元由 1. 59 马克急升。

②周年纪念日

投资者要留意市场重要顶部及底部的 1、2、3、4 或 5 周年之后的日子，市场在这些日子经常会出现转势。

③趋势运行时间

投资者要留意，由市场重要顶部或底部之后的 15、22、34、42、48 或 49 个月的时间，这些时间可能会出现市势逆转。

在价位形态方面，江恩则建议：

①升市——当市场处于升市时，可参考江恩的九点图及三天图。若九点图或三天力下破对上一个低位，表示市势逆转的第一个信号。

②跌市——当市场处于跌市时，若九点图或三天图上破对上一个高位，表示市势见底回升的机会十分大(如图 6-65 所示)。

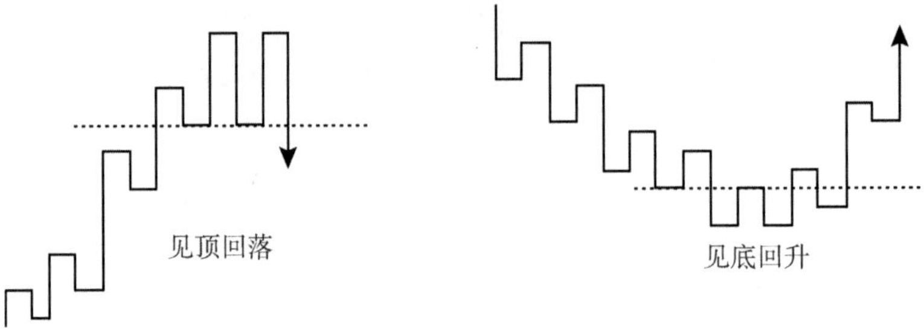

图 6-65　三天图及九点图上，曲线下破之前低点表示市场见顶回落，曲线上破之前高点表示市场见底回升

(11)法则十一：最安全的买卖点

在市场获利，除了能够正确分析市场走势外，投资者出入市的策略亦是极为重要的，若出入市不得法，投资者即使看对市，仍不免招致损失。

在市场向上时，市价见底回升，出现第一个反弹，之后会有调整，当市价无力破底而转头而上，上破第一次反弹的高点时，便是最安全的买入点。止蚀位则可设于调整浪底之下。

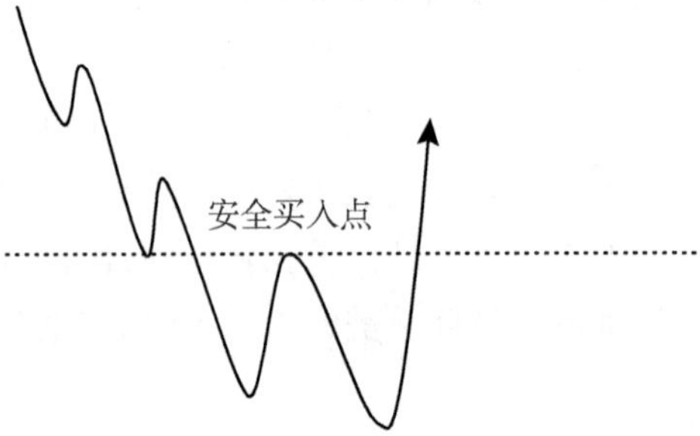

在市势向下时，市价见顶回落，出现第一次下跌，之后市价反弹，成为第二个较低的顶，当市价再下破第一次下跌的底部时，便是最安全的沽出点，止蚀位可设于第二个较低的顶部之上。

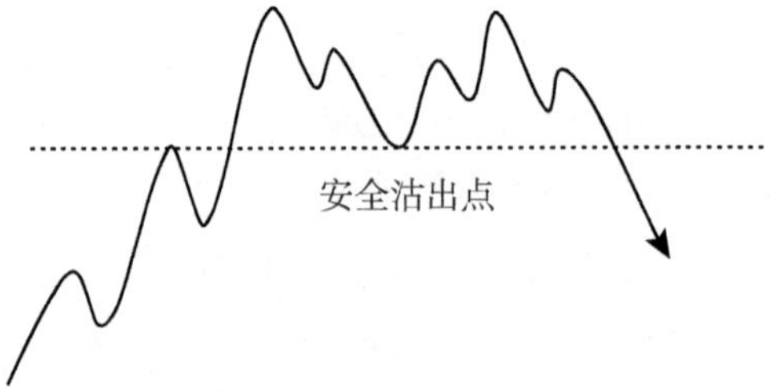

图 6-66　市场上破之前高点，是安全买入点；市场下破之前底点，是安全沽出点

江恩对于跟随趋势买卖，有以下的忠告：①当市势向上的时候，追买的价位永远不是太高。②当市势向下的时候，追沽的价位永远不是太低。③在投资时谨记使用止蚀盘，以免招致巨损。④在顺势买卖，切忌逆势。⑤在投资组合中，使用去弱留强的方法来维持获利能力。

至于入市点如何决定，江恩的方法非常传统：在趋势确认后才入市是最为安全的(如图 6-66 所示)。

在市势向上时，市价见底回升，出现第一个反弹，之后会有调整，当市价无力破底而转头向上，上破第一次反弹的高点的时候，便是最安全的买入点。止蚀位则可设于调整浪底之下。

在市势向下时，市价见顶回落，出现第一次下跌，之后市价反弹，成为第二个较低的顶，当市价再下破第一次下跌的底部时，便是最安全的沽出点，止蚀位可设于第二个较低的顶部之上。

根据江恩的研究，在一个快速的趋势中，市价逆市反弹或调整，通常只会出现两天，是一个判断市势的有效方法。

(12)法则十二：快市时价位上升

江恩对于不同的市势，进行过相当长时间的研究，不同的市势，大致上可利用市场的动量来界定。换言之，市价上升或下跌的速度，成为界定不同市势的准则。

江恩认为，若市场是快速的话，则市价平均每天上升或下跌一点，若市场平均以每天上升或下跌两点，则市场已超出正常的速度，市势不会维持过久。这类的市场速度通常发生于升市中的短暂调整，或者是跌市中的短时间反弹。

在应用上面的原则时有两点要特别注意：

①江恩所指的每天上升或下跌一点，每天的意思是日历的天数，而非市场交易日，这点是江恩分析方法的特点。

②江恩所指的每天上升或下跌一点，每天的意思是日历的天数，而非交易日，这点是江恩分析方法的特点。

对于汇市来说，例如：马克、英镑和瑞士法郎，分析家惯常使用的是十点子，即每天上升或下跌 0.0010；而日元方面，所用的则为每天 0.10 日元。换言之，在图表上将每天上升或下跌 10 点连成直线，便成为江恩的 1×1 线，是界定汇市好淡的分水岭。

同理，若市场出现升市中的调整或跌市中的反弹，速度通常以每天 20 点运行，亦即 1×2 线。

江恩对于各种市场走势的变化了如指掌，其中一个重要的观察是：“短暂的时间调整价位。”

一般人认为，当市场的升势到达超买阶段，市场需要一段较长的时间以消化市场的技术状态。不过，江恩认为，若市场在短促的时间大幅下跌，亦可消化整个市场的超买技术状态，即时间与价位的影响可以互相转换的。当市场处于一个超买阶段，市场要进行调整，若调整幅度小的话，则调整所用的时间便会相对长。相反而言，若市场调整幅度大的话，则所需要的时间便会相对短。

第七章　如何看盘

看盘，又称盯盘，是股票投资者的必备功课。投资者通过大盘和个股数据获得直接的市场信息，然后结合大盘趋势、大盘短期特征、个股形态、个股技术分析、个股主力操盘特征，进行一些推理式的分析，从而获取所需的有价值的基础信息。投资者通过对这些基础信息分析过滤、去伪存真，最后作出投资决策。在作出投资决策前，投资者从盘面获取信息的过程，都叫看盘。

看盘包括哪些内容呢？看盘包括的内容相当广泛，只要能影响大盘或个股走势的内容都是投资者需要关注的，如国家经济政策、影响个股的行业景气信息、大盘趋势技术分析、个股股质分析、个股技术分析、个股主力分析等。但我们通常所说的看盘，主要是指观察行情报价窗口以及市场即时走势图形所显示的各种信息，不仅包括当天的实时交易，如开盘、收盘、盘口异动、尾市急拉、尾市急跌、各种涨停板现象，还包括不同周期的技术分析，如年K线、月K线、周K线、日K线及60分钟K线技术形态特征。投资者在观察盘面市场运行过程中所呈现的一些变化特征的同时，应结合各种技术分析方法来把握市场的一些趋势。

一、了解大盘即时走势图中所包含的信息

在大盘即时走势图中，伴随两条曲线的波动会呈现出一系列数据变化和画面的变化，而这些数据和画面的变化，反映了市场的运行特点和运行趋向，了解大盘即时走势图中所包含的各种信息，是我们判断行情走向、把握市场操作的基础。

图7-1中，1表示大盘加权指数，即证交所每日公布媒体常说的大盘实际指数；2是大盘不含加权的指标，即不考虑股票盘子的大小，而将所有股票对指数影响看作相同而计算出来的大盘指数；3是坐标系中衡量股指的涨跌幅度指标；4为前一交易日的收盘价，也是当日大盘上涨和下跌的分界线；5为坐

标系中价格的具体数字标值；6 反映指数当前的价格；7 代表大盘涨跌的具体数字；8 代表交易时间；9 代表指数涨跌幅度；10 代表市场当日成交的金额；11 代表市场每一分钟累积成交的股数；12 代表红绿柱线：在黄白两条曲线附近有红绿柱状线，是反映大盘即时所有股票的买盘与卖盘在数量上的比率。红柱线的增长减短表示上涨买盘力量的增减；绿柱线的增长缩短表示下跌卖盘力度的强弱。13 代表黄色柱线：在黄白曲线图下方，用来表示每一分钟的成交量，单位是手(每手等于 100 股)。

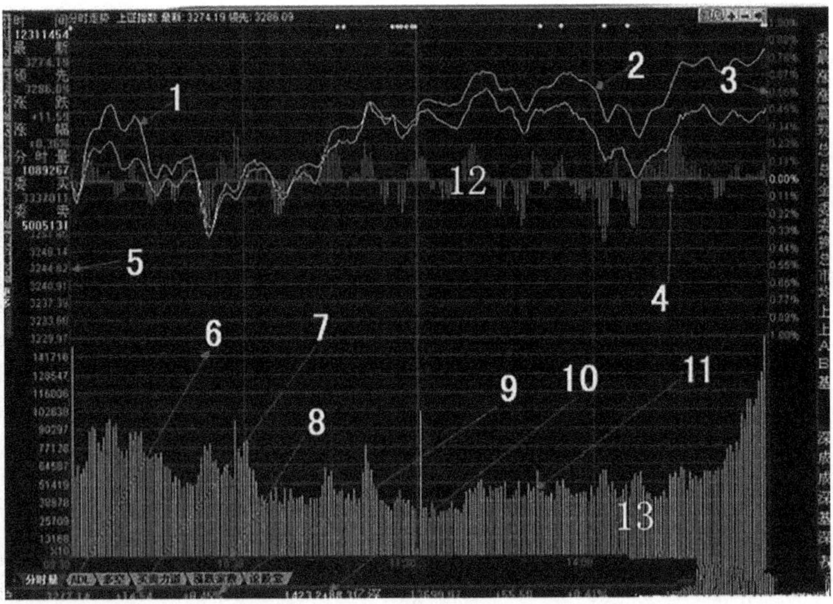

图 7-1　大盘即时走势图

二、两条曲线与市场走势判断

大盘即时走势图中有两条走势曲线，白色曲线表示大盘加权指数，即证交所每日公布媒体常说的大盘实际指数，主要代表大盘股的走势。黄色曲线是大盘不含加权的指标，即不考虑股票盘子的大小，而将所有股票对指数影响看作相同而计算出来的大盘指数，主要代表小盘股的走势。这两条曲线的走势和在图中形成的不同组合，既反映出大盘的走向特点，也会在一定程度上反映市场热点炒作趋向。

白线在上、黄线在下即时走势图中(如图 7-2 所示)，说明大盘股走势较强，对市场稳定和股指向上起有护盘或推动作用，市场主流资金也以流向大盘股为特点，尤其是白色曲线走势出现急拉的极为强势走势的时候，常常会反映出中国石化、中国石油等大盘股，银行板块、保险板块、房地产龙头股等指标股的拉升。行情表现特点是指数上涨而个股炒作相对偏弱。

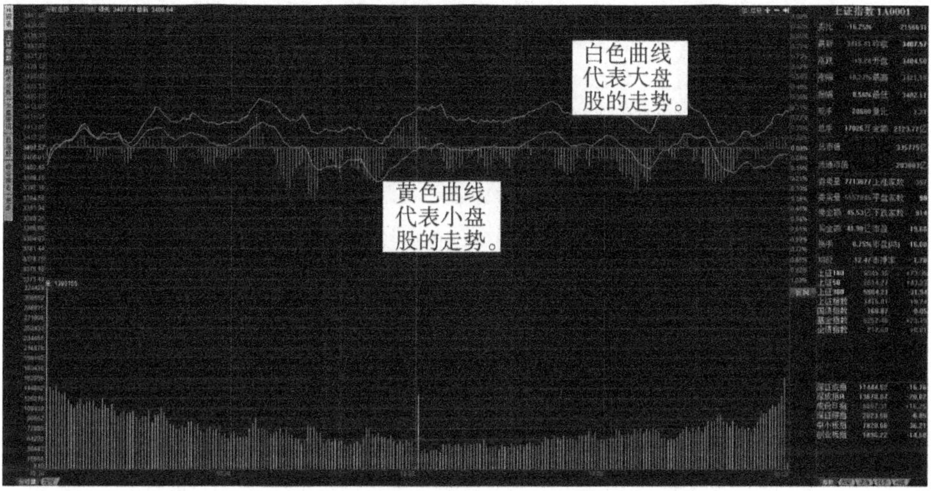

图 7-2 即时走势图中两条走势曲线示意图

白线在下、黄线在上即时走势图中(如图 7-3 所示)，说明市场热点转向中小盘股票，指数呈现相对稳定的特点，而市场上的个股炒作相对活跃，资金流向中小盘个股，市场人气相对活跃。行情表现特点是指数稳定而个股活跃。

在市场实际运行中，白色和黄色曲线经常是交织在一起的同向运行，反映大盘股和中小盘股的整体走势趋向于一致。如两条曲线同时向上呈现强势特点，则反映市场人气高度集中，热点炒作也会呈现连续性和多元化特点，行情将向纵深化发展。而当两条曲线呈现同时向下态势时，则说明市场人气趋于散落，大盘调整意愿较为强烈。

参考白黄二曲线的相互位置可知：(1)当大盘指数上涨时，黄线在白线之上，表示流通盘较小的股票涨幅较大；反之，黄线在白线之下，说明盘小的股票涨幅落后大盘股。(2)当大盘指数下跌时，黄线在白线之上，表示流通盘较小的股票跌幅小于盘大的股票；反之，盘小的股票跌幅大于盘大的股票。

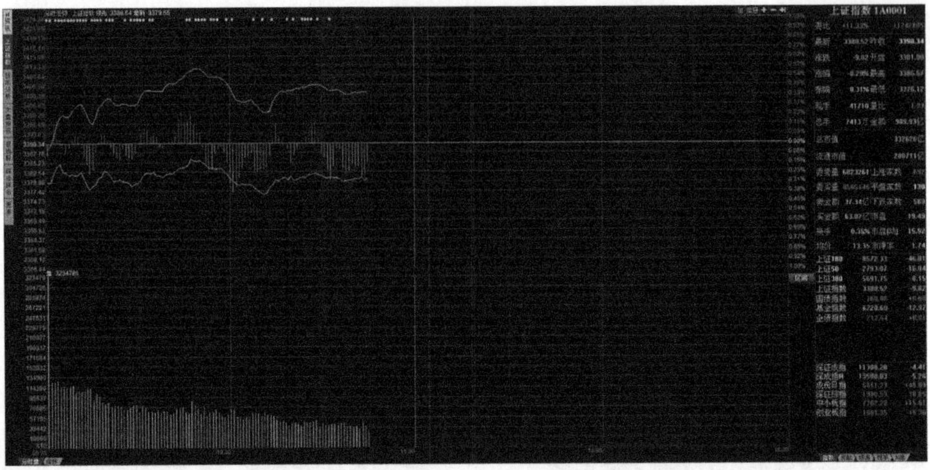

图 7-3　即时走势图中白色曲线在下方示意图

三、衡量买卖力量对比和交易活跃性的人气指标

在即时走势图的右上角，也有一系列指标和数据，如委买量、委卖量、委比、上涨和下跌股票家数、量比、换手率、成交金额和成交股数等，弄清楚这些指标的含义，也是我们判断市场走势的重要基础(如图 7-4 所示)。

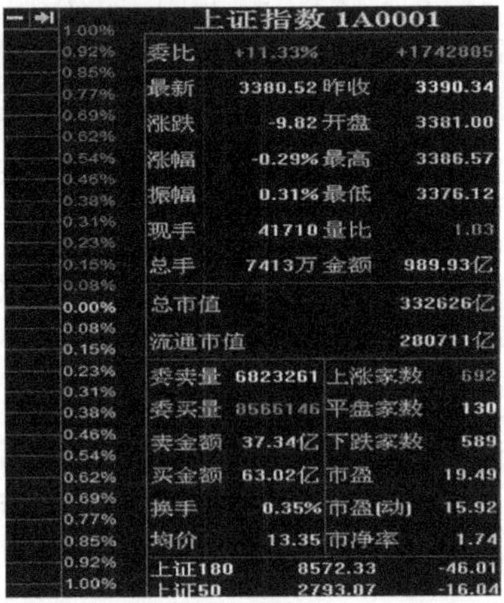

图 7-4　即时走势图中右上方所显示的指标含义

1. 衡量市场买卖力量的指标

(1)委比

委买委卖量：代表即时所有股票买入委托下三档和卖出上三档手数相加的总和。

委比：是委买委卖手数之差与之和的比值。它是衡量一段时间内场内买、卖强弱的一种技术指标。其计算公式为：

委比=[(委买量-委卖量)/委买量+委卖量]×100%

当委比数值为正值的时候，表示买方力量较强，股指上涨的几率大；当委比数值为负值的时候，表示卖方的力量较强，股指下跌的几率大。

(2)量比

量比是指开盘后每分钟的平均成交量与之前连续5天每分钟平均成交量的比较。它是一种衡量相对成交量的指标。计算公式为：

量比=现在总手÷(5日平均总手/240) ÷当前已开市多少分钟

其中5日平均总手数/240表示5日来每分钟成交手数。

量比是投资者分析行情短期趋势的重要依据之一，主要用于对成交量异动进行衡量的指标。如果量比比值大于1，说明当时的成交量高于此前5个交易日的每分钟平均成交量，意味着市场或该股的成交趋于活跃，数值越大，活跃度就越高。相反，如果量比值小于1，说明当时的成交量低于此前5个交易日的平均成交量，意味着市场或该股的成交趋于清淡，数值越小，活跃度就越低。

如果我们将日内每分钟的量比连接成量比线，将量比同股价涨跌联系起来分析，这样，量比线与股价走势结合可以形成四种组合方式：一是量比线和股价线同时向上，即双线向上；二是量比线上升，股价线向下，即双线相对；三是量比线下降，股价线上升，即双线分离；四是量比线和股价线同时下降，即双线下降。根据这四种形态，我们在根据量比分析判断市场走势趋向时，才能减少失误，提高投资成功率。

双线向上：说明股价的上涨得到了场外资金的支持，属于良好的量价配合，风险较小，投资者耐心持股待涨即可。当双线向上的走势完成之后，再根据盘面信息决定是否继续持股。

双线相对：股价线向下，量比线却上升，意味着伴随股价走低，市场越来越看淡后市，甚至不计成本地不断抛售股票。市场人气低迷的环境下，耐心持币是最好的思路。

双线分离：在股价上涨的同时，量比线却在下降，意味着市场追涨资金在逐渐减少，股市上涨难以持续，是择机离场的信号。

双线下降：指股价下跌的同时量比线也在下降，意味着市场杀跌动力在逐步减弱，股价随时都有可能见底，是择机进场的信号。

2. 衡量市场活跃程度的指标

换手：即指换手率。换手率=成交总手/该股或市场总流通盘。换手率越大，说明该股或市场交易越活跃。换手率太低，说明市场成交不活跃，但如果是庄股，则说明该股筹码已经基本集中到庄家手中(见表 7-1)。

表 7-1 衡量市场活跃程度的换手率指标表

日换手率	市场交易状况	盘口观察	资金介入程度	操作策略	走势趋向
1%～3%	冷清	不关注	散户资金	观望	无方向
3%～7%	相对活跃	适当关注	试探介入	原则观望	小幅上升
7%～10%	高度活跃	高度关注	大举介入	考虑买入或卖出	稳步上升
10%～15%	非常活跃	高度关注	深度介入	大举买入或卖出	大幅上升
15%～25%	极为活跃	极度关注	全线介入	短线介入或中线清仓	转入调整或暴跌

四、衡量市场价格和估值水平的指标

在大盘即时图中有两个指标可以反映市场的整体价格和估值水平，一个是均价，另一个是市盈率。

(1)均价。它反映即时市场所有股票价格的平均价格。这个价格的高低，反映了市场股票价格的整体分布水平，与过去市场价格水平进行比较，我们可以在一定程度上了解市场的估值定位水平。

(2)市盈率。市盈率是某种股票每股市价与每股盈利的比率。通常用来作为比较不同价格的股票是否被高估或者低估的指标。但用市盈率衡量一家公司股票的质地时，并非总是准确的。一般认为，如果一家公司股票的市盈率过高，那么该股票的价格具有泡沫，价值被高估，操作上就应该考虑卖出。在大盘即时走势图所显示的市盈率是指市场所有股票的平均市盈率，它反映了即时市场的整体投资价值水平，在一定程度上也是判断大盘走向的一个重要指标。

成熟市场中，大盘的平均市盈率一般在20倍附近。在我国股市运行中，通常在股市经过长期调整后才会回落到20倍附近，而一轮牛市行情，市场的平均市盈率常常会达到60~70倍以上区域，甚至更高区域。显然，通过市场平均市盈率的数值我们也可以判断市场的整体估值是否被高估或低估。当然，相对于主板市场，中小板市场和创业板市场的平均市盈率水平要明显高得多，在上海主板市场平均市盈率仅20多倍的情况下，中小板和创业板市场的平均市盈率却可以达60~70倍，因此，根据市盈率判断市场平均价格的估值定位，需要对各类市场的区别对待，正确把握市场估值和股指运行趋向。

五、从盘面看大势

1. 盘面曲线的走向与大盘运行趋势判断

大盘即时走势图中两条曲线运行态势，本身就反映了市场运行的方向和特点。两条曲线在期一交易日的收盘价之上强势运行并保持向上态势，则意味着后期行情看好；两条曲线在期一交易日的收盘价之下运行并呈现向下的态势，则意味着后期后期看淡。当两条曲线运行趋势出现分离态势，则说明短期市场热点炒作出现分化特点，大盘股和中小盘股的走势呈现背离特点，而大盘股呈现强势向上、中小盘股呈现向下态势的行情中，指数会表现较好但市场人气相对较差，个股跌多涨少；在中小盘股呈现强势向上、大盘股呈现向下态势的行情中，指数相对弱势但市场人气依然较好，个股行情相当活跃，市场短期炒作机会相对较多。

对盘面的即时走势图，我们也可以通过形态分析法和波浪理论分析方法进行分析。即时曲线的走势形态同样可以运用K线形态分析的方法，如即时走势形成的双头双底形态、头肩形态、三角形态等，均可以作为判断短期市场运行方向的依据。而即时走势形成涨跌运行曲线也可以进行波浪理论分析，依此判断短期市场运行方向。

2. 开盘半小时与最后半小时

(1)开盘半小时

开盘半小时内多空双方的较量，基本决定和影响全天多空双方的价位观点，从而决定一天的走势。一般情况下，对于上涨趋势的大盘开盘后半小时之内都会一浪高过一浪地攀高，攀高到上午 10 点，如果继续攀高，这种情况下说明当天大盘震荡走高，股指大涨；如果 10 点后大盘掉头向下，可预期尾市大盘有短线回吐压力，但全天的上涨趋势是肯定的。以上两种情况是最典型的大盘上涨信号。

开盘后 30 分钟内大盘分时走势逐级盘下，一浪比一浪低，盘中反弹高度不能高出下降趋势线，反弹乏力，直至 10 点半后仍然没有一波有利的反弹，或有强力反弹但最终不能高出开盘后 30 分钟 K 线实体部分，可以判定当日大盘为跌势，股指下调。

有时候大盘高开后有回补当天跳空缺口的要求，这时可以观察 5 分钟 K 线，如果其后连续三根 5 分钟 K 线能够高于开盘 K 线的实体部分，就可以肯定大盘的走势是稳定的，股指当日是上涨趋势。相反，如果开盘后的连续 3 根 5 分钟 K 线低于开盘时 K 线的实体部分，可断定当日大盘的下降趋势。

(2)最后半个小时

尾盘作为一天交易的总结，半小时中的交易往往是全天交易最集中也是多空较量最激烈的一段，是多空双方的争夺之时，会直接影响次日盘面走势，对次日开盘有直接的指示作用。

尾盘在时间上一般认为是最后 15 分钟，实际上从最后 45 分钟多空双方就已经开始暗暗较量了。若从最后 45 分钟到 35 分钟这段时间上涨，则最后的走势一般会以上涨结束全天走势。因为此时参与交易的投资者最多，当涨势明确时会有层出不穷的买盘涌进推高股指。反之，若最后 45 分钟到 35 分钟这段时间下跌，则尾市一般也难以走好。

尾盘效应特别是最后 30 分钟大盘的走向，若在下跌过程中出现反弹后又调头向下，尾盘可能会连跌 30 分钟，杀伤力很大，若最后 30 分钟大势向上，则当日收在高处几乎可以成为定局。这一尾盘效应也可以应用于对中午收市前走势的研判。在发现当日尾盘将走淡时，应积极做好减仓的准备，以回避次日的低开；当发现尾盘向好时，则可适量持仓，以迎接次日高开。

3. 新股走势看大盘运行趋向

新股是市场中的一个特殊群体，其特殊性不仅反映在新股的市场定位要远远高于老股，还反映在新股常常是市场的一个人气指标，其走势特点对短期大盘走势常常起到指向作用。

新股上市后呈现高定位并且不断强势向上，意味着短期市场人气旺盛，大盘呈现强势形态，短期市场看好。新股短线操作越疯狂，市场短线操作机会就越多，但也反映出短期市场调整的意愿也越强烈，市场风险在不断加剧。而新股上市后形成弱势走势，不仅表现为定位较低，上市高开后一路走低，有时甚至出现股价下行破发行价的特点，说明短期市场人气极度低迷，大盘弱势特点明显，市场短线操作风险较大而机会较少。但新股上市走势极度弱势的特点，也反映出大盘中长期调整已经进入后期阶段，市场中期投资机会随时到来。

4. 量价配合关系

量价配合是指股指价格运行过程中市场成交量的配合情况，如果量增价升继续看涨，量缩价跌则将出现变盘下跌。总体而言，股指在一段时间有可能是放量的或者是缩量的，成交量水平或高或低。但具体到盘中，无论日 K 线图上是放量还是缩量，分时走势中成交量总有相对的变化，也就是说成交量不仅每天会出现变化，在每一天的盘中会有局部的波峰或谷底。根据股指走势以及所对应的成交量变化，我们可以将分时走势中的量价配合关系分为几种情况：

(1)价升量增。如果股市经过长期一轮下跌后企稳，此时股价上升，成交量也上升，意味着股市由空头态势转为多头态势，可以考虑建仓。如果股市经过长期一轮上升后不太稳定，此时股价继续上升，成交量也继续上升，要警惕股市可能由多头态势转为空头态势，最好考虑提前平仓。

(2)价升量平。如果股市经过长期一轮下跌后企稳，此时股价上升，成交量平衡，意味着股市逐步由空头态势转为多头态势，可以考虑建仓。如果股市经过长期一轮上升后不太稳定，此时股价继续上升，成交量平衡，要警惕股市在高位盘整后可能由多头态势转为空头态势，最好考虑提前平仓。

(3)价升量减。如果股市经过长期一轮下跌后企稳，此时股价开始小幅上升，成交量还在减少，意味着股市底部基本形成，空头态势转为多头态势指日可待，可以考虑建仓。如果股市经过长期一轮上升后不太稳定，此时股价继续上升，成交量开始减少，要警惕股市可能由多头态势转为空头态势，最好考虑提前平仓。

(4)价跌量增。如果股市经过长期一轮下跌后企稳，此时股价还在小幅下跌，成交量开始小幅上升，意味着股市由空头态势转为多头态势，可以考虑建仓。如果股市经过长期一轮上升后不太稳定，此时股价开始暴跌，成交量却大幅上升，要警惕股市可能由多头态势转为空头态势，最好考虑提前平仓。

(5)价跌量平。如果股市经过长期一轮下跌后企稳，此时股价还在小幅下跌，但成交量处于平衡，意味着股市底部基本形成，空头态势将转为多头态势，可以考虑建仓。如果股市经过长期一轮上升后不太稳定，此时股价开始暴跌，成交量虽然平衡，也要警惕股市可能由多头态势转为空头态势，最好考虑提前平仓。

(6)价跌量减。如果股市经过长期一轮下跌后企稳，此时股价还在小幅下跌，成交量也还在小幅减少，意味着股市底部将要形成，空头态势将转为多头态势，可以考虑建仓。如果股市经过长期一轮上升后不太稳定，此时股价开始暴跌，成交量开始减少，要警惕股市可能由多头态势转为空头态势，最好考虑提前平仓。

(7)价平量增。如果股市经过长期一轮下跌后企稳，此时股价处于平衡，成交量开始小幅增加，意味着股市底部将要形成，空头态势将转为多头态势，可以考虑建仓。如果股市经过长期一轮上升后不太稳定，此时股价高位平衡，成交量增加，可稍微观察一段，但要警惕股市可能由多头态势转为空头态势，最好提前平仓。

(8)价平量平。如果股市经过长期一轮下跌后企稳，此时股价处于平衡，成交量也处于平衡，意味着股市底部将要形成，空头态势将转为多头态势，可以考虑提前建仓。如果股市经过长期一轮上升后不太稳定，虽然此时股价高位平衡，成交量高位平衡，要警惕股市可能由多头态势转为空头态势，最好提前平仓。

(9)价平量减。如果股市经过长期一轮下跌后企稳，此时股价处于平衡，成交量还在小幅减少，意味着股市底部将要形成，空头态势将转为多头态势，可以考虑建仓。如果股市经过长期一轮上升后不太稳定，虽然此时股价高位平衡，成交量高位减少，要警惕股市可能由多头态势转为空头态势，最好提前平仓。

5. 指标股走势

指标股走势在即时走势图上主要反映在白色曲线的走势。而推动白色曲线涨跌波动的动力又主要来源于指标股的走势，这些指标股包括以下几类：一是由中石化和中石油组成的两油板块；二是由工农中建四大行为主的银行板块；三是由中国人寿、平安保险、中国太保、新华保险等为主的保险板块；四是以中信证券、海通证券、国泰君安证券、中国银河证券等组成的券商板块；五是由万科、保利地产、金地集团、华侨城等组成的地产板块。关注这些板块的个股走势，我们就可以把握白色曲线的走势，从而判断大盘运行趋向。同样，一旦盘面上出现白色曲线的异动现象，我们就要及时看看这些板块中有那些个股出现异动，判断大盘变化的动力来源和持续能力。

六、从盘面看市场热点走向

1. 从涨跌排幅榜看市场热点

打开深沪两市的涨跌排行榜(如图 7-5 所示)，我们可以看到当日深沪两市的个股涨跌排行情况，而在 5 分钟深沪股市涨跌波动图上(如图 7-6 所示)，还可以看到 5 分钟内的深沪个股的涨跌幅、波动振幅以及即时委比和即时量比情况。显然，在深沪股市涨跌排行榜中，我们对涨幅前列个股从行业或概念上来进行分类，就可以找出当前市场炒作的热点。而在 5 分钟深沪股市个股变化情况图上，通过分析 5 分钟内的即时个股涨跌情况，再结合即时委比和即时量比，我们还可以观察到市场即时热点的变化情况，从而更好地把握市场热点变化趋势。

2. 从成交股数与成交金额的对比看市场炒作重心

在大盘走势的 K 线图上(如图 7-7 所示)，除了可以看到 K 线形态、技术指标外，还有市场成交量的分布情况。值得注意的是，图中的成交柱状图反映的是市场每日的成交总股数，而不是成交金额。也即有时某日的成交量呈现出很大的柱状图时，在成交金额上却可能出现比前一交易日要小的情况。从成交股数与成交金额的对比看，某日市场成交股数较大、而成交金额较小，说明市场炒作资金集中流向低价股，中低价股成为市场炒作的热点；而如果某日市场成交股数较小、而成交金额较大，说明市场炒作资金流向中高价股，市场热点转向中高价股。

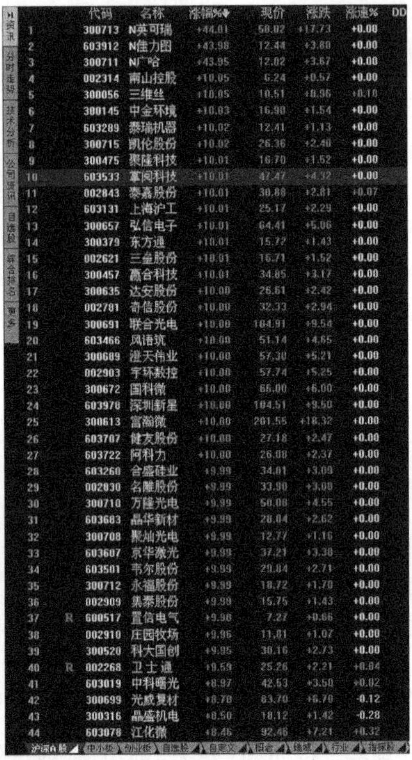

图 7-5 深沪股市振幅榜

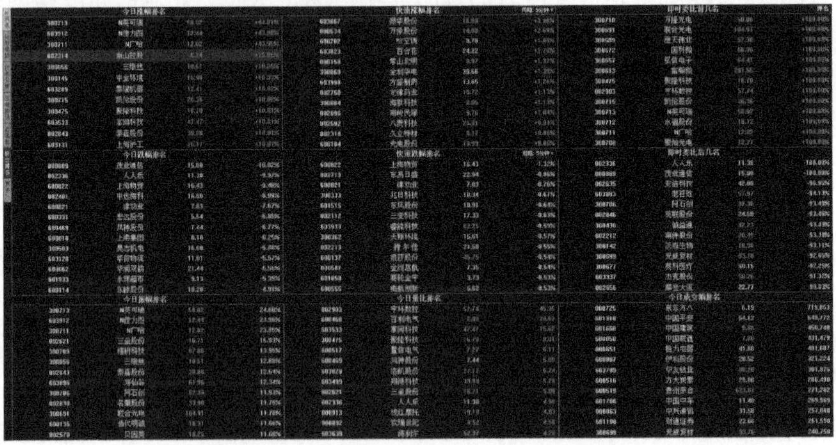

图 7-6 五分钟深沪股市涨跌幅情况

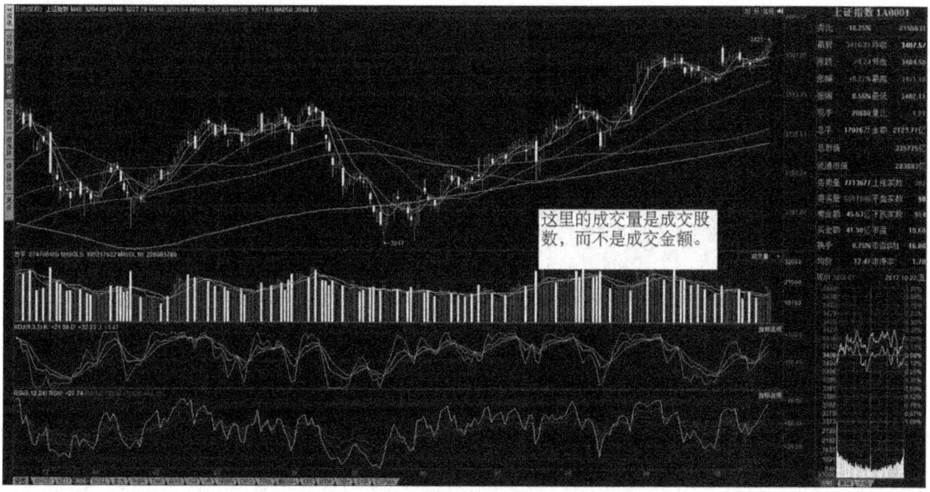

图 7-7 大盘走势 K 线形态图

七、从盘口看个股走势

在个股的即时走势图上(如图 7-8 所示)，盘面显示的曲线和一些指标与大盘即时走势图的含义有一定的差别。

(1)白色曲线：表示该种股票即时实时成交的价格。

(2)黄色曲线：表示该种股票即时成交的平均价格，即当天成交总金额除以成交总股数。这与大盘即时走势图有所差别。

(3)黄色柱线：在红白曲线图下方，用来表示每一分钟的成交量。

(4)成交明细：在盘面的右下方为成交明细显示，显示动态每笔成交的价格和手数。

(5)外盘、内盘：外盘又称主动性买盘，即成交价在卖出挂单价的累积成交量；内盘又称主动性卖盘，即成交价在买入挂单价的累积成交量。外盘反映买方的意愿，内盘反映卖方的意愿。

(6)量比：指当天成交总手数与近期成交手数平均的比值，具体公式为：现在总手/((5 日平均总手/240)×开盘多少分钟)。量比数值的大小表示近期此时成交量的增减，大于 1 表示此时刻成交总手数已经放大，小于 1 表示此时刻成交总手数萎缩。

(7)换手率：指在一定时间内市场中股票转手买卖的频率，是反映股票流通性强弱的指标之一。换言之，换手率就是当天的成交股数与流通股总数的比值。

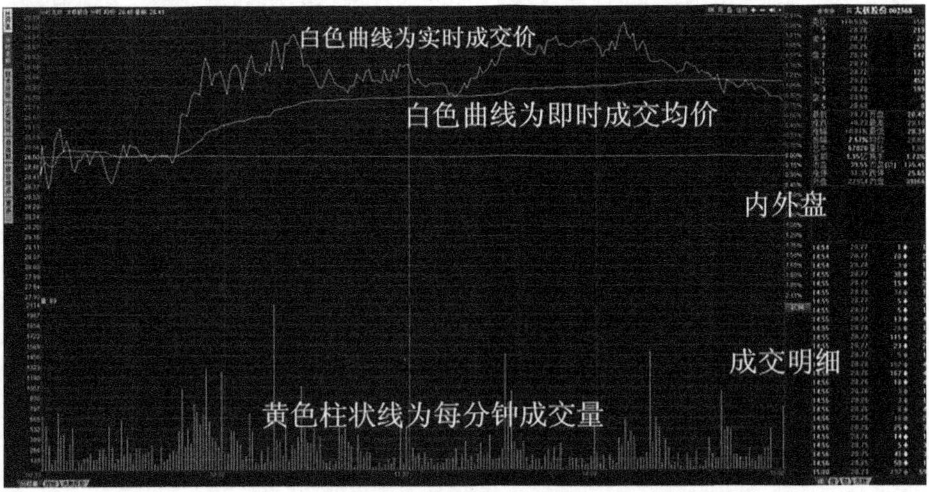

图 7-8　个股即时走势图

在个股即时走势图上除了与大盘即时走势图一样有委比、量比等指标外，判断个股走势可以参考委比和量比指标，同时还有一些与大盘走势图上不同的指标，如内盘和外盘，五个买盘和五个卖盘，这些都是判断个股走势的重要指标。

1. 内外盘与个股走势判断

在通用的钱龙软件和其他的大多数软件中，以委卖价成交的主动性买盘称为外盘，以委买价成交的主动性卖盘称为内盘。从其含义中，我们总的可以理解为：外盘大于内盘，股价看涨。反之，外盘小于内盘则看跌。但在具体判断上，则需考虑股价所处的价格位置的高与低、目前的技术走势形态等。

(1)当股价处于低位的上升初期，外盘大于内盘，则是大资金进场买入的表现。而当外盘远小于内盘，不管日线是否收阴，只要一两日内止跌向上，则往往是大资金假打压、真进场买入的表现，是在诱空。

(2)当股价处于高位的上升末期，外盘小于内盘，则是大资金出场卖出的表现。外盘远大于内盘，但股价滞涨或尾市拉升，无论日线阴阳，往往是大资金假拉升、真出场卖出的表现，是在诱多。

2. 买卖盘与个股走势判断

(1)虚假委托挂单

分析个股的买卖盘信息是我们看盘和分析盘口的基本内容，盘口中出现的大买卖单通常都是市场主力和庄家异动的表现。在通常情况下，委比为正值(买单大于卖单)则表示买盘比较踊跃，股价有上升趋势，但是有很多情况下当委比出现绝对的正负值时，比如接近正负100%，那么未必反映的就是真实的买卖力度了。在市场实际运行过程中，常常会出现一些已委托但尚未成交的大挂单，也即虚假委托盘的异常情况。这种委托挂单又分为两种情况：

第一种情况：盘中在卖二和卖三位置始终挂着千手以上的巨大卖单，显示抛压似乎很沉重，但是股价却不明显下跌，而且从成交明细上看，大笔的直接卖出成交(内盘成交)并不多见，显示出并没有多少主动性砸盘的筹码，而且盘中成交又非常活跃，这时的大笔卖单不可能是散户所挂，而作为主力挂出的卖单只是出现在盘面上又不肯主动卖出去成交，股价也不下跌，这往往是庄家吸货的信号。这种情况下，如果这支个股在底部的累计涨幅并不大的话，很可能是进入拉升的前兆。在盘中挂出大笔卖单的做法只不过是进一步使不坚定的散户最后卖出股票，如果突然有大笔买单向上吃进或者盘面上的大笔压单突然被撤的话，则是短线介入的好时机。

第二种情况：在一些个股累计涨幅比较大的情况下，盘中的委托盘会出现另一种异常情况，当开盘之后股价震荡下跌，当跌到一定幅度时在卖二、卖三位置出现大笔买单，通常手数在千手以上，好像有主力在护盘，股价无法继续下跌。但在这个位置股价反弹时明显无量，而且从成交明细来看盘中主动抛盘(内盘成交)较多，而且股价重新下跌时抛盘踊跃，并且股价的均价线呈现向下移之势，这往往是主力出货的先兆。投资者在盘中见到这种情况要小心为上，先出局观望为主要思路。

(2)大手笔买卖单

股价大幅上升或下跌是由主力资金推动的，真正的热门股往往是盘中大买卖单成交活跃的个股。当委托买卖中出现大量买卖盘，且成交大单不断时，则往往预示着主力资金动向。假如一只股票长期极少出现连续大手成交卖买单，基本上可以认定为散户行情，易跌难涨。一般而言，委卖盘越大，说明市场抛售欲望强烈，股价看跌。委买盘越大，说明欲买进的投资人众多，股价看涨。通常，市场上出现大买卖单有以下几种情况：

①吸筹与拉升的大单：有时买盘较少，买一、买二、买三处只有10~30手，在卖单处也只有几十手，但大于买盘，却不时出现抛单，而买一却不是明显减少，有时买单反而增加，且价位不断上移，主力同时敲进买、卖单。此类股票如蛰伏于低位，说明有机构在进行中线买入，在大盘弱市尤为明显。而一旦机构吸筹完毕，盘中买卖单又会发生变化，不断会有大挂单在卖三、卖二处挂，并且不断上撤，最后出现一笔大买单一口吃掉所有卖单，然后股价出现大幅拉升，反映此时主力一方面显实力，一方面引诱跟风者买单，二者合力形成共振，减少拉升压力，股价短期将上涨。

②以卖出为目的的大买单：多指500手以上而卖单较少的连续向上买单。卖一价格被吃掉后又出现抛单，而买一不见增加反而减少，价位甚至下降，很快出现小手买单将买一补上，但不见大单，反而在买三处有大单挂出，一旦买一被打掉，小单又迅速补上，买三处大单同时撤走，价位下移后，买二成为买一，而现在的买三处又出现大单(数量一般相同或相似)且委比是100%以上，如果此价位是高价位，则可以肯定主力正在出货。小单买进，大单卖出，同时以对敲来维持买气。

③低迷期的大单：当某只股票长期低迷，某日股价启动，卖盘上挂出巨大抛单(每笔经常上百、上千手)，买单则比较少，此时如果有资金进场，将挂在卖一、卖二、卖三档的压单吃掉，可视为是主力建仓动作。此时的压单并不一定是有人在抛空，有可能是庄家自己的筹码，庄家在造量以吸引注意。

④盘中试盘的大单：当某股在某日正常平稳的运行之中，股价突然被盘中出现的上千手大抛单砸至跌停板附近，随后又被快速拉起；或者股价被突然出现的上千手大买单拉升然后又快速归位，表明有主力在其中试盘，主力向下砸盘，是在试探基础的牢固程度，然后决定是否拉升。该股如果一段时期总收下影线，则向上拉升可能大，反之出逃的可能性大。

⑤股价下跌后出现的大单：某只个股经过连续下跌，在其买一、买二、买三档常见大手笔买单挂出，这是绝对的护盘动作，但这不意味着该股后市止跌了。因为在市场中，股价护是护不住的，“最好的防守是进攻”，主力护盘证明其实力欠缺，否则可以推升股价。此时，该股股价往往还有下降空间。但投资者可留意该股，因为该股套住了庄家，一旦市场转强，这种股票往往一鸣惊人。

第八章　股票选择的理论和方法

第一节　选股的基本理论

一、凯恩斯的选美理论

“选美理论”是现代西方著名经济学家凯恩斯(John Maynard Keynes)在研究不确定性时提出的，他总结了自己在金融市场投资的诀窍时，以形象化的语言描述了他的投资理论，那就是股票投资如同选美投票。在凯恩斯时代，“选美”仅限于在报刊上刊出竞选美女的相片，然后由读者投票选择。在有众多美女参加的选美比赛中，如果猜中了谁能够得冠军，你就可以得到大奖。如何能猜中获选冠军的美女？凯恩斯先生认为，别选你认为最漂亮的美女能够拿冠军，而应该选择大家会选哪个美女做冠军。即便那个美女你认为一般或不喜欢，但只要大家都投她的票，你就应该选她而不能选那个长得像你梦中情人的美女。所以，凯恩斯的选美诀窍就是要猜准大家的选美倾向和投票行为。将凯恩斯的选美思维方式应用于股票市场，就是不要考虑某一证券或股票是否有投资价值，而是要在对大众心理行为猜测的基础上，买大家普遍认为能够赚钱的品种来进行市场投机。马尔基尔(Burton G. Malkiel)把凯恩斯的这一思想归纳为最大笨蛋理论或称“博傻理论”：即完全不管某个投资品种的真实价值，只要你预期有一个更大的笨蛋，会花更高的价格，从你那儿把它买走，那么，你就可以买入，随后卖给这个更大的笨蛋，你就可以获利退出。

二、“选股如选妻”的价值投资论

价值投资理论是由具有“现代证券分析之父”和“华尔街教父”称号的美国

经济学家本杰明·格雷厄姆(Benjamin Graham)提出并建立的。1934年，在投资人几乎放弃股票市场时，格雷厄姆以哥伦比亚大学的教学讲稿为基础，与多德出版了著名的《证券分析》一书，系统地阐述了投资选股的秘笈即当价格低于内在价值时投资，并且相信市场趋势会回升。在深刻反省了华尔街股市由兴旺到崩溃的全过程后，本·格雷厄姆号召广大投资者反对投机所带来的罪恶，极力主张投资者反对投机所带来的罪恶，极力主张投资者们的注意力不要放在市场行情上，而要放在企业的投资价值上。他讲述了如何运用价值指标、赢利指标、财务指标、债务指标、背景指标来对一个公司的资产、价值、财务状况等方面进行评估，从而把握股票的投资潜力和投资风险。从这个意义上说，本·格雷厄姆的证券分析理论实质上也是企业价值分析理论。《证券分析》这本书随后经过无数次的再版，成为了有史以来最常青的畅销书，是价值投资者眼中的“圣经”。1949年格雷厄姆为非专业投资人士撰写了一本书——《聪明的投资者》，之后曾经数次再度修订，如今仍然是许多书店书架上的畅销书。

格雷厄姆认为，投资者应抛开整个市场的价格水平，注重对个别股票内在价值的分析，寻找那些价格被市场低估的股票进行投资，以长期的眼光选择销售额与利润增长率均高于一般企业平均水平的公司的股票作为投资对象，以期获得长期收益。而如何判别股票的内在价值，格雷厄姆提出了引入“安全边际”法，用来评估某些股票是否值得购买。所谓安全边际法是指投资者通过公司的内在价值的估算，比较其内在价值与公司股票价格之间的差价，当两者之间的差价达到某一程度时(即安全边际)就可选择该公司股票进行投资。

根据“安全边际”法进行市场投资，投资者必须遵循四个原则：

(1)价值投资。根据公司的内在价值进行投资，并以长期投资为主，而不是根据市场的波动来进行投资。投资者可以选择买入低于公司2/3净资产价值的公司股票和市盈率低的公司股票。

(2)买进安全边际较高的股票。投资者应该在他愿意付出的价格和他估计出的股票价值之间保持一个较大的差价。这个差价被称为安全边际，安全边际越大，投资的风险越低，预期收益越大。在操作策略上，投资者可以考虑在整个股市处于低潮的时候买进股票，或寻找暂时处于逆境的公司、被人忽略而存在较大发展潜力的股票。

(3)分散投资。投资者通常应该建立一个广泛的投资组合，把他的投资分布在各个行业的多家公司中，其中包括投资国债，从而减少风险。

(4)利用平均成本法进行有规律的投资。投资固定数额的现金，并保持有规律的投资间隔，即平均成本法。当价格较低时，投资者可以买进较多的股票和基金；当价格较高时，就少买一些。暂时的价格下跌提供了获利空间，最终卖掉股票时所得会高于平均成本，也包括定期的分红再投资。

沃伦·巴菲特(Warren Buffett)作为格雷厄姆的得意弟子，不仅进一步丰富和发展价值投资理论，而且是价值投资理念的践行者。在他40多年的证券投资中，他的公司取得了4000多倍的投资收益率，并通过证券投资而成为《福布斯》公布的2017年度全球富豪榜排名第二的大富豪。巴菲特的价值投资基本思想，概括起来主要包括六个方面：

第一，竞争优势原则："选股如同选老婆：价格好不如公司好；选股如同选老公：神秘感不如安全感。"投资者应该选择那些业务清晰易懂，业绩持续优秀，超出产业平均水平的股东权益报酬率，并且由一批能力非凡的、能够为股东利益着想的管理层经营的大公司。

第二，现金流量原则："估值就是估老公：越赚钱越值钱；估值就是估老婆：越保守越可靠；估值就是估爱情：越简单越正确。"投资者应选择企业未来现金流量的贴现值大的股票。

第三，"市场先生"原则："在别人恐惧时贪婪，在别人贪婪时恐惧。"价值投资理念在短期市场的影响中是难以体现的，短期市场运行经常是无效的，但从长期来看，价值投资理念具有较强的有效性。

第四，安全边际原则："安全边际就是'买保险'：保险越多，亏损的可能性越小。""安全边际就是'猛砍价'：买价越低，盈利可能性越大。""安全边际就是'钓大鱼'：人越少，钓大鱼的可能性越高。"

第五，集中投资原则："集中投资就是一夫一妻制：最优秀、最了解、最小风险。"

第六，长期持有原则："长期持有就是龟兔赛跑：长期内复利可以战胜一切。""长期持有就是海誓山盟：与喜欢的公司终生相伴。""长期持有就是白头偕老：专情比多情幸福10000倍。"

三、重力定律

自然界有一个重力定律：升得越高，跌得越深；跌得越重，则弹得越高。自然界的这一定律运用到股市中，也可以反映股价涨跌的一些基本规律，指导我们进行股票选择。

在股市运行的实际过程中，我们经常看这样一些现象，经过长期下跌之后突破下降趋势的股票，一旦开始上涨，其市场表现不仅会在短期形成极为强势的走势，而且其中期上升幅度也会极为巨大，股价翻番甚至翻几倍的情况也极为普遍。尤其是在熊市下跌行情中下跌得越深的个股，越跌得深，在牛市初期升幅就会越大。同样，在牛市期间升幅越大的个股，一旦进入熊市，也会升幅越大，跌得越重越深。根据这一定律，我们也可以延伸出一些相关的股市选股定律：

“瘦田无人耕，耕开有人争”：意思是指长久被市场遗忘的个股，潜力有时会很大，一旦个股的基本面出现较大的改变，有新的大机构进入，这类股票将会出现惊人的升幅，令人难以想象。

“横有多长，竖有多高”：意思是指经过长期横盘整理的个股，尤其是在底部区域长期反复整理筑底的个股，一旦向上突破进入上升行情，其上升幅度会很大。横向整理时间越长，调整就越充分，升幅也就越大。

“股本越小，机会越多”：股本小的股票，今后进行股本扩张的潜力就会越大，一旦有较好的业绩成长性作为支撑，这类个股就会伴随高成长性而呈现不断强势上涨的行情。并且，股本较小的股票，在市场炒作中需要的资金相对较少，具有更大的股价弹性，容易受到市场的追捧。

“股价越低，越受人追捧”：中国股市是一个中小投资者参与较为广泛的市场。这种市场的一个特点就是低价股更容易受到市场关注，“一个便宜两个爱”也使低价股常常在市场中受到追捧。

四、平方根定律

平方根定律是指在牛市时期，股价的上涨幅度通常与股价的高低存在很大的关系，越是低价股，升幅就会越大，而高价股的升幅相对会小一些，这种股价涨幅在一定程度上符合平方根定律。具体股价涨幅幅度见表 8-1：

表 8-1　　不同价位股票理论上升幅度表

股价开始时价位	股价开方后	再+2	股价上升空间	升幅(%)
4	2	+2=4	4×4	300
9	3	+2=3	5×5	178
16	4	+2=6	6×6	125
25	5	+2=7	7×7	96
36	6	+2=8	8×8	78

续表

股价开始时价位	股价开方后	再+2	股价上升空间	升幅(%)
49	7	+2=9	9×9	65
64	8	+2=10	10×10	56
81	9	+2=11	11×11	49
100	10	+2=12	12×12	44
121	11	+2=13	13×13	40

第二节　根据基本面选股方法

一、分析公司经营绩效选择有投资价值的股票

尽管市场行为对一个公司的短期股价会产生较大的影响，但从长期来看，公司股价的波动总会是围绕其基本面状况的变化而波动的。一个公司的股价一般都是由其业绩和财务状况来支撑的，因此，投资者要判断一家公司股票的未来走势，首先必须对公司的发展现状进行分析，准确把握公司的绩效水平。而衡量一个公司的经营绩效我们通常可以从六个方面进行：

1. 公司经营的收益性

衡量一家公司收益性好坏的指标有很多种，如每股净收益可以直接体现公司获利程度的高低，投资报酬率可以考察公司全部资产的获利能力等。销售利润率不仅可以衡量公司产品销售收入的获利能力，而且可以衡量公司对销售过程成本和费用的控制能力。公司产品销售过程的成本和费用越低，公司销售收入的获利能力就越大。由于公司的大部分收入一般来源于主营业务收入，即产品销售收入，因此，通过销售利润率更可以判断出一家公司的主营业务发展水平，从而把握公司经营的市场竞争能力和持续能力。

2. 公司盈利的稳定性

衡量一家公司的赢利是否稳定，可以用每股盈余指标来衡量。通过对公司每股盈余的变动趋势作分析，寻找每股盈余保持稳步上升的公司。格雷厄姆认

为，可以 10 年为一期间，描绘出每股盈余的变动趋势，然后拿该公司 3 年内的每股盈余与其变动趋势作一比较，若每股盈余的水平是稳定上升的，则表示该公司的赢利水平保持了 100%，盈余相对稳定。寻找每股盈余稳定上升的公司，可以避免一些因市场因素、公司经营产品问题以及一些不确定的偶然因素造成的公司经营风险，尤其是对处于发展中的小企业投资时，这一指标的运用更显重要。这里，还可以用公司的资产收益率、股东权益收益率、主营业务利润率等指标来综合衡量公司盈利的能力和稳定性。

3. 公司每股盈余的成长性

衡量公司的每股盈余的成长性一般采用盈余增长率这一指标。盈余增长率是指一家公司在 3 年内每股盈余的年平均增长率，它既能反映出公司的生存能力、管理水平、竞争实力、发展速度，又可以刻画出公司从小变大、由弱变强的历史足迹。这一指标对于我们投资一些中小盘科技股更为重要，目前中小板市场后创业板市场的个股是以高市盈率定位为特点，业绩的成长性能否支撑其股价上升，需要我们对公司的每股盈余增长率进行分析。资产利润率、销售利润率、每股收益率等指标也可以从不同角度反映公司的成长性。

4. 公司经营效率和潜力

衡量公司经营效率通常可以采用对存货周转率、存货周转天数、原材料周转率、在产品周转率、固定资产周转率、总资产周转率、股东权益周转率、主营业务收入增长率等指标进行分析。而公司的发展潜力分析则需要从公司在技术水平、管理水平、市场开拓能力和市场占有率、资本与规模效应、项目储备及新产品开发等方面分析公司在市场中的竞争水平。反映公司经营管理水平的一些指标，如管理人员素质及能力、企业经营效率、人事管理效率、内部调控机构效率、生产调度效率等，也可以作为衡量公司发展潜力的重要指标。

5. 公司的财务状况

公司的财务状况决定其偿债能力，它可以衡量出公司财务的灵活性和风险性。如果公司适度负债且投资报酬率高于利息率时，无疑对公司股东是有利的，但如果举债过度，公司就可能发生财务困难，甚至破产，这将给投资者带来极大的风险。衡量公司是否具有足够的偿债能力，可以通过流动比率、速动比率、保守速动比率、利息支付倍数、长期债务与营运资金比率、应收帐款周转率和周转天数、资产负债率等指标来考察，如流动比率为 2，速动比率为 1

时通常被认为是合理的。

6. 公司发放股利水平

股利发放是反映投资者投资公司股票获取收益的一个重要指标。通常可以用普通股每股净收益、股息发放率、普通股获利率、本利比、市盈率等指标进行衡量。不仅需要考虑股利发放的比率是否较高，还要考虑股利发放的持续性。一个公司发放股利的年限越长越好。假如股利发放是采用固定的盈余比率就更好，因为这显示了该公司生机勃勃，在平稳成长。同时，股利的发放也更增添了股票的吸引力和凝聚力。

二、从公司股本结构变化寻找有潜力的股票

公司的股本结构不仅反映了各类股本的构成比例关系，如普通股、优先股、债转股等占总股本的比例关系，而且也反映了各股东所持股份占总股本数的比例关系。而股本结构中反映的各个股东所持股本份额及其占总股本数比例关系，又是我们判断公司股票是否有投资机会的一个重要依据。分析公司股本结构来选择股票，通常可以从这样几个方面来把握：

1. 公司股本的持股集中度

持股集中度反映了市场筹码的集中水平，也在一定程度上反映了股价的运行趋势。股票价格通常与股东人数成反比，股东人数越少，说明市场筹码越集中，大量的筹码正逐渐被机构投资者或庄家持有，后期股价上涨的可能性就越大。反之，市场筹码集中度越低，说明大量的筹码散布于广大散户的手中，股票缺乏机构投资者和庄家的认同，后期股价上涨的可能性就相对较小。

2. 前十大流通股东的持股变化情况

在上市公司的年报、半年报和季报中，都会公布公司的前十大股东的持股及变化情况，而一些机构投资者或个人大户的持股变化，通常也反映了公司股价的运行态势，是我们判断股票是否有投资机会的一个重要指标。具体判断依据有如下情况：

(1)国家队的持股：是指代表国家的中国证券金融股份有限公司、中央汇金投资有限责任公司等机构的持股变化情况。这类机构资金的介入或退出，不仅代表国家对股市运行的政策取向和态度，如在股灾发生时的护盘行为，也可

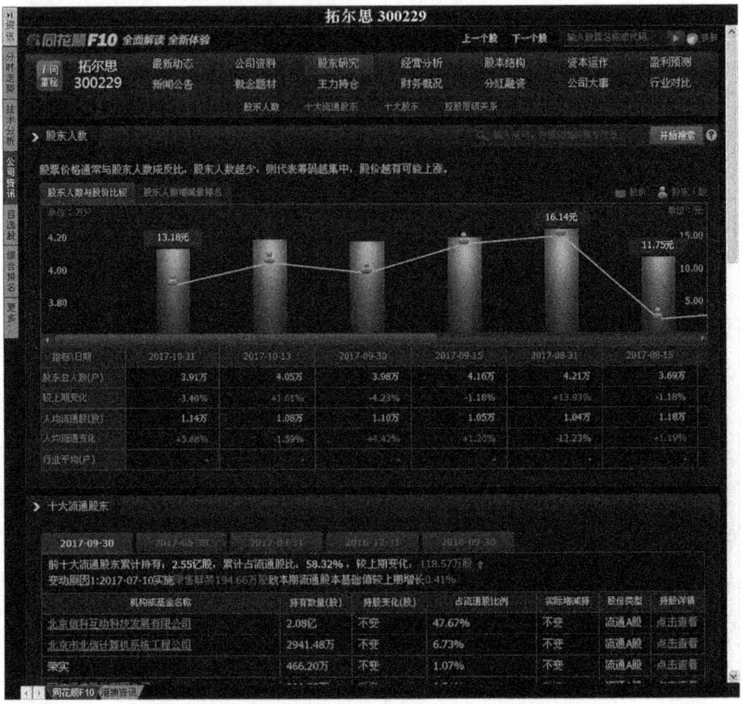

图 8-1　个股盘面资料中显示的公司股本持有情况

以反映国家资金对市场投资标的的选择趋向，如国家资金买入蓝筹股还是中小板和创业板股票，对我们选择股票具有引导作用。2017 年半年报公布后，一些个股一旦成为“王的女人”，在市场上就会有突出的表现，2017 年以银行股、保险股、中石油、中石化等蓝筹股炒作为主导的行情，就反映了 2015 年国家队救市后的市场效应(如图 8-2 至图 8-4)。

(2)基金和券商的持股：大基金和大券商，尤其是一些明星基金的持股，通常反映了市场专业机构的选股取向，关注这类机构的资金进入或退出情况，让我们可以更好地判断个股的投资机会，跟随机构投资者的步伐进行操作。

(3)著名机构的持股：在中国股市的运行历史上，出现了一批对市场有影响的机构投资者，如过去的哈里投资、道里投资、新疆德龙等，现在的一批明星私募基金，他们的持股信息常常成为投资者选择股票的重要指向。

(4)著名的个人大股东的持股：股市常常会出现一些对市场有一定影响的个人大股东，如刘芳、叶晶，也有一些社会上的知名人士介入股市，他们的持

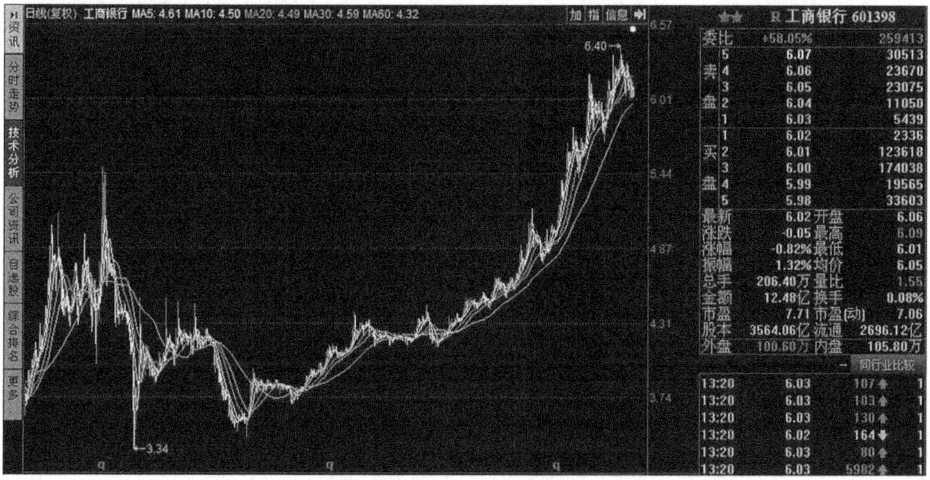

图 8-2　工商银行 2017 年走势图

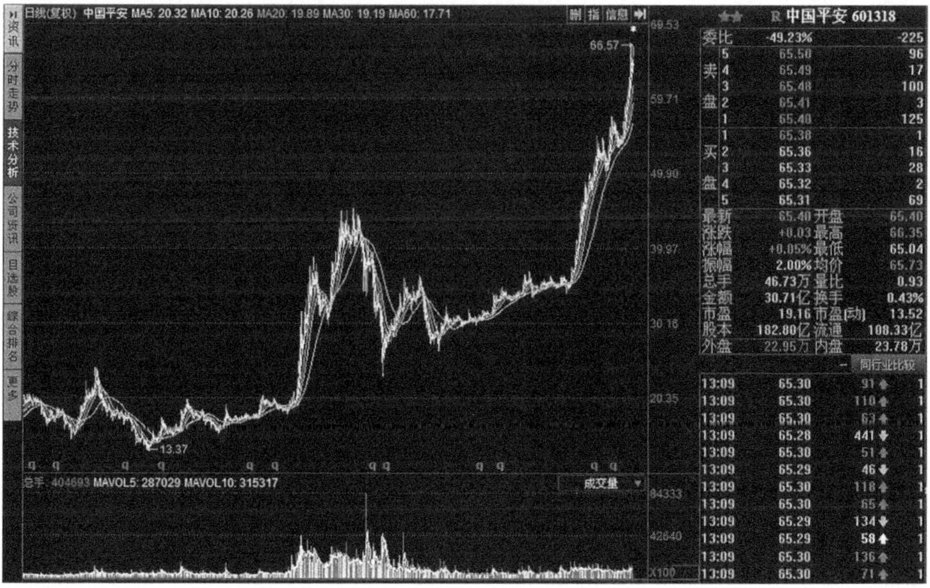

图 8-3　中国平安 2017 年走势图

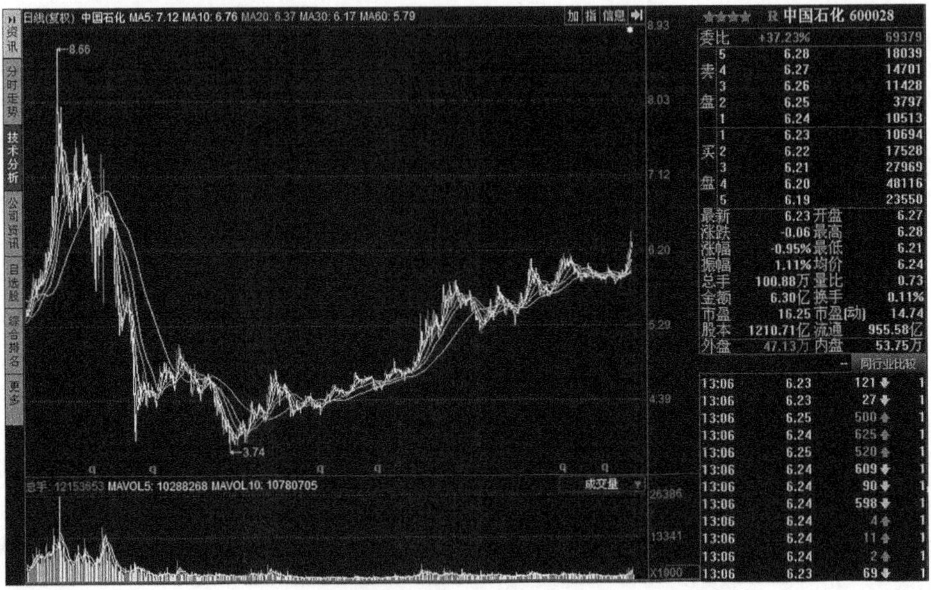

图 8-4 中国石化 2017 年走势图

股也常常造成股票的短期炒作效应，是短期投资者操作时应该注意的信号(见图 8-5 至图 8-10)。

2007-09-30 十大流通股东情况 股东总户数：101889

股东名称	持股数(万股)	占流通股比(%)	股东性质	增减情况(万股)
黄惠勤	100.12	0.30 A 股	个人	未变
北京尧海赢熹投资有限公司	80.26	0.24 A 股	公司	新进
王云举	80.00	0.24 A 股	个人	新进
张洪	70.00	0.21 A 股	个人	新进
孙秀英	69.48	0.21 A 股	个人	-21.21
UDSeg	62.86	0.19 A 股	QFII	新进
刘建玲	62.00	0.18 A 股	个人	新进
郭京生	59.60	0.18 A 股	个人	新进
周玲	55.32	0.16 A 股	个人	新进
刘芳	54.76	0.16 A 股	个人	新进

图 8-5 2007 年三季报青岛双星股本结构

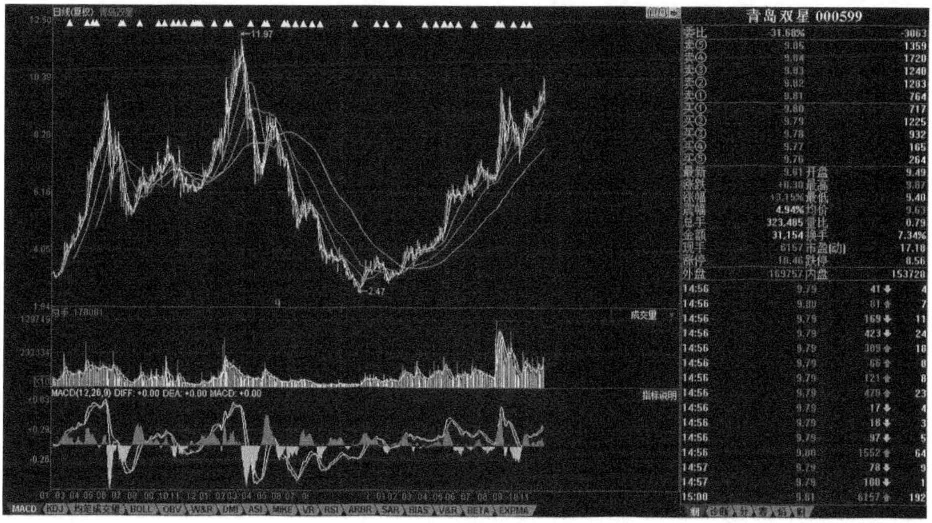

图 8-6　2007 年三季报公布后青岛双星走势图

截至日期：2009-09-30 十大流通股东情况 股东总户数：74296

股东名称	持股数（万股）	占流通股比（%）	股东性质	增减情况（万股）
中国太平洋人寿保险股份有限公司-分红-个人分红	1108. 88	2. 07 A 股	保险公司	−1539. 12
中国建设银行-华宝兴业多策略增长证券投资基金	748. 69	1. 40 A 股	基金	未变
华夏银行股份有限公司-德盛精选股票证券投资基金	600. 00	1. 12 A 股	基金	新进
海通-汇丰-merrill lynch inte rnational	318. 22	0. 59 A 股	QFII	未变
周鸿彬	313. 02	0. 58 A 股	个人	新进
徐少冰	307. 81	0. 58 A 股	个人	新进
梁彧	257. 30	0. 48 A 股	个人	91. 96
方思杰	208. 66	0. 39 A 股	个人	新进
刘芳	198. 09	0. 37 A 股	个人	新进
叶晶	194. 48	0. 36 A 股	个人	新进

合计持有 4255. 16 万流通 A 股，分别占总股本 7. 80%，流通 A 股 7. 95%

图 8-7　2009 年三季报沈阳机床股本结构

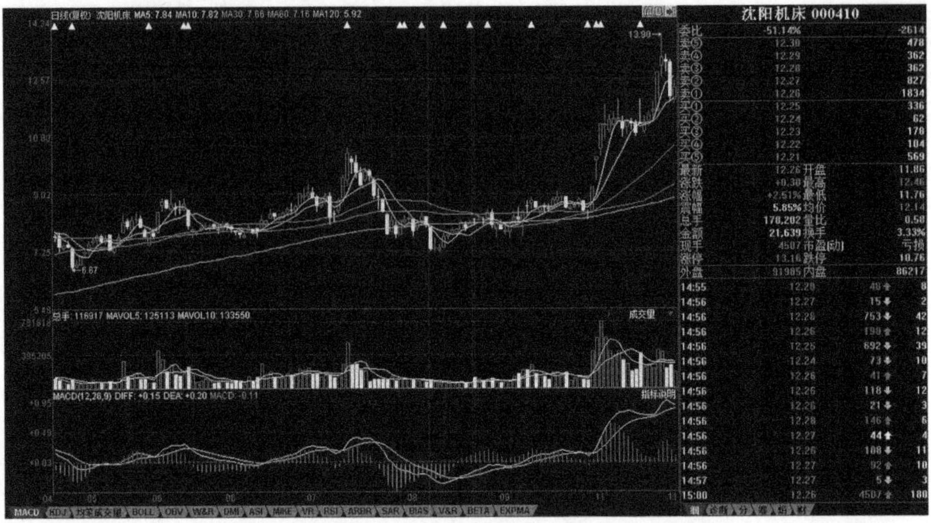

图 8-8　2009 年三季报公布后沈阳机床走势图

截至日期：2009-09-30 十大流通股东情况 股东总户数：51017

股东名称	持股数（万股）	占流通股比（%）	股东性质	增减情况（万股）
浙江省国际贸易集团有限公司	23473. 31	46. 44 A 股	公司	未变
浙江天业股资有限公司	2843. 13	5. 62 A 股	公司	未变
徐帆	174. 17	0. 34 A 股	个人	新进
邓婕	146. 13	0. 29 A 股	个人	57. 46
熊杨武	137. 00	0. 27 A 股	个人	1. 19
林国扬	89. 76	0. 18 A 股	个人	未变
宋兰英	86. 20	0. 17 A 股	个人	未变
刘岩	75. 40	0. 15 A 股	个人	新进
赵禾妹	71. 47	0. 14 A 股	个人	未变
石金贵	71. 00	0. 14 A 股	个人	-39. 00

合计持有 27167. 58 万流通 A 股，分别占总股本 53. 75%，流通 A 股 53. 75%

图 8-9　2009 年三季报浙江东方股本结构

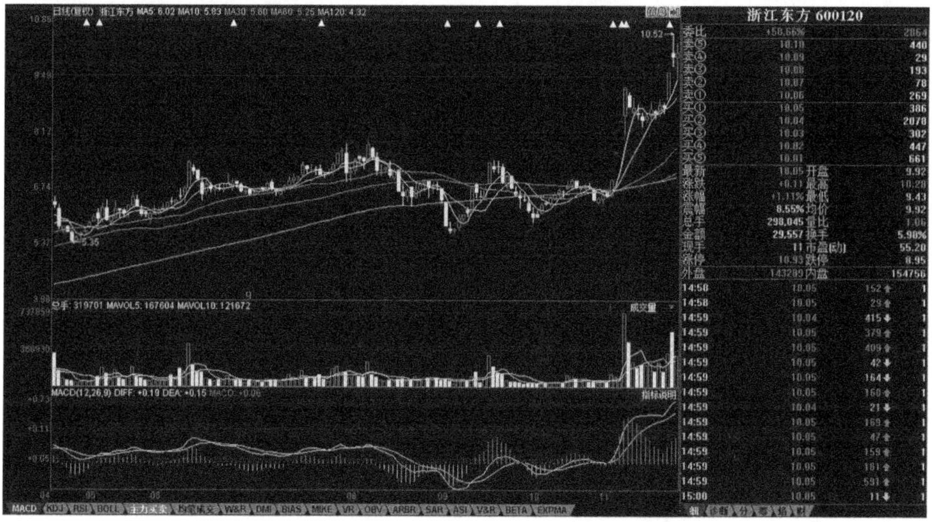

图 8-10　2009 年三季报公布后浙江东方走势图

根据公司股本结构来选择股票，我们需要对连续几个季度的公司报表进行分析，通过几个季度的报表中股东的变化情况对比，寻找有国家队、大基金、著名机构等投资者新进入的股票，再结合股价走势形态，分析机构投资者介入的持股成本，从而把握个股的介入点。同时，也可以关注同一著名机构持有的多个股票的联动效应，在某一个股启动后及时介入涨幅较少的关联个股，实现短期获利的目的。

三、价值投资的选股方法

在市场中经常有一些股票价值被低估，这些价值被低估的股票通常是公司遭受接二连三的坏消息打击时出现的，但这些短期出现的坏消息，并不能影响公司的长期发展趋好的前景，而市场却因坏消息反应过度，该公司的股价大幅下跌。正确分析这类公司的基本面，及时选择这种价值低估的股票并买入持有，无疑是成功的关键。而如何选择具有投资价值的股票，格雷厄姆提出了 7 个指标：

(1) 足够的规模(年销售额 1 亿美元，其中至少 5000 万美元是资产)。

(2) 足够坚实的财务状况(流动比率为 2：1)。

(3) 过去 20 年持续发放股息。

(4)至少10年内没有出现盈利赤字。

(5)过去10年的盈利增长率至少33.3%以上。

(6)股价不超过资产净值的1.5倍。

(7)股价不超过过去3年平均盈利的15倍。

同时，为了提高安全边际，可以构建一个投资组合，而这个投资组合的股票选择应该符合这样几个标准：

(1)有一个吸引人的市盈率(或是盈利对股价的比率，即市盈率的倒数)，或是市盈率不得低于10。

(2)有一个吸引人的股息收益率(在大多数市场中，范围应该在3%到6%之间)。

(3)价格低于账面价值(如果你能找到这样的股票，占账面价值的三分之二的股票最好)。

(4)价格应该远低于之前的最高点(可能占过去两年市值最高点的一半)。

(5)吸引人的价格与过去盈利的增长相关(市盈率低于过去7到10年的平均市盈率)。

第三节　根据市场热点走向选股

一、题材是市场热点形成的重要因素

股市中有一句俗语“有行情，资金不请自来”，而行情的产生又离不开市场题材，有题材就有行情，有题材就有市场热点。股市中的题材花样百出，但题材的形成离不开政策因素。

首先，宏观经济政策是市场炒作题材形成主导因素。经济发展的不同阶段，国家制定的宏观经济调控政策就不同，在经济低迷期，宏观经济政策趋向于宽松，货币政策就会以降息和降低存款准备金为特点，刺激经济发展，财政政策也会实施以加大财政预算、减税和补贴等为主的宽松政策。反之，在经济高涨期，各项调控政策又会转向于趋紧。这些政策也就给不同经济运行阶段的市场炒作带来不同的题材，从而形成不同的市场热点。在市场低迷期，为规避大盘整体调整的风险，市场炒作会转向非周期性股票，医药、基础设施建设、服装以及食品、烟酒类、粮食类消费品行业的股票会更多地受到市场关注。在经济高涨期，汽车、钢铁、房地产、有色金属、石油化工、电力、煤炭、机

械、造船、水泥、原料药产业等周期性行业的股票将会形成强势向上的走势，带领大盘不断上升。

其次，各种区域发展和行业政策是市场热点形成主导推动力。从过去的三峡建设、浦东开发、重庆改为直辖市、香港回归、南沙新区发展规划、核电项目重启等一系列区域政策实施，到近几年实施的“一带一路”建设、京津冀协同发展、长江经济带发展等三大战略，以及西部大开发、东北振兴、中部崛起、东部强化升级的四大板块构成的区域发展格局，引领着市场形成一波又一波的以区域题材炒作为特点的市场热点。而各种产业政策如新兴战略产业政策的实施，加快发展先进制造业，推动互联网、大数据、人工智能和实体经济深度融合，重点发展中高端消费、创新引领、绿色低碳、共享经济、现代供应链、人力资本服务等产业，又推动市场围绕各项产业政策的推进和实施形成一系列行业炒作热点。

再次，股市政策和市场消息成为市场短期炒作的重要题材。在股市中，新股发行与上市政策、成分指数股的更替、股权分置改革、铁矿石期货推出、创业板开设等政策的实施，均引发相关概念股的市场炒作。而一些市场消息也造成一些短期市场炒作效应，如美国谷歌、苹果、特斯拉等企业的发展消息和市场走势也在中国股票市场中形成一系列关联概念股的炒作，360 借壳上市消息在市场中又形成 360 概念股的炒作热点。

二、市场热点的持续性决定了个股的炒作力度

市场热点的形成为我们选择股票提供了一个基本指向，但市场热点炒作的力度和热点炒作演绎的持续性，又是我们判断热点股票走向的重要基础。而市场热点的走向，又离不开大盘的走势。在股市运行的不同阶段，市场对热点的炒作会呈现不同的特点，在强势市场中，同样的题材常常会充分炒作或过度炒作，热点炒作持续性较为明显，股价上升空间也会较大；而在弱势市场中，热点题材由于缺乏市场人气的配合，常常会表现为炒作得不充分，热点炒作行情表现为短暂性，并且股价上涨空间也相当较小。在股市运行到重要压力位时，形成的市场热点炒作也会因为短期大盘上升空间受到制约而表现偏弱。同时，在上升行情的不同阶段，市场热点炒作也会表现不同，上升行情初期，市场人气尚未有效恢复，热点题材炒作会相对偏弱，而上升行情的中后期，市场人气相当充分，市场热点炒作的力度也较强。因此，根据市场热点进行股票的选择，我们首先要对市场热点的炒作力度和持续性特点进行分析，在此基础上再

选择热点中的强势个股进行炒作。

三、根据市场热点演绎的规律选择个股

市场热点的演绎具有一定的规律，按照热点的演绎规律进行股票的选择，我们可以提前介入股票，等待市场热点的形成并充分炒作后再择机卖出。一般来说，市场热点的演绎通常具有如下规律：

1. 领涨热点的轮换性与龙头股的持续性

在一波行情中，市场常常会形成一个或几个领涨热点，这些领涨热点通常会由一批具有带领大盘上涨的蓝筹股组成。在行情的运行过程中，这些蓝筹股过程的领涨热点常常会形成阶段性的转换，如银行股、保险股、券商股、地产股、石化板块等形成轮番上涨的特点，把握领涨热点的轮番上涨规律，就可以有效地选择介入时机。但在领涨热点不断走强并轮番领涨的同时，市场会形成龙头股领涨市场，各个行业中的龙头股在市场中的表现会具有持续性特点，选择龙头股可以更好地把握市场机会。

2. 高低价股轮番炒作规律

上升行情，市场常常会形成高价股和低价股之间的轮番炒作特点。低价股的率先上涨，将会推动中高价股的上涨，而高价股的上涨，又会为中低价股的上涨腾出空间，形成彼此相互推动向上的格局。

3. 报表行情的炒作规律

每到上市公司年报、半年报公布的阶段，市场就会形成一波报表炒作行情。这种报表炒作行情主要包括两个方面：一是公司的业绩成长性，预喜或业绩呈现大幅增长的股票，将会形成一波业绩浪；二是上市公司的分配方案。一些有大比例送股方案的中小盘股票常常会成为市场炒作热点，现金分红收益超过银行利率的个股也显示出投资价值，成为价值投资者关注的对象。

4. 新股炒作的周期性规律

新股炒作具有一定的周期性。行情低迷时，新股常常会成为大盘人气聚集的重要因素。尤其是在调整行情进入尾声的时候，新股通常以率先炒作为特点带动大盘走出弱势行情，成为市场上的热点。当上升行情进入尾声时，市场上

的所有股票已经反复炒作，股价进入高位区域，这时的市场已经缺乏较好的标的，而新股上市无疑会受到一些短线市场炒作者的追捧，成为市场新的热点，展现最后的疯狂。新股炒作的这种规律性，也是我们进行短线炒作新股的重要依据。

第九章　股票买入点的选择

在把握了大势运行趋向后，根据个股的基本面潜力状况和其技术面的走势特点，进行个股的选择便成为投资者需考虑的问题。然而，投资者在选好个股之后，尚有如何介入以及什么时候介入最佳的问题。由于介入时机的不同，即使选好了同一个有潜力的个股，人们所具有的持股心态存在差异，买进之后便涨出一定的空间，持股者可以以较好的心态来持有股票，耐心等待个股涨升行情的展开；而如一买进便被套，个股进行反复振荡洗盘，持股者的心态便会极不稳定，即使抓住了大黑马股，也常因个股走势的反复而影响心态，从黑马股中摔下来，充分反映出介入时机的选择所具有的重要性。股市运行是多种因素共同作用的结果，基本面和消息面常影响到个股的股价波动，但把握个股股价的近中期走势趋向，尤其是判断个股的买入点，人们常用的基本方法便是个股走势的技术分析。按照个股的技术面走势，我们便可以较容易地把握住个股的最佳买入点。这里，我们便从常规的个股介入点选择以及不同持股思路中个股的介入点作分析，把握个股的买卖点，从而实现获取利益最大化的目标。

第一节　股价运行不同趋势中的介入点

做股票的一个基本原则是做趋势，所谓做对趋势者赚大钱，便是人们通过在市场中的无数次摸爬滚打而得出的经验总结，把握趋势是投资者获胜的必要条件。在股价的运行中，股价运行的趋势可分为上升、下降、横盘三种类型，不同的运行趋势阶段，市场操作的思路不同，介入点的把握也有较大的区别。

一、下降趋势上轨突破买入点

所谓下降趋势是指股价从高位回落后，在探至一低点后止跌反弹，上摸到一个低于前期高点的次高点时又受阻回落，这两个高点连成的线便构成一个下降趋势线(见图9-1)，制约着后期股指的运行，如是经股价多次反复形成的这种趋势线，其技术性作用会更为突出。伴随股价充分回落，股价价值呈现后，市场买气渐浓，个股股价走势趋向也开始发生变化，一旦股价向上突破下降趋势线，则意味着股价运行趋势将改变，个股介入点将形成，而最佳的介入点便是在股价运行趋势确认后的第一个买点。

买入点的确定：在图9-1中，股价向上突破压力线并横向整理后进入买入区域，趋势改变确立后a、b等几个点均可作为介入买点，而a点应为最佳介入点。

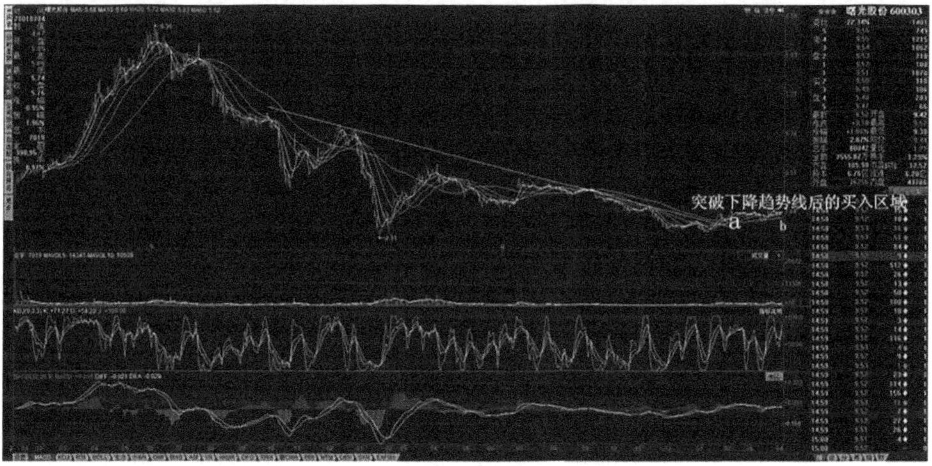

图9-1 下降趋势线突破买入图

确立股价运行趋势改变应注意的问题：

(1)股价向上突破压力线后反复回档低点抬高方可确认底部的形成；

(2)股价向上突破下降趋势线须达3%而回档时又不得超过突破的幅度，说明向上突破有效；

(3)股价回试下降趋势线时须在其上站稳3个交易日才可加码跟进。需要强调的是，按照这种技术趋势改变而介入的持股通常为中线持股，等待整个新的运行趋势再度改变时再考虑套现。

二、上升趋势中的买入点

股价在底部区域反复振荡后，形成低点不断抬高之势，连接几个重要的低点可以画出一条上升趋势线(见图 9-2)，支撑着后期股价的运行，由于股价在上升过程中反复在 p 线上获得支撑，使股价在运行时形成众多的介入买点，把握这些介入买点，便可以获取更多的短线炒作机会。

买入点的确定：在图 9-2 中，股价上升过程中多次回落在上升趋势线 p 上获支撑，形成 a、b、c 等多个介入买点，均为投资者介入的参考点。

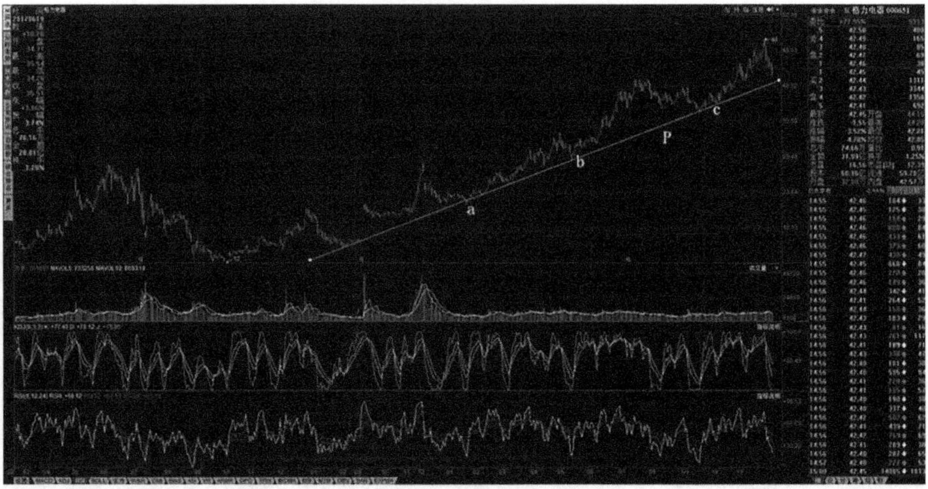

图 9-2　上升趋势中的介入点

在股价呈上升趋势过程中买入的要点：

(1)上升趋势线的斜率越大，则趋势越不稳定，应注意随时退出套现，而斜率越小支持力度越强，便可中线持股；

(2)股价须在支撑线上站稳 3 天，则支撑线的有效性确立；

(3)如股价下破支撑线达 3%以上，可确定股价运行趋势改变，破位态势已成，应止损退出。在上升趋势过程中的买入多为短线炒作，而在趋势形成初期的买点介入，具有风险小而收益高的特点。

三、横向整理中的买入点

当市场中多空力量进入均衡阶段时，股价运行转入横向运行为主的态势，即股价被约束在几乎相同的高低点间反复波动，连接这些高低点可构画出股价运行的箱体形态特点，在其运行趋势未改变前，每一次运行至箱底区域均是投资介入买点。

买入点的确定：在图 9-3 中，股价每次下试至箱底区域 p 点上均为买入点，即图中 a、b、c 均为买点，而当股价运行至箱顶附近时，则为卖出区域。

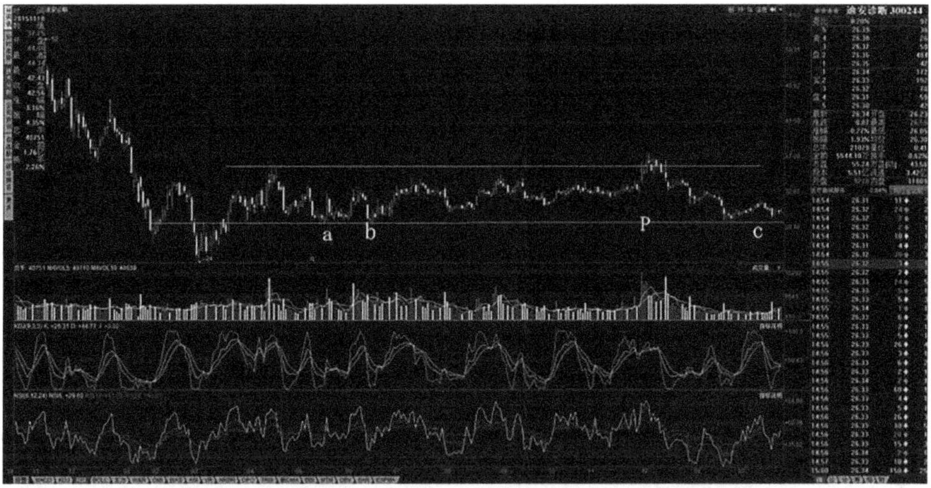

图 9-3　股价横向整理中的买点

股价横向整理时的买入要点：

(1) 当股价运行出现三个以上的相近高点和低点时，箱体格局才体现；

(2) 如箱底呈抬高之势，则反映后市趋强；

(3) 如上行冲顶时放量而回落时缩量，则股价存在向上突破机会，反之，则向下破位可能性较大。在股价横向整理时，操作思路应以短线反复高抛低吸为基本思路。

第二节　不同走势形态中的介入点

个股走势在 K 线图中所构成的形态特点，反映了股价近中期的走势特点和过程，也是我们判断股价走势趋向的一个重要依据。股价运行的不同 K 线组合所呈现的形态，意味着股价运行的趋向也不同，而在一些指向上升趋势的技术形态中，形态的差异也使我们对介入点的选择有差别。根据个股运行的不同形态特点，我们也可以把握个股的介入点，获取更多的市场机会。

一、头肩底形态的介入点

股价从高位回落后，其运行过程有时先表现为先连续下调，探至一相对低点时作短期反弹或进行一段时间的横盘整理，即构筑“左肩”(见图 9-4B、D)，然后再度向下破位探底，达到一个相对低位时市场买气渐增，股价形成一个类似“头部”(见图 9-4A)的形态，经过短期上行回至前面的成交区域后作短期振荡，构筑“右肩”再向上(见图 9-4C、E)，使股价运行的整个运行态势呈现出头肩复合形态的特点。

头肩形态的介入点：头肩形态一旦形成，股价在技术上有一个量度升幅，即由双肩构成的颈线位突破后，股价升幅至少应为头部低点至颈线的高度，股价在完成头部构筑上行后，股价回挡企稳的点 B 或有效突破颈线位向上时的 E 点均为介入点，其中 b 点为加码买进点。

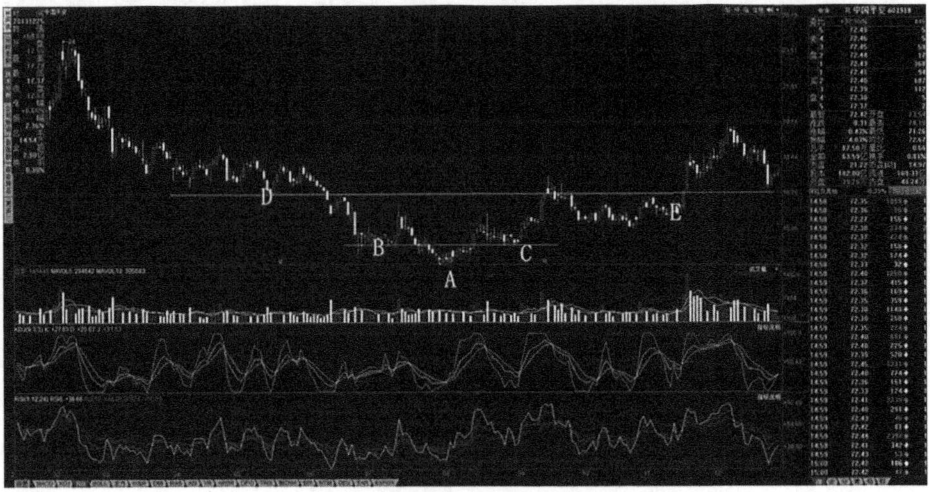

图 9-4 头肩形态的介入点

判断头肩形态买入点应注意的问题：

(1)股价上破颈线区域时应有成交放大相配合才有效，而右肩整理时成交大于左肩区域，则股价向上突破的可能性较大。

(2)头肩底一旦获得确认，升幅通常大于其技术上的最小升幅。

(3)头肩形态具有对称性特点，左右肩在运行时间上和空间运行区域具有较多的相似性。

二、双重底或三重底形态的介入点

股价在调整过程中常会出现先由高位回落至某一低点后反弹向上，股价达到一相对高点时回落，但当股价回至前一低点附近后便走稳再向上，上攻至前次高点区域构成双底的特点，一般第二个底要高于第一个底，反映出股价向上的趋势。如股价仍在前次高点受阻，则有再次回落至低点区域再向上的反复走势，那么，股价运行的形态构筑三重底或多重底甚至矩形形态的特点。

双重底或多重底形态的介入点选择：当股价第一次探底时，因趋向仍不明朗而只宜少量介入做短线，当第二底未破第一次探底低点 a(见图 9-5)，在 b、c 处股价回稳，b、c 点应为一介入点。同时，在股价向上有效突破颈线时，应为跟进加码的介入点，其中 d 为突破点，为短线追买点，其中 c 处为确认突破有效性点位，应为重要的介入点。

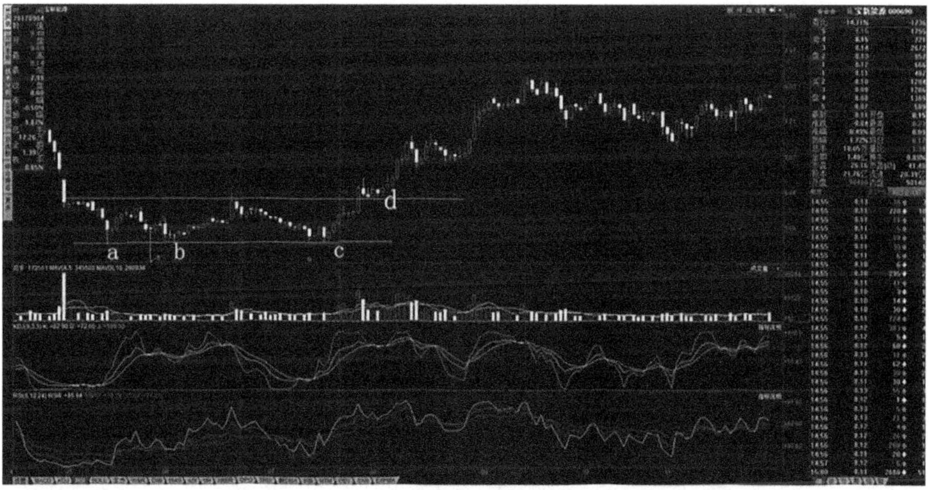

图 9-5　双重底或三重底形态的介入点

根据双重底或三重底形态进行买点分析时应注意：

(1) 如后一底低于前一底，则股价向上的力度会相对有限。

(2) 股价突破颈线位时需达 3% 才能确认为有效突破，突破后的回抽应不超过 3%。

(3)颈线位的突破需要成交量的配合才具有有效性，如后一底成交大于前一底多反映出股价有较强的上升要求。

三、三角形整理形态中的介入点

三角形整理形态是股价运行过程中经常出现的一种技术形态，当股价在某一范围内运行时，股价出现振幅越来越窄的走势，分别连接股价运行的几个高点和低点，便可得到股价运行的三角形收敛形态(见图 9-6)，这种形态又可分为上升三角形、对称三角形、下降三角形三种基本类型。其中，下降三角形多为看跌形态，即使向上突破上边其上升空间也有限；对称三角形的运行趋向具有不确定性，只有明确向某一运行方向时，再介入较妥当；而上升三角形属于看涨形态，通常以向上突破作为确认的标志，一旦向上有效突破，介入后短线机会较大。

三角形整理形态的介入点：在上升三角形态中，股价运行的下边支撑线(见图 9-6)b 上即可买入，向上突破上边线后回档获支撑时的 c 点为加码买进点；而对称三角形态中，只有在股价向上突破上边线并回档获支撑时才为最佳买点，图中 c 点即为介入点。

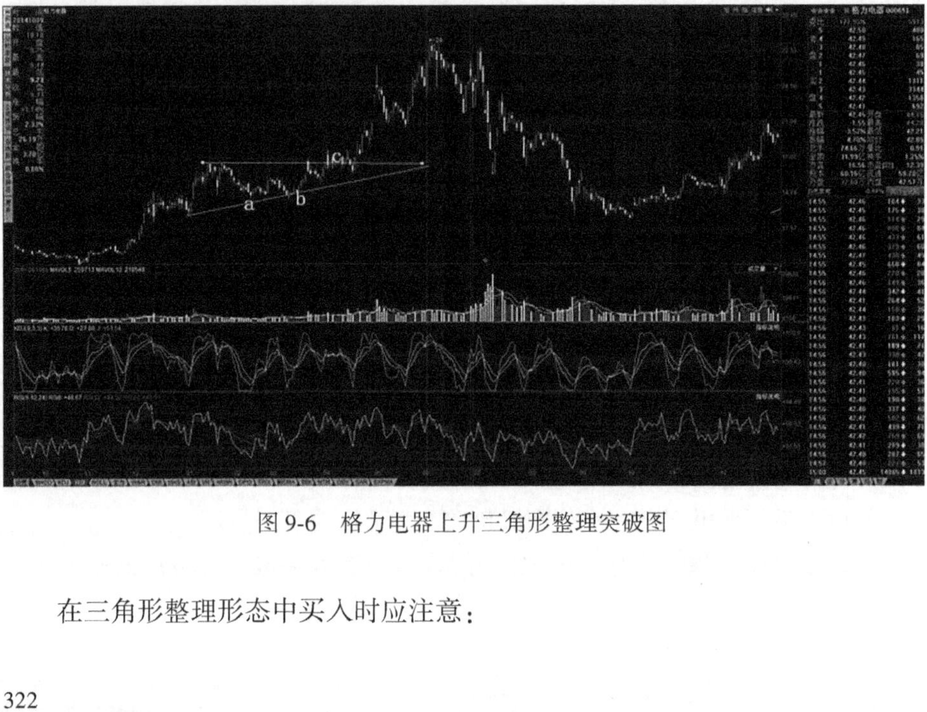

图 9-6　格力电器上升三角形整理突破图

在三角形整理形态中买入时应注意：

(1)无论是上升三角形还是对称三角形中，股价向上突破时均需有较大成交配合，突破有效性才可确立，并且，股价上破须达3%和站稳3天。

(2)对称三角形的最佳突破位应在距三角形顶端一半或3/4处，如在近顶端时突破上边线则上攻力度有限；

(3)上升三角形和对称三角形突破上边线后，向下回抽如破上边线达3%时，则宜沽出观望。

四、缺口形态的介入点

缺口形态是股价运行中出现的特殊形态，通常形成于行情的突变阶段，有时是股价在高位整理时突然受利空消息影响，向下跳空形成探底走势，这种看跌缺口的出现为沽出信号；而当股价在经过长期调整后，在利好消息影响下形成跳空向上的走势形态便为买入信号。有时经过较长时期的横向整理形成大底部区域，受到消息和行情突变，向上跳空上行，形成缺口。图9-7中的a即为突破性缺口，而随后形成的几个中继性缺口，a应为最佳介入点。

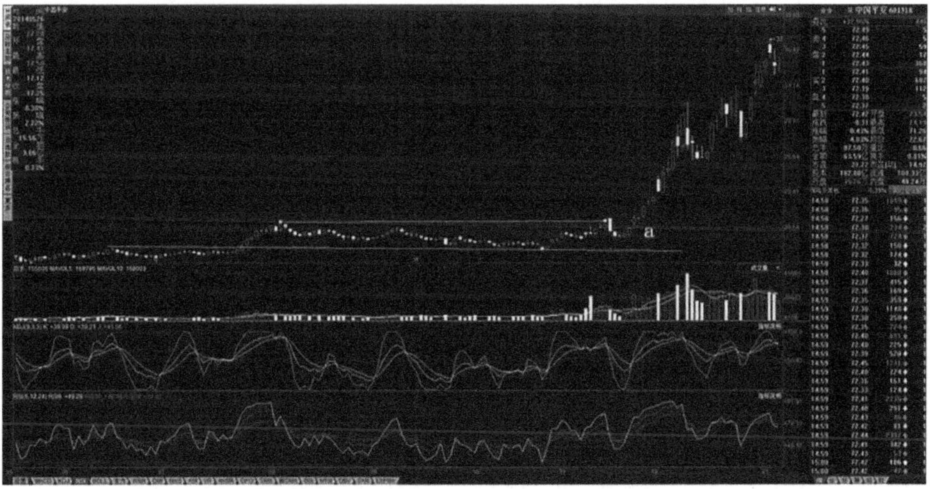

图9-7　中国平安形成缺口上攻示意图

根据缺口形态来买入，需要对缺口的性质作分析，突破性缺口为最佳买入信号，而中继缺口为短线买入点，竭尽缺口则为卖出信号。作为一个突破性缺口，技术上具有一些判断依据：

(1)股价经过长期盘整，人气极其低迷，调整已极为充分，此时市场有利好消息出台。

(2)股价向上跳空后伴随有较大的成交换手，缺口近中期缺乏封闭的条件。

(3)向上形成的跳空缺口伴随有长阳向上。

第三节　不同类型的突破与回档中的介入点

股价运行的趋势反映了股价中期波动的基本趋向，是投资者中线操作的重要指标，技术形态则反映了股价近中期走势的特点，更多地用于指导投资者进行短线操作。然而，在股价形成一个向上运行中大级上升行情时，股价也并非一直向上，其间会有多次反复，而每次反复回调在技术上又具有一些特殊的规律，了解股价回档的规律可以掌握更多的买入点。同时，股价运行不仅常遇到三角形突破、头肩形态突破等现象，而且经常出现历史高点的突破或低点不断破位而引发行情等走势，从股价运行中出现的这种特殊性突破、破位以及回档，也可以给投资者带来一系列新的买点。

一、回吐黄金分割位买入点

股价的运行总是以振荡向上的方式展开的，经过一段时间的上涨后，股价总有一个短期回落整理的过程，寻找出股价回落后的支撑位，我们便可以得出个股的介入点。一般来说，上升行情中的股价回落支撑位，通常是黄金分割位0.5和0.382所显示的区域，也即经过一长波上升行情后，股价回档行情多回落原升幅的50%或38.2%区域便可走稳再向上，此时便为一个介入点。图9-8中乐普医疗(300003)在2017年形成一大波上升行情，其中由A点上涨至B点后作整理，股价回落至升幅的38.2%至50%区域间走稳，随后再上攻，图中b点即为介入点；如回档稍深，在对原上升行情升幅回落50%处，即a点也为一个重要支撑位，这也是一个重要的介入点。

在把握股价回档的行情中的介入点可注意：

(1)计算介入点的方法为：前期升幅的最高点-(前期升幅的最高点-前期升幅的最低点)×0.5(或0.382)。

(2)近期股价升势越快，回吐到位后的上攻力度越强。

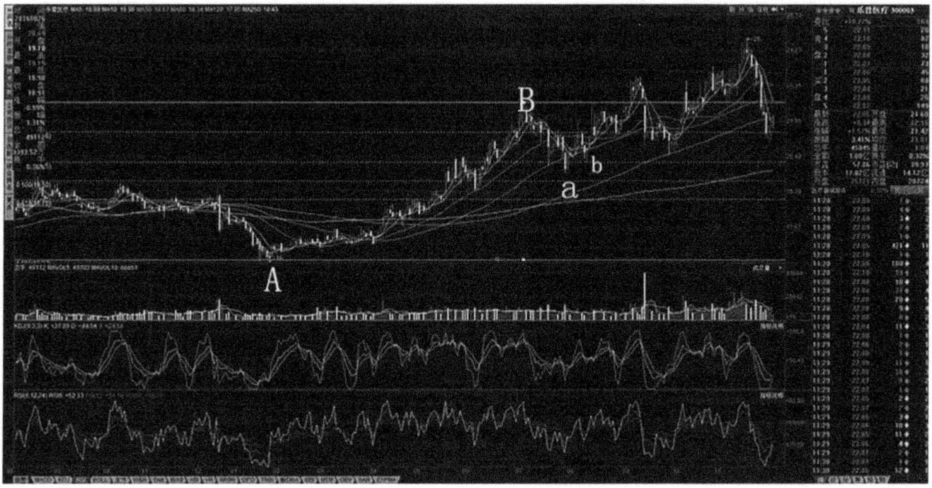

图 9-8　乐普医疗 2017 年 K 线走势的黄金分割图

(3)回吐至 0.382 倍区域介入时，应注意仓位的控制，如在 0.382 倍区域走稳，则可适当加仓买入。

二、突破历史高位的买入点

这是一种特殊的行情运行形态。股价受旺盛的人气和利好消息影响，形成一波强势向上的行情，股价连续向上，并在众多的买盘推动下形成创新高的走势。而一旦历史高点被有效突破，则市场已无套牢盘的压力，股价上行的空间将被拓展，这时介入持股，通常可以享受股价加速上扬的主升浪行情。

突破历史高位后买入点的确定：股价在创历史高点后，通常会有众多获利盘涌出，形成短线压力，使股价振荡，如股价回至原历史高点上方走稳，则有望向上走加速行情，此时即为介入点，图 9-9 中点 A 即为前期历史高点；B 为突破历史高点区域，C 点为突破历史高点后回调形成的低点区域，即为买入点。如再配合股价上升过程中的趋势线，其支撑线与高点突破后的回档支撑相吻合，则介入更为有效。

大突破形态买入应注意的问题：

(1)有效性突破应以达 3%的升幅和站稳 3 天为标志；

(2)向下回档如破近期的支撑线，则宜谨慎；

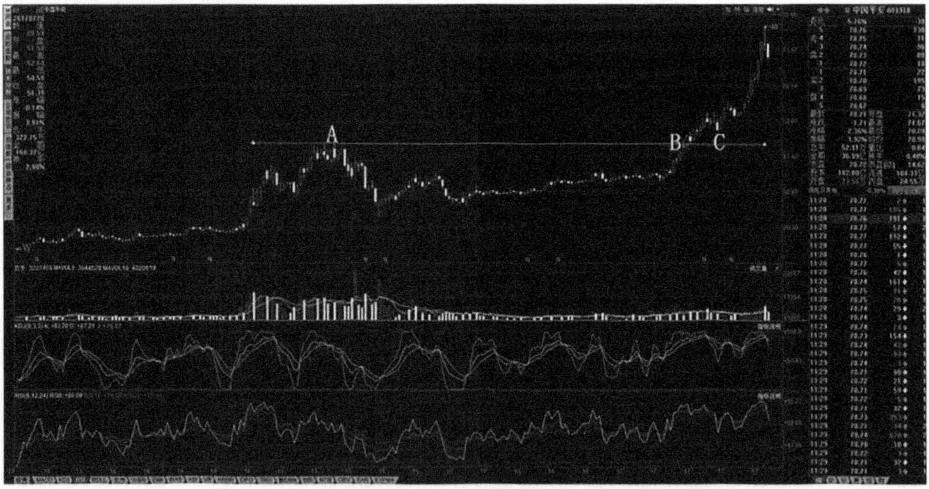

图 9-9　中国平安 2017 年大突破形态中的买点示意图

(3)向上突破时需成交量配合，但若放天量收大阴则须小心。

三、三冲四破时的买入点

股价在运行的过程中，常会形成反复向上攻击历史高点的走势。作为一个重要的历史高点区域的突破，通常情况下并非一个简单的上升突破就能完成，市场需要反复上试，多次集蓄上升能量后，才能上破。根据江恩理论一分为二、二分为四、四分为八……的市场波动规律和三冲四破理论，股价上攻历史高位区域时常具有三次向上的冲击高点的过程，第四次上攻至这一区域时常呈突破加速行情。

例如，2017 年格力电器在地位形成震荡行情，上攻至 a、b、c 三处形成反复后，第四次上攻至 d 处后形成突破行情。随后，又在上方形成 e、f、g 三次上攻行情，第四次于 h 点形成有效突破加速上攻行情。

根据股价第四次向上突破多为有效性突破的规律，我们可以在股价第四次向上突破时介入持股，但介入时需注意：

(1)股价向上突破需有成交量的配合，如成交不足，则上破后的力度会有限。

(2)回抽至原高点之下不得超过 3%，否则为假突破。

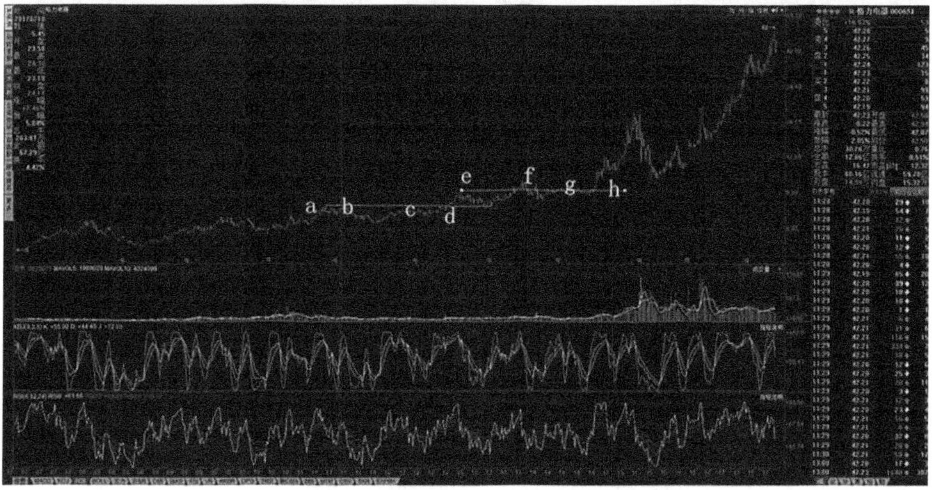

图 9-10　2017 年格力电器三冲四破形态图

(3)向上突破后需在顶点之上站稳 3 天，升幅达 3%方为有效。

四、暴跌行情中的买入点

股价转入调整行情后，常会出现连续暴跌的大幅回落行情，而市场有一句俗语，大跌之后有大反弹，在股价连续大跌，跌幅超过 15%时，介入市场将获得较多的短线机会。而根据神奇数字和市场运行的惯性规律，往往在股价连续暴跌三日后，第四天为较好的介入时机，尤其是股价向下破位或破前期低点后再连跌三天时，在第四天买入，则市场形成的短线上攻的准确性更高。例如，2001 年 7 月下旬，股价先以七连阴向下，7 月 25 日下破 2141 点后连走 4 阴大幅探底，其中第三根阴线为巨阴，实体即有 100 点，当天大跌 145 点，并形成放量的态势，第四阴最低探至 1909 点，成为短线低点，紧接着的后一天股指反弹见 1990 点，在股指破位后又暴跌三天后介入具有较大的短线机会(见图 9-11)。随后又形成 B、C 两个大跌行情后的短线买点。

这种暴跌行情后的买入应该注意：

(1)操作上应该以短线快进快出为特点，不能盲目持股不动，仓位不宜过重。

(2)在大盘从高位开始调整时形成初期暴跌行情，短期介入因为介入庄家

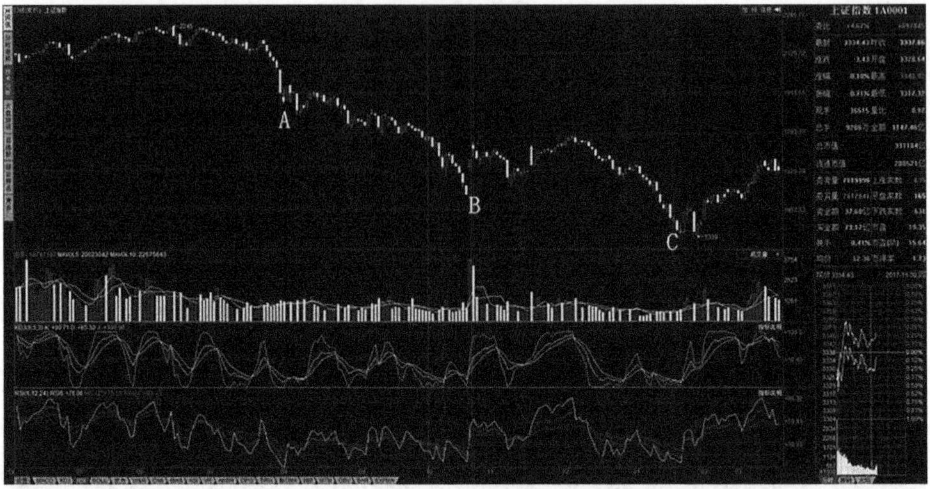

图 9-11　2001 年 7—8 月沪指日 K 线形态图

和机构被套，短线机会较多。大盘进入调整行情尾声形成的暴跌行情也会具有较多的的短线机会，并可以考虑中期持股。

(3)暴跌第三天成交量要大于前二天，反映市场有恐慌盘涌出，抛压消化较好，股价如经一段时间下跌或长期调整后再出现暴跌三日的走势，介入的机会更大。

第四节　不同持股策略中的介入点

股价运行虽在技术上为我们提供了众多的介入点，但不同的技术性走势所呈现的买点具有不同的意义：有的买点为短线买点，需要快进快出；有的买点却只能以中线思路持股不动，等待整个上升行情走完后再退出则获利丰厚。作为一个投资者，在确定介入点时需首先考虑自己的持股耐心和思路，根据自己所偏好的短线、中线或长线思路来把握个股的介入点。

一、短线持股策略中的介入点

短线持股讲究的是快进快出，资金周转速率较快，但每只个股获利空间有限，炒作成本较高。短线炒作中的介入点确定具有多种方法，如在上升通道中采取下轨处买，到上轨附近卖；短期形态向上突破时的追涨；超跌时介入做反弹等，均可以获取短线差价。但从市场操作中规避风险的角度出发，进行短线炒作时选择介入点需考虑：

(1)在三角形或平台整理时，选择在下档支撑位时介入，一旦向上试摸上边或突破时放量过大，则需考虑退出，使炒作步伐与机构操作思路相一致。

(2)股价形成突破行情追入时，需根据市场环境操作，如大势不好，所选个股又非主流热点股，短线炒作的目标位不宜过高。

(3)底部整理个股在形成横向整理、形态趋好时介入，但如出现某日成交为前几日成交的 5 倍以上，反映短线多头能量释放过快，股价需调整，宜派发退出。

图 9-12 为新大陆(0997)进行三角形整理后在 A、B 两点形成短线买入机会，其中，B 点买入更为有效。

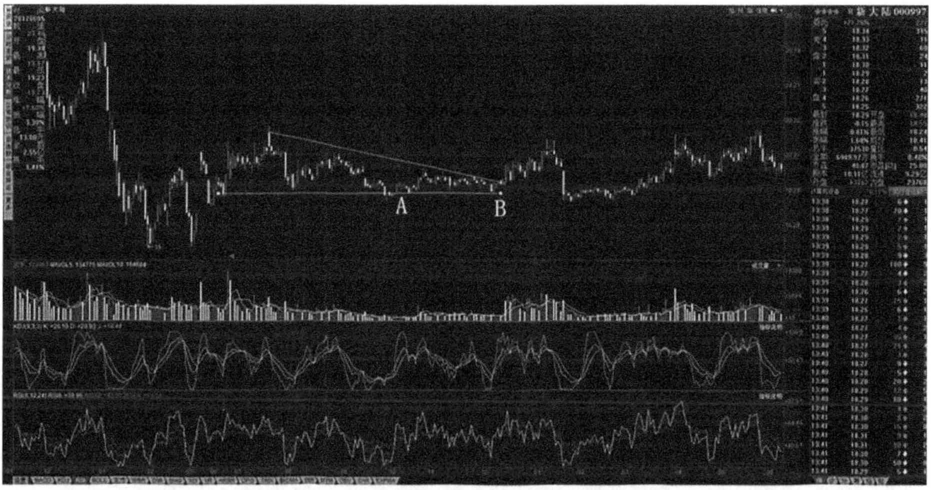

图 9-12 新大陆 K 线形态图

二、中线持股策略中的介入点

中线持股的基本思路是根据行情的波段性特点，一个波段一个波段地做行情，在股价充分调整并确认了上升趋势时介入，等大盘中期趋势发生改变时退出。一般来说，中线持股应有两至三个月，甚至半年的过程，也即采取这种思路操作，每年只需做一两波行情即可，而非频繁进出，通常具有较好的收益。

技术上看，中线思路炒作中的介入点可由股价运行的趋势分析作依据：一是下降趋势完成而转入上升趋势时，在确认股价突破下降压力线筑底充分后再介入，然后持股不动，等待股价完成其技术性上升目标或趋势改变后再退出；二是由横盘整理转向向上突破并展开上升行情时介入持股，而横向整理行情的突破确认，需要成交配合，并须对横向整理时的高点作回试确认。

从我国股市运行的一般规律来看，中线介入点也可从这样两方面把握，一是每年 2~6 月多为较好行情时期，1~2 月为中线介入的较好时期；二是股市的调整一般在 3~6 个月后便至少会有一波中级以上行情，在市场调整 5~6 个月时可考虑选股介入。

在东方国信(300166)的走势图中，经过一段较长时间的反复整理，形成阶段性的底部形态，并形成 A 点为头部，B、C 两点为肩部的头肩底形态。其中，C 点为中线买入点(如图 9-13 所示)。

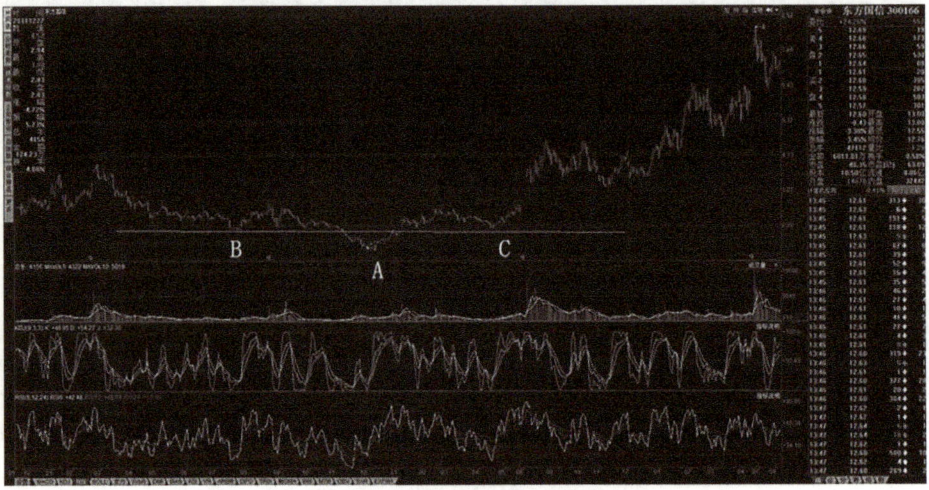

图 9-13　东方国信走势形态图

三、长线持股策略中的介入点

长线持股一般应有 1~2 年的时间，选股思路应是个股已经作充分调整，股价进入历史性低点区域，随后股价将进入中长期上升行情阶段。这类个股的选择需要对个股潜力作充分分析，持股后要非常有耐心。从基本面上看介入点，需找出个股基本面潜力所在，而这种潜力发掘可从以下几方面进行：

(1)个股的股本结构分析

股本结构虽不能反映个股的业绩和成长性，但我们可以从中观察并分析机构介入炒作的意愿及炒作潜力，首先，股本结构中流通股本的大小关系到个股的股价定位，如流通股本较小，个股的活跃性会相对较强，庄家介入的机会会较大，但是伴随市场规模的扩大和机构实力的增强，股本过小也使股性会受到影响，目前市场炒作相对活跃的个股多在3000万股至1.2亿股之间的个股，股本较小使其炒作可借用的题材相对较多，无论是重组或是送配股，均可吸引市场人气，形成活跃的股性。尤其是流通股比例较大的个股，更具有收购性。其次，股本结构中的大股东持股情况则反映出机构介入程度，我们可从十大股东中寻找大基金，大券商以及个人股东介入较多的个股，并且可以根据一些大股东介入个股表现出的活性，选择有实力机构介入的个股，如中信恒实业发展有限公司、中科创业投资有限公司、中金公司等一些机构介入的个股一般均具有较多的机会，可考虑股价处于相对底部时介入持股。第三，一些上市公司年报中公布有公司领导人持股比例较大的情况，如远洋渔业、深南玻等，反映这类个股的领导层比较看好其后期趋势，在股价开始上涨之前介入的机会较大。

(2)个股的行业属性及成长性

个股的行业属性常与其成长性相关联，在市场定位中个股的行业属性也具体较大的作用，科技股上市后的市盈率常达80倍、100倍甚至更高，而一般行业个股的上市定位市盈率多在60倍以下，这种市场对个股行业的认同性差异也影响到一些个股的市场炒作。科技类个股因成长性预期较好，在市场上表现会相对活跃，机会较多，而钢铁、机械等夕阳行业在市场中的机会多表现为短线，并且表现的周期间隔会较长，一般两三年后才会形成一波行情，这决定了市场介入不同行业个股中的炒作思路有差异。同时，对个股的成长性的判断，我们还可以从以下三个方面进行把握：

①业绩的稳定性，一般个股的业绩连续多年都相对稳定，其股价稳定向上的机会会较大，具有长线投资价值。

②新利润增长点的开发情况，如有较多的利润增长点将产生效益，并具有持续发展性，则这类个股的成长性会相对较好。

③是否具有重组性题材，资产重组常可以使个股业绩发生翻天覆地的变化，是我们判断个股走向的一个重要依据，尤其是行业属性发生转变的个股。

(3)财务报表分析

个股的财务报表是对个股的经营情况作全面记录的一种方面，也是我们分析上市公司经营状况的重要依据。对上市公司财务报表的分析，一般可以采取三种思路，一是对上市公司目前的经营情况作分析，主要通过速动比率、流动比率等一系列指标，对公司的经营发展、资本结构、盈利能力、投资收益等方面作分析，对目前个股业绩状况作全面的了解。二是对上市公司近三年的财务报表作比较分析，既可以判断公司的经营连续性情况，也可以对个股业绩的真实性作判别，更好地把握公司业绩的成长性。三是对同一行业相关类上市公司的财务报表作比较分析，判断该上市公司在行业中的地位和发展前景，从而及时对个股股价运行趋向作判断。当然，具体对财务报表的分析尚需一系列复杂的计算和判断，本书因篇幅问题仅提供一个思路，供投资者参考。

技术面上，选择长线个股的介入点具有这样几个基本要求：

(1)近两三年一直作调整，股价以大箱体形态或大三角形整理为特点，长期的调整使个股的多头能量得到充分的集聚；

(2)近期出现大形态调整已完成的迹象，有成交连续放大的态势，反映出机构的入场；

(3)股价大突破后回试确认了突破的有效性时为介入点。

图 9-14 为曙光股份(600300)的周 K 线走势图，股价先经过长时期的调整，在底部构筑呈一个大三角形整理形态，向上突破后走出一波大上升行情，整个整理行情运行的时间达 2 年，股价仅上涨一年便翻了 4~5 倍，图中 A 处即为买点，随后的回调整理处也是长线买入的机会。

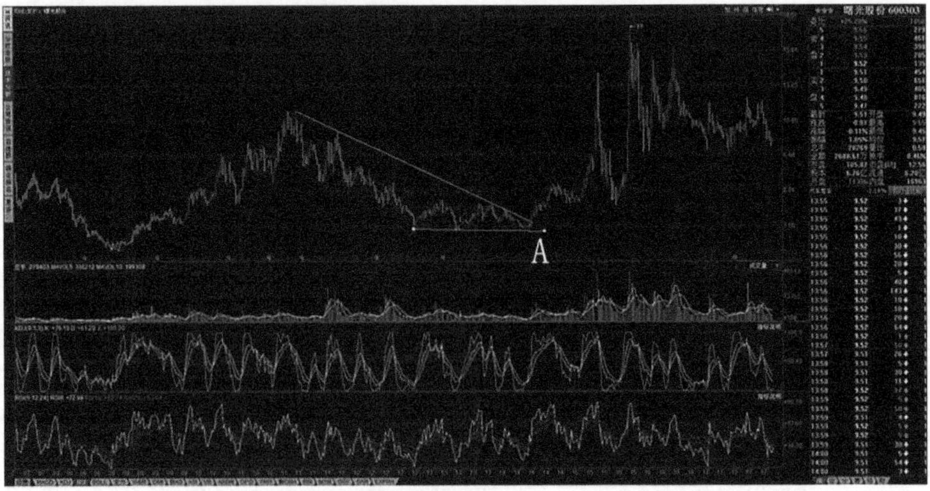

图 9-14　曙光股份周 K 线走势图

第十章　证券投资的理念与策略

一、为什么你炒股不赚钱？

1. 你的本金太少(见表 10-1)

表 10-1　**本金规模差异的回报对比**

本金 1000 万元 ↓ 年回报率 12%	本金 100 万元 ↓ 年回报率 12%	本金 1 万元 ↓ 年回报率 12%
120 万元的盈利基本能让一个家庭过上很体面的生活	12 万元的盈利可以改善大部分家庭的经济状况	1200 元的盈利就只够买一个便宜的手机

2. 你对投资回报率有不切实际的预期(见表 10-2)

表 10-2　**投资年化回报率列表**

沃伦·巴菲特	詹姆斯·西蒙斯	乔治·索罗斯	大卫·斯文森
20%	35%	20%	6%

你希望自己的年化收益率是多少？表 10-2 是四名全球顶尖投资者的年化回报率，你能跑赢他们吗？

如果说能，那么有两种可能：要么你是一名被世界遗忘的天才，要么你对自己的认知与客观事实有很大偏差。

不切实际的预期往往是导致悲剧的根源。在投资上，过高的回报预期通常导致的是频繁交易，希望抓住每一次上涨，避免每一次下跌，结果不但没有实现预期的目标，反而让交易费把本金割掉了。

归根结底，投资者长期的资产回报率很难超越投资标的净资产回报率减去摩擦成本。上市公司的净资产回报率中位数在8%~12%。

建立在现实回报率上的投资行为有意义吗？结论是：有。

3. 你做了错误的事情

(1) 以为自己在投资，实际在“赌博”

赌博的特点：①享受不确定性、下小注、获得乐趣，输了最多影响心情，不会影响个人、家庭经济状况。②行为特征上表现为随意。

投资的特点：①追求确定性、下大注、规避风险、获得收益，争取改善个人、家庭经济状况。②行为特征上表现出严谨和系统性。

市场上最可笑的事情是用投资的精力管理赌博级的资金。市场上最可怕的事情是用赌博的办法管理投资级的资金。什么是投资级的资金？超过年薪或者家庭一年的现金支出，就算得上是投资级的资金。

(2) 瞎子摸象式的选股

当你沉迷于股票基本面研究的时候，一定问自己两个问题：我所看到的，是不是别人也都看到了？是不是还有很多情况是我没看到的？

对公司基本面的研究，本质上是对商业的研究，对人的知识量、逻辑能力、思维方式的独特性有极高的要求。在这方面的进取精神是值得尊敬的，但不得不承认，绝大多数人的成就都乏善可陈，在精力投入有限的情况下尤其如此。

(3) 弄巧成拙的择时

不得不承认，大部分择时创造的是负收益。包括很多人说基金让自己赔钱，这通常是一个认知误区，其实不是基金让投资者赔钱，而是自己购买、赎回基金的时机让自己赔钱，大多数人是在牛市中后期进入市场，买入股票或者基金，在熊市接近触底时卖出股票或者赎回基金，这可以说是逆向择时。

熊市卖出股票、赎回基金，本质上就是投资组合的净值波动超出了心理承受能力所致。提升对波动的承受能力跟提升选股能力一样艰难，所以，通过资产配置平抑波动是非常有必要的。

避免逆向择时的另一个办法是定投，即把可投入资金平均分配在时间轴上。

坚持定投也不容易，所以最好是让系统来帮助你，比如选择具有定投功能的基金购买渠道，每个月从工资里定期扣除，才可能长期坚持下来(见图10-1)。

总结经验就是：对市场上99%的玩家来说，通过提升自己的选股、择时

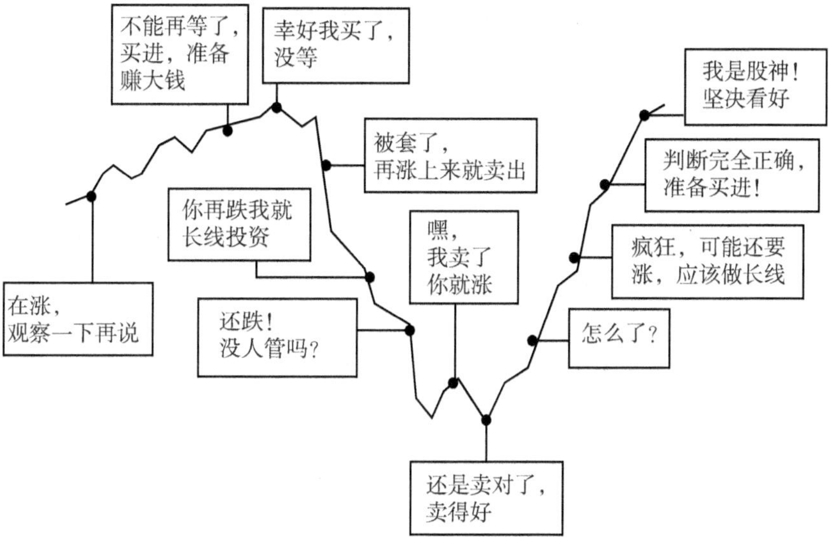

图 10-1　股价与心理波动变化示意图

能力获得超额收益，是一辈子都不会成功的。相反，降低自己的收益预期，明确自己对波动的承受能力，通过资产配置将投资组合的净值波动控制在心理承受能力之内，获得长期稳定的回报则是可行的。

二、五大投资流派比较：价值、成长、指数、技术、组合投资

1. 五种主流投资模式

当今世界有五种投资模式占据统治地位：

(1)价值投资模式：他们依靠对公司财务表现的基础分析找出那些市场价格低于其内在价值(公司未来现金流的现值)的股票。这种战略最早可以追溯到 20 世纪 30 年代，最早由哥伦比亚大学的本杰明·格雷厄姆(Benjamin Graham)和大卫·多德(David Dodd)提出。由于伯克希尔·哈撒韦(Berkshire Hathaway)公司首席执行官兼主席沃伦·巴菲特(Warren E. Buffett)的使用，价值投资战略在 20 世纪 70 到 80 年代受到推崇。

(2)成长投资模式：他们致力于寻找那些经营收益能够保证公司内在价值迅速增长的公司。著名投资者兼作家菲利普·费雪(Phi1ip Fisher)在 20 世纪 50 年代最早采用这种价值投资战略的变种。麦哲伦基金经理彼得·林奇(Peter

Lynch)在20世纪80年代对其进行了大胆的扩展。

(3)指数投资模式：他们通过购买股票来复制一个大的市场细分，如标准普尔500。格雷厄姆认为这种投资战略对防守型投资者很有效。范格尔德基金创始人约翰·伯格(John Bogle)在20世纪80年代推广了这种战略。

(4)技术投资模式：他们采用各种图表来收集市场的行为，以此来显示投资者预期是上升还是下降，市场趋势如何，以及其他的"动力"指标。这种战略被《投资者商业日报》的创始人威廉·奥尼尔(William O'Ne)大力推崇并在20世纪90年代末被广泛采用。

(5)组合投资模式：他们确知自己能够承受的投资风险水平并通过建立一个多元化的投资组合来承担这个风险水平。这个理论最早在20世纪50年代被提出，并在70年代被一群获诺贝尔奖的经济学家所完善。20世纪70年代初，这种战略由于普林斯顿大学经济学家伯顿·麦基尔(Burton Malkiel)的名著《华尔街漫步》而开始流行。

2. 五种哲学产生五种投资策略

所有投资哲学的中心问题都是价格与价值之间的关系。价值投资者和成长投资者认为价值和价格是不同的；指数投资者不确定自己是否能找出这二者的关系，技术投资者只关心价格而不关心价值；组合投资者则认为价格就是价值。这些不同的信念便产生了不同的投资策略：

(1)价值投资者寻找那些价值被低估的股票。

(2)成长投资者寻找那些近期的增长显示其价值与目前的市场价格相符合的公司。

(3)指数投资者认为最保险的投资策略就是购买那些能够代表整个市场状况的股票。

(4)技术投资者寻找那些能够迅速地以更高价格脱手的股票。

(5)组合投资者相信价格与价值是独立的。价格的变化反映了风险，而投资者应该选择一个证券组合来承担所需要的风险水平。

3. 五种策略的应用

以IBM股票为例：假设IBM股票昨天在纽约证券交易所以50美元/股收盘。在不同的投资哲学下，不同的因素决定了是否应该购买这只股票。

价值投资者认为：(1)他们会考虑IBM公司未来现金流的现值及这个现值是高于还是低于50美元/股。(2)只有在现值至少是60美元时他们才会买这只股票。价值与价格间的 10 美元差异代表 20%的“安全利润率”(10/50 = 20%)，非常保守的价值投资者甚至会坚持要求更高的利润率。

成长投资者认为：(1)他们会关注 IBM 在销售额、收益和现金流等相关方面的增长可能性。(2)如果他们认为 IBM 股票的价值和价格都会在近期向 60 美元增长，则会购买这只股票。

指数投资者认为：(1)他们完全不考虑单个股票的价格与价值关系。(2)他们只是简单地购买基金，由此购买了 IBM 和几百只其他公司的股票。

技术投资者认为：(1)他们对市场上的蛛丝马迹保持警觉，通过对市场线索的分析来测量 IBM 股票价格在近期向上走或向下走的可能性。(2)如果谣言显示价格有向上走的趋势，他们就会购买股票(这群投资者如果在预期价格趋势是下跌时也有可能会卖空，也就是在当前锁定 50 美元的价格并在未来以预期的更低价格购买这只股票)。

组合投资者认为：(1)他们认为这一切都是浪费时间，因为 IBM 股票 50 美元/股的价格就代表了 IBM 的当前价值。(2)重要的问题是 IBM 的风险水平(通过比较 IBM 股票历史价格的波动性和整个市场的波动性)是否与投资者的风险偏好相符合。

4. 五种流派之分析比较

价值投资和成长投资这两种投资哲学有所重叠。它们对价格—价值关系有相同的看法。但它们各自侧重于强调未来的不同方面。价值投资强调确定股票价值并将之与价格相比较。成长投资则强调由增长带来的价值并将这个价值与价格相比较。从这个意义上说，成长投资战略是价值投资战略的堂兄弟。这两种战略的支持者认为投资分析者是可以确定股票价值并与价格相比较的。

指数投资战略则服务于那些没有能力或不愿意进行价值分析的投资者。这种战略不需要特殊的技能或幕后分析的努力。投资回报反映的是整个指数的市场表现而不是某些选定的股票的表现。价值投资或成长投资的热衷者们认为，指数投资是那些缺乏技能或时间来进行价值分析的投资者的首选。

在价值投资者看来，技术投资者实际是在投机，而不是投资。他们试图根据投资者的动向来预测价格趋势，通过研究股票价格变化的历史模式来提炼出对未来的预测。这种方式实际上不太应该被称作一种投资方式，其期限也太短了，不足以成为投资。技术投资对理性投资者来说没有什么吸引力，但在市场持续繁荣的时候却能甚嚣尘上。20 世纪 90 年代是大量投资者盲目痴迷技术投资的巅峰时期。

经济发展的灾难促使本杰明·格雷厄姆和大卫·多德总结归纳价值投资的哲学。20世纪20年代末的投资气氛最显著的特点就是投资组合管理技术。这种投资方式是由内部信息和市场印象所驱动。格雷厄姆通过为投资哲学设定一个清晰的思维框架，来帮助投资者们提高投资水平。他的价值投资框架虽然需要投资者作出更多判断，却为他们提供了一个坚实的分析基础。

组合投资战略是为建立投资哲学框架进行的一个更大胆的尝试。它的核心假设就是价格等于价值。如果所谓的"效率市场假设"成立的话，价值投资将毫无用武之地。在这种情况下，试图通过购买市场价格低于其内在价格(未来现金流的现值)的股票而无风险地获取超额投资回报无异于天方夜谭。在效率市场上，一个公司的业务风险反映为其股票价格历史波动与其他公司的股价的关联程度，这一关键的投资指标被称为股票的β值。倡导者们利用β值作为风险量度，来指导组合投资者进行最适合于其风险偏好的投资。

组合投资理论向前迈进了一大步。它认为人们可以通过建立一个多元化的证券组合来消除与其中任何一只证券相关的特定风险。任何一只证券的风险都被其余证券的回报所抵消。组合投资的精髓就在于分析β值，并设计一个最优的多元化投资组合。人们对这种投资工具有效性进行了大量的数学和计量经济学研究，目前得到的各种证据对此理论毁誉参半。

价值投资者对效率市场理论和这个理论所倡导的价格与价值独立，以及β值是风险的有效度量等说法持怀疑态度。他们的投资记录也是反对这种理论的一个有效实证依据。市场上涌现了太多的成功的价值投资者，这是效率市场倡导者们所无法回避的。而太多的股票表现出其价格高于或低于价值也使得效率理论无法自圆其说。同时，β值虽然能够度量价格波动的风险，却无法反映企业的业务表现或价值。

价值投资者认为无论是长期还是短期，股票市场都是不可预测的。而唯一有一定把握能够确认的，是基于公司过去业务表现和现有信息对其业务的长期表现进行的分析。价值投资者通过对这些信息的分析来确认公司价值并将其与市场价格相比较。

三、我们为什么要进行证券交易?

黑格尔曾经说过，凡是合乎理性的东西都是现实的，凡是现实的东西都是合乎理性的。每个人在这个市场，扮演不一样的角色，不管是分析师、交易员还是做销售的，不管是散户、大户还是基金经理，都有自己的生存之道，只要能够一直在这个市场存活下去即可。

1. 并不都是为了钱

实际上，投身于股市的群体或个体中，无论是交易还是策略研究，无论是做销售还是做投资，对于这个群体的理解透彻度，直接决定了你的生存是不是能够持续，并且也决定了你是不是活得好。

市场是很无情的东西。市场之所以能够存在，主要在于这个市场的本质是为了交换而产生的，交换的东西有很多种，资金、效率、欲望、认知等。但其实每个人进入这个市场，都是为了赚钱，这个是大多数人的初衷。但随着时间的推移，并不是每个人都会以赚钱作为自己进入市场的主要目标。有些人在这个市场久了，会将这个市场当作消遣的场所，当作检验自己的场所，这种人其实是不少的。

大部分人当然还是为了赚钱，哪怕一直亏钱，但心中执著地在追求自己盈利的那一天，无论这一天是否真正来到，但自己都会告诉自己赚钱这一天一定能够来到。

还有一小撮人，进入这个市场是为了改变自己的命运，赚钱的人分三六九等，这不是指高低之分，而是差异实在是很大。投资人经常挂在嘴边的仓位、止损、加减仓这些准则，不一定都适合所有人。

如果你是为了赚钱进入这个市场，那真的要谨慎再谨慎。如果你是为了玩乐进入市场，那所有的东西对你都没价值，唯一有价值的就是常识。如果你在这个市场要想改变命运，那说句实话，只有杠杆+知识+人性修养的组合可能适合你。

2. 认识自我

这个市场，真的是很无情的，然后投资又恰恰是一个知行合一的问题，所以大部分人在这个市场总是会不断地被它玩弄于鼓掌之间。

知行合一是什么概念？实际上就是在修知的基础上，要修好内心的人性，包括执行力、贪欲、恐惧。佛家有一句话叫做“勤修戒定慧，息灭贪嗔痴”，《心经》里面也有一句话说“舍利子，是诸法空相，不生不灭，不垢不净，不增不减”，实际上这说说容易，做到真的是很难。

但是作为在这个市场交易的人而言，当前做不到不要紧，但要认知这一点也是很难的。因为大部分人一旦亏了，都会将结局归结在技术不成熟上，甚至有人会觉得是运气不好。

亏损只有两个原因：知和行，本质上还是不知，表现为无法行，内核还是在修心这一点。实际上，研究可以没有对和错的绝对分别，但交易一定是有对和错的，反正亏了钱一定错了，毫无疑问，所以内心不能排斥错误和亏损，但要认识到错误所在，而且要敢于面对这个错误。

无情伤最深，但无情是市场的本质，所以也要求交易的人在交易的时候尽可能地无情无欲。显然，投资肯定不是适合所有人来做的职业，但可悲的却是所有人都可以来做投资，而且是前赴后继地做投资。

3. 认识市场

认识市场，实际上就必须回到这个市场资产价格的本质上来说，实际上 A 股市场最大的收益本身就来源于估值波动(基于风险偏好)和壳资源重组，而且估值肯定先于业绩变化。

既然如此，估值的变化就来自于两个方面：心内和心外。

心内的变化是人性使然，心外的变化是标的资产自身的业绩波动，究竟是心内占得多还是心外变得快呢?

因为人性的进化是如此缓慢，而恰好这个无情的市场可就是有一群未知的非特定对象组成的一个群体思维特征。换个角度来说，确实，国人内心深处具有很强的赌性和投机心理，这可能也是与最近几十年扩张型的经济增速有关系，大家的钱都赚得太快，因而他们比较急。

投资者不外乎就是散户+机构，机构么又因为买机构产品的人也是散户，所以机构也被散户的短期考核，逼成了散户的短期化行为，所以真的机构究竟有多少还真难说。

所以说，人一旦在这个群体里面，确实也是会智商变低，就是 N 个 1 加起来可能还不如 1。所以这个价格变化的背后，实际上也就是个人心和人性的问题。

至少在这个市场的参与者结构没有很大改变的前提下，行为金融是 A 股唯一的可以依赖并信任的一种分析方式。

还是那句话，好好认识证券市场，并且要搞清楚的是：不是所有人都适合来投资的。

四、坦然接受交易中的损失

1. 损失是交易中必然的一部分

股价的波动具有不确定性，交易员应该坚持做高概率的交易，而“小”概率事件必然会发生。比如，交易员判断在某种情况下股价有 70%的概率会涨上去，那么他就应该买进。假设他的判断完全正确，并且他这样操作 100 次，那么就会有大约 70 次果然涨上去，大约 30 次不涨反跌。只要他坚决止损，他就会赚钱。

要看到那 30 次损失并不意味着他做错了任何事情。实际上，他每一件事都做对了，而那 30 次损失仍然在所难免，因为概率使然。

另外，新的买卖力量随时有可能介入股市，而现存的买卖力量也随时有可能退出。这种买卖力量的变化有可能会使股价突然改变当前的运动方向，导致交易损失。不管怎么说，有回报就一定有风险，这是事物发展的规律，有赚钱的机会，就必然有赔钱的可能。何况，交易员也是人，只要是人，就会犯错误，判断失误和操作失误在所难免。

2. 只有坦然接受损失，才能成为好交易员

好交易员的一大特征是能够保持良好的心理状态。只有坦然接受损失，才能保证心理状态不被交易中时常出现的损失所影响。如果不能坦然接受损失，则很可能陷入急躁、愤怒、惧怕、犹豫不决等不利于交易的心理状态中。

好交易员的另一大特征是止损坚决。只有坦然接受损失，才能保证止损时坚决果断，毫不犹豫。如果不能坦然接受损失，则很可能出现止损不够坚决的问题。

好交易员敢于并且善于跟随趋势。在顺势操作的过程中，损失作为交易中必然的一部分仍然会常常出现。好交易员能够意识到即使自己一直跟随趋势，损失仍然是不可避免的，并且能够坦然接受损失，不会因为几次损失而怀疑趋势，不敢跟随趋势，或者逆势操作。

好交易员能够迅速把注意力集中到即将开始的下一笔交易中。只有坦然接受损失，才不会因为对上一笔损失耿耿于怀而无法专注于当前的交易。

好交易员喜欢交易，能够在交易中找到乐趣。只有坦然接受损失，才会喜欢交易，才能发现交易的乐趣。如果一个人不能坦然接受损失，而损失又不可避免且时常出现，那么，交易对他来说将是一件痛苦的事。

3. 怎么样才能做到坦然接受损失？

首先，从理智上和情感上承认损失是交易中必然的一部分，并且反复提醒自己不要奢望每一笔交易都赚钱，只要赚进来的钱多于赔出去的钱，最后能赚钱就行。

其次，意识到损失并不等于错误。有些时候，损失纯粹是概率使然，是正常交易的一部分，并非错误所致。错误，乃是指违背交易原则和策略。在交易中，并非每次犯错误都一定会赔钱，股市的"阴谋"往往是在你刚开始犯错误的时候让你赚点钱，等你的错误养成习惯了再让你赔大的。所以，损失与错误是两回事，不能混为一谈。

最后，要养成坚决止损的好习惯，记住坚决止损带来的好处；并且把能够在经历损失后继续保持冷静和积极当做交易员的可贵品质加以肯定、培养和坚持。

另外，把损失看做"交易"这门生意的成本，成本不可避免，但可以控制。如果止损之后，股票掉头朝先前预期的方向运动，应该明白，之前的止损是对的，上一笔交易已经结束，现在是下一笔交易，你所要做的不是懊恼，而是勇敢地再参与其中。

交易员应该把心放宽一点，只要尽力做了对的事情就不要有负担。此外，交易员还应该加强身心锻炼，多参加对抗性体育活动，以提高自己的承受能力。

五、投资：在确定和不确定中寻找平衡

投资之所以有别于赌博，是在于其确定性。何为投资的确定性？投资的确定性是基于投资的安全性，投资一种能看懂的业务模式，这种业务模式将或者处于为公司带来现金流的初期阶段，并且这种模式能通过复制或者扩张获得更大的市场份额。

先分享几个真实的投资案例来解释。

(1)腾讯大多数人都知道，但真正投资在腾讯上赚到数亿计的个人投资者，我了解的只有李国飞。智能手机普及后，腾讯在智能手机上并没有找到切入点。以端游为主要收入的腾讯确实存在一个很大的不确定性，即收入可持续性和新增长点。所以在 2011 年，李国飞抛掉手中持有的所有腾讯的股票。

到了 2013 年，腾讯凭借微信已经占领了智能手机的入口，而且已经通过手游货币化。作为当时 1000 亿元人民币的游戏市场，未来手游的比重只会越来越大，而且当时通过微信广告的货币化还没开始。基于几个简单的理由，李国飞在 2013 年 7 月拆股后 50 多元的股价是几乎全仓买进并持有至今一股未卖。

(2)能因为不确定性全仓抛掉一只股票，再看到确定性重新重仓买入同一

家公司的案例的是之前的投资人，在 2014 年重新买入网易。

之前的投资人最早是在 2002 年 0.8 美元买入网易并持有到 2007 年。在 2013—2014 年游戏行业有一个非常大的变化是端游增长变缓，手游增长非常迅速，那时大家都知道未来手游是一个大的趋势，像中手游凭借手游，短短的几年之内在纳斯达克上市。

那时候对于网易这类端游大厂而言，大家是普遍的怀疑，甚至一度认为其不会做手游。但当时投资人认为网易做手游是天经地义的事情，因为端游积攒的用户肯定会玩它出的手游，所以网易不可能不会做手游，于是他再次重仓网易。

真正验证端游厂会做手游的第一个案例 2014 年 10 月畅游出的天龙八部 3D，第一个月流水就达到 2 亿，要知道当时流水达到 1 亿就已经是 S 级游戏了。

后来网易的大话西游月流水达到 8 亿。当然，今年第二季度网易考拉能做到 19.83 亿纯属是一个意外的惊喜。

(3)网易和腾讯是在互联网中的两个经典案例，在饮料(酒精饮料)中最经典的案例要数 Constellation。

Constellation Brands 这个公司不一定有人懂，但 Corona，即科罗娜，这款啤酒，爱啤酒的人应该都知道。啤酒这个品类还不同于一般的饮料，啤酒这个品类有几百年的历史，不可能因为健康或不健康的问题，人们就不喝啤酒了。

所以只要啤酒品牌能够一直拥有一群粉丝，能够做到地域扩张，那么这个啤酒公司就是一个非常不错的生意。

很多人都知道科罗娜在中国的品牌属于百威，但很少人知道在美国属于 Constellation Brands。在收购科罗娜之前，STZ 公司的主要业务是红酒业务，在 2011 年时，红酒业务急剧下滑，到了 2012 年业绩已经稳定。收购科罗娜的消息在 2012 年已经公布，真正完成收购是在 2013 年第二季度。

为什么 STZ 的投资也算是一个确定性非常高的投资呢？首先 STZ 自身红酒业务已经稳定，其次收购的科罗娜啤酒能不断稳定地增长。科罗娜啤酒在美国的火爆程度已经无需验证，因为在 2012 年全年能卖 25.88 亿美元。STZ 的股价就如同坐上了火箭，甚至连红酒业务产生的收益也按照成长股进行估值。

投资有确定性，也有不确定性。确定性高的投资才敢真正下重手，具有一定的不确定性才能带来超额收益。

上面的案例其实总结下来，腾讯的确定性是微信已经占据手机的入口，不确定性是变现能力到底多强；网易的确定性是低估值和十几年端游的积累，不确定性是手游能不能做起来；STZ 的确定性是低估值以及科罗娜啤酒品牌在美国的风靡，不确定性是未来科罗娜啤酒能否继续增长。

投资者需要做的就是去寻找一个属于自己的确定性与不确定性的比例，这样才算是一个合格的投资者。

六、投资的最高境界——等戴维斯来敲门

很多投资者都知道戴维斯双击——在低市盈率(PE)买入股票，待成长潜力显现后，以高市盈率卖出，这样可以获取每股收益(EPS)和市盈率(PE)同时增长的倍乘效益。这种投资策略被称为“戴维斯双击”。

通过对股市的本质的了解，股市本来就是以利润为基础，以市盈率为标尺的杠杆游戏。根据公式：股价=利润(EPS)×市盈率(PE)。我们只要关注利润和市盈率这两个变量就可以了。因此，股市投资看起来很简单，只需做好两个工作：一是合理评估一家公司，也就是如何找到利润增长的好公司(跟利润有关)；二是正确给企业估值，也就是买入的价格(跟市盈率有关)。

1. 如何评估一家公司，也就是如何找到利润增长的好公司

如果股票要上涨，就要公司的净利润大幅增长。因为市盈率会在一个区间波动，是有天花板的。如果是好公司，利润会持续增长。从长期来说，投资最重要的事就是找到净利润大幅增长的公司。净利润增长来源无外乎三种情形：收入增长、毛利率提升、费用率降低。

(1)营收持续增长，对应于提价、扩量；

(2)毛利率提升，意味着龙头地位的巩固，竞争力强；

(3)费用率降低，表明公司管理的好。这三项只要有一项能够提升，就可能增加利润。但最好是三项一起提升，才能稳定、良性地增加公司利润。比如如果营业收入不增长，只提高毛利跟控制成本，这样的利润增长是有天花板的。

我们要找的就是那些营收连年增长，毛利率提升或稳定，能压缩成本或稳定的公司。就算找到了还要考察下面一个重要的因素：企业的护城河。虽然公司利润增长很快，但要看公司盈利能不能持续，是否容易受到攻击，也就是看企业的门槛够不够高。巴菲特最看重的就是企业的护城河，这是衡量一个公司是好公司的重要因素。这要求我们要找有门槛、有庞大护城河的企业，如有品牌、有定价权的茅台、云南白药、东阿阿胶和靠规模做好成本控制的福耀玻

璃、海螺水泥等有强大护城河的企业，而远离无门槛、无特性、无品牌、无定价权的能打价格战四无企业。

找到利润增长有护城河的好公司，你还要考虑买入的价格，再优秀的公司，如果买入成本过高，也难免要忍受长时间的去泡沫过程，“买好的不如买得好”，这就需要对公司进行估值和评价后再来确定是否买入。

2. 如何给企业估值，也就是判断股票买入的价格

市盈率代表着一个公司的盈利能力、收回成本需要的时间。不同类型的公司以及处于不同发展阶段的公司，市盈率会有很大不同。如现在人们买银行股只给 6 倍市盈率、买家电股只给 15 倍市盈率、买医药股给 40 倍市盈率，这就跟我们的预期、前景有关，跟利润增长率也有很大关系。

根据公式：股价 = 利润×市盈率(杠杆率)

只要是利润增长速度高于市盈率，股价还是会上涨的。我们可以用 PEG 表示利润增长速度×杠杠(市盈率)倍数相比较的数值，用于评价一个公司盈利能力和投资者付出买入成本性价比关系的指标。

关于利润增长速度，如果让我们选肯定是越快越好，最好是几何级的。但地球上的资源是有限的，据统计，A 股上市以来，连续十年利润增长 20%的企业寥寥无几。所以市盈率总是在一个区间波动。

关于市盈率，人们给得时高时低，如很乐观时给得很高，悲观时给得很低，市盈率的就是所有参与买卖的人共同协商，博弈后的结果。因为人的情绪是琢磨不定的，时好时坏。所以说市场是不可预测的。

根据公式，我们买的市盈率越低，回报越高；买的市盈率越高，回报越低。我们来股市都是想赚钱的，不是来亏钱的。因为利润增长属于未来的预测，有很大的不确定性，为了保护自己，并增加我们赢的概率，我们就要在市盈率低的时候买。

巴菲特告诉我们：“来股市最重要的道理：第一，不要亏损。第二，不要忘了第一条。”为了提醒我们这个道理，格雷厄姆给这起个名字叫“安全边际”：安全边际总是取决于你付出的价格，它在某个时候价格会很高，在其他一些时候价格会很低，在价格更高时它便不复存在。传奇的基金经理彼得·林奇说：“如果关于市盈率你只记得一条，那么就是永远不买市盈率过高的股票。”

我们要做的就是在低市盈率买，给自己留有足够的安全边际，因为市盈率本来就是个杠杆游戏。用杠杆的东西就会有不稳定性的存在。虽然市场通常是

有效的，并不会给我们低估买的机会，但因为杠杆因素的原因，股市偶尔会在疯狂和绝望之间摆动。比如在极端情况下发生经济危机，或者公司出现黑天鹅这种低估的机会。这种机会很少，需要我们耐心地等待，大师们就是靠这种耐心的等待而获得了巨大的回报。

芒格说："有性格的人才能拿着现金坐在那里什么事也不做。我能有今天，靠的是不去追逐平庸的机会。"

我们的经验往往验证一个长久以来的观念：只要做好准备，在人生中抓住几个机会。迅速地采取适当的行动，去做简单而合乎逻辑的事情。这辈子的财富就会得到极大的增长。尽管这种机会很少，它们通常会落在不断地寻找和等待、充满求知欲望而又热衷于对各种不同的可能性作出分析的人头上。这样的机会来临之后，如果获胜的几率极高，那么动用过去的谨慎和耐心得来的资源，重重地压下赌注就可以了，赚大钱的秘诀并不在于频繁地买进卖出，而在于耐心地等待。

关于耐心，巴菲特怎么做的呢？巴菲特为了提醒自己耐心的重要性，在自己办公室放了一幅泰德·威廉姆斯击球的图片《等待好球的出现》。泰德·威廉姆斯是过去70年来唯一单个季赛打出400次安打的棒球运动员。

巴菲特讲："当机会来时，天上掉金子时要拿桶去接而不是汤勺，但如果你知道机会来了却没有资本去买，你就会错失良机。"所以巴菲特总是留有大把资金等待机会。虽然手握大把资金在牛市时会让你减少收益，但在熊市时会让你大放异彩，比如一只股票通常市盈率20倍，而熊市时变成了10倍，你就可以用5角钱买1元钱的东西，如果买到的是利润一直增长的好公司。因为复利的作用，你买的价格又低，你的增长将会是几何级的，有时候慢即是快。

而我们要做的就是既要买好的，又要买得好，也就是戴维斯"双击"。实际上就是格雷厄姆的安全边际理论、费雪的成长股理论、芒格的绩优股理论等三者的综合，即等待"好的时机"以"好的价格"买入"好的股票"，实现完美一击，然后耐心持有，坐收上市公司和"市场先生"的双重馈赠。

巴菲特和芒格这一辈子在做的事就是戴维斯双击，要不他们也积攒不了这么大的财富，我们老是算巴菲特的平均年化收益率仅20%多一点，但有多少人算过戴维斯双击对他收益的影响有多大！

当某个乌云密布、雷雨交加的夜晚，戴维斯先生来敲你家门，就算你当时的境况不好，心烦意乱，对未来感到恐惧、绝望时，也应该给它一个大大的笑脸，因为阳光总在风雨后，绝望中孕育希望。

七、彼得·林奇：成长和赚钱是两码事

彼得·林奇(Peter Lynch)是美国著名的股票投资专家，他曾是富达公司(Fidelity)的副主席，富达基金托管人董事会成员之一，如今他已退休从事于慈善事业。我们来分享一些他在投资方面的经验和教训。

1. 远景型公司不能给你带来回报

避免远景型公司(longshots)。每一次你听到有人向你推荐股票，他们推荐的股票让人如此兴奋，以至于他们在电话上和你交谈的声音很轻柔。

我不知道这是因为他们担心隔壁的邻居听见，还是因为担心SEC(美国证券交易委员会)的监听。或许你以轻柔的腔调打电话，你就不用坐牢或者只需要服一半的刑。

不管怎样，他们轻声细语地说"我给你推荐的这家公司非常好，好得不可思议，或者这是一家实力强大的公司"等，但是他们漏掉了一些东西。对这些股票有一个非常技术性的术语NNTE，即短期无利润(no near term earnings)。这些公司没有盈利。它们没有历史记录。它们有的仅仅是一个很好的想法而已。实际上，这个想法可能行得通。可是经常行不通。

记住：如果股票从2美元涨到300美元，你在8美元买入同样可以获得很高的回报，甚至在12美元进入也可以。

当别人向你推荐这类远景型公司时，你可以在一年之后跟进，把它们写在纸上，然后放到抽屉里面。一年之后再拿出来看看，三年之后再拿出来看看都行。考察这些公司三年之后的基本面如何再作投资决定。

我曾经买入过25家远景型公司，我跟踪了它们5年。没有任何一家公司取得突破，我买了25家，没有一家公司成功。

2. 不要把成长和赚钱混为一谈

避免高增长、容易进入的行业。高增长行业是一个可怕的领域，因为每个人都想进入这个行业。有多少人听说过Crown Cork Seal公司？这是一家了不起的公司，它们制造罐头以及罐头和瓶子的瓶塞。

这家公司的股价涨到起初的50倍，它们永远保持着技术上的领先，它们是行业的领头羊。他们没有把公司的名称改为像Crocosco这样的首字母组合词。

罐头是一个无增长的行业。山姆·沃顿所处的零售也是一个无增长的行业。这很好——你要找的就是一个无增长行业中的成长型公司，因为没人想进入这个行业。但是 Winchester 光盘驱动公司的情况就不一样了，每个人都想进入它所在的行业。

20 世纪 50 年代的地毯行业好得让人吃惊。电脑行业最快的增长时代也是 20 世纪 50 年代。那时，地毯行业的增长率比电脑快。

后来有人发明了一个特殊的制作流程，地毯和地毡的价格降至 2 美元/码。地毯遍及各个地方，机场、学校、办公室、公寓、住房等。人们先铺一层胶合板，然后在上面铺上地毯。

现在，地毯已经过时了，最好铺木地板。人们的口味就是这么反复。但是在 20 世纪 50 年代，地毯行业经历了波澜壮阔的增长。

不幸的是，地毯生产商从 20 世纪 50 年代开始时的 4 家增加到后期的 195 家，结果没有一家公司赚到钱。由于行业的增长，它们全都赔了钱。因此不要把增长和赚钱混为一谈。实际上，增长通常导致亏损。

如今市场对生物工程类公司的热情让人惊奇。大部分这类公司有 102 位博士和 102 台显微镜，人们像疯了一样购买它们的股票。而让我赚钱的是唐恩甜甜圈，我不用担心韩国的进口以及货币供应量数据。当你持有唐恩甜甜圈的时候，你不用担心这些事情。

3. 五年级的数学足以满足投资所需

一定要考察资产负债表，这非常重要。如果你接受了五年级的数学教育，那么这就足够投资所用了。不错，数学是我的强项——直到数学中出现微积分之前。

我在数学方面真的很好，还记得这个数学题吗？两列火车一列从圣路易斯出发，另外一列从达拉斯出发，多长时间两列火车相遇。我很喜欢这类问题。

但是突然之间，数学中出现了二次方程式和微积分，还记得吗？微积分的意思是曲线下面的面积。历史上有没有人能理解这一点？他们不停地说微积分就是曲线下面的面积，而我永远无法理解曲线下面到底是什么鬼东西。

不过股市的好处在于你不必与任何这类事情打交道。如果你学过五年级的数学，你可以在股市上做得很好。股市上用到的数学十分简单。

你不需要使用电脑。人们说电脑时代弄坏了股市。我的意思是如果电脑能算出该买哪只股票不该买哪只，那么你要做的就是花点时间在 Cray 计算机上就行了。

4. 花 15 秒时间在资产负债表上

但是你必须得考察资产负债表。我持有的并且让我从中赚到钱的几乎每一家公司都有良好的财务状况，只需 15 秒，我就能看出一家公司的财务状况如何。

你看看资产负债表的左边，你再看看右边。右边一团糟，左边很可疑。不用花太多时间，你就知道这家公司不值得投资。如果你看不到任何债务，你清楚这家公司相当令人满意。

当我刚踏足这个行业的时候，你得不到季度资产负债表。如今，你可以得到每个季度的资产负债表。过去，公司不会列示债务的到期时间。现在它们不得不列示所有债务的到期时间，你能从中知道公司欠银行多少钱。

我估计现场应该有几个银行家，30 年的钱和 30 年期的银行贷款之间差别巨大。你知道银行是什么样的，他们只会锦上添花。当你经营得很好的时候，他们请你吃饭，愿意为你提供各种各样的贷款，但是一旦你连续几个季度业绩惨淡，他们就想收回贷款，从来不会雪中送炭。

但是你可以阅读资产负债表。你可以考察一家公司，看它是否有债务。或者你发现公司确实有 3000 万美元的债务，不过这些债务要 30 年后才会到期。

5. 像研究微波炉那样研究你要购买的股票

当我幸运地买入克莱斯勒的时候，当时该公司有 10 亿美元现金，并且没有三年之内到期的债务。他们实现了盈亏平衡，现金流为正。因此，即便对周期性公司而言，花一分钟考察资产负债表也是值得的。

有一种现象让我感到很惊诧，人们在最终购买冰箱之前会先对比 10 台冰箱。他们会在《消费者报道》中查看到不同冰箱的测评，他们会逛 15 家商店。但不知道是什么原因，他们对股市感到如此神秘。

他们没有意识到，听从一个的士司机的小道消息，在某只生物工程公司的股票上面投入 1 万美元，一点赚钱的机会都没有。最坏的情况是股价在他们买入之后上涨了 30%，他们又投入 2 万美元；最好的情况是股价在接下来三个月中下跌 30%。

这种情况太让人吃惊了。当人们投资股票亏钱的时候，他们会埋怨程序化交易（program trading），他们会把责任归咎于机构："就是这些该死的机构让我亏钱的。"如果你买了一台冰箱，后来发现买的是一台次品，你会说："我真是个笨蛋。我本应该做更多研究，我买的那台冰箱质量不合格。"

两天后，相同的这些人前往夏威夷的时候，为了节省98美元而花了一个半小时购买往返机票。人们对待这些事情非常小心，但是一到股票上面，他们就很不小心了。

就像你研究微波炉那样研究你要购买的股票。这种投资方法将给你带来更好的股市投资回报。

八、费雪精心总结的八大投资心得和“费氏15问”

1. 费雪精心总结的八大投资心得

(1)投资目标应该是一家成长公司。公司应当有按部就班的计划使盈利长期大幅成长，且内在特质很难让新加入者分享其高成长。这是费雪投资哲学的重点。盈利的高速增长使得股票价格相对而言愈来愈便宜，假如股价不上升的话。由于股价最终反映业绩变化，因此买进成长股一般而言总是会获丰厚利润。

(2)集中全力购买那些失宠的公司。这是指因为市场走势或当时市场误判一家公司的真正价值，使得股票的价格远低于真正的价值，此时则应该断然买进。寻找到投资目标之后，买进时机亦很重要；或者说，有若干个可选的投资目标，则应该挑选那个股价相对于价值愈低的公司，这样投资风险降到最低。费雪有过教训，在股市高涨的年代，买到一家成长股，但是由于买进的价格高昂，业绩即使成长，但亦赚不了钱。

(3)抱牢股票直到公司的性质从根本发生改变，或者公司成长到某个地步后，成长率不再能够高于整体经济。除非有非常例外的情形，否则不因经济或股市走向的预测而卖出持股，因为这方面的变动太难预测。绝对不要因为短期原因，就卖出最具魅力的持股。但是随着公司的成长，不要忘了许多公司规模还小时，经营得相当有效率，却无法改变管理风格，以大公司所需的不同技能来经营公司。长期投资一家低成本买进、业绩高成长的公司，不应因为外部因素而卖出持股，应该以业绩预期为卖出依据。因为外部因素对公司的影响很难精确分析和预测，同时这些因素对股价的影响，亦不及业绩变动对股价的影响大。

我们投资的是公司不是GDP，亦不是CPI或者定期存款利率。许多人信奉波段操作，但是至今没有一个人靠波段操作成为投资大师的。波段操作企图提高赢利效率，所谓抄底逃顶，这些乌托帮式的思维实际上是可望而不可及。

(4)追求资本大幅成长的投资人，应淡化股利的重要性。获利高但股利低或根本不发股利的公司中，最有可能找到十分理想的投资对象。分红比例占盈余百分率很高的公司，找到理想投资对象的几率小得多。成长型的公司，总是将大部分盈利投入到新的业务扩张中去。若大比例分红，则多数是因为公司的业务扩张有难度，所以才将盈利的大部分分红。不过，这是指现金分红，而以红股形式的分红则应该鼓励。

(5)为了赚到厚利而投资，犯下若干错误是无法避免的成本，重要的是尽快承认错误。一如经营管理最好和最赚钱的金融贷款机构，也无法避免一些呆账损失，了解它们的成因，并学会避免重蹈覆辙。

良好的投资管理态度，是愿意承受若干股票的小额损失，并让前途较为看好的股票利润愈增愈多。好的投资一有蝇头小利便获利了结，却听任坏的投资带来的损失愈滚愈大，是不良的投资习惯。绝对不要只为了实现获利就获利了结。无论是公司经营还是股票投资，重要的是止损和不止盈。此处的止损，是指当你发现持有的股票出现与当初判断公司基本面的情况有相当大的变化则卖出持股的做法。不止盈是即使持有的股票大幅上升，但公司盈利仍将高速增长，且目前股价相对偏低或者合理的情况下继续持股的做法。许多投资者往往是做反了，买进一只股票一旦获利，总是考虑卖出；相反，买进的股票套牢了便一直持有，让亏损持续扩大。

(6)真正出色的公司数量相当少，当其股价偏低时，应充分把握机会，让资金集中在最有利可图的股票上。那些介人创业资金和小型公司(如年营业额不到2500万美元)的人，可能需要较高程度的分散投资。至于规模较大的公司，如要适当分散投资，则必须投资经济特性各异的各种行业。对投资散户(可能和机构投资人以及若干基金类别不同)来说，持有20种以上的不同股票，是投资理财能力薄弱的迹象，通常10或12种是比较理想的数目。

有些时候，基于资本利得税成本的考虑，可能值得花数年的时间，慢慢集中投资到少数几家公司。投资散户的持股在20种时，淘汰一些最没吸引力的公司，转而持有较具吸引力的公司，是理想的做法。

务请记住：ERISA的意思是“徒劳无功：行动时思虑欠周”(Emasculated Results：Insufficient Sophisticated Action)。出色的公司在任何市场都只有5%左右，而找到其中股价格偏低的则更是千载难逢的好机会，应该重仓买进，甚至是全部资金买进。

(7)卓越的普通股管理，一个基本要素是能够不盲从当时的金融圈主流意见，也不会只为了反其道而行，便排斥当时盛行的看法。相反的，投资人应该拥有更多的知识，应用更好的判断力，彻底评估特定的情境，并有勇气相信你的判断结果会告诉你：你是对的，学会坚持。

(8)投资普通股和人类其他大部分活动领域一样，想要成功，必须努力工作，勤奋不懈，诚信正直。

2. 费雪买入股票前的15问

(1)这家公司的产品或服务有没有充分的市场潜力——至少几年内营业额能大幅成长？

(2)管理阶层是否决心开发新产品，在目前有吸引力的产品线成长潜力利用殆尽之际，进一步提升总销售潜力？

(3)和公司的规模相比，这家公司的研发努力有多大的效果？

(4)公司有没有高人一等的销售组织？

(5)公司的利润率高不高？

(6)公司做了什么事以维持或改善利润率？

(7)公司的劳资和人事关系好不好？

(8)公司的高阶主管之间关系很好吗？

(9)公司管理阶层深度够吗？

(10)公司的成本分析和会计记录做得好吗？

(11)是不是有其他的经营层面，尤其是本行业较为独特的地方，投资人能得到重要的线索，知晓一家公司相对于竞争同业可能有多突出？

(12)公司有没有短期或长期的盈余展望？

(13)在可预见的将来，这家公司是否会因为成长而必须发行股票，以取得足够资金，使得发行在外的股票增加，现有持股人的利益将预期的成长而大幅受损？

(14)管理阶层是否报喜不报忧？

(15)管理阶层的诚信正直态度是否毋庸置疑？

九、利弗莫尔法则：揭示交易的秘密

杰西·利弗莫尔(Jesse Lauriston Livermore)，1877年7月26日出生，20世纪20年代纽约华尔街传奇人物。在40年的交易生涯中几度破产，又几度东山再起。他在1929年大萧条中因做空而获利上亿美元。他提出的交易法则(入场时机、资金管理和情绪控制)历经70多年，在当今的股市上依然非常有效。

1. 一个成功的投机者必须时刻学习以下三点：

入场时机——什么时候入场，就像是利弗莫尔的密友、棕榈滩赌场老板艾德·布拉德利经常说的："什么时候持有，什么时候收手。"

资金管理——千万不要随意亏钱，不要亏掉你的筹码、你的仓位。一个没有了现金的投机者就像一个没有了存货的杂货店主。如果没有了现金，那你就出局了。所以千万不要亏掉你的本钱！

情绪控制——在进行一笔成功的交易之前，你必须制订一份清晰详细的交易计划并且严格执行。在真正开始投机之前，每个投机者都必须制订一份充满智慧的作战计划，根据自己的性格特征作出修改。投机者最需要控制的就是自己的情绪。要记住，推动股票市场的不是推理、逻辑或者纯粹的经济学，真正的推动力量是人性，而人性从未改变。这是我们与生俱来的本性，是不会改变的。

2."除非你拿出真金白银进行投资，否则你是不会知道自己的判断是否正确的。"

利弗莫尔曾经说："如果你不把自己的钱拿出来放在赌桌上，你就没有办法测试自己的判断是否正确，因为你没有真正测试你自己的情绪。我相信控制股票市场走势的是人的情绪，而不是什么推理。生活中任何重要的事情都是这样的：爱情、婚姻、教育子女、战争、犯罪……只有很少的时候驱动人们的力量是理智。"

"当然，我不是说销售额、利润、世界局势、政治和科技这些要素对于股价不起作用。这些因素最终都会起到一定作用，而整个股市以及个股表现也都会反映出这些因素的影响，但是力量最大、最极端的因素还是人的情绪。"

"我相信什么事情都有周期，生命有周期，市场也有周期。这些周期常常是走极端的，很少有机会达到平衡。周期就像是大海上的波涛，情况好的时候浪头就比较高，当狂欢结束时，低潮就会浮现。这些周期总是出人意料地来来去去，无从预测，想要经受周期的挑战，你就必须节制，泰然自若，时刻保有耐心——不管情况好坏都得如此。但是你要记住，技巧高超的投机者知道，无论市场情况好坏其实都是能够赚到钱的，只要像我一样，做多做空都没有任何心理负担。"

3. 市场原则

“很久以前我就意识到了，股市的波动趋势不会那么显而易见。股市就是想要在绝大多数时候愚弄绝大多数人。我的交易原则建立在逆向思维的基础上，跟人的本性是相反的。”

及时止损，在满仓之前一定要确认自己的判断正确；如果现在没有什么充足的平仓理由的话，那么就让利润奔跑。

只做龙头股，不过市场发生变化，龙头股也会不断变更；不要同时关注过多的股票，以保证充分的关注度；出现新高可能是有效突破的信号；在大幅回调之后，贱价股看上去像是特价商品，不过它们经常会继续下跌，或者没有什么上涨的希望。所以离它们远远的吧！

运用关键价位来找出趋势变化以及确认趋势仍旧持续；不要跟盘口作对！

“研究股市其实就是在研究周期，如果趋势发生变化，那么动能不降低，新的趋势就会一直延续——处于运动中的物体会一直保持运动的。记住，千万不要逆市操作，不要跟行情对抗！”

“在市场作用下，价格是会一直波动的。价格是不会一直上涨的，当然也不会一直下跌。对于警惕性高的投机者来说这是一个好消息，因为这让他多空两头的钱都有得赚！”

4. 把握市场时机的原则

原则一：通过“等待时机”——而不是冥思苦想的方式，我们才能真正从股市上赚到钱。不等到所有的风险因素都站在你这边就先别交易——你应该遵循从宏观到微观的交易原则。当你已经建立好头寸，接下来的难题就是保持耐心、等待平仓时机的出现。赶快获利平仓的诱惑是很大的，有时候你也可能出于失去账面盈利的恐惧而回补头寸。这种错误已经让上百万的投机者亏损上百万美元了。在入场的时候你要有好的理由，同样，在离场的时候你也要有好的理由。想要赚大钱，只能在大的波动里耐心等待。

原则二：只在所有的风险因素都站在你这边的时候才进行交易。没有人能够时时刻刻参与市场且时时刻刻盈利。有些时候，你就是应该完全离场。

原则三：如果一个人犯了错误，那么现在他应该做的唯一的事情就是改正错误，不要一错再错了。赶快止损吧，不要犹豫。千万不要浪费时间，当股票跌破你的心理止损位时，就立即平仓吧。

原则四：股票的表现经常像是人一样，会有不同的个性：有的咄咄逼人，有的保守，有的非常容易紧张，有的直接，有的讲逻辑，有的循规蹈矩，有的让人捉摸不定。研究股票就像是在研究人，研究一段时间之后，你会发现它们在特定场合下的表现是可以预知的，这很有用，你可以用来把握股票波动的时机。

原则五：买股票从来不要嫌价格太高，卖空也从来不要嫌价格太低，关键是要合适。

原则六：如果你面前出现了一个清空一大笔流动性差的头寸的机会，但是你没有把握住，那么这将是一个非常昂贵的错误。

原则七：如果你运气很好，在股市里面遇到了一个非常好的赚钱机会，但是却没有把握住，那么这也是一个错误。

原则八：如果市场在一个狭窄的区间震荡，股票基本上没有什么波动，那么此时预判市场将于何时朝哪个方向运动是一件非常危险的事情。你必须等待，等待市场突破盘整区间，不管突破的方向是向上还是向下。总之千万不要去预判！你应该等待市场给出确认的信号！千万不要跟行情对抗，应该遵循最小阻力线，交易要有依据。

原则九：千万不要花太多时间去寻找推动某支股票价格波动的真正原因。相反，你应该密切留意盘口。答案总是隐藏在盘口给出的信息里面，所以还是不要徒劳无功地寻求“为什么”了。股票市场里，每一波大行情背后都会有某种无法抵抗的强大力量，日后这些原因总有浮出水面的那一天。所有成功的交易员都应该认识到这一点。

原则十：股票可能上涨，可能下跌，也可能盘整。不论上涨还是下跌，你都能够赚到钱——你可以买入，也可以做空。至于你的单子是朝哪个方向的，对你来说没有任何影响。你不能带着个人感情来做交易。当市场开始盘整，而你理不出个头绪的时候，就放个假休息一下吧。

原则十一：你要留意一种危险信号：“一日反转”，这个交易日的高点要高于前日的高点，但是收盘价又低于前日的收盘价，同时当日成交量大于前日。这个时候你就要小心了！

原则十二：如果股票的走向跟你的预期相反，那么赶快出手卖出吧！这个事实说明你的判断是错误的，赶快止损才是上策。

原则十三：等待，耐心地等待吧，直到所有的风险要素都对你有利，这个时候再进行交易——只有耐心才能够赚到钱。

原则十四：你应该仔细研究那些价格突然下挫的股票，这些股票此时走出了一根陡峭的阴线。如果股票没有迅速反弹的话，那么很有可能它将会跌更多——因为这说明股票本身出现了很大的内部问题，不过具体原因可能以后才看得到。

原则十五：股票的波动依据是未来。股价已经充分地考虑到了现在的种种因素。

原则十六：真正的买点或者卖点的信号是突破关键价位，这个时候趋势刚刚逆转，一波新的行情即将发动。只有抓住这种行情的改变，你才能够赚到最多的钱。

原则十七：市场上有两种关键价位。一种是反转关键价位，它的定义是："一波大的市场行情的起点，趋势由此发生转变，此时市场情绪绝佳。"你不用考虑它是不是发生在一波长期趋势的底部或者顶点。而第二种关键价位是"延续关键价位"。刚才说到的"反转关键价位"意味着行情的方向确实改变了，而"延续关键价位"则确认了之前的行情将延续下去——之前的盘整是为了下一波的大幅上涨。但是你还是要小心，关键价位往往伴随着成交量大幅放大。关键价位是一种特别好用的判断入场时机的工具，它能够揭示何时应该入场，以及何时应该离场。

原则十八：在一波牛市的尾部，你要观察股票的市值究竟有多疯狂，好的股票的市盈率可能达到30、40、50甚至60倍。正常情况下，这些股票的市盈率一般只有8~12倍。

原则十九：有时候一只股票上涨根本就没有什么好的理由，纯粹是顺为外界投机，很多人都在跟风，以为这是市场的宠儿。

原则二十："创新高"是非常重要的时机点，一个新高意味着股票已经突破了高悬在头上的卖压，之后最小阻力线将强势向上。多数人看到股票出现新高的第一反应就是立刻平仓，之后再去投资别的更便宜的股票。这是错的。

十、从宏观到微观进行交易的原则——关注市场大趋势

原则一：在进行交易之前，投机者必须了解现在的整个大势——也就是市场的最小阻力线。他必须搞清楚，现在这条最小阻力线是向上的还是向下的，且这一原则适用于个股和整个大势。在交易之前，你所要明白的最基本的事情就是整个大势何去何从——是向上、向下还是震荡。在最终决定交易之前你必须要搞清楚这一点。如果现在整个大势对你不利，那么你现在做交易就是非常吃亏的——要记住，你应该跟随趋势，随风而行，千万不要逆市操作，而最重要的一点是——千万不要跟市场争执！

原则二：板块的运动是把握时机的关键——当股票波动的时候，他们是绝对不会单独行动的。如果美国钢铁要上涨的话，那么要不了多久，伯利恒钢铁、共和钢铁和坩埚钢铁肯定会紧紧跟随。这一原理是非常简单的，如果美国钢铁的基本面非常好，才成为市场新的宠儿的话，那么钢铁板块里面的其他类股肯定也会因为同样的利好而上涨的。

原则三：只交易强势板块中的强势股票。在任何工业板块中，只买最强势的龙头股。

原则四：仔细观察市场里面的龙头股，那些在牛市中引领大盘上涨的股票。当这些股票开始蹒跚起来，不再屡创新高的时候，这往往就是市场即将转向的信号。而随着领头羊转向，整个大势也即将转向。

原则五：在研究市场动向的时候，只去关注当天的热点——那些领头羊。如果你不能够从当日的热点中赚到钱的话，那么想要从股市中赚钱就相当困难了。热点集中了当日的主要波动，这正是赚钱的地方。这种方法同时控制了你的关注范围，能够帮助你将注意力集中，你也能够更好地控制自己的精力。

原则六：在你买股票之前，你必须提前清晰地想好，如果股票走势跟你对着干，那么什么时候你必须清仓，也就是设定一个明确的止损点。更关键的是，你必须遵守事先制定的规则！

原则七：市场里成功的交易员只应该参与那些胜率最高的投机机会。一开始先用小头寸试单，看看你的判断是否正确，之后再不断加码。千万不要一次性建仓——用试单来确认判断和时机，同时找出最小阻力线。试单的方法同样也是“资金管理”的重要组成部分。

原则八：如果出现“出人意料”的情况，交易员必须立刻作出反应。这种情况是你根本无法预测的。如果你前面出现一个送钱的机会，那就抓住吧。如果出现一个坏消息，那就赶紧跑，千万不要回头看，也不要犹豫——赶快清空自己的头寸。

原则九：在长时间的上涨之后，如果出现成交量放大，甚至出现大笔对敲（同一投资人用不同账户同时买入和卖出的行为）的时候，此时一定要小心。这算是一个蛛丝马迹，是上涨趋势即将见顶的红色警报。同时，这也可能反映了股票正在从庄家手里砸给散户，从专业投机客那里转移到一般社会大众手里，从不断吸筹的阶段转向不断出货的阶段。一般公众往往认为这种放量是交投活跃的标志，是一个健康的市场正在经历正常的回调，他们天真地认为市场的顶点或者顶部尚未到来。

十一、索罗斯的森林投资法则：没行情时要忍，行情来时要敢冲

索罗斯的一项重要能力就是：在凡人眼中的一场混乱，他却能辨识混乱的类型。他以全球的角度观察大势，他非常了解市场是如何运作的，因此他极其擅长科学适时地运用杠杆操作，不论是知识性或金融性的杠杆。

(一)森林法则

1. 耐心等待时机出现。

2. 专挑弱者攻击。“炒股就像动物世界的森林法则，专门攻击弱者，这种做法往往能够百发百中。”

3. 进攻时须狠，而且须全力而为。

4. 若事情不如意料时，保命是第一考虑。

5. 任何人都有弱点，同样，任何经济体系也都有弱点，那常常是最坚不可催的一点。

6. 羊群效应是我们每次成功的关键，如果这种效应不存在或相当微弱，几乎可以肯定我们难以成功。

(二)耐心等待时机

1. 华尔街百年经验告诉我们，市场比大部分人有耐心，所以大部分人亏钱。只有比市场更有耐心的人才能在市场上赚到钱。没行情时要忍，忍不住也要忍；行情来时要敢冲，做对了要敢跑；回调时一定要忍住，不见转势不平仓。

2. 等待机会出现，需要持之以恒的耐心。

①成功的交易者具有同样的特点，他决不会为做交易而交易，他应该耐心地等待合适的时机，然后再采取行动。

②成功的秘诀是“惊人的耐心”，耐心地等待时机，耐心地等待外部环境的改变完全反映在价格的变动之上。

3. 当机会出现后，更需要坚定持有的耐心。

①如果说等待机会的出现需要耐心的话，那么当机会出现后，交易者更需要坚定持有有利头寸的耐心。后者的考验显然比前者大得多，因为耐心地持有有利头寸比耐心地空仓等待机会更需要坚定的信念。

②巴菲特的核心竞争优势是比其他基金经理人更有耐心、更坚定。事实

上，在市场里充满了太多的自以为是的投资者，他们总是试图在趋势的运动中赚走全部的钱，因而频繁地奔波于市场，以证明自己的聪明过人之处。但投资的实践证明，这一切都是徒劳的，也是极其危险的！

4. 成功需要耐心。

①很多人都有积极行动的勇气，却缺乏等待胜利果实到来的耐心。当然，等待并不是一件容易的差使，等待的过程可能往往需要成本，也需要面对猜疑和自我的怀疑。你必须常常提醒自己，今天付出的努力，不见得在明天就能看到效果和回报。

②要对自己的目标充满信心，当形势有利的时候，播种量可大一些，需要的只是耐心等待收获的时节，同时别忘了储备一些冬天的粮食。当形势不利时，播种量可少一些，见好就收。如果我们有足够的储备，大势虽然不好，但目标是薄利多收，我们就需付出无比的耐心。良好的资金管理，是保持良好耐心的基础。

5. 成功之三心：

①等待机会出现的耐心。

②买对坚定持有的信心。

③出错后果断止损的狠心。

（三）投资秘诀

1. 突破扭曲的观念

索罗斯通过早期哲学研究发现人类的认识存在缺陷，对真实的看法有所扭曲，而金融投资的核心就是要对人类存有缺漏和扭曲的认识作文章。

2. 关注市场预期

索罗斯对传统经济学理论建立的完全自由竞争模式不以为然，他认为供需关系的发展会受市场操纵，从而导致价格波动，而不是趋于均衡。此外，未来价格的走势却又是由当前的买入或卖出行为所决定的。因此要依靠自已的认识对市场进行预期。

3. 市场的无效性

古典经济学的有效市场理论假定金融市场最终会走向均衡，而依据索罗斯的观点，金融市场的运作方式注定其是无效市场，即非理性。依靠有效市场理论对行情的判断依据也是靠不住的，利用和把握了无效市场所提供的投资机会，使索罗斯的基金发展状大。

4. 寻找偏差

金融市场在不均衡中运转造成市场参与者的市场预期与客观事物出现不可避免的偏差，寻找市场可能出现过度非均衡的倾向是发现投资机会的捷径。

5. 发现联系

市场参与者带着偏见操作，而偏见本身也能影响事件的推展。索罗斯认为市场参与者的偏见和现实事态的进程存在反作用联系，未来的事件被期望所塑造。

6. 揭示市场偏见

根据反射理论，市场天生就不稳定，偏见和认知缺陷将进一步导致市场波动，又将再次影响投资人的期望——认知和现实之间出现双向的回馈，这种不稳定将对投机者极为有利。

7. 利用市场不稳定

当市场预期与客观事物出现偏差时，金融市场会出现连续“涨跌”的不稳定状态，从而给投资者提供了解市场想法的机遇。

8. 把握混乱

股票市场运作的基础不是逻辑层面，而是基于群体本能的心理层面，理解金融市场中的混乱根源，正是其挣钱的良方。

9. 善用过度反应的市场

散户投资人的认知缺陷和盲从会使市场过度扩大，而当偏差过大至超过某个临界点时，则会出现相反趋势。索罗斯在大部分的时候会一边跟着趋势走，一边寻找趋势的转折点并准备反向投资。

10. 基本面

索罗斯认为市场参与者的偏见不仅决定市场价格，而且还影响“基本面”，从而反射理论将发挥作用。一旦他觉察到基本面受影响，则能快人一步。

11. 先投资再调查

索罗斯在投资实践中，总是根据研究先假设一种发展趋势，然后建立小仓位来试探市场，若假设有效，则继续投入巨资；若假设是错误的，就毫不犹豫地撤资。

12. 预测趋势

索罗斯善于从宏观的社会、经济和政治因素来分析行业和股票，以期发现预期和实际股票价格之间的巨大差距从而获利。

13. 勇于突破

很多投资者的错误是明明准确地把握市场趋势却因为缺乏自信而错失良机。索罗斯的观点就是：如果你对某笔交易有很大的把握，就应该勇于大量注资，在高杠杆上保持平衡。

14. 兼听则明

索罗斯认为，除了凭借专业知识进行分析之外，直觉在投资方面的作用也很重要。而他的直觉常常来自于对国际贸易状况宏观考虑以及从身边诸多国际金融权威人士了解到的他们对宏观经济发展趋势看法和策略。

15. 求生自保

尽管用信用杠杆进行投资可以扩大盈利，但一旦出现错误将会损失惨重。索罗斯成功的原因之一即是他擅长于绝处求生，发现错误时趁早平仓，及时撤退，以避免更大损失。

16. 接受错误

索罗斯认为，虽然犯错误不是什么光彩的事情，但这毕竟是游戏的一部分。因此他在投资一开始常常假设自己建立的投资仓位可能有错，并提高警觉，如此一来，就能比大多数人更为及时地发现和矫正错误。

17. 切忌赌徒心态

在索罗斯看来，承担风险本身无可厚非，但那种孤注一掷的赌博式冒险应该及时制止。

18. 思考和自省

索罗斯对待金融市场有一种超然物外的耐心，他认为利率和汇率变动的效果需要时间，因而整个投资往往是一场持久战。花时间去思考，学习和自省往往是等待过程中重要的一个环节。

19. 忍受痛苦

索罗斯曾说过，如果你未准备好忍受痛苦，那就不要再玩这种游戏。投资者必须懂得如何保持冷静、承受亏损。

20. 心理素质

稳定的心理素质和钢铁般的意志是索罗斯成功的重要秘诀，他理解市场有非理智的一面，因此，他就如同牧羊人一样，在大部分的时间随着羊群移动，一旦出现一个机会就会敏锐地觉察到并冲到羊群前面。

21. 两面避险

索罗斯是对冲基金领域里的大师级人物，他懂得在通过在多头和空头两面下注，将投资部位中风险资产的组成多样化，从而在一定程度上规避风险。

22. 保持低调

索罗斯在投资方面大开杀戒的同时，对自身常常保持低调。

23. 善用杠杆

懂得利用杠杆不但可以提高投资力度，同时还能进一步提高回报率。但是杠杆投资不仅需要好的心理素质，还需要保持杠杆平衡的技巧和能力。

24. 最佳与最差

索罗斯的宏观分析会关注大格局——国际政治、各国货币政策、通货膨胀、利率、汇率的变化等。然后他会选取一行业中最好和最差的股票并忽略其他股票，他相信这种套头策略会有很好的表现。

索罗斯说过："金融市场天生就不稳定，国际金融市场更是如此，国际资金流动皆是有荣有枯，有多头也有空头。市场哪里乱哪里就可以赚到钱。辨识混乱，你就可能致富；越乱的局面，越是胆大心细的投资者有所表现的时候。"

参考文献

[1]杨长汉. 西方证券投资理论演变与述评[M]. 北京：经济管理出版社，2010.
[2]刘红忠，蒋冠. 金融市场学[M]. 上海：上海财经大学出版社，2006.
[3]中国证券业协会. 证券投资分析[M]. 北京：中国财政经济出版社，2009.
[4]郑振龙. 各国股票市场比较研究[M]. 北京：中国发展出版社，1996.
[5]郭敏，吴卫星，等. 现代资本市场理论研究[M]. 北京：中国人民大学出版社，2006.
[6]陆家骝. 现代金融经济学[M]. 大连：东北财经大学出版社，2007.
[7]李扬 王国刚. 中国资本市场的培育与发展[M]. 北京：经济管理出版社，1999.
[8]刘义圣. 中国资本市场的多功能定位与发展方略[M]. 北京：社会科学文献出版社，2006.
[9]徐涛. 中国资本市场配置效率研究[M]. 北京：中国金融出版社，2005.
[10]胡海峰. 多层次资本市场：从自发演进到政府制度设计[M]. 北京：北京师范大学出版社，2010.
[11]胡汝银. 中国资本市场的发展与变迁[M]. 上海：格致出版社，2008.
[12]周爱民，张荣亮，等. 行为金融学[M]. 北京：经济管理出版社，2005.
[13]易阳平. 行为金融学[M]. 上海：上海财经大学出版社，2005.
[14]王重润. 公司金融学[M]. 南京：东南大学出版社，2010.
[15]费一文，李宏科，等. 公司金融理论与实践[M]. 上海：上海交通大学出版社，2011.
[16]王国刚. 建立多层次资本市场体系研究[M]. 北京：人民出版社，2006.
[17]彭志刚，涂人猛. 上市公司资产重组的动因、模式与绩效[J]. 南方经济，1999(5).
[18]涂人猛. 中国股市的估值问题研究 [J]. 武汉金融，2005(10).

[19]涂人猛. 中国股市的稳定性及调节机制研究[J]. 武汉金融，人大复印资料《证券与投资》2009(3).

[20]涂人猛. 中国股市的制度设计偏差与变革[J]. 武汉金融，2012(6).

[21]涂人猛，马维胜. 国外现代剩余收益模型实证研究的新进展[J]. 武汉金融，2007(12).

[22]涂人猛. 我国投资者权益保护问题初探[J]. 武汉金融，2006(8).

[23]涂人猛. 新兴产业发展与资本市场支持问题研究[J]. 武汉金融，2011(5).

[24]涂人猛. 股权分置改革：摸着石头过河[J]. 决策与信息·财经观察，2005(5).

[25]李桥，孙梨，刘平. 股坛经典——经济学家与理财家的创新体制理念[M]. 广州：广州出版社，1997.

[26]肖宾. 股市风云二十年 1990—2010[M]. 北京：机械工业出版社，2010.

[27]深圳君信商务投资咨询有限公司. 股票投资权威理论[M]. 深圳：海天出版社，1993.

[28]黄柏中. 江恩理论——金融走势分析[M]. 香港：香港经济日报有限公司，1995.

后　记

1994年6月，当我从《江汉论坛》杂志社调到当时的湖北省社会科学院股份经济研究所，从事《股评周刊》的编辑工作，我的工作和研究方向开始发生了较大的改变。尽管在《江汉论坛》三年的工作中，在《经济理论与经济管理》《经济评论》《经济问题探讨》《学术研究》《社会科学研究》《江淮论坛》《江西社会科学》《贵州社会科学》《开发研究》《城市问题》《市场经济研究》《社会科学家》等全国30多家学术期刊上发表区域经济、城市经济与旅游方面的论文约30篇，但工作单位的改变和研究重心的转移，使我逐步转向证券和金融方面的研究，并且一直持续至今达20多年。

1996年，我调入湖北省社会科学院经济研究所，1997年评为副研究员后在担任研究生指导老师的同时，又开始担任研究生的《金融与证券投资》课程的教学工作，这一过程至今也持续了20年。在培养了一大批研究生的同时，使我对证券投资从实践到理论研究都有了进一步的认识。

20多年来，我从对股市和证券的一无所知开始，先进行股市稿件的编辑工作，到股市分析文章的写作，再到证券理论的研究，使我也逐步爱上证券投资领域的研究，1998年获中国证监会首批证券投资咨询从业资格和执业证书，并在社会上产生一定的影响作用。在1994年至2001年的几年间，我在《中国证券报》《上海证券报》《证券时报》《金融时报》《经济参考报》《证券市场周刊》《股市动态分析》《证券市场研究》《股市导报》《杭州日报》《河南日报》《信息早报》《大众证券》《中国改革报》《中国信息报》《信息时报》《羊城晚报》《现代经济报》《厦门商报》《证券投资周刊》《中国金融信息》《大江南》《四川金融投资报》《大参考》《信息时报》《浙江经济报》《江西信息报》《南京交通商报》《哈尔滨生活报》《南京日报》等全国100多种报刊上发表各类股评文章2000多篇，字数达500多万字。我还在《黑龙江电视台》《安徽电视台》《福建电视台》《湖南卫视台》《福建经济广播电台》《浙江人民广播电台》以及湖北省各电视台和广播电台等30多家媒体上做股市分析，并到哈尔滨、厦门、福州、大连、青岛、南宁、北京、重庆、常州、长沙、山东日照、临沂等数十多个城市做过股市分析报告，成为全国知名的所谓“股评家”。同时，我撰写了《股市投资理念》《当代资本再构——企业营运的最高境界》《股海淘金》等相关著作。2001年后，我主要转入证券理论研究，发表了包括中国股市的估值问题研究、中国股市的稳定性及调节机制研究、中国股市的制度设计偏差与变革等多篇被人大复印资料转载的近二十篇关于金融证券理论的核心期刊论文。

本书的写作，应该说是对我20多年从事证券研究的阶段性总结，也可以说是对我20年研究生教学工作体会的结晶。全书整体结构包括三个方面：第一章至第三章为基础知识篇，对证券市场的一些基础知识作介绍；第四章至第六章为证券投资理论篇，对涉及证券投资的现代金融基础理论、公司金融学理论、传统金融学理论以及一些有关证券市场发展的理论、证券投资分析的基本理论进行介绍和探讨；第七章至第十章为实际运用篇，对证券投资理论如何运用于实际操作作分析介绍。在进入退休倒计时阶段，我也希望这本书能作为经济研究所研究生《证券投资学》的教材，为后期的研究生教学工作提供一点帮助。当然，尽管本人在写作中努力对涉及证券投资相关基础理论和实际运用作较为全面论述，但书中难免存在不足和错误，还恳请大家提出修改意见，以便我今后进一步完善，也为湖北省社会科学院经济研究所的研究生教学工作提供更好的帮助。

涂人猛

2017年11月28日